曾国藩经典系列

冰鉴

[清]曾国藩◎著
李问渠◎编

北方文艺出版社

图书在版编目（CIP）数据

冰鉴 /（清）曾国藩著；李问渠编 .—哈尔滨：北方文艺出版社，2011.6（2017.2 重印）

ISBN 978-7-5317-2688-3

Ⅰ．①冰… Ⅱ．①曾… ②李… Ⅲ．①人才学—中国—清代 Ⅳ．① C96

中国版本图书馆 CIP 数据核字（2011）第 107663 号

冰　鉴

作　　者 /（清）曾国藩　著　李问渠　编
责任编辑 / 王金秋
封面设计 / 上尚装帧设计
出版发行 / 北方文艺出版社
地　　址 / 黑龙江现代文化艺术产业园 D 栋 526 室
网　　址 / http://www.bfwy.com
邮　　编 / 150080
电子信箱 / bfwy@bfwy.com
经　　销 / 新华书店
印　　刷 / 北京高岭印刷有限公司
开　　本 / 787 × 1092　1/16
印　　张 / 27.75
字　　数 / 590 千字
版　　次 / 2011 年 7 月第 1 版
印　　次 / 2017 年 2 月第 2 次印刷
定　　价 / 56.00 元
书　　号 / ISBN 978-7-5317-2688-3

目录
Contents

二 外刚柔的性格特征 / 074

三 观人当识内刚柔 / 096

第三篇

容貌鉴：相貌仪容尽显个性 / 117

观姿容以七尺躯体作限，看面貌以两只眼睛为准。人的身材容貌与五行相关联，四肢五官各有自己的属性与特征，体现着每个人的不同个性。

容貌是骨骼状态的余韵，以弥补骨骼的缺陷；情态是精神状态的余韵，以弥补精神上的不足。从情态鉴人，不但要从细处着眼，还要分清主次。然而考察情态不能决定一个人的终身命运，但是只要能够掌握了其中的几种状态，就能识别出更多的人才。

第五篇

须眉鉴：少年观两眉，临老察胡须 / 271

胡须和眉毛是表示“大丈夫气概”的重要标志，也是男子的代名词，“少年两道眉，临老一付须”。年轻时能否发达显贵，要看眉毛之相，晚年运气好坏，就要以胡须为主。

一 总论须眉 / 272

二 论眉 / 286

三 论须 / 292

第六篇

声音鉴：以声观人 以音辨才 / 297

声音如同人的心性气质，不同的声音能表现出一个人的不同性情，古人有“闻其声如见其人”的说法，从中可知通过声音来鉴别人的重要性。

一 总论声音 / 298

二 论声 / 310

三 论音 / 315

第七篇

气色鉴：以色察人 以气观志 / 327

俗话说："大运靠天生，小运因气定。"人的命运主要是与生俱来造就的，但人生某一阶段的小运则要看气色的好坏了。

阳刚之气过盛者，多有勇无谋；阴柔之气过盛者，多懦弱无能。能进能退，能屈能伸，当刚则刚，当柔则柔，是对成大事者的要求。

第八篇

活学活用曾国藩识人法 / 351

用人首先要知人、识人。读万卷书，不如行万里路；行万里路，不如阅人无数。古人有言曰：“知人者智”。尤其是在如今这个竞争激烈的商业社会，更需要借重人才的能力去经营和发展事业，一个企业的经营者或创业者必须要掌握识人的技巧。

一 企业的识人之道 / 352

二 借鉴古人识别人才的绝招 / 358

三 考察和鉴别人才的途径 / 366

第一篇

神骨鉴：骨相察神的识人秘诀

人的精神状态主要反映在两只眼睛中，人的骨骼丰俊主要表现在一张面孔上，所以说“神骨”鉴乃识人的第一要诀。

一、识人观人，神骨为先

【原文】

语云："脱谷为糠，其髓斯存。"神之谓也。"山骞不崩，唯石为镇。"骨之谓也。一身精神，具乎两目；一身骨相，具乎面部。他家兼论形骸，文人先观神骨。开门见山，此为第一。

【译文】

古语说："去掉稻谷的外壳，就是没有内容的糠皮了，留下的只是稻谷中的精华——米。"这个精神留在人身上，这就是所谓的人的内在精神状态。俗话说："山岳表面的流土虽然经常脱落流失，但山岳却不会倒塌破碎，因为它的主体部分是岩石。"相当于支撑人体的骨骼。一身的精神都在人的两只眼睛里，一身的骨相都在人的面部上。像农民、工人、商人、军士等各类人员，既要看他们的内在精神状态，又要考察他们的体势情态。作为以文为主的读书人，主要看他们的精神状态和骨骼丰俊与否。精神和骨骼就好像两扇大门，命运就像巍巍立于门外的大山，打开大门，山势自然尽收眼底。这两扇大门——精神和骨骼，是观人的第一要诀。

【解读】

• 在内为骨，外现为神

神并不是脱离具体的物质形态而凭空存在，它是有所依附的，也就是说神为形之表，形与神相依赖，神是蕴涵在形之中的，形是神存在的基础。

俗话说，人逢喜事精神爽。但这里所指的“神”并不是随人的情绪变化而发生大的变化。人有美丑之分，但这些都不会影响神的外观。因为要辨别一个人能力的大小，单凭相貌外形是难以判断的，譬如王安石和文天祥。王安石是一个生活极其邋遢的人，衣服经常不洗，而且容貌也十分平庸；而文天祥则是身材魁梧，相貌英俊，虽是状元出身，但是自身却不乏英雄气概。就是这样两个大相径庭的人，却是一样的流芳百世，令人敬仰。所以说，看一个人最重要的还是要看一个人的精神。

由此可知，神有一种穿透力，能透过人的外貌而表现出来，也就是说，气质是神的构成之一。

• 神藏于形之内

神藏于形之内，形则是指容貌，而眼睛则能表现出神的形态。人的眼睛里所表现出来的神就如同光与太阳一样。

我们都知道，人有千百种，譬如心怀邪念的小人、坑蒙拐骗的不义之人、文儒雅士、正人君子等。那么如何分辨这些人，就需要我们去观察人的神态。所谓心有所动，眼神会流露出变化。不管神是内在隐藏，还是外在显露，神的显示都会传递给人们一种信息，让人们通过这种神态而辨别人的品行。这正像文中所说，门一打开，山的幽深伏藏、奇伟雄姿就尽显眼前，而察神也就好比推开大门，门一开，就能看到这个人的心性、才干。

生活中人们常用“双目炯炯有神”来形容人的精力旺盛，机敏干练。从中可得出目与神之间的关系。

从中医的角度来看，眼睛与肝和肾是相连的，一个人如果是肝有问题，那么就能通过他的眼睛看出一些征兆。如果一个人身体健康，那么这个人的眼睛肯定是充满精神，这就表明他的肾气旺盛；反之，则是精神状态不好，整个人看起委靡不振。所以说人的喜怒哀乐都能从人的眼睛表现出来，甚至一个人的好与坏也能从眼睛洞察出来，因此说眼睛是心灵的窗口，心灵是眼神之源。即使是转瞬即逝的眼神，也能表达出丰富的情感和意向。

• 神有余与神不足

神有余的表现是：目光晶莹，眉毛清秀，面容清澈如泉水，眼眸如秋水。放眼远眺时，好像秋天里的太阳照霜天；收目近看时，又好像春回大地，风轻拂鲜花一样。

处理日常事务时，表现得果断坚毅，就好像猛虎进入森林；同众人相处的时候，内心平和，不为众人所湮没，就仿佛凤凰飞翔在雪原一样。

坐，稳如磐石；卧，静如栖凤；行，潇潇洒洒，平缓如江水缓缓而流；立，昂首挺胸，气势如孤峰树于平原。沉默静养，气定神闲，不轻言，性不妄躁，喜怒不动心，荣辱不变节。面对世事变幻，各种利色诱惑，而守贞如玉，心静如水。这样的人动如脱兔，静若处子，不为物所动，既博得众人的喜欢，又具有做大事的风范，可想而知前程自然远大。

神不足的表现：似醉非醉，头脑浑浊不清；面部整日阴云密布，经常忧心伤悲；似睡非睡，一睡就会被惊醒；不哭似哭，经常哭丧着一张脸；不嗔似嗔，本来没有什么不高兴的事，却看着很生气的样子；不喜似喜，本来没有什么喜事，却要装腔作势；不惊似惊，遇到事情就大惊小怪；不疑似疑，每天都疑神疑鬼，不相信别人；不畏似畏，本来是不可怕的事情，却让他胆小如鼠，充满恐惧；做事往往虎头蛇尾，有始无终，事功前程自然可以想见。

这便是神有余和神不足的区别，能够清晰掌握这两者的神态，就能准确判断人的品行、能力。当然，察神并不是一个静态的过程，除了观察眼神的晶莹、浑浊之外，还要观察人的举止、言谈，才不会有偏差。

• 眼睛能传神

眼睛能够传神，是通过瞳孔的扩大和缩小、眼球的转动、眼皮的张合程度以及目光凝视来体现的。

一般常见的瞳孔语言表现为：当人在表示憎恨和反感的时候，瞳孔缩小，还流露出刺人的目光；如果一个人睁大眼睛，则表示具有同情心和心怀极大的兴趣，或者是赞同和好感；如果是恐慌或者激动的时候，瞳孔会扩大到平常的四倍。

眼球的转动还表示人正在进行着思维活动。两个人交谈的时候，人的眼球一般都比较稳定，很少转动，这就表明这个人在诚恳地听对方讲话。反之，目光游离闪烁，则表示这个人心中暗自盘算。

眼皮的张合程度一般表示人的精神状态。如果一个人沮丧和悲伤，他的眼皮会耷拉着；如果一个人在与人交谈中，眼睛半闭半张，则表示这个人的轻狂和目中无人。

眼睛所运用的最重要技巧就是凝视。当同陌生人交流时，双方应尽量避免凝视；对敌人怒视、凝视则表现出人的威严；同朋友之间的凝视则体现出友好、关心等内容。

• 各种眼睛的神态

中国古代文人在描写人物的时候，多数都是从人的眼睛来突出人的美丽。比如《汉书·孝武李夫人传》中这样描写："一顾倾人城，再顾倾人国"；曹植在《洛神赋》中说："明眸善睐"；傅毅在《舞赋》中说："目流睇而横波"；《红楼梦》中对林黛玉的描写中说她有"一双似喜非喜含情目"，薛宝钗"眼如水杏"，王熙凤"一双丹凤三角眼"。由此可见，杏仁眼、丹凤眼是中国传统认为的标准类型。这种眼睛灵动有神韵，所以一般形容美人的眼睛如秋水、秋波，炯炯有神、楚楚动人。

杏仁眼：这是轮廓完美的类型，它的线条轮廓清晰，内眼角朝下，眼睛两段的走向明显相反。

丹凤眼：这是最妩媚、最漂亮的形状。形状细长，眼裂向上、向外倾斜，外眼角上挑，多为单眼皮或内双。

深陷眼：这是因为眼睑过分深陷、眉弓特别突出而形成的，给人的感觉是棱角过于分明。

厚凸眼：这种眼睛类型是指眼睑肥厚，骨骼结构不够突出，外观有平坦浮肿的感觉。

下挂眼：这种眼睛的类型是眼睛内眼角高、外眼角低，让人觉得有些凄苦之相。

上斜眼：这种眼睛是指内眼角低、外眼角高，给人感觉比较小气。

小圆眼：这种眼睛又圆又小，一般这种眼型很少见。

• 神与骨骼的联系

此节中的"骨"并不是指人体解剖学意义上的骨骼，而是专指与"神"相配、能够传递信息的几块骨骼。为了能够使人们更好理解二者之间的联系，曾国藩用了两个比喻来解释：

稻谷的精华是米，米蕴藏在壳内，碾壳成糠，皮去掉了，精华还在，也能用。米没有随着糠而去，那么神于形也是如此不会随着形（外形）而消失，所以说："脱谷为糠，其髓斯存”。

骨外面有皮和肉，就好比高山上土和沙一样，骨骼为人体的支撑支柱，骨与人体也就如同石与泥土。泥土会随风和水的冲击而脱落和流失，但是山石却依然矗立，由此可见它的雄壮。人的容貌也是如此，即使是受到了损伤，有了缺陷，骨子里的韵气也不会变化，仍然可以凭借骨来辨别人的显达，因此说：“山骞不崩，唯石为镇”。

由于人的相貌由骨肉内外相连而成，骨与骨相连，肉与肉连接，骨肉内外包合，便构成了人的外在容貌。骨起到了支撑的作用，因而骨的优劣，则直接影响到人的体貌美丑。大脑是人的中枢神经，是人的指挥系统，头部骨骼的优劣又成为整体骨骼优劣的“首长”。在古代，医学上曾认为，头为群阴汇集之府，王行正宗之乡，头骨为整体骨骼的代表，面骨又是头骨的代表，因而面骨的优劣能鉴别头骨的好坏，进而可鉴全身的好坏。由此说：“一身精神，具乎两目；一身骨相，具乎面部”。这也是此节的精髓所在。

二、精神清浊邪正之辨

【原文】

古者论神，有清浊之辨。清浊易辨，邪正难辨。欲辨邪正，先观动静。静若含珠，动若水发；静若无人，动若赴的；此为澄清到底。静若萤光，动若流水，尖巧喜淫；静若半睡，动若鹿骇，别才而深思。一为败器，一为隐流，均之托迹二清，不可不辨。

【译文】

古人通过不断的研究和观察，把神区别为清与浊两种。清纯与浑浊是比较容易区分的，但邪与正却不容易区分，因为邪与正都是托身于清之中的。如果想区分一个人的奸邪或忠直，应在动与静的状态下对他进行观察。眼睛处于静态的时候，目光安详沉稳而有光，宛如晶莹玉亮的明珠，含而不露；眼睛处于动态的时候，眼中光华生辉，精气闪动，犹如春水之荡清波。双眼处于静态的时候，目光明清沉稳，如同旁边没有人一样；动态的时候，目光锋芒外露，好像蓄势待发的箭一样。这两种便属于精神澄明清澈的纯正状态。处于静态的时候，目光就好比萤火虫之光，微弱而闪烁不定；处于动态的时候，目光就好像流水般游移不定。这两种眼神多是伪装假饰的神情，或是居心叵测的神态。处于静态的时候，目光半睡半醒似的；处于动态的时候，目光又像受惊吓的鹿惶恐不安。这两种目光多是聪明却不走正道的神态，或是心存深谋怕被别人发现的神情。前一组神情多是品德欠高尚、行为欠端正的表现，后一组神情多是奸心内萌、深藏不露的表现。这两种状态都属于奸邪神情，由于二者都混迹在清莹之中，因此必须仔细区分。

【解读】

• 神清浊辨人清浊

俗话说水有清浊，同样人也有好坏之分。如愚蠢、聪明、忠诚、邪恶，这都是人的不同表现。在古代，圣贤之人常常就用“清”与“浊”来判断这个人的愚蠢、聪明、忠诚、邪恶。

通常，观察一个人，要先看他所呈现出的神态。如果神态清澈，表明这个人就是个聪明的人；神态浑浊，这个人就是比较愚笨；神态清澈纯正，这个人就是个忠正的人；神态游移不定，深藏不露，这个人就是个不走正道的奸诈之人。

譬如，《三国演义》中的诸葛亮，他所表现的神态清澈，给人一种精干的气质，因此他成为了历史上最有智谋的军师；张飞对士兵粗暴，神态显示出的是一种浑浊，因此他就比较愚笨，最后被手下人杀害；关羽给人一种忠肝义胆的气质，神态清澈纯正，所以后人总是把他当神来供奉；吕布是一个势利小人，神态总是游移不定，先后杀了他的两个义父，是个不走正路的奸诈小人。再如，一个少年的眼睛是明亮清澈的，老年人的目光则是浑浊昏暗的。但是，这不代表少年比老年人聪明。老年人的确是没有少年的机智灵敏，并且随着年龄的不断增加，思维、记忆力以及办事的效率也逐渐减退，大大不如自己年轻的时候。从这一点上来看，就可以知道人的神态清浊变化一定与大脑的思维有联系。

所以说，人的清浊，只要仔细观察人神态的外在表现，诸如通过言语、行为，观察眼睛中所散发出的光芒，脸上所呈现的表情，就能辨别此人是清是浊。

• 神的邪正的分辨

神的清浊可以通过人的神态来辨别，但是神的邪正却不容易分辨。因为一般忠诚、奸诈的人都有着聪明的智慧，而他们的神态从表面上多表现的是清澈和纯正，神态的邪一般都会混藏在这纯正清澈之中，以此来蒙蔽人的双眼，让人分辨不出来。

元末明初，陈友谅带兵攻陷太平，攻占了长江上游后，就派人约张士诚（元末明初的义军领袖）一起进攻建康。于是朱元璋与陈友谅便开始了大战。

当时有人劝朱元璋要亲自率领大军前去迎战。朱元璋便说：“敌人早已知道我率军出征，他们用一部分军队牵制着我，而大军已经顺流而下直奔建康，估计有半天的时间就可以到达。如果我的步兵和骑兵匆忙赶回来，再去作战，这是兵法最忌讳的。”

因此，朱元璋便召见康茂才（明朝开国大将），对他说：“如果敌方的两股势力合到了一起，那么对我方是极其危险的。如果先打败陈友谅，那么张士诚那边就会闻风丧胆了。你能迅速地把陈友谅的军队引到这里来吗？”康茂才回道：“我家有个守门的家仆，他曾服侍过陈友谅，如果要他去，一定能取得陈友谅的信任。”朱元璋听后，就让他马上下令让那个家仆前去送信。

守门的家仆接到康茂才的命令后，就划着小船来到陈友谅的军中，假装是康茂才的使者，告诉陈友谅在他进攻的时候，康茂才要他一定要做好内应。陈友谅果然相信，喜出望外，并问康茂才现在在什么地方。这位家仆回答：“他现在负责守卫江东桥。”陈友谅又问桥是什么样的，家仆又说：“是一座木桥。”陈友谅听后暗自开心，就热情款待了这位曾经的家仆，随后又将他送回。家仆临走的时候，陈友谅还千叮咛万嘱咐地说：“我随后就到，到了后，我叫你‘老康’为信号。”

这位家仆回来后，就将陈友谅的情况告诉了康茂才。康茂才立刻转告了朱元璋。朱元璋知道后，高兴地说：“看来，陈友谅将要落入我的圈套之中了。”于是就命令人立刻拆掉木桥，换上铁石结构的桥，一夜就得竣工。同时命令冯胜、常遇春率领三万兵力埋伏在石灰山旁；徐达的军队等候在南门外；杨璟驻守在大胜港；张德胜、朱虎率水师驶出龙江关外。而朱元璋总领大军在卢龙山，命令旗手们把黄色旗帜隐伏在山的右边，把红色旗帜隐伏在山的左边，并告诫他们说：“如果敌人来了就举红旗，听到鼓声就举黄旗，这时候，全部埋伏的军队都要立即发起攻击。”

朱元璋将所有的计划都已经安排妥当。当天，陈友谅果然率船队东下，到大胜港的时候，水路狭窄，又遇上杨璟阻击，立刻退出大江，乘船直冲向江东桥。到桥边的时候，却发现桥都是铁石筑成的，才感到疑惑。连呼“老康”，可根本没人答应。此刻，陈友谅才发觉其中有诈，于是马上分出水师千余人奔向龙江，派出万人兵力登岸修筑栅栏。这时正值酷暑，朱元璋也预感到一定要有大雨，就命令各路大军就地起炊吃饭。当时天空一点云都没有，但不一会忽然就下起了瓢泼大雨。这时候只见红旗举起，众将士竞相冲向前去拔除栅栏，陈友谅指挥军队上来与他们争夺。争夺一阵后，大雨停了下来。朱元璋就命令击鼓，鼓声震天动地。这时候，黄旗举起，所有伏兵都发起攻击，等在南门外的徐达部也赶来参战，水陆并进，内外合击，最后歼灭了陈友谅的军队。朱元璋的大军乘胜追击，一举收复了太平。

从中可见，故事中的家仆就是个最阴险的小人，他表面看起来仁慈，还利用同陈友谅曾经主仆的情感，让陈友谅相信他是个忠实的仆人。但陈友谅却不知道人总是善于伪装的，最后轻信家仆的言语，中了朱元璋的圈套，落得了全军覆没的悲惨下场。

对此，曾国藩也指出，人的“清”又分邪和正两种。由于正和邪都蕴藏在清之中，并都以清的面目出现，要准确地分辨它们，是一个富于技巧的问题。况且大忠大奸的人一般都很有智慧，人也聪明，神的邪正都藏匿在清当中，它们的形相似，从而会蒙蔽许多人的眼睛，让人不容易鉴别。为此《冰鉴》说：“均托迹于清，不可不辨。”

这也就是说，人的聪明智慧并不意味着人的品行高尚纯洁，这需要从“神”之邪正来区别。

一次，曹操派刺客去见刘备，刺客假装与刘备讨论讨伐魏国的策略，分析得十分巧妙。这个时候，诸葛亮进来，刺客便以上厕所为借口离开了。刘备则对诸葛亮说，此人非常聪明智慧，对他是十分器重。诸葛亮则观察到这个人见到他时，神情十分恐惧，视线也时而流露出反逆的状态，于是便推测这个人是刺客。刘备听后便派人去追，刺客早已跳墙逃走了。

可见，端庄厚重、品格高尚的人，神不仅清而正，而且是一清到底，绝无杂质。如果不是清澈到底，那在心性品格上多少有些不足，至少也会动摇不定。故事中的刺客表现出恐惧状态，所以被诸葛亮一眼识破。

然而，有些人并不是很容易被人识破，这些人一般都是城府较深、仪表不俗。比如，西汉末的王莽就比较善于伪装，他表面上总是给人一种朴素谦虚、轻财好施的印象，因此赢得了好名声。

王莽从小就失去了父亲，同母亲相依为命。虽然生活并不艰苦，但在族人中经常受到冷落和排斥。王莽懂事后，就开始努力学习。逐渐以一个谦让恭俭、不贪享乐的进步青年形象出现在族人面前。他在穿戴上十分简朴，对母亲和亲长极其孝顺，而且同朝野的光明俊伟人士交往结纳，气度豪迈，深受人们的好评。

王莽的叔叔王凤（当时的大将军）生了病，王莽每天都陪伴着他，殷勤地服侍，甚至连汤药都由王莽亲自尝过后再给王凤喝，以防有人下毒。几个月下来，王凤的病痊愈了，但王莽却是蓬头垢面、满脸憔悴，这令王凤十分感动，说：“有子不如有王莽。”王凤临死的时候，托姐姐（当时已成为太后）和皇上提拔王莽，也由于大司空王商和当时的一些名人也对王莽的品德才行十分赞赏，因此最后王莽被封为新都侯。

王莽成为都侯后，依然保持着廉敬恭让的作风，在人前从不敢有丝毫马虎和得意，可是暗地里却有享乐的迹象。他曾经私下买了一个漂亮的奴婢，不巧被堂弟无意中撞见，于是他就对堂弟说："后将军朱子元没有儿子。看相的人都说这个女子能生佳儿，所以我主动帮朱将军买了回来。"后来就把那个奴婢送到了朱子元府上。

而王莽的族叔王根辅佐朝政数年后，由于身体不好，便向皇太后申请退隐。另一个大臣淳于长，先与许皇后的姐姐私通，又娶为妾，然后又同许皇后内外勾结，逐渐得到皇上汉成帝刘骜的宠信。王莽知道后，就对王根说："淳于长想取代您，正在跟手下人商讨策略。"王根听后大为恼怒，便叫王莽向皇太后举报淳于长的阴谋。

原本太后对许皇后早就有偏见，这次正好乘机可以把淳于长打下台。因为这次告发大奸有功，王莽便代替王根成为了大司马，当时他只有三十八岁。此后，他更加注意自己的形象和声誉。有一次，王莽的母亲生了病，其他大臣派夫人来探视。只见他府中一个穿着粗布衣服、妆饰与一般仆妇没有大区别的妇人出来迎接她们。那些夫人们以前都听说过王莽家居生活比较简朴，都不曾相信，当那个妇人自称是王莽的妻子时，众夫人都十分震惊。

当王莽叛逆后，众人才知道以前王莽的所作所为都是在故意隐瞒自己的真实目的，但在当时许多人都被王莽的忠诚耿直迷惑住了，赞誉之辞盛若花海。

新升任司空的彭宣看到王莽之后，悄悄对大儿子说："王莽神清而朗，气很足，但是神中带有邪狭的味道，专权后可能要坏事。我又不肯附庸他，这官不做也罢。"于是上书，称自己"昏乱遗忘，乞骸骨归乡里"。用鉴别人才的神来分析，"神清而朗"，指人聪明秀出，不会是一般的人；"神有邪狭之色"，说明为人不正，心中藏着奸诈意图。王莽可能也感觉到了彭宣看出一些什么，但抓不到把柄，只能恨恨地同意了，可没有赏赐养老金。彭宣回乡后数年就死了。

果然，正如彭宣所言，王莽称帝后，逼死儿子，毒杀汉平帝，做尽了各种坏事。从中得出，人的邪很难辨别，还因为奸邪的人一般都会用行动、言语来掩饰自己原本的面目和企图。如果不依靠神的邪正来鉴别人才，就会被人的言语、行动等表面现象所迷惑，而且人的判断力本身就太弱，这样就无法识别人。

如今，我们生活中这样的人也屡见不鲜，当你得势的时候，他会极力讨好你、巴结你，显示出仗义之气，追随你，并信誓旦旦地说愿意为你鞠躬尽瘁、万死不辞。但在背地里却是窥视你、算计你，搜索和积累你的过失行为作为证据，有朝一日落井下石，并取代你的位置。

如果是公开、明显的对手，那你还可以防备他，但是像这种以你心腹、密友身份出现的小人，你就很难看清他内心的黑暗。所以说，我们要想辨别人的忠诚与邪恶，必须要认真观察。以下是区分神清浊的几个要点：

（一）辨别神清的足与不足

一个人如果表现为精神气爽、体清人妙，这是一种好的神态表现。因为神清而爽朗的，就像清澈澄明的水一样，这样的水是好水，而人也自然是聪明的。他懂得与人如何相处，是大家比较喜欢的类型，这就是神清的表现。

我们都知道，神一般集中在人的眼睛里。在童年的时候，我们的眼睛都是明亮清纯的。但当成长以后，走向社会中，经历了各种风雨以及受到各种人情世故的感染后，人的思想就会发生变化，智慧也就逐渐转向聪明。而眼睛是大脑猎取信息的主要工具，如果思维变化了，那么也必然在眼光中有所反映，比如恐惧的目光、哀伤的眼神等等。

神清也有很多层次：有神清而足的，有神清而不足的。

神清而足，一般是具有大智慧的人。这种神态一般就好像深潭蓄碧水，没有大风就不会起大浪，平常表现得平平淡淡，不快速达到自己的目的。他们还十分谦虚，而且深藏不露，从不与人斤斤计较。实际上，他们的生命力十分旺盛，精力也很充沛，遇到事情的时候，他们有足够的思想力和行动力去处理问题。这类人静的时候如同处子一样，动的时候好像挣脱奔跑的兔子。

神清而不足，这样的人一般智慧中等。神态清澈，人就聪明；神态不足，精力就不够充沛。行动力和意志力也比较弱，做事不能持之以恒，最终难以成就一番大事业。

（二）神昏而浊

一个人的神态如果表现为昏暗，那么就好比浑浊的水一样，根本就无法说明这个人是聪明机智的。试想，如果一个人的大脑处于混沌的状态，那么他做起事情肯定是接连犯错。甚至会将日常生活中最简单的事情做得很糟糕。这样的状态倘若一直持续下去，人就会显得十分迟钝、呆滞，根本就无法做任何事情。

当然，并不是说这种神态混沌的人就无可救药。只要他能够在日常生活中不断积累经验和智慧，就能变得聪明起来。随着他智慧的加深，神态也会由浊变清了，此后对于事情也有了敏锐的判断力和决断力。同时，这种神清而不足的人，也会在别人的影响下和外界的刺激中增强自信心，使自己的意志和恒心得到磨炼，变得更加坚韧不拔，奋发向上，由不足到充沛。

所以说，人的神态并不是先天就注定的，它可以通过后天的努力，让神态发生变化。一个神清的人如果不坚持学习进步，那么大脑就会生锈，人也会由聪明变得与普通人一样；神清而足的，也会因为自己的懒惰，逐渐失去进取心和动力，最终只能做出一般的成就来，而无法实现远大的抱负。

（三）先清后浊

神清一般都是指人的天资聪慧。小孩子的神态一般都是清朗的。但是如果在后天的成长中，没有好的环境和好的教育方式，那么他们的聪明才智就无法得到锻炼和运用，因此故步自封。这样一来，他们的大脑无法得到进一步的锻炼，神也随之逐渐失去光泽而转为浊。这就好比一潭清澈的秋水，如果没有其他水的交流和补充，就会成为一潭死水，必定会浑浊腐臭。正所谓流水不腐，就是这个道理。

例如大文学家王安石在《伤仲永》一文中所讲的那个小孩，原本是非常聪明的，天分也极高，神更是清朗的，从小就能够咏诗作赋，出口成章，可谓是不学而成才。但他的农民父亲却是个浑浊的人，竟然把儿子当做摇钱树，凭借儿子的一点聪明而到处卖弄来获取利益，不让儿子进一步学习，致使这个孩子天分得不到锻炼和启发，人也逐渐变得不再聪明，神也不再清，等到长大成人后，与普通人就没有什么不同了。这便是先清后浊。

（四）先浊后清

人的天分是可以经过后天的努力而改变的。即使愚笨的人，也能够变得聪明起来。看过猩猩训练的人都知道，猩猩能够做一些简单的智慧性动作。这是与其他动物有所不同的。比如，猩猩可以将立柜的抽屉一个个拉出，摆出楼梯状，再将凳子拿到柜顶上，最后取到屋顶上的香蕉。而其他的动物是很难完成这样的动作技巧。再比如，一个弱智的儿童经过专门的训练，他的大脑也会开发到和正常人一样的状态。

由此可见，天分不高的人，只要经过后天的刻苦努力和训练，同样可以做出惊人的成就来。这正所谓“笨鸟先飞”，因为人们能够首先认识到自己的笨，从而就会更加刻苦努力来以勤补拙，获得成功。这可以说是做事情的一种先见之明，也可以说是一种大智慧。所以说人的天分经过后天的训练，大脑得到了醒悟，人也就由原来的笨拙变为聪明。这就是先浊后清。

总之，如能掌握了以上的四种要点，就能够帮助我们辨别一个人的忠奸，这也是我们识别人才、选用人才的关键因素。

• 欲辨邪正，先观动静

文中讲到“欲辨邪正，先观动静”，这是说，要想分辨一个人的奸邪或忠直，首先要在动与静的状态对其进行观察。因为动与静是事物运动变化的状态。

而事物的真相和本质最容易在运动中流露、表现出来，尤其是在一些重要的时刻，最能体现出它的本质。“静”是一种稳定状态，这种稳定是相对的，它处于其先其后的两“动”之中，在由“动”到“静”再由“静”到“动”的变化中，它仍呈动态。所以通过“动”能够看到事物的真相和本质，通过“静”也能够看到事物的真相和本质。

所以说，要想识别出神的邪正就必须先观动、静，以下则是几点重要的人手之法：

（一）动态中考察神正

孟子说：“吾善养吾浩然之气”。这种精神状态并不是一般人随便就能修养得到的，这必须修养自己的德行。而一个心怀奸诈、为人不忠的人，是无论如何都达不到浩然正气的境界。

因此，这就需要我们从人的动态中来考察神的邪正，因为事物的本质最容易在运动中表现出来，人的本质也是一样。

“动”，在这里指的是人的眼睛看人观物时候的状态。“动若水发”，是说人的眼睛在观察事物时目光所呈现的状态，犹如春水荡动清波，精光闪射，秀气横溢，闪发着美轮美奂的光彩。“动若赴的”，是指人在观看事物的时候，精光敏锐迅捷，就好像劲箭脱弦，飞射靶心。但又锋芒暗收，不存霸气，不怒而威，隐藏着王者的气度。

（二）静态中考察神正

“静”，是指目光暂时静止，没有看人观物时的状态。“静若含珠”，就是说眼睛很安静，没有观物的时候，就像镶嵌在眼帘中的明珠，灿烂光亮，晶莹生辉，美丽的光华深蕴在眼睛内，好像一泓秋水，暗蓄着流光溢彩的动向，含而不露，是一种神安详沉稳时的端庄状态，心底无私。“静若无人”，是指眼睛没有观物的时候，安详自然，文静得如处子，心无任何杂念，好像身边没有他人的存在、独处一样的自然平静。就像幽谷清泉，空谷悠兰，虽然寂然无声，却有着高洁的志向和恬然的乐趣。正如唐代韦应物的一句诗所言：“野渡无人舟自横。”这是一种安静时如老僧入定、丝毫不为外物所动的最高境界。

（三）神正动静之别

有动必有静，静后必是动，它们是相互连贯的永恒状态。“澄清到底”，则是说人的清纯到底。这两种动静状态是神澄清到底、纯正无私的表现。忠直高尚的人，不管在人前人后，动静都是表里如一，始终保持着高尚纯洁的品格。仔细分辨，两者也有区别。

“静若含珠，动若水发”，这种状态比较平缓，好像轻盈的流水，这与日常生活中的行为相对应。而“静若无人，动若赴的”，这种状态变化反差较大，是比较激烈的反应，在紧要关头，会出现不冷静的状态，容易冲动，因而很难正确判断。作出决定，也犹豫不决，不能迅速行动，这样就会失去大好时机，而使事情走向失败。

这样看来，“静若含珠，动若水发”的境界，似乎高于“静若无人，动若赴的”的境界，因为前者属于大智大才的圣贤境界，后者则是属于有智有才的豪杰境界。这也是圣贤与豪杰的区别。

（四）静态中考察神邪

“静若萤光”，是指萤火虫的光在夏夜中比较微弱，而且闪烁不定，一明一灭，这就像人有性而无定力一样。“静若半睡”，是说人似醒非醒、似睡非睡的样子，两眼半开半闭，开能看外面之物，闭则可以静心深思，既养神又思考问题。这种状态有着一举两得的功用，效率很高，很会使用时间。这种人很有野心，什么事情都想抓住，不能专一，是心怀奸诈的人。

（五）动态中考察神邪

“动若流水”，是指流水的特性就是漂流不定，在人的目光中，就是忽东忽西，闪闪烁烁，很有智慧，却不能恒守。孔子说：“智者乐水，仁者乐山”，这说明水的特征和智者是有联系的。这种目光反映出来的内心世界，就是在不停地寻找目标、窥探目标。“动若骇鹿”，眼睛运动时像惊鹿那样惶惶不安。本来半睡半醒似乎是在养神，却又怕错过外面的好东西，因而一有风吹草动，就会睁开一条缝，想看个究竟。因而称他们为“别才”，虽然有才智，却是不能始终如一、坚守正道，很容易见异思迁。这种人也是奸诈之人。

（六）动静中神邪之区分

“静若萤光，动若流水”的人，一定是善于虚伪装饰而奸心内萌之辈。“静若半睡，动若骇鹿，别才而深思”的人，很容易与端庄厚重之人混淆。这样的人做事独断、干练，这种人与刻意掩饰的人不同，他们能够沉得住气，不到时机成熟时不会行动，平常多表现一副君子正气的样子，其实有很大的欺骗性。如历史上的王莽、秦桧等人，他们具有聪明的才智，如果在本性没有显露的情况下就名声远扬四海，而中止了生命，也许会流芳百世。

我们可以将“静若萤光，动若流水”的人归为“败器”，也就是说这样的人有才能但却心怀不正，称为“器”意味着有形可察；“静若半醒，动若骇鹿”的人则属于“隐流”，这种人深藏不露，奸心藏于心底，不张扬，所以成为“隐”，表示无迹可寻。由此看来，器为下，因为有迹可寻；隐为上，因为没有迹象可察，所以很难识别。

（七）邪托身清之中，不可不辨

由上可知，两种邪奸之状都藏于清中。“败器”托身在“静若含珠，动若水发”之中，“隐流”托身于“静若无人，动若赴的”之中，我们在识别这种状态的时候，一定要仔细辨认。

贤忠的人，一般从不会在日常生活中显露其锋芒。他们都会有所收敛，如普通人一样，但是一旦行动起来，就像奔跑的兔子，动作迅速敏捷，一举而成。而大智大奸的人，奸心藏于心中，也知不外露锋芒，但是当他们获得名声后，总会担忧别人看穿他们的心思和伎俩，因此这样的人最终也会露出破绽。

再说王莽这个人，他在历史上有着不好的名声，但是他却是一个有才能和胆识的人。如果他不篡位，而是一如既往地勤恳处世，或许会同诸葛亮一样流芳百世，令人敬仰；或者他即使篡位后也依旧勤奋简朴，善待臣民，那么他也会像汉高祖刘邦一样被人们称赞为好皇帝。然而，他却在达到目的后，充分暴露了自己内心的本性，死于乱军之中。

还有一个比较精明的人，是在巴郡的任文公。他在王莽篡位后，知道天下将大乱，于是就让家人背着东西每天都绕着房屋跑个不停。有人看见了，觉得十分滑稽可笑。后来，各地发生了战乱，而任文公一家大小背着财物逃亡，在祸乱中得以生存。可见任文公是个有先见之明的人，他时刻准备着求生的机会，最终才免于灾难。

古往今来，又有几人能有未卜先知的高明眼力，而更多的人只是在邪与正之间被蒙蔽着，分不清事实的真相，所以失败的人很多。现在知道了如何分别神的邪正，那么就会减少一些祸患的生成。最后我们将正邪总结归纳为：神清而定，神浊而浮。通过以下对比来对人进行鉴别，就不会有迷惑的事情了。

静若含珠——静若萤光

动若水发——动若流水

静若无人——静若半睡

动若赴的——动若骇鹿

静若含珠，动若水发，静若无人，动若赴的都是神清而定的表现；而静若萤光，动若流水，静若半睡，动若骇鹿则是神浊而浮的表现。分清这几种表现就能正确地鉴人了。

• 动静结合鉴人

动静结合，是对事物准确评判的一种方法。曾国藩善于识人，他一般用"贤"来判断人的品行，这往往是静态判断，如"刘府高强，一生富足"；一些具体判断，如"气浊神枯，必是贫穷之汉"，则是动态判断；而"目国无神，纵鼻梁高而命亦促"，则是动静结合。

战国时期，平原君赵胜很会看相。他在渑池会上观察秦将白起的瞳仁和眼神，判断他的性格刚强但比较暴躁，"可也持久，难于争锋"，从而在制订战略决策上十分谨慎。

曾国藩在动静上鉴人更是一绝。淮军刚建立的时候，曾国藩成为封疆大吏，一次李鸿章向恩师曾国藩推荐了三个年轻人，希望他们能在恩师的帐前效力。曾国藩刚回府邸，家人立刻迎了上来，低声告诉曾国藩，李鸿章推荐的人已经在庭院里等待很长时间了。曾国藩挥挥手，示意家人退下，自己则悄悄走了过去。

大厅前的庭院里站了三个年轻人，显然是等待了很长时间，长衫已经汗湿了一片。曾国藩悄悄在离他们不远处的地方停了下来，暗暗观察这几个人。只见其中一个人不停地用眼睛观察着房屋内的摆设，似乎在思考着什么；另外一个年轻人则低着头规规矩矩地站在庭院里；剩下的那个年轻人相貌平庸，却气宇轩昂，背着双手，仰头看着天上的浮云。曾国藩又观察了一会儿，看云的年轻人仍旧气定神闲地在院子里独自欣赏美景，而另外两个人已颇有微词了。

曾国藩继续观察了一会，便胸有成竹地悄悄回到房间里。很快，曾国藩召见了这三个年轻人。三个年轻人一起来到客厅里，曾国藩微笑着请他们坐下，和他们攀谈起来。渐渐地，曾国藩发现，不停打量自己客厅摆设的那个年轻人和自己谈话最投机，自己的喜好习惯他似乎都早已熟悉，两人相谈甚欢。

谈完话之后，三个年轻人纷纷起身告辞。曾国藩待他们离开之后，立刻吩咐手下对三个人安排职位。出人意料的是，曾国藩并没有把和自己谈得最投机的年轻人委以重任，而是让他做了个有名无权的虚职；很少说话的那个年轻人则被派去管理钱粮马草；最让人惊奇的是，那个仰头看云、偶尔顶撞曾国藩的年轻人被派去军前效力，他还再三叮嘱下属，这个年轻人要重点培养。而这个重点培养的年轻人就是日后立下了赫赫战功并官至台湾巡抚的淮军勇将刘铭传。

由此可以看出，一个人眼神游动、分散、呆滞，都是不好的状态。在曾国藩看来，眼光要露出金光，这样的人神态才是正色。如那个不停地用眼睛观察着房屋内的摆设、似乎在思考着什么的年轻人则属于眼神游动；而低着头规规矩矩地站在庭院里年轻人，则属于眼神呆滞的人；而相貌平庸却气宇轩昂，背负双手，仰头看着天上的浮云的人，却是神态正的人。曾国藩在接见下属的时候，总是注意观察人的眼睛。凡是神色安定，他都会认为这人是不可多得的人才。而对于那些眼神游移、分散的，他都认为不可委以重任。这也就是所谓的“邪正看鼻眼”。

• 切莫以形观人

一个人的天分高与不高，才思聪明或愚钝，并不能决定其会不会成大事。因为事实上，有许多看似不聪明的人凭借着不懈的努力，最终也一样取得了辉煌的成就。因此说，鉴人者必须注意不能妄加评断人能力的大小，以及天分和才思的聪慧程度。

曾国藩七岁的时候，他父亲多次童试没有取得成功，最后愤而设立私塾，起名叫“利见斋”，从此曾国藩就开始随他读书，一直读了八年。当时由于曾国藩的父亲自信心连遭重创，因此内心难免有些自卑，自认天分有限，而总结出教书的秘诀就是不厌其烦，重复是记忆之母。每天曾国藩同他的父亲都同睡一床，同行一路，而且曾国藩的父亲常常不忘考查他的功课。还常自我解嘲地说：“因为我自己笨。所以教起你们这些笨弟子来，一点也不感到厌烦。”

曾国藩在童年的时候并没表现出聪明，才思也不敏捷。有一天，曾国藩和妹妹一起随父亲外出，一路上学习作对联。父亲看到路边的景物，随口说出上联“狗尾草”，妹妹则立刻接口说出“凤冠花”，父亲点头说道：“也还工整。”但曾国藩却是答不上来。过了一座桥，父亲又开始说上联：“观风桥。”这时候，他和妹妹都没有对出最好的下联。一直过了三天，曾国藩跑去对父亲说：“那个下联可对‘听月楼’。”父亲一时被他的话语愣住了，不知他在说什么。后来才明白过来，于是点头赞许他的倔强。关于他的倔强可能是受他母亲的影响，他自己也讲道：“吾兄弟皆秉母德居多，其好处亦正在倔强。”“故男儿自立，必须有倔强之气。”

曾国藩十九岁的时候，同弟弟曾国潢去衡阳，拜汪觉庵为师。弟弟十分聪明伶俐，深得汪觉庵的欢心，经常受到夸奖，而曾国藩却沉默不善言谈，老师对他的功课常常用“也好”两字敷衍了事。有一次，曾国藩背书并不流利通畅，老师便训斥他说：“你将来要是能有点出息，我给你背伞！”从此，老师这句话深深烙印在曾国藩的脑海里。

俗话说，是金子总会发光的。曾国藩在二十四岁的时候，去参加长沙童试。父亲的朋友欧阳凝祉出题面试。曾国藩一气呵成，欧阳看了他的文章便称赞道：“这是金华殿中人语气！”并表示愿为他说媒。可是令人想不到的是，长沙的名门闺秀都看不上这个乡下人。而欧阳凝祉却觉得曾国藩还是有天分的人，或许属于大器晚成之人。于是便学着刘邦的丈人，将自己的女儿许配给了曾国藩。

事实果然如此，1838 年，曾国藩中进士，这时他才二十七岁。后来曾国藩回到家乡，去拜谢老师汪觉庵。想到老师曾经说的那句话，便带了一把雨伞，进门的时候便放在汪家的神龛旁。当与老师寒暄完后，起身告辞便走，但当他刚到槽门口，突然对汪觉庵说：“我忘了带伞。”汪老师赶紧跑到屋中，把伞取了过来。曾国藩接过伞，没多说一句话，就走了。

随后，汪老师回到屋里，突然间想起当年那句话，一时间哭笑不得，半天的兴奋劲顿时跑得无影无踪。

由此可见，曾国藩其实也是属于天分奇高、大智若愚的人，只是在平常生活中并没有表现出来。他的老师汪觉庵因为看到曾国藩平时的沉默寡言，所表现出来的不聪明，便妄加评断曾国藩是个没出息的人。这其实是一种错误的思想，一种偏见。而欧阳凝祉却没有凭借他人的评判为标准，在他看来曾国藩是一个具有才学、藏而不露的人。同时也得出：言不妄发，性不妄躁，既是做人的标准，也是鉴人的标准。

对此，梁启超对于曾国藩的这种鲁钝倔强曾评议如下：文正固非有超群绝伦之天才，在并时诸贤杰中，称最钝拙；其所遭值事会，亦终身在拂逆之中。然后立德、立功、立言并三不朽，所成就震古烁今而莫与京者，其一生得力在立志自拔于流俗，而困而知，而勉而行，历百千艰阻而不挫屈，不求近效，铢积寸累，受之以虚，将之以勤，植之以刚，贞之以恒，帅之以诚，勇猛精进，艰苦卓绝，如斯而已，如斯而已！吾以为使曾文正今而犹壮年，则中国必由其手而获救矣！

又由于曾国藩在文、武、经学方面的成就足以震古烁今，梁启超在给曾国藩写的挽联中讲道：武乡可拟，汾阳可拟，姚江亦可拟，潇湘衡岳，闲气独钟，四十年中外倾心，如此完人空想象；相业无双，将略无双，经术又无双，蒋阜秦淮，大星忽陨，廿六载门墙回首，代陈遗疏剧悲哀。联中把他的相才比作诸葛亮，将略比作唐代郭子仪，经术比作明朝王阳明，又称他“相业”、“将略”、“经术”在中国历史上无双。这种誉词虽过夸大，但足见曾国藩对当时和后世的影响。

此外，彭玉麟送给曾国藩的挽联中，并没有把他看作神化了的圣人，而是言语十分质朴、亲切：为国家整顿乾坤，耗完心血，只手挽狂澜，经师人师，我待希文廿载；痛郯城睽违函文，永诀温颜，鞠躬真尽瘁，将业相业，公是武乡一流。

以上可见，神的偏邪与形的丑恶并不是相同的，有的人认为人只要是有着一副丑恶的样子，就断定不是好人。其实这是一种错误的表面意识。实际则不是这样，长相丑恶的人往往也有着善良、仁爱、忠诚的心灵。所以说，我们切莫“以行观人”，而是以神来观察人的本性，这种神来自于心灵的本性，是难以伪装骗人的，以它来判断人的品行，才是最可靠和正确的方法。

• 清浊之道，洁身自好

水有清浊之分，人也有清浊之分。但我们做人要有水一样的清白。曾国藩一生崇尚节俭，淡泊名利，不贪钱财。

曾国藩在生活中十分俭朴，每日吃饭仅食一品菜，如果家中不来客人，他是绝对不会独自增加一菜。因此人们都称他为“一品宰相”；在穿衣上，曾国藩即使做了总督，他也不买些绸缎衣服，彰显自己的身份，而是规定依旧由老太太和夫人去制作。而且还规定晚上，老太太、夫人、女儿都要绩麻纺纱；在居住上，曾国藩做了总督，弟弟做巡抚，客人、子孙也逐渐增多，原来的屋子自然就显得有些小，于是九弟便新建了一间屋子，并花费了三千银两。曾国藩知道后，非常不高兴，便写信斥责九弟说：“新屋搬进容易搬出难，我这一生发誓不居住新屋子。”因此，他一生都没有踏入新屋一步，而在两江总督任所居住一生；在钱财上，曾国藩认为，仕宦之家不蓄积银钱，使子弟自觉一日不勤则将有饥寒之患，则子弟渐渐勤劳，知谋所以自立。

曾国藩的祖父曾星冈在世时，常常讥笑那些喜欢积攒私财的人家，他认为积攒私财是败家之兆，对此，曾国藩十分信服。他认为，与其给子孙留下大笔遗产，不如教子孙走入正道。曾国藩说，如果子孙误入卑鄙自私的歧途，将来必定斤斤计较一些细小的事情，心胸日益狭隘，到了那时就难以挽回了。明代的钱琦说：“处贵而骄，败之端也；处富而奢，衰之始也。”说的就是品德不正，即使身处富贵，也要注定败亡的道理。

出于这种思考，曾国藩跳出了那个时代官宦人家以及一般人家富有之后都要买房置地的普遍行为，极力反对家中为他购买五马充私田之举。

不留钱财给后人，自古就有之。如汉初三杰之一的萧何，位居宰相，但他买地建宅的时候却一定要找穷困偏僻的地方，治家也不修建院墙和房屋。他说：“子孙如果贤德，会学我的俭朴；如果不贤，也会被人夺去田产。”还有晚清的民族英雄林则徐也说过相似的一段话，他说：“子孙若如我，留钱作什么，贤而多能，则损其志；子孙不如我，留钱作什么，愚而不孝，且长其恶。”

因此，曾国藩说：“身居京官，总以钱少产薄为妙。”他还给他弟弟写信说：“我觉得我们弟兄身处这样的时代，名声远扬，应以钱少、产业少为好。一则平日可以避免别人抱着掠取的期望，有动荡的时候也可避免遭抢掠；二是子弟之辈看到家中窘迫的状况，也不至于一味讲究奢侈了。”

正是由于曾国藩一生的清廉和洁身自好，才赢得了良好的口碑。而那些不能清白做人的人，最终只落得家破人亡、遗臭万年的下场。

当然，有时候这种清白处世也要因地制宜，灵活运用，就像水一样，以不变应万变，以随意应高低之形势。这也正如杜甫所说：“在山泉水清，出山泉水浊。”这就是告诫我们做人一定要本着“清”的原则，但在非原则上就要学会变通。而人就像水一样，至清则无鱼，至浊则发臭，而重要的是清浊并举。总之，一个成大事的人会像水一样的做人，既容清也容浊，既容失也容得，包容万物，才能清浊有道，洁身自好。

三、精神状态观人心灵

【原文】

凡精神，抖擞处易见，断续处难见。断者出处断，续者闭处续。道家所谓“收拾入门”之说，不了处看其脱略，做了处看其针线。小心者，从其做不了处看之，疏节阔目，若不经意，所谓脱略也。大胆者，从其做了处看之，慎重周密，无有苟且，所谓针线也。二者实看向内处，稍移外便落情态矣，情态易见。

【译文】

考察人物的精神，那种故意振作、抖擞的状态是比较容易识别的，而那种看起来似乎是故意振作、抖擞，却又可能是真的精神抖擞充沛状态，就很难识别了。精神不足，会在神故意振作之后中断，如同滴水一般，从滴水处中断；精神充足，如同长江大河，滔滔不绝，自然流蕴而不断竭。道家修身炼气所讲的“收拾入门”的说法，用在考察人物的精神上，就相当于是：在行动的时候，要看他潇洒豪放的气概有几分真，几分假，几分做作，几分自然；在静心安坐的时候，要考察他的细致周密、平心静气状态，静中是否有浮躁。小心谨慎的人，要从他力所不及、没有能力完成的事中去考察，表面上是小心之人，却处处表现得思考不周密细致，好像是由于疏忽造成的损失，这就是表面细心，实质上是粗心、心思欠周密的人。大胆豪放的人，要从他能完成的事中考察。表面上粗枝大叶的人，在行动中却处处留心细节，任何蛛丝马迹都不放过，不草率行事，不轻举妄动，事情得以成功，实质上是他粗中有细、不轻率冒进的缘故。粗细两种表现实际上是从外部表现来考察人物的内心本性。如果内心本性外露得比较明显，就属于情态，情态是比较容易识别的。

【解读】

• 人的精神境界

精神境界，是指人在追求安身立命的过程中所形成的精神状态。人存在于境界之中，人的存在也是境界式的存在。每个人都有自己的精神境界，有什么样的精神境界就有什么样的精神状态或者生命状态。当一个人的精神修养达到某个层次和水平的时候，他就会根据自己所具有的修养和水平来看这个世界，并判断事物的好坏。同时，他对外界的各种思想意识也会随着他的修养和层次的不同而出现变化，这也就是所说的精神境界影响着人的存在。

譬如说，三国英雄豪杰说战就战，说斩便斩，他们不是不怕死，而是超脱于一个精神境界，这种精神是脱俗的。再如《逍遥游》中的“游”就是一种精神存在的状态，也是一种精神境界和审美的境界。它体现着庄子为逃避物质世界的弱肉强食以及功名利禄，想进入纯然的精神世界，即追求绝对自由的精神境界。这一种境界庄子称为“逍遥”状态。庄子曾这样描述：“若夫乘道德而浮游则不然，无誉无訾，一龙一蛇，与时俱化而无肯专为；一上一下，以和为量，浮游乎万物之祖；物物而不物于物，则胡可得而累邪！”（《山木》）

这便是庄子所追求的一种无待、无累、无患的逍遥境界。可以说这是一种向往个人自由自在的存在，一种不想有任何人生负累的心境。

曾国藩六十岁的时候，就觉得神不足，气血亏损过度。这与年龄渐大有关外，还与他常年操劳公务和不断学习有关。他在临终的时候，曾经在日记中这样写道：“余精神散漫已久（知大限将至），凡遇应了结文件，久不能完；应收拾文件，久不能检，如败叶满山，全无归宿。通籍三十余年，官至极品，而学业一无所成（太过谦虚），德行一无所成，老大徒伤，不胜悚惶惭赧。”

由此可见，人精神境界的不同，决定了人的价值观和人生观的不同。价值观和人生观的不同，从而进一步导致了人生方向和生命状态的不同。曾国藩一生历经挫折坎坷，他之所以能够被清朝所重用，就是因为他具有一种“慎独”的精神。也正是因为这种“慎独”的精神，使他一生如鱼得水，成就了辉煌的事业。

《礼记·中庸》中记载“慎独”：“道也者，不可须臾离也，可离非道也。是故君子戒慎乎其所不睹，恐惧乎其所不闻。莫见乎隐，莫显乎微。故君子慎其独也。”

这种“慎独”其实就是一种对待生活的状态。“慎”就是指认真、谨慎地对待生活的一种态度。“独”是指人生活无拘无束，无任何人能支配和管理，一种理想、自由的生活方式。在这种状态下，人们往往都会意志不坚定而容易犯错误。因此当我们处在“独”的生活条件时，我们才需要“慎”。这就是曾国藩所表现出来的精神境界。

所以说，人的精神面貌在人生中起到了非常重要的作用。要知道，人生难免都会遇到挫折和坎坷，只要你精神抖擞地去面对，就一定会找到解决的办法，同时也会使你精神百倍、信心十足地为之奋斗。反之，你疲惫不堪，精神沮丧，则就会失去大好时机，甚至会因此引发病患。而有时候，如果你能时刻充满精神，即使身患重病，也一样会让你战胜病魔，逃过一劫。这就是人的精神作用。

• 精神状态支配着你

所谓精神状态，是指随着时间环境的变化，每个人所呈现的不同精神风貌。而我们每时每刻都处于精神状态中，生活中人们常用精神状态表述自己的心境，或者传递给外界感觉和信息。

通常，人们看一个人一生能取得多大的功名，都会看这个人的气质怎么样。如果一个人气宇轩昂，自然是干大事的材料。反之，如果行为猥琐局促，绝不会有所成。其次，一个人的事业成功与否，还要看他的精神状态如何。如果精力旺盛，身体强健，则事业成功自然大有希望，如秦始皇、成吉思汗、康熙等人以及一些开国之君，史书上都记载他们精力旺盛，常常夜以继日地工作。而反观那些亡国之君，大都精神衰颓，委靡不振。

俗话说，三分实力，七分士气。其中，这“士气”就是一种精神状态。在战场上，如果一个军队的士气旺盛，那么每个人都会保持着良好的精神状态，这种精神状态也会增强战士们的自信心和勇气，从而使战士们在战场上英勇抗敌，敌人闻风丧胆，失去锐气，最终取得胜利。这就是一种精神所爆发的力量。军队如此，人也是一样，如果一个人每天都处于精神委靡的状态中，那么他就会情绪低落，无法投入到工作中去，生活也过得不开心，徒增的只是更多的烦恼，甚至是一种无形的阻力。再如，在体育场上，我们都可以看到那些运动员在预备的时候，都是精神百倍的最终取得了好成绩。所以说，我们做任何事情的时候，精神力量是支配人内心的最重要的状态，只要拥有了这种良好的精神状态，那么任何事情都会取得成功。

古往今来，有许多人都在精神力量的支持下探索着、奋斗着，不管是提出伟大思想的哲学家，还是发现自然奥秘的科学家，他们都用自己的行动对思想作出了同样的诠释：精神是一种力量，其力量并不是身的赐予，它来源于我们遇到的挫折与困苦，成长与感悟。

《列子·汤问》上有则寓言说，在北山有一位老人，因为家门前有两座大山挡住了前往的路途，于是便下定决心带领儿孙们挖山，挖出一条路。他们子子孙孙，锲而不舍，坚持挖，最终取得了成功。这就是流传至今的“愚公移山”。其实，依靠人力去挖两座大山，是多么不容易的事情，但是愚公却有一种不怕困难、坚持不懈的精神。正如他所说：“我死了有儿子，儿子死了还有孙子，子子孙孙是没有穷尽的，这两座山不会再增高了，凿去一点就少一点，终有一天会凿开的。”

这个愚公移山的故事，就告诉我们一个深刻的道理：人的精神力量是无穷的，只要具有这种百折不挠和勇往直前的精神，那么任何困难都会被克服掉。反之就会一事无成。

在古代，许多大家都是因为这种精神而取得辉煌的成就。比如晋朝有个文学家左思，在小的时候曾经专攻书法，但是却没有取得成就，后来他又开始学习弹琴，但是成绩依然是不突出。因此，他的父亲对他失去了希望，和朋友在一起的时候就对朋友说：“左思的智力和才能还不如我呢。”这句话恰巧被左思听见了，他的自尊心受到了严重的打击。从此他立志一定要用功读书，用成就证明给父亲看，他是能行的，甚至会超过父亲。经过十年的不断努力，他终于写成了使“洛阳纸贵”的《三都赋》。

如今的我们，也有着伟大的理想，但是却往往见异思迁，看到一本好的小说，就梦想当作家；看到陈景润摘取数学王冠，就幻想当数学家；参加一次演唱会，又想当歌星。像这样既没有明确目标又没有水滴石穿的精神，是干不了大事业的。要知道水滴石穿的精神，就是贵在“恒”字，恒能让你发挥出巨大的力量，将那些看似不能成功的事情，奇迹般地取得成功。这正应验了古人所说的：“只要工夫深，铁杵磨成针。”

的确如此，就连微不足道的水滴都能滴穿一块块顽石，如果我们也能像水滴那样目标专一，持之以恒，还有什么事情做不成呢？

明代著名医药学家李时珍、美国发明家爱迪生、现代著名画家齐白石，古今中外所有成就事业的人，在前进的道路上，不都是靠着水滴石穿的精神，才“滴穿”一块块“顽石”，最终取得成功的吗？

所以，我们一定要具有水滴石穿的精神，有明确的目标，才有可能取得事业的成功。

• 人的两种精神表现

人的精神从外在显露而言，可以分为两种表现：一是自然流露，二是勉强振作。所谓自然流露就是指对于所见的和所感受到的发自内心的流露，这种完全出自于内心的真情的表达，所显示的情态举止也是自然的，没有丝毫矫揉造作的现象。而所谓勉强振作是指假装振作。

其实，人的精神一旦振作起来，不论是真情流露还是故意造作出来的情态，当它显现的时候，都能看到它的振作，但这并不是一个人“神”所表现出来的真实情况，这种状态是比较片面的，必须结合另一种状况，即精神断续时，才能真正发现神的真实状态。而这种断续的状态也能准确区分自然流露和勉强振作。

一个富有人生经验的人，他因为社会的阅历多了，见过的人也多，所以就比较容易看出人的情感是真实还是虚伪。虽然人的情感和精神状态有不同的表现，或许也可能给辨别神的真假带来困扰，但是只要看人的各种言语行为表现，就可以看出人的神态的真和假。譬如说，项羽第一次见到威猛雄武、统一中原的秦始皇的时候，就发出感慨：“彼可取而代之。”从中就可以看出这是项羽内心情感的真实流露。他朴实率真，又可称为大胆或者莽撞。而刘邦见到秦始皇的时候，则说：“大丈夫该当如此。”两个人对比而言，他们两人的话语和神情不一样，但从中却能真实表明他们的内心活动和个性，但唯一不同的是刘邦与项羽相比，言语上就比较含蓄婉转。

所以说，凡是内心出于真诚，都没有做作的状态，而神气所流露的时间也长久，所表现出来的“神”也自然有余，因此称做“续”。而如果一个人并不是发自内心，而出于一时的伪装，则所说出的话语往往底气不足，精神也显示得十分短暂，其中“神”所表现得也不足，因此称做“断”。

在唐朝时期，有许多奸臣，如杨国忠、李义府、李辅国、鱼朝恩、李林甫等。其中李林甫在这些奸臣中可算得上一个代表，虽然他没有像杨国忠那样恶贯满盈、专权扰乱朝政，但是他在欺骗和伪装上绝对是一个高手。

唐玄宗初年，李林甫依靠舅父的关系，巴结权贵当上了官。当时他的舅父姜胶是唐玄宗时期的秘书监，曾受封楚国公。他的曾祖父李叔良是唐高祖李渊的堂弟，父亲李思诲任杨府参军，正是因为他们这种关系才使李林甫走进官场之中。

其实，李林甫能够官运亨通还主要是因为他善于玩弄权术和阴谋，尤其是他善于两面三刀。对人表面上总是甜言蜜语，背后却是阴谋诡计，陷害别人。后人都称他是个口蜜腹剑的奸诈之人。

李林甫在职十九年，权势甚盛。他巴结讨好那些贵夫人，当时的侍中裴光庭的夫人是武三思的女儿，李林甫对她大献殷勤，讨她欢心。后来裴光庭病死后，李林甫与裴夫人关系走得更是密切，心中还时刻想着取得宰相的高位，于是他便利用裴夫人，让她请求大宦官高力士帮忙。高力士是从武三思家出来的，后来得到了唐玄宗宠幸。高力士觉得直接办理此事有些不妥，便私下在暗中帮忙。这时候正好唐玄宗准备起用尚书右丞韩休为宰相，高力士就立刻通知裴夫人，当李林甫从高力士那里得到这个消息后，为了讨好和巴结韩休就抢先去韩休那里贺喜，讨韩休的欢心。

韩休当上宰相后，就向玄宗极力推荐李林甫。李林甫为了能够顺利当上高官，更加施展巴结的本事，讨后宫欢心。当时武惠妃是唐玄宗最宠爱的妃子，李林甫就趁机巴结上武惠妃，最终得到武惠妃的帮助，当上了礼部尚书，跻身宰相的行列，成为朝廷三巨头之一。当时朝廷里还有两位宰相，一位是中书令张九龄，另一位是侍中裴耀卿，他们两人都是有名的贤臣。而李林甫却和他们相反，是一个奸臣。

李林甫当上了高官后，同两位贤臣一起共事，由于两位贤臣威望十分高，人们都很尊敬他们。而李林甫却总遭到人们的嫉妒。于是，他便一边奉承唐玄宗，一边在背后挑拨排挤这两位贤臣。由于唐玄宗的糊涂，被李林甫的三寸不烂之舌所说服，最后李林甫成为了一人之下、万人之上独揽大权的宰相。他掌握大权后，就开始消灭对自己不利的人。同时他还不断地向唐玄宗提出各种所谓的合理化建议，达到取悦唐玄宗的目的，以此来麻痹皇帝，让自己更加得到重视和宠幸。当李林甫觉得自己的权力、地位稳定后，便开始一改往日的容颜，变得更加凶狠残暴起来。只要他看着不顺眼的人，他就进行迫害，或者是不顺从他的人，不管是大臣权贵还是皇亲，他都一样陷害。此外，他还养了一批残酷的帮凶，制造各种案件，来消除阻碍他的人。其中著名的案件有“兵部案”。缘由是李林甫记恨兵部尚书李适。还有“韦坚案”、“扬慎矜案”等等。

李林甫这种残酷的手段，遭到了人们的唾骂和揭穿。最终有个叫做吉温的人，他是李林甫的亲信，和安禄山称兄道弟，开始一起排挤李林甫。与此同时，和李林甫臭味相投的杨国忠也落井下石，逐渐李林甫的党羽和亲信都被瓦解和分裂。李林甫面对这样的局势也束手无策，根本没有能力挽回局面，最后只能眼见曾经的辉煌毁于一旦。看到这样凄惨的局面，李林甫很难承受，不久便抑郁而死。

李林甫这种行为便是精神的勉强流露，他先是给人一种讨人喜欢的臣子印象，见人就表现对人的尊敬。其实内心却隐藏着他为了当上大官的阴谋，这种精神往往不被人发现，而当他达到目的后，所表现的精神便不再是矫揉造作，而是直接地显露出他内心阴险的本质。

其实，有的人这种自然流露出的精神，一眼就能看出是内心所显示出来的。如汉朝时期的季布，他自身就彰显着勇士的本色，常常直言不讳地指责刘邦的不是，很不给刘邦面子。开始刘邦对他十分不满，但后来习惯了他这种自然流露出的表现，也就不再当回事。

对于季布这种鲁莽直接的表现，有的大臣说他是匹夫之勇，与他关系密切的大臣也劝说他要收敛一些，但季布却说："我不会在不该收敛的时候收敛。我季布就是这样的人，有什么说什么，看不惯的人自然可以走开。"

刘邦去世后，西汉的吕后是个十分恶毒的人，她将刘邦的爱妾折磨致死。后来皇太子刘盈登上了皇帝的宝座。但吕后依然是非常跋扈，私下总是用种种狠毒的做法折磨那些她看不惯的妃子，朝中大臣谁都不敢多言。只有季布一人，数次进谏汉惠帝刘盈，数落吕后的罪行，但刘盈十分懦弱，再加上吕后又是他的亲生母亲，他也无能为力。

后来，刘盈死后，吕后更加无法无天了，小皇帝不懂事，朝中大事由吕后一人独断。这个时期，北方民族匈奴更加嚣张起来。自从刘邦死后，匈奴认为大汉气数已尽，便写来一封调戏吕后的信，信中充满了侮辱的话语。匈奴王还扬言说要娶吕后，免得她孤独寂寞。其实这封信调戏是假，挑起事端才是真。吕后哪能受得住这样的侮辱，顿时暴跳如雷。

随后，她立即召开朝会，商议对匈奴用兵一事。老将樊哙，即吕后的妹夫，第一个站出来支持吕后讨伐匈奴，并信誓旦旦地说："给我十万兵马，定把匈奴打个落花流水！"吕后对樊哙的表现也十分满意。众大臣明知道樊哙说的是大话，就凭借大汉的军事实力，根本无法与匈奴抗衡，如果出兵讨伐匈奴，正中了他们的阴谋。

但是，却没有一个大臣站出来说出反对的意见，个个都唯唯诺诺，为了能够保住头上的乌纱帽，都闭口不言。大臣们的表现让吕后觉得大家都同意了讨伐匈奴的意见，心里十分开心。正当她要发布命令的时候，季布正义凛然地站了出来，大声斥责樊哙："好你个樊哙，你除了能趋炎附势、阿谀奉承还能做什么？你说你可以率领十万大军横扫匈奴，那么请问哪里有十万大军给你？即使你有十万大军，你又凭什么横扫匈奴？当初，高皇帝率兵四十几万，尚且被困在白登七天七夜，难道你比高皇帝还厉害吗？昔日，秦朝不休养生息，屡次与匈奴开战，结果耗费了大量的财力物力，导致国库亏空，民怨沸腾，陈胜吴广揭竿而起，秦朝迅速瓦解。这样的教训难道我们不应该吸取吗？如今，大汉刚刚建立，战争遗留下来的问题还没有解决，你不考虑实际情况，却在此夸下海口，冒天下之大不韪，这哪里是为大汉着想，这简直就是抽大汉的血，是要动大汉的根啊！高皇帝在九泉之下也不会同意你这么做的。"

季布这番话让那些不敢言声的大臣都十分解气，顷刻间个个都似乎有了胆量，纷纷附和季布的建议。樊哙立刻不知所措，吕后见势不妙，就宣布散朝。

从此，吕后再也不提讨伐匈奴一事。

也正是季布这种大无畏的勇气和审时度势的智慧挽救了大汉的一次军事危机。而季布的这种精神就是自然流露，毫无任何掩饰，虽然他这种直言有时或许会引来祸患，但是他的勇敢和精神是值得人们敬佩的。在古代也正是因为有许多这样正直、直言的大臣，才使得皇帝深刻认识到事物的本质，作出正确的判断和决策。

通过以上的故事，想必人的两种精神表现就非常容易辨别了，在日常生活中，也能够区分出人的虚伪和正直，从而决定什么样的人才是可用之人，可交之人。

• 人之心思

每个人的思想都是不同的，有的善变，有的单纯，有的斗心，有的贪心，因为思想的不一样，所以心思也都不一样。如文中所说："小心者，从其不了处看之，疏节阔目，若不经意，所谓脱略也。大胆者，从其做了处看之，慎重周密，无有苟且，所谓针线也。"这句话中的小心者就是指那种小心谨慎、心思周密的人，有心气很高，常认为天下人皆不如己，但有一个明显的缺点就是容易气馁，经不起一次又一次的失败的打击，这与胆大心细是有区别的。

曾国藩是一代名将名相，文能治国，武能用兵。他可谓是个叱咤风云的人物，但是他却能始终坚持低调做人、谨慎做事。曾国藩曾说："位愈高，则誉言日增，箴言日寡；望愈重，则责之者多，恕之者少。"这其中道出了曾国藩低调做人的道理。说明在他看来，随着官位的升高，名声越来越大，人们也越来越敬佩他。但是他也知道，人们对你的要求也越来越高，因而责难的人也会多，宽恕的人也会少。这是曾国藩低调做人、谨慎做事的重要心思。

此外，曾国藩还说："居今之世，要以言逊为宜；有过人之行，而口不自明；有高世之功，而心不自居；乃为君子自厚之道。"这是说，即使有过人的本领、超常的功劳，也不要时刻挂在嘴边，用来炫耀，而要谦虚谨慎，低调做人。这是低调做人的具体做法。同时，他还说："勋位并降，务宜敬以持躬，恕以待人。敬则小心翼翼，事无巨细皆不敢忽；恕则凡事留余地以处人，功不独后，过不推诿。常常记此二字，则常履大任，福祚无量矣。"这是说低调做人能够给自己和后人留下福气，减少祸患。

由此可见，曾国藩一生的心思就是低调做人、谨慎做事，这样才能成为一个大忠大智大勇者。

大胆者，从其做了处看之。其意思是说，如果是粗枝大叶的人，即便他把事做成功了，也会漏掉许多重要的细节，可以说这是一种无形的失败；而胆大心细的人，会在勇往直前时，密切注意周遭事物的细微变化，于细微处发现有可能遗漏的东西，从而保证事情的各个环节都不出差错。

汉末吕布，是个骁勇善战的大将，他先后跟随丁原、董卓作战，并最终杀死了丁原和董卓。独自取得势力后，便与曹操为敌，和刘备、袁术等诸侯时敌时友，但最终不敌曹操和刘备的联军，兵败人亡。

其实，吕布虽然勇猛，但只是胆大没有计谋，加上他为人反复无常，唯利是图。在美女貂蝉上演连环计后，成为被人利用的刽子手。吕布还有一个最大的缺点就是，得志后目中无人，这便验证了他即使取得了一方面的成功，但无形中也注定了他的失败。比如因为他的目中无人，与同僚结下了恩怨。他在诛杀董卓后，与凉州人的关系越来越差，甚至要诛尽凉州人。到了袁绍的住所，也是因为吕布认为自己有功于袁家，看不起袁绍手下众将，最终和袁绍决裂。

事实上，每一个将领心中都明白，像吕布这样的下属，根本就不敢重用他，因为他的几次杀主，都让人提防着自己有一天也会被他砍掉脑袋。但是吕布却没有认识这一点，在他被捉后，哭求刘备说："我与卿同边地人也。布见关东起兵，欲诛董卓。布杀卓东出，关东诸将无安布者，皆欲杀布尔。"但是刘备也是觉得吕布这样的人，虽然有勇，但是心思却十分阴险，是胆大而不心细。比如，他射戟救援了刘备一次，便认为对刘备有恩，却全忘记了若不是他偷袭徐州，刘备怎么会落得要他救的下场，更别说刘备不久后就被他攻打逃亡。这样的情况下还希望刘备为自己说好话，可见吕布其人太过以自我为中心，只知自己对他人的恩，而不记得自己对他们犯下的错了。无奈，吕布在众人的否定中，最终失去了性命。

由此看来，观人和识人其实就是一个由外向内、循循探察的过程。观察一个人的内心心思和想法也是如此，也就是先从一个人的言谈举止，去探查他内心所隐藏的真实想法。所以说，一个人的心思并不是无处洞察，只要能够在日常生活中仔细观察，分析人物是谨慎还是胆大，是有勇还是懦弱等性格特点，再看他的行为活动，就一定能够发现他真实的才能和见识。

• 醉之以酒而观其态

俗话说："无酒不成宴"。酒在我国是招待客人的最好饮品，而且中国人向来是好客的民族，只要有亲友来拜访，一定会让人喝得酩酊大醉，才方显主人的热情。于是，许多人都会饮酒而醉。又因为酒本身含有一种麻醉剂，与乙醚、笑气、三氯乙烯等西药麻醉剂一样，使用之后都有一个兴奋期。但是喝酒人的兴奋期很长，而兴奋期之后就是麻醉期。由于喝酒人追求的是兴奋期，也追求麻醉，因此酒精迎合了喝酒人的需要。

宋太宗时期，孔守正官拜殿前都虞侯。有一天，他在北陪园侍奉太宗酒宴，孔守正在酒席中喝了许多酒，最后酩酊大醉。这个时候便和王荣争吵起来，原来是为争守边的功劳。两人越吵越凶，根本就忽视了皇帝还在身边，就这样失去了下臣的礼节。在一旁的大臣见两人如此无礼，便奏请皇上下令将两人抓起来，送到吏部去治罪，但是太宗却拒绝了，而是将两人送回家去。

第二天，两人都醒了酒，听人说自己酒后失态，感到十分恐慌，便一起到了金銮殿向太宗请罪，而太宗却十分大度地说道："朕也喝多了，根本不记得这些事情了。"由此可见，太宗之所以称自己也醉了，有两方面原因，一是想挽回朝廷的面子，二是在警告两人酒后的失态，这种做法可谓是明君的风范。

酒本来就是使人狂放不羁之物，请人喝酒，又要苛求人不要酒后失态，那是不容易的事情。所以，有不少人认为，醉之以酒而观其德，此言甚好。人虽有德，醉后则不能自持，这正所谓是白璧之瑕也。这就是说，酒醉以后可以看出其德行，人虽有德行，酒醉后往往不能自我控制，这也是白玉之微瑕也。意思就是指通过观察人的行动来识别人。

由此可见，酒后观察人的形态，往往就能看出一个人的品行，所谓“酒后吐真言”，因此一般在社交的场合，都离不开以酒谈生意，以酒来招待客人。

• 识别人的各种状态

人的气质、品行不同，所表现出的气概也不同。所以一般古今的英雄人物，往往给人的印象都是大义凛然，气势非凡。

对此，刘邵说，从一般人的观察角度来讲，大多数人都知道赞扬志向远大而不知道佩服心思细微的人。一般心思细微的人，遇到事情都会小心谨慎，行为十分胆怯，容易被人忽略。

《汉书·五行志注》中记载：牛心大而不能思考。由此可知道人心粗略的也一定不能精思；不能精思的人，怎么能忧虑失败而争取成功呢？朱熹曾经引用前辈的话说：“年轻人只是才性过人的，才不会畏惧；只有读书后深入思考、仔细研究的才可畏！”他又说：“读书只怕深入思考，因为书中义理精细深刻，只有深入思考、专心致志才可以领会。”鲁莽浮躁的人一定不可能做成大事。读书的人也只有刻苦努力、细心琢磨然后才能有所收获，何况要成就天下大事的人，而那些鲁莽草率的人又怎能取得成功？用人的心志大小就能分辨圣贤、豪杰、傲荡、拘懦四种人。

一个心思细微、志向远大的人，就可能成为圣贤之人，如周武王。《武王践阼记》中说：“敬重之心超过懈怠之心的人吉利，懈怠之心超过敬重之心的人不吉利。”《史记》中记载：“武王到了周国后，即使是夜里也不酣睡。”这些都证明了周武王是一个心思细微的人，所以，他才能够成位一代贤主，为后人所称赞，敬仰。

而《尚书·泰誓》中说：“上天爱护下民。设立了君主来管理百姓，设立了教师来教化百姓，我应当能够辅佐上帝，保护安定天下。有罪的应该讨伐，无罪的应该赦免，我怎敢违背上天的意志呢？”《孟子》说：“周武王也是一怒之下而安定了天下的百姓。”这些又都是志向远大的事例。

曾国藩家书中，一直劝弟教儿立志向学，可见他非常重视“立志”对一个人人生的修炼和重大影响。他曾给自己写过一个对子：“不为圣贤，便为禽兽；莫问收获，只问耕耘。”他把圣贤视为自己最高的目标。因为圣贤在中国人的概念中是圣人和贤人的合称，那是品德高尚、才智超凡的完人，所以中国历史上能够称得上圣人和贤人的是屈指可数的。在他看来，无论帝王将相，无论圣贤豪杰，各自都有各自的一种志向，只要你朝着这个目标去努力就好了，莫问收获，只问耕耘，重点在耕耘两个字上，可见曾国藩的志向之大。

曾国藩从刚开始走上科举路，到后来平定了太平天国，直至做到直隶总督，不同阶段他都有自己的志向。在一次秀才考试中，曾国藩取得第七名的好成绩，为此他十分高兴，于是为自己取了“涤生”这个名号，希望自己能够借助这一好成绩蒸蒸日上。从表面意思看，“涤者，取涤者旧染之污也。”而“生者”，则采用了明朝袁了凡的话：“以前种种譬如昨日死，今后种种譬如今日生。”也就是说我今后所做的事情，就仿佛我要重生一样。这可谓是他立下了一个非常大的志向。

随着人生不断向前推进，曾国藩在道光十二年参加湘乡县学考试时却被学台亮了红牌，认为他文理不通。后来再次应试，他也仅得了一个备榜，即秀才的最后一名。这对于一向不服输的曾国藩来说，简直就是奇耻大辱。于是他告别家乡，进入省城就读于当时极富盛名的岳麓书院。在岳麓书院，他勤学苦读，每一次考试都力争第一，后来在参加省城的乡试时，不负众望，考中了举人，后来又考中了进士。在进士及第之后，又立下了更加宏大的志向。

由此看来，当年的立志正是曾国藩克服这些困难的一个重要因素。每当他在科举路上遇到困难时，人们总能看到他为此付出努力，并立下志向这样一个过程。因此他最终取得了圣贤豪杰的美称。

此外，心思粗略、志向豪迈的人可称为豪杰，如晋朝司空刘琨。《晋书》中曾记载：刘琨年少时即胸怀远大的志向，有纵横天下的才略，和范阳人祖逖是好朋友。他听说祖逖被朝廷起用后，给亲友写信说：“我枕戈待旦，立志要扫平叛逆之敌，常常担心祖逖先我行动！”他又写了一首五言诗赠给别驾卢谌，诗中寄寓了非凡的志向，抒发了幽愤的心情，遥想汉初的张良、陈平，感叹鸿门宴和白登之役的旧事。用以激励卢谌。卢谌一向没有雄才大略，用很平常的词句相酬和，与刘琨的心思大相径庭。刘琨又重新写诗赠给卢谌，于是卢谌对刘琨说：“你的前一篇诗作写的是一种帝王般的远大志向，这不是做臣子的应该说的话。”从中，我们可以看出刘琨的志向非常宏大。然而刘琨善于安抚而不善于控制，当他兴兵拥立晋室的时候，一天之内投奔他来的人达几千人，离去的也相继而起。还有，刘琨率众兵投奔幽州刺史鲜卑人段匹，他明知道夷狄人难以靠忠义收服，所以他只希望对他真诚相待，或许也能侥幸成功。从这些事中，又可见刘琨心思粗略而不周密，没有先考虑到祸患，便想取得成功的心态。

心胸狭小而志向又小，可称为拘谨软弱之人，如曹蜍、李志。《世说新语》中记载，庾道季说："廉颇、蔺相如虽然是千年前死去的古人，但他们严正可畏的形象却常常具有勃勃生气；曹蜍、李志虽是现在还活着，却是死气沉沉有如九泉下的人。如果人人都像曹蜍、李志这样，便可回到结绳而治的远古时代，不过只怕要被狐狸豺狼这些野兽吃光了。"曹蜍、李志虽然活着却犹如死了，由此可知，他们都是心胸狭小而志向又小的人。

《列子》记载，秦穆公让九方皋选求良马，九方皋复命说选到一匹黄色母马。秦穆公派人去取马，取来的却是纯黑色的公马。秦穆公因此非常不高兴，伯乐看到秦穆公的表情后，便感慨万千地说道："九方皋看到的是天机，得其精而忘其粗，得其内而舍其外。"这就是说，我们在看人的过程中，把握这个人的大体感觉而略去其人的细枝末节，求取其人的精华之处而舍弃其人的糟粕末节，这才能观察到人的真正本质，从而更好地用之。

四、“骨有九起”的诠释

【原文】

骨有九起：天庭骨隆起，枕骨强起，顶骨平起，佐串骨角起，太阳骨线起，眉骨伏犀起，鼻骨芽起，颧骨丰起，项骨平伏起。在头，以天庭骨、枕骨、太阳骨为主；在面，以眉骨、颧骨为主。五者备，柱石器也；一，则不穷；二，则不贱；三，动履小胜；四，贵矣。

【译文】

九贵骨各有各的长势：天庭骨丰盈饱满；枕骨充实显露；顶骨平正而不突兀；佐串骨像犄角般向上倾斜着，直入到发际；太阳骨呈直线上升；眉骨骨棱显而不露，隐隐约约好似犀角平伏在那里；鼻骨形状如同芦笋竹芽，挺拔而起；颧骨力势两全，不陷不露；项骨平伏厚实，隐约可见。看头部的骨相，主要看天庭、枕骨、太阳骨三处关键的部位；看面部的骨相，主要看眉骨、颧骨两处关键部位。如以上五骨完美无缺，那这样的人一定是国家的栋梁之才；如果只具备其中一种，那这样的人一生都不会贫穷；如果能具备两种，那这样的人一生都不会卑贱；如果能具备三种，那这样的人只要奋发而为，就一定能得到富贵；如果能具备其中四种，那这样的人就一定会拥有荣华富贵。

【解读】

• 何为九贵骨

相书《月波洞中记》曰：“所谓九骨者，一曰颧，二曰驿马，三曰将军，四曰日角，五曰月角，六曰龙宫，七曰伏犀，八曰巨鳌，九曰龙角。”

曾国藩也说，骨有九起。而要想了解其含义，就要先知道何为九贵骨，其具体内容如下：

一为颧骨。人脸部的左右两边、眼尾下方突起的骨叫颧骨，一共有两块。

二为驿马骨。驿马骨其实就是颧骨势入“天苍”的骨，一共有两块，颧骨不入“天苍”，就叫做驿马骨没形成。

三为将军骨。也就是耳骨，一共有两块。

四为日角骨。是左眉上方隐隐突起的骨，共有一块。左眼称为日，所以它上方的骨就叫做日角骨。

五为月角骨。是右眉上方隐隐突出的骨，共一块。右眼称为月，所以它上方的骨叫做月角骨。

六为龙宫骨。是围绕双眼突出的骨，一共有两块。

七为伏犀骨。是由鼻上一骨直线向上，到额部“天庭”，再由“天庭”直贯到头顶（也就是脑后）的一段骨，共一块。其形状如同隐伏的犀角，所以称作伏犀骨。

八为巨鳌骨。是两耳后耸起直到脑后的大骨，一共两块。

九为龙角骨。又称作辅骨，是两眉眉尾上方斜入“边地”稍高形状好像角的骨。

这九贵骨各有所主，各显其势。颧骨，彰显威严；驿马骨，彰显尊严；将军骨，彰显勇武；日角骨，彰显智慧；月角骨，彰显机敏；龙宫骨，彰显毅力；伏犀骨，彰显勤勉；龙角骨，彰显果断。这些都是古代相术家们总结出来的，在他们看来，通过九种骨相，可以了解一个人的性格、才干、志向和命运。其实这也并非是绝对的正确，因为根据人的骨来断定人物，也会有错误的时候，因为人无完人，人的形态万千，不尽相同。

此节所论述的九贵骨，与上述所说的九贵骨是有区别的。曾国藩所言的九贵骨，其内容如下：

天庭骨：此骨在“天庭”的下面，其势丰隆而起、显得饱满丰盈的人一定是富贵命，俗话说“天庭饱满”就是这个意思。然而物极必反，丰隆也是有限度的，倘若丰隆过度，呈“凸”字形，那么此面相就不佳了。

枕骨：此骨是与“印堂”相平的后脑之骨。一共有十八块，人要有此骨便是富贵；或者仅微微凸起，也说明此人长寿；没有此骨则不达，更不会贵。骨势以充实为最好，而且越显则越贵。

顶骨：以平正而不突兀为最好。

佐串骨：也就是鬓骨。骨峰斜上人小儿总角的地方，它的形状好像角，方为最好。俗话说“头角露峥嵘”，就是这个意思。

太阳骨：起于两眉之尾，根在太阳穴，如果此骨直线上升，既细又明显，并能达到“边地”部位，才是最好。

眉骨：须骨棱不陷不露，其形状好像犀角之隐伏而起，才是最好；否则，陷者一定是奸邪之人，突者一定是狂傲之人。

鼻骨：由“年寿”至“山根”，上连“印堂”、“中正”。其形状好像芦笋竹芽，挺拔而直起，方为颧骨，正所谓人们所说的“颧骨若不得而起”，这也就是说欲起而不得起，不得起而有欲强起之势。其形状有力有势，插“天苍”人鬓角，不尖不紧，不偏不反，不浮不露，才是最好。

从以上得知，人的九贵骨各有其位，各具其势，各备其形，以合乎规范为贵，失于规范为下。骨相学家认为，项有余肉，其骨平伏而不突露，是所谓的虎项，主大贵。而《冰鉴》云：“在头，以天庭骨、枕骨、太阳骨为主；在面，以眉骨、颧骨为主。”总之，虽然九贵骨是人体骨骼中最为重要的骨，但它们也有一个主次轻重之分。

• 解读相骨

骨头是支撑人体的基本框架，骨头直立坚硬，骨节直则为贵人相貌，从某种程度上说，骨也是人体之本，因而人们往往把相骨放在第一位。

古代人物将骨分为以下几种：

连山枕：又叫做三山枕，三骨相连好像笔架的形状，这样的人聪明富贵。

一字枕：又叫做一阳枕，是后脑正中横起一大条，这样的人个性优良，学有大成，骨大主大富且寿，骨小主小富，骨露则孤贫。

双龙枕：是后脑两骨竖起，骨大者主文武大贵，骨小的人可升为大官。

崇方枕：是后脑骨起四方有棱，古时可官至宫殿清职，也就是今天人们所称的委员、参议、顾问等职。

七星枕：是后脑有七骨圆起，排列如同星的形状，这样的人文职清贵。

大品字枕：是后脑有六块骨叠起有棱角，古时主贵为侯，也就是现今所说的总理级以上官员。

小品字枕：以名三台枕，是后脑三骨叠起有棱角，这样的人学问名高文章清职。

五花枕：以名五岳枕，是后脑四周各起一圆骨，中央所起之圆骨略尖高。古时主贵为王侯，在现今是总理级别的官员。

而古代就是根据这几种骨相来看一个人。曾有人总结为：

贵人骨节细圆长，骨上无筋肉又香；

君骨肖臣相应辅，不愁无位食天仓；

骨粗岂得丰衣食，禄位因无且莫求；

龙虎不须相克陷，筋缠骨上贱堪忧。

诗中的意思是说，骨节应该像金石，耸起而没有横方，浑圆而不粗大；瘦的人不露骨头，胖人不露出肉；骨头和肉相互依附，气和血相互应和，而骨头寒而且收缩的人，说明此人并不贫穷，但寿命较短。

在颧骨与耳相连的部分叫做玉梁骨，它掌握着人的寿命长短；从胳膊到肘部，叫做龙骨，它象征君王，以长为好；从肘部到腕部，叫做虎骨，象征着臣子，以短而且细为好。骨头应该是耸起而且舒展的，坚硬直立，骨节直却不粗，这都是坚定的相貌。

通常情况下，骨骼以不耸不露，而且圆润清秀为好，骨为阳，肉为阴，阳不多，阴就不依附。如果阴阳骨肉平均，则说明少年不富贵，但一生富贵；骨头耸起就会夭折；骨头露出则表示没有财富；骨软弱的，虽长寿却历经坎坷；骨头横生的凶；骨轻就贫；骨头俗的就愚蠢；骨头发寒的穷困，收入微薄；骨头圆润的有福；骨头孤立的没有亲人。木形人骨瘦而且显青黑色，两头粗大，一定是穷困之人；水形人骨骼两头尖，其人非常富贵；火形人骨头两头粗，没有德性贫贱如奴；土形人骨大而且皮粗厚，骨肉坚硬，长寿但并不快乐。如果有旋生在头角骨，晚年有福禄，旋生在颐额，则晚年则大富大贵。

一般贵人的骨节细长圆润，骨头上没有筋而且肉又香，君骨和臣骨相辅，不愁衣食和官位；骨头粗壮不能丰衣足食，俸禄官位不可求；筋缠在骨头上定会贫贱烦忧。

• 十二骨相

前面提到，人的九种骨相与人的命运有着密切的关系。对此，相学也认为，此九骨丰隆耸起的人则为贵相之人。在《后汉书·光武帝纪》中记载：“谓光武帝刘秀身长七尺三寸，美须目，大口，隆准，日角”。其中的日角，就是九骨之一。

古代相学家还认为，要想根据人的九骨来辨别人的命禄，还必须参照人的九行。所谓九行，就是指人的精神、魂魄、形貌、气色、动止、行藏、瞻视、才智、德行等九类精神气质方面的特征。而人的九骨与九行相配，又构成九成。凡精采分明为一成，魂神慷慨为二成，形貌停稳为三成，气色明净为四成，动止安详为五成，行藏含义为六成，瞻视澄正为七成，才智应速为八成，德行可法为九成。成数的多少，也就代表命禄等级的高低，这也是人们通常所说的：“九成八成臣中尊，五成六成臣中臣，三成四成五品人，一成二成有微勋，有之不成不白身，无成无骨永沉沦。”后来，又将这九骨与九行相配来确定人的命禄等级的方法称为九成之术。

下面我们来介绍一下人十二骨相所预示的含义：

麒骨：具有此骨的人为人贵，一生富贵声名远扬，即使不在官场也能发财。

狮骨：具有此骨的人生来不靠祖辈，成家立业全是独立而成。晚年衣食不用愁。

豹骨：具有此骨的人思维敏捷，东奔西散不聚财。虽然聪明伶俐但一定要踏实做事。

鹿骨：具有此骨的人生来好自在，一生衣食总无亏。东南西北到处游，防遇小人栽跟头。

熊骨：具有此骨的人来好福相，摇摇摆摆无忧患。夫妻恩爱撑家门，世代和睦。

猫骨：具有此骨的人生来真慷慨，东西发财亏南北。千金散尽不复来，须防老年独自悲。

鹏骨：具有此骨的人天性高，昊天振翅好逍遥。青云直上风送急，晚景昌荣乐陶陶。

鹰骨：具有此骨的人性格傲，为友尽力两肋刀。刀快须防下山早，剑光早敛莫出鞘。

雀骨：具有此骨的人能得食，衣食丰隆人不及。做事度量小。

鲸骨：具有此骨的人生来好气派，可惜做事无头尾。这样的人须早敛财。

鱼骨：具有此骨的人生来喜欢游，穿洲过府无止休。一生劳碌，晚年衣食无忧。

龟骨：具有此骨的人生来清净心，与人无争。一朝时来又运转。

• 骨相禁忌

中国上古时期，有许多人体的相法，骨相就是其中的一种。在王符《潜夫论笺·相列》中记载："人之有骨法也，犹万物之有种类。"王充《论衡·骨相篇》中所说："案骨节之法，察皮肤之理，以审人之性命，无不应者。"同时王充还列举了范蠡去越，尉缭亡秦的例子，说："越王为人，长颈鸟喙，可与共患难，不可与共荣乐。""秦王为人，隆准长目，鸷膺豺声，少恩，虎视狼心不可与交游。"这些都是通过骨相、占验掌握对方灵魂从而加以避忌的实证。由此可见民间是有"长颈鸟喙"、"隆准长目，鸷膺豺声"等骨相禁忌的。

这种骨相呈凶兆的原则，是人们非常重视的。由于民间存有骨灵信仰，所以迷信活动中，凡是骨相不好的人便成为众人禁忌的对象，自身骨相不好的人，便也深以为忌，想方设法要改变自己的厄运。

战国时期的思想家荀子，也在《荀子·非相篇》中指出："相人之形状颜色而知其吉凶妖祥，世俗称之；古之人无有也，学者不道也。"他还列举了许多实例来论证骨相之法是不可信的，指出"相形不如论心"。

可见，相骨的禁忌是属于俗信的，其中存在着迷信、错误的地方，这也早被人看破。但是这种骨相的信仰依然被人发展、延续下来。在民间有"上身长，佐君王；上身短，福分浅"、"上身长，坐中堂；下身长，走忙忙"的说法。这是媚上的。还有一种说法是："上身长，下向短，不吃嘴就是懒"。这是人们对那些不劳动而懒惰的人进行警示的俗谚。这两种说法在立场上有所不同的，但是也有一致的地方。它反映了对同一骨相不同立场的不同看法，也是一种骨相俗信的特例。

总之，民间还是十分崇信骨头的灵气，正所谓"骨法为禄相表，气色为吉凶候"。人们一般对那些意志坚定的强者，俗称为"硬骨头"、"有骨气"。如《西游记》中白骨精能从一堆白骨而变化成人形，也是中国民间相信骨头是有灵性的最好典例。还有《水浒传》中武松葬兄以骨，以及今天人们对故人哀思寄托于其骨灰等等，也都与骨灵信仰有着密切关系。

• 头中反骨

脑后有反骨，通常是指某人本质叛逆、不仁不义、卖主求荣、篡权夺位。这个词最早是出于《三国演义》的第五十三回。关羽夺取长沙的时候，因为守将黄忠没有用百步穿杨箭术射杀关羽，被太守韩玄抓起来定罪问斩。在这个人命关天的时刻，从帐外闯进一名大将，斩杀了韩玄并救下了黄忠。这个人便是长沙守将魏延。

关羽对魏延的忠肝义胆十分敬佩，于是将他引荐给刘备。但没想到的是，军师却喝令刀斧手将魏延推出斩首。刘备十分吃惊，问为何斩杀献功降将。诸葛亮便说："魏延脑后有反骨，日后必反。"但刘备总觉得魏延是一个大将之才，失去很是可惜，于是再三求情，才将魏延的性命保住，但却一直没有重用魏延。

诸葛亮死后不久，魏延果真带兵谋反，于是副将遵照孔明的遗命诱杀了魏延。从此，魏延与脑后反骨成了反叛与不轨的代名词。

那么什么样的头骨才是脑后反骨呢？医学界认为，人的头骨形状和骨块的数量基本是相同的，没有任何人的后脑头骨多长了一块，或是长出了一块与众不同的头骨来。而脑后反骨只是概念化的东西，没有实质性的物体可言。但是在相学上的所谓脑后有反骨则是相学人所推测的，脑后见腮即是脑后见反骨。脑后见腮是指脸上下巴两侧的腮骨相对扩张、横出，甚至骨角明显。就是从背后看也能明显看得见腮骨的锐角，这就是脑后见腮，或者称为反过来看也见骨。也就是人们所说的脑后见反骨。这个说法虽然并不确切，但也有一定的道理。

脑后反骨、脑后见腮的脸形不少。从相学的角度来说，除了圆脸的水形人之外，其他木、土、金、火形都有类似的脸形。就相学相生相克的理论来说，下巴是水的范畴，而方形带锐是带金。金水相生是一种积极的象征，如果金水是缺乏的命格，那是喜生而逢生、吉而堪断；如果金水是有余的，那是屋漏偏逢连夜雨，祸也可言。总之，腮骨突兀的人是金气太盛、为人胆大敢为、精力充沛，又性格严厉偏于做作，但处事精明敏捷。

相书说：腮骨不起，庸庸碌碌；腮骨大起，豪吞之辈。这就像脑后反骨的征兆。脑后反骨的人多数是人才，真正谋反的人还是少数的。《三国演义》中的魏延其实就是个大将人才，他的谋反也是有一定的客观因素。

刘备携民渡江败走襄阳的时候，局势十分狼狈，身边士兵不过上千人，大将也只有张飞、赵云，后面有曹操雄师追击，前面有蔡瑁、张允刁难，可以说是进退无路，命在旦夕。就是在这个危亡时刻，魏延便凭着一颗男儿的血性之心，挺身而出，为了搭救刘备君臣和数十万百姓，不惜得罪蔡瑁、张允这些奸佞谄媚之辈，在襄阳城下与名将文聘大战数十回合，最后落得家人被杀只身投奔长沙的下场。从这就可以看出，魏延是个正直、勇敢的猛将。

但是，令魏延想不到的是，正是由于他这种完全发自内心的仗义之举，却成为诸葛亮认定他“脑后有反骨”的最初原因。后来，赤壁大战后，刘备攻打汉上九郡。当时，不可一世的关羽率兵袭取长沙，遭到了老将黄忠的顽强阻击，处于进退两难的尴尬之地，又是心高气傲、血性方刚的魏延为他解了围。

值得庆幸的是，刘备念忆旧恩从诸葛亮刀下救了魏延。从此，刘备的帐下便多了一员东挡西杀、威风八面的猛将。数十年间他冲锋陷阵，屡立奇功：取西川与黄忠共为先锋，尽败蜀中名将；战东川助张飞屡破曹兵，箭射曹操面门；退蛮兵渡泸水破孟获，苦战数年，成就了诸葛先生七擒七纵之举；出陈仓震魏将斩王双历任前锋，效尽了跋山涉水先出后回之责。

最后，帮助刘备成就了霸主之位。然而，无论魏延的功劳有多大，就是那一句主观臆断的“脑后有反骨”，最后还是造就了猛将魏延的一生悲剧，而这悲剧正是那位被刘备待之如师、为众将奉之如神的著名贤相诸葛亮。

诸葛亮为了证明自己的预言是正确的，就在刘备死后自己被刘禅尊为相父的十几年中，运用手中所掌握的统军大权，采取了一系列隐秘晦暗的手段，对魏延的正确建议与行动进行了多次掣肘与压制，使魏延在多年战争中积累的丰富作战经验根本无法得到发挥。

首先，出祁山，魏延根据形势，大胆建议由自己带精兵取道子午谷直插魏国的重镇长安，这在当时可谓是一条出奇制胜的妙计。因为当时镇守长安与蜀军对垒的既不是久历戎行的大将军曹真，也不是老奸巨猾的都督司马懿，而是对于军事一无所知的纨绔子弟夏侯楙，这可是大好的取胜时机。然而，诸葛亮却没有采纳魏延的建议。

后来，战守街亭，关系北伐的胜败，作为统率全军的主帅诸葛亮，以及破敌掠阵的先锋大将魏延，都十分清楚此仗关系重大。所以，当诸葛先生首发军令的时候，魏延首先讨令，愿去街亭大战司马懿和张郃，这对于当时的蜀军来说，除了前军众将中的老将赵云，也就只有魏延有资格与本事讨这支分量极重、关系极大的令箭。

然而，魏延又一次被诸葛亮手中的权力所压制，魏延只得在山后扎寨负责接应的差事。而派去守卫胜败关键所在、此战咽喉要道街亭的，竟然是那个言过其实、不可大用的庸才马谡，刘备对于他早就不看好，更不明白诸葛亮为什么要如此安排。原来只是因为这个人是诸葛亮的心腹，为他一手提拔，所以镇守街亭这个如此大的功劳，是根本不会让那勇猛善战、自信自傲的魏延所夺得。

但是，马谡将军为人刚愎自用，自以为熟知兵法，结果一上战场只会照搬硬套，屯兵于山顶，一意孤行地幻想着以高击低势如破竹，结果根本行不通。水道被断，造成军心大乱，只好收拾残兵拼死突围，多亏魏延接应，才算逃了一命，可是却丢失了军事重镇街亭，还让诸葛亮受到了很大的惊吓，被迫唱了一出提心吊胆的空城计。

街亭之战的大败，蜀军的损失和统帅的失策，无疑使这位久经沙场的猛将魏延极其失望。因此，尽管诸葛亮挥泪斩了爱将马谡，也无法让魏延再相信诸葛亮用兵如神。从此，对于诸葛亮所发的将令，魏延的态度开始转变了，由过去的毫不怀疑变成了后来的将信将疑，甚至还出言讥讽他，这就让诸葛亮更加怀疑他的谋反之心。

于是，诸葛亮开始对付这个不听话的魏延。首先他开始了深谋远虑的计划，上方谷一战，在安排火攻的时候，计划将司马懿父子连同诱敌的魏延一齐烧死在山谷中，但幸运的是，瓢泼大雨救了司马懿父子，也使诸葛亮将魏延处死的计划破灭了，因此，诸葛亮十分无奈。

对诸葛亮的这种做法，当时人们都不能理解，不明白他为什么只是认准了出祁山这条路，是因为平稳持重还是骨子里胆小？六次北伐均是无功而返却是不争的事实。前后数十年的征战，耗费了大量的人力、物力、财力，蜀国不但没有取得魏国的寸土之地，最后就连自己的统帅也被拖死在五丈原秋风萧瑟的寒夜里。随着司马懿坚守不战策略的逐步成功，困扎在渭河之滨五丈原上的诸葛亮日见计穷，蜀军的锐气被慢慢地拖光，诸葛亮也因劳累过度命丧在军营中。

然而，就是在这样一种情况下，诸葛先生还是没有放弃除掉魏延的念头，他不但强撑病体密切地注视着魏延的一举一动，而且开始悄悄地寻找、扶持帮助自己实现这个愿望的党羽与帮凶。于是，不见其功的普通幕僚杨仪，被委以了统军重任；马岱，这个蜀营当中的一勇之夫被密授了锦囊妙计。

事实也证明，诸葛亮的判断是正确的，魏延在诸葛亮死后，真的造反了。他烧栈道阻灵枢抗拒命令，对此，杨仪阵前痛骂，马岱背后挥刀。从此这位在沙场上屡建奇功的南郑侯汉中太守，蜀国的征西大将军，最终被扣上了谋反的帽子，在阵前被砍掉了头颅。魏延死后，杨仪之辈的地位不再受到威胁，诸葛先生的遗愿最终得以实现，蜀国上下似乎从此过上了太平的日子。

其实，在《三国演义》以及《三国志》中，人们都可以看到，在诸葛亮去世之后魏延的所作所为，他讨要兵符，不接受退兵的命令，火烧了栈道阻挡了昔日的战友，表面上形成了反叛的事实，因而被人理直气壮地斩了首。但是仅仅就此断定魏延要造反，实际上是有些牵强。要知道，在得知诸葛先生已死，由杨仪统率全军的消息后，作为蜀营中资历最老、武功最强、官阶最高的前军主将魏延，接到从前线退兵的命令时说过两句话，一句是：丞相虽死，但某还活着！岂可因一人之死废国家大事？一句是：杨仪何等人也？大丈夫岂可被书生所制？

前一句的意思其实就是说：继续北伐，完成统一的大业；后一句则体现出功勋卓著的魏将军瞧不起杨仪这种无能之辈，根本不愿意为其所左右而已，其实质不过是蜀国文臣武将之间的权力之争，所谓成者为王败者为寇，因此说，魏延只是这场权力之争中的牺牲品而已。

其实，脑后有反骨并不能断定人的好坏和忠奸，因为人不可貌相，而是要看人的行为和内心本质。

反骨，从古至今一直被人困扰着。越是关键性的人才，用起来越怀疑。因此，也就越难把这类人放到关键性岗位上。生活中，我们也常能听到一些人间接地谈起："这人可靠吗"，"这人与我们同心吗"，"这人用了会听从我们领导吗" 等等诸多的疑问，都要细细分析。与反骨相比，人的业绩、能力、学识水平，都不是考察人的重点。而如果连魏延那样的人，在用的过程中还要时刻提防，那么莫不如不用。正所谓"用人不疑，疑人不用"。

总之，反骨是古人鉴人的一种说法，现代人是不能相信的，只要是有作为的人，就要注重其才，作为领导者看重的是人的才干，而不是偏才和歪才。

• 容貌奇特的高祖

一个人的骨能够体现出人的刚强、柔弱。所谓骨刚质刚，骨柔质弱。一般会看相的人都会依据人的骨相来看人的气质，从而来判断一个人的将来的前途和命运。

《史记·高祖本纪第八》中记载高祖：高鼻梁，脖颈长，面貌有龙相，须髯特美，左大腿上有七十二颗黑痣。为人仁厚，喜欢施与，意志豁达，胸襟开阔，常表现出宽宏大度，不肯从事生产农作各业。到了壮年，试作官吏，做泗水亭长。

高祖任亭长时，平日轻视沛县衙中吏人。而且他还十分喜欢喝酒、贪恋美色。常常向王媪、武负二人的酒馆赊酒。一次，高祖大醉不起。这便让王媪、武负发现高祖身体上面似乎有龙出现，觉得十分奇怪。在这之前，每次他来喝酒，他们都在酒馆中畅饮，两人按酒价的数倍计算。但自从他们发现高祖醉卧而有龙出现的怪事以后，到年底算账的时候，这两家酒馆都经常撕了账单，不向高祖索债。

高祖经常出差到秦都咸阳，一次他游观名胜，看到秦始皇的威仪盛势，便不由发出感慨长叹说："啊！大丈夫就应该像这个样子！"

当时，单父县人吕公与沛县令相友善。吕公为了避仇人迁到沛县来，随沛县令为客，因而在沛县落户。沛县中豪杰吏人听说沛县令有贵客来，都前往道贺。当时萧何为主吏，他向贵宾们说："凡是送贺礼，钱不满一千的，就请他坐在堂下。"

一贯轻视沛县衙中吏人的高祖知道后，他便假写了一张礼帖，上面写道：贺钱一万。但其实他连一钱都没有带去。这个礼帖被送到吕公手上时，吕公看到这张帖子后大惊，自己起身，亲自迎接高祖于门前。吕公会给人相面，当他看到高祖的面貌时，有些惊愕，因为他的样貌十分特殊，因此吕公十分敬重他，并将他带到了上座。萧何低语对吕公说："这个人爱说大话，做成的事少。"高祖见吕公对他如此敬重，便轻侮请客，高坐上座，毫不谦让。

宴席间，吕公因高祖样貌之奇在席间以目示意，要高祖不要退席。于是高祖便留下来。等到宴席结束，客人都散去之后，吕公对高祖说："我从年少的时候，就好给人相面。我相过的人很多，但是却没有一位像你的相貌这样高贵的。我希望你能多多自爱！"吕公稍停后又说："我有一个女儿，如果你不嫌弃，愿意做你执箕帚的妻子。"

吕媪是吕公的妻子，知道他决定将女儿嫁给高祖的事后，非常生气。并指责吕公说："你平日里说，女儿是个十分不寻常的女子，应该嫁给贵人。沛县令和你相交极好，求我们将女儿嫁给他们家，你都不肯。为什么现在竟然稀里糊涂地就把女儿许给那个人了？"吕公听后，则说："这不是你们妇人所能了解的事了！"最终，吕公把女儿嫁给了高祖。

高祖成家后，老婆为他生了一男一女。他就经常休假回家，到田里看看。一次，吕后带着两个孩子在田里耕地，路途中有一位老人从田旁经过，问她讨水喝。吕后见老人十分饿，又给老人一些吃的。老人边吃边感谢。吃完后，老人说："夫人的相貌，可谓天下的贵人。"吕后听后十分高兴，又要老人相两个孩子，老人看着其中的一个孩子说："夫人你之所以能够大贵，就因为这个男孩子的关系。"老人又相他的女儿，也说是贵相。吕后感谢老人吉言后，老人就离开了。这时候，高祖正好走过来，吕后便将老人相面的事说给高祖听。高祖便问："老人在哪里？"吕后说："刚走，应该没走多远。"高祖便追上去，果然追上，高祖便问老人相吕后和孩子的事。老人说："刚才我相过的夫人和小孩，相貌的高贵都像你，你的相貌，贵不可言。"高祖便道谢说："如果我真的如先生所说，这相面夸赞鼓励之德，决不敢忘。"后来，高祖成为了天子，吕公的女儿成为了吕后，而他的两个孩子则分别是孝惠皇帝和鲁元公主。为了当时承诺老人的答谢，高祖便四处寻找那位老人，但是却始终找不到。

五、观察骨骼的颜色

【原文】

骨有色，面以青为主，“少年公卿半青面”是也。紫次之，白斯下矣。骨有质，头以联者为贵。碎次之。总之，头无恶骨，面佳不如头佳。然大而缺天庭，终是贱品；圆而无串骨，半为孤僧；鼻骨犯眉，堂上不寿。颧骨与眼争，子嗣不立。此中贵贱，有毫厘千里之辨。

【译文】

骨骼的颜色是不一样的，面部颜色以青色最为高贵。古语所说的“少年公卿半青面”指的就是这个意思。黄中透红的紫色要比青色要差一些，面部好像枯骨的粉白色，是最不好的颜色。骨要有一定的气势，头部骨骼以相互关联、气势贯通为最高贵，否则，互不贯通、支离散乱是略低一等的。总之，如果头上没有恶骨，即使是再好的面骨也比不上头骨。然而，头大天庭骨却不丰隆，也最终是卑贱的人；倘若头圆但佐串骨隐伏不见，或许是要成为孤贫的僧人；倘若鼻骨与两眉互相抵触，则表明父母不会长寿；倘若颧骨贴近眼尾而呈现颧峰凌眼，则表示后继无人。富贵与贫贱的差别，在此处就好像毫厘之短与千里之长，是非常明显的。

【解读】

• 骨之色

骨有骨之色、骨之质的说法。古人在论述“色”的性状时候，一般有如下说法：青色如瓜；黄色如蜡；赤色如火；白色如脂；黑色如漆。同时，“色”又与五行、五性、五脏、四时相配合，其具体内容如下：

一曰水，从五性上讲属于精。五脏属于肾，颜色呈现黑色，方向为北，旺在冬季；二曰木，从五性上讲属于魂。五脏属于肝，颜色为青，方向为东，旺在春季；三曰火，从五性上讲属于气。五脏属于心，颜色呈现赤色，方向为南，旺在夏季；四曰土，从五性上讲属于意。五脏属于脾，颜色呈现黄色，方向为中，旺在四季末；五曰金，从五性上讲属于魄。五脏属于肺，颜色呈现白色，方向为西，旺在秋季。

此外，在古代还有一种专门论骨色的说法。认为骨色是来源于“六气”，也就是说青龙、朱雀、勾陈、塍蛇、白虎、玄武这六种气，其实是占卜中的六兽之神。在古代相学家看来，“色”与“气”是互相联系的，二者常常合称为“气色”。这里所指的“六气”也就是“六气色”或者是“六色”。

而六色又具有各自的特征，他们都有所主的吉凶祸福。如青龙之色：两眼黑白分明，神光红黄、精光照人。具有这样“色”的人具有升官、招财进宝和喜庆纳吉的征兆；朱雀之色：面色赤红如丹，忧戚如烟。具有这样“色”的人主管灾和口舌之祸；塍蛇之色：面上灰蒙蒙如灰土色，精神浑浊。具有这样“色”的人居家不宁和惊怪不祥之梦；勾陈之色，眼色浑浊，黑白不分，神光昏暗，眼下有青痕。具有这样“色”的人牵连负累之事；白虎之色：两眼白气闪烁，似泪非泪，莹莹若有光。具有这样“色”的人家有丧凶之事；玄武之色：嘴唇青黑发颤，口旁有黑气飘游。具有这样“色”的人家中遇盗，被小人伤害。

对于六气的特点，古代人们总结为几下几种：青龙之气，好像吉祥的云彩映衬着月亮；朱雀之气，好像朝霞映衬着水；勾陈之气，好像黑风吹着云彩；塍蛇之气，好像草木将灰；白虎之气，好像凝脂涂油；玄武之气，好像腻油和雾。在这六气中，青龙之气是最吉祥的，其余五气都有各自的凶难灾祸，或者是破散，或者是忧心惊讶，或者是口舌之争，或者是盗贼，这些都不吉利。

在《太清神鉴》一书中，这样记载：各色之气所主之吉凶时说印堂黄气起，官禄一定会高迁。白气家遭丧，青来口舌缠。中正发黄丝，守令职无疑。赤急中心出，公事别妻儿。在《易经·卜卦》中，所记载的六气更是普遍：

青龙发动临用神，
进财进禄福无穷，
临仇遇忌都无益，

酒色成灾在此中。

朱雀发动文印旺，

杀神相并没功劳，

是非口舌皆因此，

动出生身却利公。

勾陈发动忧田土，

冲岁遭忌为忌逢，

生用有情方是吉，

若然安静不迷蒙。

螣蛇鬼克忧思绕，

虎惊怪异事难明，

持井落空休道吉，

逢冲之日莫逃凶。

白虎爻动主刑伤，

官司疾病必成灾，

持世动克妨人口，

遇火生身便不同。

可见，在这六种气中，以青色为最美、最好。这是因为在中医理论中，青色的五行属于木，人体五脏的肝也属于木，所以说肝与青色、木与春天都是有密切联系的。春天，万物苏醒，呈现出一片勃勃生机的景象；而肝在人体中是造血的器官，也存在着生命力旺盛的潜机，这样看来青色便是生命的象征，因此，古人把青色作为六色中最美、最吉祥的颜色。

• 骨与色之间的联系

“色”有优劣、好坏之分，以青色最好，白色次之，黑色最坏。但青色中也有吉凶的区分，青色是最吉祥的，它的颜色犹如翠羽，又好像春木；青色呈现凶的，颜色犹如蓝靛，又好像锈斑。

而骨与色之间又有着密切的联系。在古代，相学家认为，佳骨原本就有佳色。这就好比树大根深的树木一样，根本就不愁其他枝繁叶茂了。这正如“石蕴玉而山辉，水怀珠而川媚”。

本节里，所说“面以青为贵”，“少年公卿半青面”。这都是说明了青色最好。在医学中，人们认为：“色”呈现在人体外，“气”蕴藏在人体的内部。而“色”只是“气”的外在表现，“气”才是“色”的根本。“气”不足，“色”自然就表现得不佳和减退。所以说这节中的“骨色”，所指的则是“骨有气，在面为色”。“骨有气”，这也就是说骨的健康状况与人的生命活力有十分密切的联系。

本节又说“面以青为贵，紫次之，白斯下”。其意思是说：春天是万物生长、显现活力的时候，而人面部的青色就好像春天一样活泼有力，象征着生命茁壮成长的青春气色。这是因为春天有青草、绿树的特征，所以称它为“青色”。这种气色，所呈现生机勃勃，却也不失庄重端严，活泼而能持久恒定，不会时断时续。能够活力永驻，而人自然也就能够集中精力去努力奋斗，谋取功名利禄，这样自然也会显贵。

“紫色”，与青色相比，稍微不足，虽然也有“贵”之象，但是很难“大贵”。“白色”，又是青色和紫色的次之。本节说“白色如枯骨傅粉”，这是指不健康、没有活力的颜色，它就好像苍白中隐藏着一种秋后的枯黄，灰暗惨淡好像枯枝败叶，这种色显然是气血亏损的征兆。所以说，这种气色根本没有贵象可言，更不能将重任交给具有“白色“的人。

“骨质”，在本节里所指的是头骨的生长联结的状态，所以说人的头骨以互相关联的为贵，而琐碎的则是次之。

“联”，是指联结，其实也就是相互联结贯通，没有明显的断裂状，看上去是完整而圆润的一体化骨结构。这样的头骨五官均衡，与骨头相配，可谓是仪表堂堂、相貌标致英俊，具有这样骨相的人就是贵相。

“碎”与“联”正好相反，所指的是骨头联结不完全密切，有明显裂纹。就好像一段木头，如果是木质坚硬，没有裂缝疙瘩，那便是做家具的上等材料；反之，就只是一块废木，没有多大用途。

• 面佳不如头佳

“头上无恶骨，面佳不如头佳”，其意思又体现了古人对骨相的重视。“面佳”，是说从一个人相貌来看，五官端正，英俊有魅力。但不如“头佳”，其意思是说不如人的骨头好。

曹操在准备接见西域一个使者的时候，十分担心自己相貌不漂亮，怕让使者见了有失国威，因此让一臣子装扮自己，而他本人却站在假曹操的旁边。使者参见完毕退出来后，有个知道底细的大臣问这个使者对曹操的印象如何，那个使者则说，曹操这个人看上去不错，但他旁边那个人更有英雄的气概。

由此可以看出，“面佳”虽然不错，但并不是根本的，因为“面佳不如头佳”。但是这是否说明头大就是很好的象征呢?

本节说：“头大而缺天庭”。这是说，“缺天庭”是违背了人五官均衡的原理，也就是骨相存有缺陷，根本不符合“头以联者为贵”的原则。具有这种大头的人，通常是大脑欠发达、智力不佳的表现，所以说“终是贱品”。

“圆而无串骨”，其意思是说如果头骨联结而有圆润，这看起来似乎很好，但如果没有峥嵘的气势，也不能说这是一种好的气势，而是有着“半是孤僧”的命运之相。针对这种状况，倘若太阳穴上的“辅弱弓骨”能够突出来，那么也能避开“孤僧”的命运。

“头大而缺天庭”、“圆而无串骨”，这二者充分说明了古人对骨相的定义，其意思是说：骨大骨圆，的确不错，但是以饱满而有峥嵘的气势为贵，否则就不能称之为贵。

• “鼻骨”与“颧骨”。

“鼻骨犯眉”，其意思是指鼻梁骨一直冲到了眉心，具有越域侵犯的势态。在古代，人们都认为这是不好之相，它破坏了平衡原则。有着“堂上不寿”即克伤父母的说法。此外，还有一种情况，是“鼻骨连眉”，也就是说，鼻骨和眉毛连接到一起。古人认为，如果一个文人具有此相，即是贵。由此可见，“连眉”与“犯眉”之间的区别就在于它们的气势是冲克还是连接。

“颧与眼争”，其意思是说颧骨与眼尾联得很紧，突兀出来比眼高，这就是阴阳移位、卑尊侵凌之相，古人都认为这种相有害，正所谓“子嗣不立”。这种面相比上面说的“鼻骨犯眉”要有所不同。古人则把它称作“颧峰凌眼”。

• 观色识人

“色”的含义很广泛，它是一个人的气质、个性、品格、学识、修养、阅历、生活等因素的综合表现，与人的肤色黑白没有直接的联系。古代相学家认为，“色”是一个人情绪的表现，“色”愉快的人其表现的情态也欢乐，“色”沮丧的人其显示的情态也悲伤。也有不动声色的人，这样的人就需要从其他角度来观察他们的情绪状态。

譬如仁善厚道的人，有温和柔顺之色；勇敢顽强的人，有激奋亢厉刚毅之色；睿智慧哲的人，有明朗豁达之色。这些都是观色而得出。

生活中，人们都说观色犹如察看天气，那么看一个人的脸色也犹如“看云识天气”一般。但是并不是每个人都喜怒形于色，相反有的人则“笑在脸上，哭在心里”。这样就让人很难分辨清晰。所以，古代相学家认为，“眼色”是“脸色”所观察的重要部位。它能流露出人们所呈现的状态。

比如说一个人一面同你说话，眼睛一面往别处看，同时又在小声说话，这说明你的到来打断了他所要做的重要事情，此刻心里正在挂念这件事情。虽然他也热情地接待了你，但是通过它的眼神，却能看出他有些心不在焉。这时候，你最好的办法就是，立刻打住主人的话而起身告辞，说明自己的来访打扰了主人，这样就会让主人心存愧疚，而会努力满足你所来托付的事情，以此来弥补对你的怠慢。

所以说，通过观察人的眼睛所表现出来的“神色”是很容易洞察出人内心的真实想法。古代孟子教人以最快的办法识人，就是看这个人的眼睛。他说：“存人者莫良于眸子，眸子不能掩其恶。胸中正，则眸子了焉；胸中不正，则眸子眊焉”。其意思是说一个人的好坏，可以通过他的眼睛来观察。刘邵在《人物志》中根据人的“才”、“性”的不同，通过对人的神、精、筋、骨、气、色、仪、容、言等“九征”分析，把人才分为三类十二种，认为人“禀阴阳以立性，体五行而著形”，其意思是说人的内在精神可以通过外貌而察知。其实这种察颜观色的识人办法是肤浅的，因为孔子说“以貌取人，失之子羽”，以及张浚以貌荐秦桧便是很好的反例。

《论语·颜渊》中记载：有一次，孔子的学生子张问他：“老师，如何做才叫做通达。”孔子听后，并没有直接回答他的问题，而是先反问子张说：“你知道‘通达’的意思吗？”子张便说：“在邦必闻，在家必闻。”其意思就是说在朝廷里一定有名声，在家也有名声。孔子则回道：“是闻也，非达也。夫达也者，质直而好义，察言而观色。虑以下人。在邦必达，在家必达。”其意思是说，仅仅有名声，并不是真正的通达。真正的通达则是：具有正直的品质，懂得礼义；善于观察别人讲话的脸色；经常考虑如何谦恭待人，这样的人在朝廷中才一定是通达，在家里也一定通达。

上文谈到“察言而观色”，这就是说观察别人说什么话时脸上流露出什么气色，以决定自己该怎样行动。曾国藩为官多年，他总结出，在浑噩的官场中，各种形色的人都会遇到，而察言观色则是一切人情往来中操纵自如的基本技巧。如果你不会察言观色，就好比不知风向便去转动舵柄，而世事国通无从谈起，弄不好还会在小风浪中翻了船，遭到不测。

其实，言辞是一个人品格的透露，通过人的表情眼神能够洞察出人的内心。有时人的衣着、坐姿、手势也会在自己毫不知情的状态下，将自己的内心表现得淋漓尽致。同时，一个人的言谈还能告诉你一个人的地位、性格、品质及其流露的内心情绪，所以说善听弦外之音是“察言”的关键所在。

再如齐桓公上朝与管仲商讨伐卫的事情，退朝后便回到了后宫。卫姬一看见国君，就立刻走下堂一再跪拜，替卫君请罪。桓公问她这是什么原因，她则说：“臣妾看见君王走进来的时候，步伐高迈，神气豪强，有讨伐其他国家的心志。但当你看见臣妾后，脸色却改变，想必一定是要讨伐卫国。”

第二天，桓公上朝，谦让地引进了管仲。管仲则说：“君王取消讨伐卫国的计划了吗？”桓公吃惊地问：“仲公是如何知道这件事情的？”管仲说：“君王上朝的时候，态度十分谦让，语气也很缓慢，但是看见微臣的时候却是面露惭愧，微臣因此才知道。”

更令齐桓公想不到的是，他与管仲商讨伐莒的计划还没有发布下去，就被天下的人所知道。桓公十分不解，就问管仲。管仲说：“我们国家内部一定有圣人。”桓公则叹息说：“唉！白天工作的时候，我看见役夫中有位拿着木杵而向上看的，想必他就是圣人。”于是命令役夫再次回来工作，而且不可找人顶替。

没过多久，这个役夫便回来了，其实他就是东郭垂。管仲便说：“一定就是这个人了。”就命令属下请他来进见，分级站立。管仲见到东郭垂后就问：“是你说我国要伐莒的吗？”东郭垂回答道：“是的。”管仲则故作反说：“我从来没有说要伐莒，你凭借什么说我国要伐莒呢？”东郭垂回答说：“君子善于策谋，小人善于臆测，所以小民只是私自猜测。”管仲说：“我没有说过要伐莒，你又从哪里猜测的？”东郭垂再次回答说：“小民听说君子有三种脸色：第一种是悠然喜乐，即享受音乐的脸色；第二种是忧愁清静，即有丧事的脸色；第三种是生气充沛，即将用兵的脸色。前不久，我看见君王站在台上，脸色所呈现的是生气充沛，这就是将用兵的脸色。君王叹息而下吟，所说的都与莒有关，所指的也是莒国的方位。以此，小民猜测，如今尚未归顺的小诸侯只有莒国，因此才敢说这种话。”

由此可知，所谓观色，其实就是指察言观色。观色能知人，是因为人的心气虽然隐藏在人的内心深处，但可以通过人的脸色去把握它。真正宽厚的人，具有值得尊敬的神色；真正勇敢的人，具有不可震慑的神色；真正忠诚的人，具有一种耐人寻味的神色；真正纯洁的人，具有难以玷污的神色；真正有气节的人，具有值得信任的神色；质朴的人，神色正义凛然，坚强而沉稳；虚伪的人，神色游移不定，烦躁不安。

所谓察言，就是说看一个人，倘若发现他是个自私的人，总是吃小亏而占大便宜，让小利而争大得，言语恭顺装作老实，故作慈爱以充忠诚，小心谨慎地做事以博取好名声，这就是用仁爱贤惠来包藏祸心的人。如果在考察一个人的时候，倘若向他提问，他却不回答，继续追问下去，他又含糊其辞。表面上给人一种很有学识的样子，其实是打着传授真理的招牌，不妥当；还有一种人在被环境所困的时候，想不出办法就故作深沉。这种人就是借学识理论来隐藏其良苦用心的人；另外还有一种人，如果他大唱高调以表示廉洁，装作雷厉风行给人造成他勇于作为的假相，内心怯懦却在虚张声势，屡屡自我矜傲，狐假虎威，盛气凌人，这是用廉洁和英勇来包藏私心的人。

• 管辂观何晏之气知其败

观察一个人的“气”，可以发现其人的性情，有的人沉浮静躁、临危不乱，沉得住气，这样的人能够担当大任；有的人则是浮躁不安，做事毛躁，这样的人往往做事情缺乏耐心，遇到困难，就逃避后退，半途而废；有的人底气足，干劲足，做事容易集中精力，而且能持久；有的人做事底气虚，精神容易涣散，多数也半途而废。

《三国志》中记载：魏明帝曹叡，即曹操的孙子，在临死前，想要把大事托付给自己的臣子。当时曹爽，即大司马曹真的儿子，正俯卧在床边，便对曹叡耳语说道：“臣以死奉社稷。”然而，曹叡却认为曹爽的能力不够，便不肯为手诏。这时候，蛮横无理的曹爽就命手下人执曹叡手强行做了一份诏书。曹叡没有办法，只得下诏让司马懿与曹爽共辅朝政。

当时大臣中，有四人因才气享有名气，他们分别是何晏、丁谧、邓扬、李胜。但是这四个人都十分贪图富贵，趋炎附势。因此，魏明帝曹叡非常讨厌他们，所以一直都不重用他们，四人也一直没有得到权位。由于平时这四人和曹爽关系很好，于是曹爽辅政后，就提拔四人为心腹左右手。而四人便替曹爽策划，剥夺了司马懿的实权，并因此升为尚书、校尉等职。

面对这样的局面，黄门侍郎傅嘏则发现了四人的不轨。便对曹爽的弟弟曹羲说："何晏外静而内躁，机巧好利，不务根本，我担心他误你兄弟大事，恐怕会仁者离心、朝政荒废啊！"何晏四人知道傅嘏的这番话后，因此借小事为由，罢免了傅黄门的官。

这四人一心想让曹爽威名天下，于是便劝说曹爽派兵讨伐蜀国，对这个举动，司马懿持有反对意见，但是劝阻无效。结果，曹爽在与蜀国交战的时候，被蜀兵堵截，大败而回，伤亡十分严重。随后，曹爽又专擅朝政，乱改制度。司马懿没有办法阻止，只好托病不再上朝。

何晏为了能够攀上高位，就问精通术数的管辂，他的前程如何。管辂给他算后，劝他说："如今你权位高重，却离德背心。这可不是求福之道。如果你能扶贫益寡，以德行政，才能位至三公，否则位高而颠，豪重而亡。"管辂回家后又对他的舅舅说了这件事情，舅舅则斥责他说得太直白，管辂说："与死人语，何所畏也！"

后来，曹爽被司马懿夺权杀死，何晏四人也被夷三族。结果证实了管辂以前说的话。于是，他的舅舅就问他："先前你是怎样知道何、邓之败呢？"管辂说："邓扬行步如鬼躁，何晏神态如魂不守舍，血不华色，精气烟浮，容若槁木，此为鬼幽。故知其败也。"何晏平常就比较自负，并以神的"不疾而速，不行而到"的仙姿美态自誉，实际上是属于气浮华不沉一类的人。

对此，陈寿也另有记载，说何晏、夏侯玄、邓扬三人想与傅嘏结交，傅嘏却不愿意与三人深交。别人问其缘故，傅嘏则说："夏侯玄志大才疏，有虚名而无实才；而何晏喜欢谈古论今，但为人虚利而无诚意，是口舌是非乱国政的人；邓扬，有始无终，好图名求利，吹捧同类，排斥异己，妒忌心也非常强"。在他看来这三个人都是乱德败性之人，躲避还来不及，哪会与他们亲近呢？后来，其所发展的结果果然如此。

第二篇

刚柔鉴：

刚柔并济，取长补短

阳刚之气过盛者，多有勇无谋；阴柔之气过盛者，多懦弱无能。能进能退，能屈能伸，当刚则刚，当柔则柔，是对成大事者的要求。

一、刚柔之辨

【原文】

既识神骨，当辨刚柔。刚柔，则五行生克之数，名曰“先天种子”，不足用补，有余用泄。消息直与命相通，此其皎然易见。

【译文】

已经鉴别出神骨的清浊优劣之后，应当进一步辨别刚柔。刚柔是遵循五行相生相克的原理，原名为“先天种子”，其中柔弱不足的，用补；阳刚过度的，用泄。刚柔的此消彼长与人的命运是互相关联的，这就像皎洁明亮的月光，是比较容易看见的。

【解读】

• 五行消长的状态

五行是我国古代先哲们创造的一种物质观。在他们看来，世界是由金、木、水、火、土五种最基本的物质组成的，自然界的各种事物和现象，以及人的发展变化，都是随着这五种要素的盛衰而不断变化和相互作用。这不但影响到人的命运，同时也使世间万物循环不已。

五行其实是自然关系呈现与持续运作。其中的“行”，郑玄注曰：“行者，顺天行气也。”《尚书》中则认为“行”是指一种自然的运行，是遵循本身的作为所呈现固有的一种规则而持续的运动，属于一种自然的作为。所以说，当鲧矱用阻的方式治理洪水时，上天便会震怒，因为鲧矱的这种行为违反了自然规律，导致天命之降于禹，而禹因势利导以治水。水性基本上就是流，阻流以治，自然破坏水性，坏了自然之性，就必定会引起天怒，因而也一定引来人们的共怨。从中，我们就可以知道，五行代表着物质的运动，代表着万物之宗。如果不遵循五行而行，就会像鲧矱一样，遭到上天的惩罚；相反，如能遇到事情能依循自然规律，因事而治，就一定会比盲目的胡作非为要顺利。

那么，我们首先必须知道五行：金、木、水、火、土，这五种要素所具有的各自属性：

金的特性：具有清静、收杀特性。这好比日落西山。古代人称为"金曰从革"。其中"从革"是指"变革"的含义。引申扩展则是指清洁、肃降、收敛等作用的事物，这些都属于金。

木的特性：具有生发、条达特性。这就像日出东方。古人称为"木曰曲直"。其中"曲直"是指树木生长的形态，也就是说枝干曲直，向上向外周舒展。引申扩展为具有生长、升发、条达舒畅等作用或性质的事物，这些都属于木。

水的特性：具有寒冷、向下特性。这就好比北方寒冷。古人称为"水曰润下"是指水有滋润物体和向下的特点。引申扩展为寒凉、滋润、向下运行的事物，这些都属于水。

火的特性：具有炎热、向上特性。这就好比南方的炎热。古人称为"火曰炎上"。其中"炎上"是指火有温热、上升的特性。引申扩展为有温热、升腾作用的事物，这些都属于火。

土的特性：具有长养、化育特性。这好比中原肥沃。古人称为"土爰稼穑"，也就是说土有种植和收获农作物的作用。引申扩展为有生化、承载、受纳作用的事物，这都属于土。在古代有"土载四行"和"土为万物之母"的说法。

• 五行生克之数

文中说，"刚柔，五行生克之数"。其意思是说，五行相生相克，推动事物的发展变化。

五行具有相生和相克的的作用。相生是指事物的相互促进、助长或滋生的关系；相克则是指事物的相互克制、抑制或制约的关系。五行相生的次序是：木生火，火生土，土生金，金生水，水生木。五行相克的次序的是：木克土，土克水，水克火，火克金，金克木。

相生相克，就如同阴阳一样，是事物不可分离的两个方面。没有生就没有事物的发生和成长；没有克，就不能维持事物的发展和变化中的平衡与协调。没有相生就没有相克，没有相克就没有相生。这种生中有克、克中有生、相辅相成、互相为用的关系推动和维持事物的正常生长、发展和变化。“造化之机不可无生，亦不可无制，无生而发育无由，无制则亢而为害。”

由此可见，如果五行之间的生克制衡关系失常，则事物的协调性便遭到了破坏，从而出现反常的变化现象，在自然界则表现为自然灾害，在人体则表现为疾病。

此外，五行之间还出现反常现象，主要是“亢乘”和“反侮”。亢乘，物盛极为亢太过。凡事物亢极则乘。乘，乘虚侵袭，强而欺弱，相克太过。反侮，五行中并不只存在着顺克，有时也会出现逆克，如旺克衰、强克弱的现象。譬如：土旺木衰，木受土克；木旺金衰，金受木克；水衰火旺，水受火克；土衰水旺，土受水克；金旺火衰，火受金克，这种逆克，叫反克也称反侮。反侮，反过来欺侮。

在古代，人们在预测和判断人命运的时候，看人的面相不仅要充分合乎自然性，而且还要充分合乎社会性，然而这种合乎自然性和合乎社会性落到实处，就是符合阴阳五行的运动变化规律——即阴阳互转、五行生克。

对此，老子就有深刻的见解，他说：“兵强就会被消灭，木强就会被折断。柔弱的事物属于生存发展这一类，刚强的事物属于没有发展前途这一类。”老子指出的是柔弱胜刚强。树木过于坚硬就会折断，金属过于坚硬就容易折断，皮革过于坚硬就容易破裂；人过于残忍和武断，就会引来祸端。而灾祸往往都是从最开始的萌芽阶段开始的，倘若不加以警觉和防范，那么后悔就晚了。

金朝皇帝完颜亮就十分残忍，简直就是丧失天良、灭尽人伦的昏庸人。当时，岳飞是宋朝的大将，不幸被害，宋朝失去了一个英勇善战的大将，从此再也不能常打胜仗了。这时候，作为金国的宰相完颜亮则自认为劳苦功高，对于皇帝的所作所为则是逐渐厌恶，便心生邪念，想杀掉皇上，自立为皇帝。终于得到一次机会，他将熙宗杀掉，谋取了皇位。完颜亮上台后，看到金朝乃番邦异族，不讲究礼仪，就立刻将那些开国元勋们，如完颜斡带、完颜粘罕、完颜兀术等人的后裔，无论老少，不论功劳多少，全部杀光。然后将他们的老婆、女儿，全都带入后宫，供他淫乐。这些人，都是完颜亮的叔母、姑妈、姐妹辈。然而他却完全不顾她们与自己的血缘关系，简直就是丧心病狂的人。

此外，完颜亮为了营建自己的新都，大兴土木。当时宋朝有一个叫柳永的书生，写了一首词：“三秋桂子，十里荷花”。完颜亮看见后，生出羡慕之情，想象如果自己的土地也能够像词中写的那样繁花似锦，该有多好。于是他就下达命令，发兵江南，征伐宋朝。他的母亲单太后对他的行为有些不满，就对他说了几句反对的话，结果却惹怒了他，他夺过卫兵手中的狼牙棒，将母亲活活打死。

后来，完颜亮率兵六十万人，一路上滥杀无辜，攻到了安徽和县。随后，又下令手下收集船只，准备南渡长江。结果令完颜亮想不到的是，末将虞允文带着残兵败将，驾着捉泥鳅的小船，蚂蚁似的出江作战，打败了完颜亮的第一次进攻。完颜亮面对自己进攻的失败，勃然大怒，将败退回去的金兵全部推进江中喂鱼，自己带领大军，来到下游的瓜州准备渡江。但更让他想不到的是，他的根据地大本营的人早已忍无可忍，趁他远在江北，发动政变，已经拥立完颜雍为帝。

当完颜亮得知消息后，觉得大事不妙，唯恐两面夹击，便命令属下强渡长江，结果江没渡成，金兵死伤惨重。而这个时候，完颜亮不但不安抚士兵，反而却残暴地斩杀败兵，致使许多士兵都溃退回国，一些士兵趁夜杀死了完颜亮，提着他的头回国报功去了。

这便是人的残忍导致的下场。忍有许多种，而唯一不可取的就是残忍。如果一个人对于事情都能够做到不残忍，而是一种宽容的忍耐，就可以换来成功和幸福，甚至还可以保身，颐养天年，否则必定遭灾祸和覆灭。

事物都是具有两面性，过刚则必折，过柔则必败。这正如人们所说的“弓硬弦常断、人强祸必随”。这就需要我们随时而刚、随机而柔。也就是说，对人要因人而异，采取刚柔并济。再如，元朝末年，朝廷十分昏庸无道，各地贪官污吏横征暴敛，人们处于水深火热之中，纷纷揭竿起义。其中以朱元璋为领袖的起义军，处处以农民利益为本，所作所为都顺应民心，为了能将民众从水深火热中解救出来，他广召天下英雄豪杰，决心推翻元朝统治。

朱元璋发出号召不久，就有各路英雄好汉投奔而来。很快一支强大的队伍就组成了。但此时正好缺一名运筹帷幄的领兵元帅，于是朱元璋就召集群众举荐帅才。他的手下有个名叫胡大海的人，突然想到了自己有个姑表兄徐达，在小的时候曾经受到高手名师指点，不仅对十八般兵器样样精通，而且还熟读兵书，胸有韬略，可称为天下奇才。只因为不满现在朝廷的昏庸才退隐山庄，过着自食其力的田园生活。

于是，胡大海便向朱元璋举荐了此人。朱元璋听后十分开心，立即准备了一份厚礼，派胡大海前往他的住所，请他一定要把徐贤士请出山来。胡大海接到命令后，也立即赶往徐达的住处，并传达了他的来意。但令他没想到的是，徐达竟然说：“多承贤弟美意，只是愚兄久居深山，一向孤陋寡闻。往日所学已荒废，怎敢担此重任？加之父母年迈，愚兄未进寸孝，怎好撇舍远离，实难从命！”

胡大海听徐达这么一说，知道这是在委婉地拒绝他，他十分了解徐达是个谨慎的人。因为他对朱元璋并不了解，又怎么能够轻易出山呢？尽管胡大海对徐达说尽朱元璋的为人的好话，徐达就是不肯点头。这下让胡大海开始觉得有些棘手。心想如果我不把徐达请出山，那么我回去又如何向主帅交代，索性不如留下来跟徐达“磨”到底。

第二天，胡大海又去徐达家开始劝说他。徐达的家人接见了他，并对他说徐达有重要事情出远门了，而胡大海心中明白这是徐达故意躲避出去了。这让胡大海开始着急起来，在他家里来回直转圈子。当他看着徐达家干净、整洁的四合院，忽然一个主意涌上了心头。

这天深夜，徐达家突然起火，庄上的人也被大火所惊醒，顷刻间徐达家浓烟滚滚，整个房屋都被大火所笼罩，大火一直烧了大半夜。而徐达家所有的房屋，都被这一场大火烧成了灰烬。

当徐达得知消息急忙赶回来，听人说自己的老母也葬身火海之中的时候，痛哭流涕，捶胸顿足，哭得死去活来。就在这时候，只见胡大海骑着马气喘吁吁地赶来说道：“表哥，不要哭，赶快追拿放火之人，为姑母报仇雪恨。小弟看得清晰，是一群土匪所为，小弟追了半夜，而这伙人却且战且退，小弟身孤力单没有办法，只好赶回来叫人。”

徐达一听，急切拉着胡大海说道：“老弟，我们这就去追。”嘴里还骂道：“我非擒住这伙毛贼不可，将他们碎尸万段，方解心头之恨！”

大约追到天亮时分，果然发现前面有一伙人马在往南行。徐达见到后，便打马猛追。那伙人见有人追来，也加快了马速。直到徐达的马跑不动了，才放慢了速度。而这时候，前面的人马也慢了下来，好像故意跟胡大海和徐达逗着玩一样。就这样徐达他们追了好长时间，怎么也追不上。气得徐达干着急，却没有任何办法。

胡大海看到徐达气得不轻，就劝说道：“哥哥不要过分上火，相信这伙毛贼也跑不掉。都怪你不听小弟的话，才闹出了今天这烧身大祸……”这话提醒了徐达，他心里一动：难道这是胡大海请不动我才设下的诡计？想到这里，他一把揪住胡大海要他说出事情的真相。

这时候，胡大海才赔礼告罪，把事情真相说了出来。原来胡大海见无法请动徐达，便想出这个笨办法：他首先吩咐手下人连夜备好车辆，假装一伙土匪闯进徐宅，将他的姑母及嫂子、侄儿一起接走，接着又把所有值钱的东西都装上了车，然后放了一把火，把徐宅烧个片瓦无存，以此来切断徐达留恋故土的心。胡大海最后笑着说："老哥如果想要见到我姑母，只有随小弟去军营走一趟了。"

徐达听完后，哭笑不得。见事情已经到了这个地步，如今自己也无家可归，长叹一声，最后随胡大海到朱元璋大营去了。

朱元璋见到徐达后，觉得他确实有经天纬地之才，于是就拜徐达为三军大元帅。徐达也见朱元璋果然是个礼贤下士、平易近人的主帅，更看出这个人将来一定能成就一番大业，这才相信胡大海之前所说的话句句是真，也就没有再推辞，衷心帮助朱元璋出谋划策，领兵东征西战。

由此可以得知，胡大海为了请徐达出山，先是以柔对待，结果不但没有请出徐达，而是使徐达躲避了起来。于是胡大海又采取了刚的计谋，制造了一场土匪火烧徐宅的局面，假装一伙土匪闯进徐宅，把徐宅烧个精光，最后使徐达断了留恋故土之心，最后使徐达不得不随胡大海到朱元璋大营去。从这就可以看出，刚柔并济才是取得胜利的最好手段。

• 五行中的阴阳均衡

如果人观察出五行中的某一方面"行"的不足处，那么在其他的部位也可以弥补，这也正如《老子》中所说的"损有余而补不足"；倘若有一处"行"有余，那么其他的部位就可以加以削弱。这就是人们所说的比较中和平衡的"刚柔相济"。譬如说，如果人的眼睛没有好的佳相，形或神都不足，而耳朵的神和形却十分有余，那么耳朵的佳相就可以弥补眼睛的不足，反之也是同样道理。

"不足用补，有余用泄"在阴阳五行中是辩证的重要体现。阴阳的概念，在古代人们称它为世界上最基本的矛盾现象或属性。凡是动的、热的、强壮的、明亮的、公开的、充实的、亢进的、有力的、向外的为"阳"；凡是静的、冷的、柔弱的、昏暗的、隐蔽的、减退的、无力的、内向的则为"阴"。"阳"则包含了"刚"的含义，即刚健、正直、坚强、进取和有为等；而"阴"则包含了"柔"的含义，即委婉、隐忍、曲折、退守和虚无等。两者是互相联系的。比如金旺，就是说物极必反，刚极易折，则用水来泄金之旺；如水太弱，不足以济事，就用金来生水，助其弱势。这种总体的观念，可克服“只见树木，不见森林”的片面观点。在运用“不足用补，有余用泄”的时候，则应遵循事物圆虚消长的道理——阴阳均衡，刚柔相济，五行和谐统一的规律。

就性质而言，刚柔即阴阳，刚为阳，柔为阴，这是事物的两个方面。阳刚显露在外，阴柔蕴含在内，二者既相互对立又互相依存，彼此保持均衡是常态，一旦失去均衡，事物就会发生变化。用太极图来表现最为形象。在一个圆圈中有一个白色的阳鱼和一个黑色的阴鱼，阳鱼头抱阴鱼尾，阴鱼头抱阳鱼尾，彼此互相纠结，浑融婉转，恰成一圆形，无始无终，无头无尾，无前无后，无高无下。最妙的是阴鱼当中有阳眼，阳鱼当中有阴眼，相互包容，相互蕴含，相互激发，相互转化而又相互依存。从中我们可以看出，这个太极图包含了宇宙中的道理，同时也是我们为人处世的行为准则。

人一旦过柔，就会驯顺无骨，无法立足。曾国藩一生功名，最终毁于津门，这就是过柔。过刚就是挺然独立，事则不远。海瑞就是因为过刚，而一生历经坎坷，也不被重用。他一生治学，以刚为主，自号“刚峰”，人们都称他为“刚峰先生”。

海瑞，字汝贤，琼州府琼山县人。嘉靖二十八年（1549 年）试中举人。第二年进入京城，就立刻向朝廷上《平黎策》，希望开道立县、以安定乡土。这个策子当时传诵一时，有见识的人读后都对此大加称赞。

海瑞在做闽南平县教谕的时候，一天御史来到学校视察，主管学校的官吏全部跪在地上谒见，只有海瑞挺立而行长揖礼，他说：“参谒台臣应当注意礼节。这里是学宫明伦堂，是老师教授学生的地方，本不该屈身下跪。”后来，海瑞升为浙江严州府淳安县知县，但他依然穿着布袍，吃着糙米，还命令家中的老仆种菜自给自足。

一天，总督胡宗宪的儿子路过淳安县时，因为驿站所供应的东西不完备而大发雷霆，并把驿吏抓起来，倒悬在房梁上。海瑞知道后说：“过去胡公巡查部属的时候，他命令凡是经过的地方都不要摆设酒食和帐幕等物品。如今这个人行装富足，一定不是胡公的儿子。”于是，就命令手下把胡公子衣袋里面的黄金数千两全部纳入公库里，并将这件事情告诉了胡宗宪。胡宗宪心中明白事情的真相，无奈理亏又无法开口，只好任由海瑞处置。

还有一次，鄢懋卿以都御史总理盐政，巡视部属经过淳安县的时候，供应菲薄，海瑞便高声告诉他：“淳安小县，不能容纳车马。”鄢懋卿听后十分愤怒，但是一向听说海瑞很有名声，只好收敛威风悻悻离去。

当时正是明世宗执政时期，但他却常常不临朝听政，而是深居西苑，专心设道场祈祷神佛。朝廷大臣白杨最、杨爵看到明世宗的行为，便直言劝谏他，却不幸获罪。后来朝中再也没有人敢议论朝中的政事。面对这样的局面，海瑞则挺身而出，直言上疏说："天下都一致认为陛下不称职。"

世宗收到海瑞的奏章后，龙颜大怒，将奏折摔到地上，命令手下立即捉拿海瑞。宦官黄锦在旁边则说："海瑞这个人一向有无知狂妄的名声。当他上书的时候，就知道自己会冒犯皇上，而一定会判死罪，于是就自己预备了一口棺材，与妻子诀别，在朝廷外等待问罪，而且家中的奴仆都已经遣散，没有留下一个人，看来他是不准备逃走的。"

皇帝听后，就将奏章留下，数月不作批示。没过多久，世宗患了疾病，总是闷闷不乐，召下阁臣徐阶商议内禅帝位一事，对他说："海瑞所说的话，是有道理的。这个人可以与纣王时期的比干相比，只不过朕不是殷纣王而已。如今朕已经生病这么久，无法临朝听政。"又说："只怪朕自己没有谨慎珍惜，才落得如此窘困的境地。可如果朕从西苑出去，返回大内，不就等于接受这个人的辱骂了吗？"于是他手批海瑞奏章，以"谩主毁君"为罪状将海瑞逮捕入狱，并追究主使者。没过多久，就移交到刑部，拟定死罪。但是刑部议罪奏章依然在世宗的手里，没作批示，户部司务何以尚猜想世宗并没有要治海瑞的意思，便上书请求释放海瑞。世宗看到他的上书后，便诏令锦衣卫把他杖打一百下，带上枷锁关进狱中，昼夜拷打审讯。两个月后，世宗死去，穆宗即位，何以尚和海瑞都被释放。

其实，世宗刚死的时候，朝廷外百官大多数人都不知道。刑部主事听到了这个消息后，都断定海瑞将来会被释放，就摆设酒食款待海瑞。而海瑞以为是自己将要被砍头，这是临行的款待，便肆意地吃喝起来，毫无顾忌。当刑部主事贴近他耳旁说："嘉靖皇帝刚刚去世，先生如今就要被释放出去了。"海瑞听后，放声大哭，就把刚吃进的东西都吐了出来，昏厥在地上。醒后的海瑞依旧是哭声不绝。后来海瑞被释放，并恢复了原职。没过多久又改任兵部武库司主事。翌年（1567 年）初，擢尚宝司司丞，调任大理寺右丞。

海瑞上任后，历任两京通政使司左、右通政。又于隆庆三年（1569 年）夏，升都察院右副都御史，总理粮储提督军务，兼巡抚应天十府，治所在苏州。他所管属的官吏都十分畏惧他的威望，那些昔日曾贪黩不廉洁的人多数都自己弃官而去。而有权势的人家大门原本是漆成赤红色，如今听说海瑞来到，就改漆成黑色。监督织造的宦官，也都减少了抬轿和侍从的数量。

只要海瑞一声命令，所有的官吏都怀着恐惧的心情遵照执行，有些有能力的豪强都逃避起来。而奸诈的人多数都趁机揭发仇家的阴谋，世家大族的人常常有被诬告蒙受冤屈的。海瑞又减省驿站传递公文、转运货物或官员过往休息等项的冗费。到这里出差职的人，都得不到很好的安排，由此对海瑞怨恨的人也逐渐多起来。

于是，就有很多人开始上书弹劾海瑞。其中给事中舒化，上书斥责海瑞迟滞而不明白政体，应该以南京清闲的官职安置他。没过多久，给事中戴凤翔也上书弹劾海瑞庇护那些奸诈的人，以及欺凌有权势的官僚地主，不断地猎取名誉而败坏政治等。结果，海瑞被改任督南京粮储，不到半年就被免职。随后海瑞到云南赴任，但适逢高拱被召用主掌吏部，而高拱平日里怨恨海瑞，因此，趁机将海瑞职务合并到南京户部，而海瑞就在此时称病辞官，归返家乡。

万历元年（1573 年），国事由张居正执掌，他对海瑞也是十分不欣赏，上任后，他就命令巡抚御史去查访海瑞。御史来到琼山县深山里巡视海瑞，海瑞则杀鸡为黍，与御史相对而食，御史看见海瑞居室内冷落凄切，非常贫寒，便叹息离去。回去后御史便告知张居正所探得的情况，而张居正心中依旧畏惧海瑞严峻刚直，虽然朝廷内外诸臣都上书举荐海瑞，但是却始终不予召用。

神宗时期，多次想要召用海瑞到北京任职，但是执国事大臣暗中阻止，后来海瑞被升为南京都察院右都御史。而南京都察院诸官平日里苟且怠惰，海瑞却以身作则，清廉无私，因此得罪了诸位官员，致使他们纷纷上书毁谤海瑞。海瑞到此，知道自己已经深陷水火之中，便屡次上书请求退休，但神宗总是安慰他并留他，不允许他离职。万历十五年（1587 年），海瑞死于南京职守。

由此可见，以柔克刚，柔中含刚，刚中存柔，刚柔相济，不偏不倚，才是为人处世的最佳方式。从古至今，具有刚的人还是多数，而柔的人则为少数。如果一个人以柔为主，将刚蕴含于柔中，则表现的是一种“柔道”。而“柔道”不仅是治国治民的最佳手段，还是人们取得事业成功的有效捷径。譬如，刘备一生以“哭”来打动别人，这种哭就是一种柔，因此，打动了关羽、张飞，使他们忠诚地跟随他出生入死。

所以说，作为今人我们一定要明白以柔克刚的道理，使柔刚二者均衡，并且事实也证明“柔道”比“刚道”更加行之有效，事半功倍、为利久远，更是“刚道”所远为不及的。

• 由五行观人

刘备识得孔明得三分天下，孔明识得姜维终后继有人。伯乐相马，贵在识马。俗话说：世间百态，人各有样。但是万变不离其宗，识人之道是有规律可循的。可以根据人的脾气秉性、性格特点来分，也可以根据人的相貌、举止来分。

在古代，人们常以阴阳刚柔以及五行学说来品鉴人物。他们依据人的长相、形体，将人归类为五种：

金形之人：这种人较消瘦，骨态较露，关节突出。头、肩、腹、手、脚都比较小。从五官上看，脸型偏方，肤色较白。其性情较强悍，心比较急，做事能够当机立断。性情急躁，坚定不妥协，独立自主，自力更生，有成名的可能性。金形的人多数为官将之才。

木形之人：这种人身材多挺直瘦长，头比较小，身背较宽。手足也小，皮肤略青。木型的人多属于劳碌型，一生忙碌操劳，任劳任怨。心胸开阔型，这类人做事能循序渐进，能与人共事合作，明智可靠，认真公正，慷慨，有理解能力。

水形之人：这种人肩小，腰腹大。喜欢动不喜欢静。走路的时候，身体容易摇晃，手足都比较大，腰身长而靠下。这种人皮肤比较黑，心、体都比较弱，极易随波逐流，缺乏自强，需人扶植。人容易劳心，不适合劳力，但这种劳心也不要过度。这类人具有说服力，做事被动依赖性比较强，有上进心，谦虚，不太坚定，灵活敏感。

火形之人：这种人面尖头小，肩背宽，身体强壮，手足也比较小。肤色偏红。脾气暴躁，不重视钱财，变化无常，信用较差，能从全面考虑问题，但缺乏做事的勇气，没有耐心。这类人有进取心和雄心壮志，有自信心，有个性精神，为人果断坚强。但缺乏耐心，做事精力充沛，有领导能力。

土形之人：这种人肩宽背厚，腹肉饱满，四肢匀称。土形人脸圆头大，肤色较黄。心地温和，不喜欢趋炎附势，也不弄权玩势。这类人做事迟钝刻板，缺乏想象力，客观现实主义者，怕担风险，慎重，有事业心，坚贞，有组织能力。

• 人无刚骨安身不牢

我国一向以伟大的民族精神屹立于世界民族之林，而其中的骨气，便是民族精神的核心。古往今来，许多民族英雄都用生命的代价向我们展示了一个道理：做人要有骨气。譬如，屈原宁愿死也不愿看到国家灭亡的骨气；司马迁，宁愿忍受宫刑也不愿放弃生命、放弃理想的骨气；勾践，忍辱负重十多年只为心中的理想抱负不灭；苏武，被外敌捉走为其牧羊几十年只为心中有一信念，最终可以回到自己的国土。还有近代的康有为、梁启超等等很多人，他们都是很有骨气的，但只因各人所表现出来的方式不同。

人是不能没有骨气的。动物可以没有骨气，因为它可以不明白事理，看不清世道的善与恶，也没有人格和思维。而人拥有骨气，那便是人的自尊，更是对人世间丑恶的反抗。正义的精神源于骨气，民族的自尊源于骨气，对社会的责任更源于骨气的激发。

“亚圣”孟子生活在诸侯混战、动荡不安的战国时期，但他对人的骨气有着深刻的见解。他认为：大丈夫富贵不能淫，贫贱不能移，威武不能屈。意思是说人富贵显达了不能丧失骨气，在物欲中迷失；人贫穷困苦不能丧失骨气改变心志；人受到武力的威胁就更不能丧失骨气轻易屈服。由此可见，骨气是做人的根本，没有了骨气就像奴隶社会的奴隶，没有权利与自由，没有自尊与人格，任人驱使与买卖。

孟子曾说，齐国人因为生活的困苦而沦为乞丐。但是他们却从不以乞讨为生而丧失人格。有位齐国的富人看到有位乞丐十分可怜，就想收他为门徒，将一碗饭扔在地上，对他叫道：“嗟！来食！”而这位乞丐是有骨气的，他知道那富人的卑鄙的用意，他宁可饿死也不肯接受“嗟来之食”。这就是一个人有骨气的真实写照。

由此看来，没有骨气就无法立身，甚至会引来灾祸。同时一个有骨气的人，也一定会以“不贪”作为修身之宝，这样才能超越他人，战胜物欲度过一生，否则就会得不偿失。李莲英就是一个典型的例子。

李莲英一生十恶不赦，干尽了坏事，受到了天下人的指责。他是直隶河间府人。从小失去父母，无人管教，最后沦落成流氓无赖之徒。曾经因为私贩硝磺，被捕入狱，释放后便改行补皮鞋，用“皮硝李”三个字为招牌，勉强维持生计。当时在河间那个地方，许多人都愿意当太监。李莲英有个叫做沈玉兰的同乡也进宫做了太监。两人相处十分融洽。沈玉兰见李莲英生活得很辛苦，便要李莲英另寻出路，李莲英见他做太监过得非常好，认为做太监十分风光，就让沈玉兰引荐一下。

有一天，沈兰玉在公共场合偶尔听到有则消息说西太后（即慈禧太后）听说北京市上流行一种新的发式，就让梳头房太监给她梳这种样式，可是连续换了几个人都不随她心愿。于是，沈玉兰就把这个消息告诉了李莲英，说这次可是一个进宫的好机会。李莲英听后，便花了数周时间游遍了京都的妓院，仔细揣摩了窑姐的各种发式，最终学成了这一技艺。

随后，李莲英由沈兰玉推荐进入宫中，李莲英便对慈禧太后细心地照顾，慈禧太后对他的技艺也十分欣赏，便把他留在了身边。再加上李莲英为人十分机警，又善于揣摩别人的心事，所以格外受到慈禧太后的宠幸。李莲英的房间与后宫距离很近，太后经常到他那里去坐坐，聊聊家常，在他房间里有十把座椅，太后坐过的有七八把。凡是太后坐过的椅子，李莲英都用黄缎蒙起来，以此来讨慈禧的欢心。又由于慈禧晚年好静，不爱说话，李莲英就将她所用的东西，如饮食、汤药、服饰、车马等，件件准备得都十分周到，没有出一点差错。每当李莲英休假的时候，其他太监都免不了挨打，这些太监常常哭泣着求李莲英为自己代班。可以说，慈禧在世的日子里，李莲英几乎没有离开过她的身边。

后来，宫中的东太后去世，李莲英更加肆无忌惮。由原来的梳头房太监晋升为总管，从此他掌握政权，权倾朝野，无恶不作。有许多人巴结他，都得到了显位，例如张荫桓、陈璧等人。李莲英在当时可谓是被慈禧宠爱有加，无人可比，他可以同慈禧平起平坐，有什么好吃的慈禧都会给李莲英留着。在李莲英四十岁的时候，慈禧赐给了他许多珍品和蟒缎，与朝中重臣相同。内到军机大臣，外至各省督抚，都送礼祝贺。慈禧死后，李莲英又为隆裕太后所庇护，直到病死。

李莲英死后，其他太监都偷窥他的财富，寻思谋取，派心腹四处调查。结果调查显示，除了他在原籍及各银号金店存款外，仅宫中储存的现银就有三百余万两。总计所受的赃款大约有千万两银子，众太监共谋瓜分，因分赃不均而发生了争斗。于是受伤的小德张便将这件事情报告给隆裕太后，太后让内务府大臣查办，将所有存款一律充公。

后来，宫中大兴土木，购置各种西式用器，东交民巷各洋行生意兴隆，都是由李莲英这笔赃款“报销”的。

所以说，人无刚骨安身不牢。有了刚骨，更要懂得如何做人修身，这样才能够称为一个顶天立地的男子汉。而李莲英虽然能够做到为人圆滑，赢得人的喜欢，但是他最终还是因为自己没有刚骨之气，遭到后人的唾弃。作为今人，我们一定要引以为戒，要做就做个有骨气、充满正气的人，而不是自私自利，最后即使富有一世，也会留下贪财或者十恶不赦的罪人的骂名。

• 刚中有柔，柔中带刚

老子说：“天下莫柔弱于水，而攻坚强者莫之能胜。”其意思是说天下的东西没有比水更柔弱的了，任何可以攻克强的东西都不能胜过它。因为弱能胜过强，弱能胜过刚，世间人都知道这个道理，但是往往却无法做到。因此圣人说：“能够承受起全国侮辱，才能配做一国的君主，能够承受住国家的灾难”。

《论语》中也说：“君子有三变，望之俨然，即之也温，听其言也厉。”其意思是说，做人要刚柔结合，把握好一个度。能刚能柔，从古至今一直是人们所追求的一种最高境界。庄子曾在《山木》中讲到了一个故事，东海有一只名叫“意怠”的鸟，这种鸟非常柔弱，总是挤在群鸟中苟且偷生。飞行时又不敢飞在鸟的队伍前面，也不敢飞在鸟队的后面，吃食物的时候也不敢抢在第一，只是捡其他鸟剩下的食物。因此，它既不会受到鸟群外的伤害，也不会引起鸟群内的排斥，每天都生活得十分悠哉，远离忧患。从这可以看出，柔并不是卑弱和不刚，而是一种生活处世的方法。

从古至今，有很多忠臣都是因为不明白刚柔之道，过于“刚”而遭到不幸。比如，比干刚直不阿，直言进谏，最终遭到商纣王的杀害。在曾国藩看来，柔就是手段，刚就是目的，以退为进，以柔克刚，才能实现真正的自立自强，这才是柔的实质。

赵惠文王二十年（公元前 279 年），秦昭襄王约请赵惠文王相会在西河外的渑池（在今河南省渑池县），互相订立友好盟约。渑池原本属于东周管辖范围，但秦国已经掌控了这一管辖地区，对此赵惠文王十分担心会被秦王作为人质而扣留。于是，他召集诸位群臣一起商讨对策。

赵惠文王说：“秦王曾经以会盟的名义欺骗了楚怀王，将楚怀王囚禁在咸阳，到现在楚人还对此十分伤心难过。如今又约我相会，他会不会像对待楚怀王那样对待我呢？”

而廉颇和蔺相如都一致认为，倘若赵王不去赴约，就表示向秦国示弱，这会让秦国觉得赵国力量薄弱，胆小如鼠，会叫秦国瞧不起的。蔺相如则表示愿意护送惠文王一同去赴会，廉颇也表示愿意辅佐太子坚守国土。

赵惠文王听说蔺相如愿意一同前往，一颗心逐渐平静下来，便高兴地说：“蔺大夫都能够完璧，又何况寡人呢？”

平原君赵胜说：“昔日宋襄公独自去赴会，结果遭到了楚国的劫持；鲁君与齐王相会于夹谷，幸亏有左右司马陪同，才全身而退。现在虽然有蔺大夫为您护驾，最好也要挑选五千名精兵作为随从，以防不测。另外，再派大军离三十里外屯扎，这才是万全之策。”

赵惠文王听后，觉得平原君所说的十分有道理，便听从了他的劝谏，让李牧为中军大夫，同时率领精兵五千名相随，并让平原君率大部队紧跟他的后面。廉颇将赵惠文王一直送到边境上，对赵王说：“大王同虎狼之王相会，结果是令人难以预测的。如今我与大王相约，想必来往道路上所用的日子超不过三十天。如果到了三十天后，还不见您归来，我就请求按楚国的办法立太子为王，以杜绝秦国非分的想法。”赵惠王也表示同意。

后来，赵惠文王和秦昭襄王按期相会于渑池。双方摆酒畅饮，喝到半酣，昭襄王借着酒意说：“我听说赵王精通音乐，我这里正好有宝瑟，烦请赵王弹一曲，以助酒兴吧！”赵王顿时脸红了，但又不好推辞。于是，秦王侍者将宝瑟放在赵王面前，赵王便弹了一曲。秦王听后，连声称好，并笑着说：“我以前曾听说赵国的先祖赵烈侯十分爱好音乐，没想到您也继承了先祖的爱好。”接着，他让御史记下这件事，秦国御史就执笔取简写道：“某年某月某日，秦王与赵王相会在渑池，赵王为秦王鼓瑟。”

这时候，蔺相如走到秦王面前说：“赵王听说秦王也精于琴声，我便专门带来瓦器，请求秦王来为赵王敲击，以此来互相娱乐。”秦昭襄王听后十分气愤，对蔺相如根本不理睬。蔺相如则将盛酒用的瓦器取来捧着，在秦王面前跪着请秦王敲击，秦王始终是不肯答应。

蔺相如见秦王态度如此坚决，便又说道：“大王是不是因为你们秦国强大的兵力来欺负人？但是，我在五步以内，就可以把血溅到大王身上。”秦王的左右侍从听到蔺相如如此大义凛然的话，都觉得十分畏惧，谁都不敢上前一步。秦王虽然满是不开心，但是又十分害怕蔺相如的威严，无奈只好勉强地将瓦器敲了一下。蔺相如这才站起身来，将赵国的御史召了上来，也让他写上：“某年某月某日，赵王与秦王相会于渑池，秦王给赵王敲缶。”

秦国大臣看蔺相如如此欺负他们的秦王，个个都十分不满。其中就有几位大臣从宴席中站起身来，直接对赵王说：“今天赵王惠顾，请您割舍五座城池为秦王祝寿吧！”蔺相如也不甘示弱，也对秦王说：“既然赵国已经献十五座城池给秦国，那么秦国也应该有所回报，就请秦国用咸阳为赵王祝寿吧！”

宴席结束后，秦国的客卿胡阳等人都私下建议秦王把赵王拘留起来。而秦王却不同意他们这样做。因为他已经听探信的人说，赵国布署得十分周密，大军就驻扎在附近，因而不敢贸然行事。同时，他也知道用武力是不可能占到便宜，就更加敬重赵王，两人便相约为兄弟，双方都保证互不侵犯。

为了获得赵国的信任，秦王将太子安国君的儿子异人作为人质留在赵国。而秦国大臣对秦王这种做法都十分不理解，秦王则解释说："赵国力量现在很强大，我们暂时是不能讨伐它。将王孙送到赵国做人质，就是为了让赵国对我更加信任，那么我就可以专心致志来对付别的国家了。"大臣听后，才恍然大悟，都称赞秦王的远见和智谋。

赵王从渑池会回来后，心中一直感激蔺相如为自己所挽回面子。就对众臣说："我能拥有蔺相如，就好比泰山一样安稳，赵国的地位也重过九鼎。蔺相如的功劳真是无人能比啊。"于是，就拜蔺相如为上卿，位出廉颇之右（在古代，人以右最尊贵）。

一向被赵王所器重的廉颇眼看蔺相如职位高于自己，心中十分不平衡，认为赵王的做法有些不妥。他心想："我出生入死，攻城掠地，维护了赵国的安全，按情理上说，我才是功劳最大，而蔺相如只是动用了嘴皮之功，能有多少功劳。可是官职却要在我的上面，况且他曾经只是宦官的宾客，出身低微，我又怎么甘心居于他的下面呢？以后别让我看到他，要是看到他，就一定要给他一点颜色看看，我也不是好惹的。"

廉颇的这番话，后来传到了蔺相如的耳朵里，蔺相如则是事事小心，唯恐与廉颇发生争执。因此每次上朝，都称病不去。宾客们私下都认为蔺相如是因为害怕廉颇。

有一天，蔺相如因事外出，正好廉颇也外出。路途中蔺相如远远看见廉颇的军队，就赶紧让手下的人将车马赶到一边的小巷中躲起来。等到廉颇的车队过去后，他才出来向前走。宾客对蔺相如的做法十分气愤，就一起来到蔺相如跟前说："我们远离故土，抛妻弃儿投奔您的帐下，是因为仰慕您是个顶天立地的大丈夫。廉颇与您同是一国大臣，况且您还位于他之上。而廉颇口出恶言，您不仅不报复，反而见到他却如此胆怯，这让我们觉得十分羞愧，真不明白这到底是为什么，我们决定辞去。"

蔺相如听到宾客的这一番话，笑着说："在你们看来，廉将军与秦王相比，谁更厉害呢？"

宾客们说："那当然是廉将军比不上秦王。"

蔺相如接着说："这就对了，以秦王的威严，天下没有人可与他抗争，而我却敢当面斥责他，侮辱他的群臣。虽然我没有什么才能，但也不会怕一个廉将军。我之所以这么做，就因为考虑到国家的安危。你们想，秦国如今不敢对赵国进攻，就是因为有我们两个人在。如果我与廉将军自相残杀，那么两虎共斗必有一伤，这样不就为秦国侵犯赵国提供了机会。所以说，我之所以忍着不与廉颇发生冲突，这也是将国家大计放在首位，个人的得失放在次位。”

宾客们听到蔺相如这番解释，都为他的大度和长远见识所折服，从此更加敬佩蔺相如。

然而，蔺相如越是谦让廉颇，廉颇越生气。赵惠文王也十分担忧这件事。虞卿就自告奋勇说和廉颇与蔺相如。虞卿见到廉颇后，便先歌颂一番他的功劳，然后话锋一转，说：“论功劳是你最大，但论气量你不如蔺相如大。”并将蔺相如对宾客所说的话告诉了廉颇。廉颇听后，觉得十分惭愧，便肉袒负荆，跑到蔺相如家中请罪，说：“鄙人志量浅狭，不知相国如此宽容，就是死也不足以赎罪。”

蔺相如则是赶紧扶起廉颇，说道：“我们两人能够并肩做事，为社稷的重臣，将军能够体谅，就是我们国家十分幸运的了。”

从此以后，两人相约，拜为生死之交，刎颈不变，后人所说的“刎颈之交”和“负荆请罪”就是由此得来。

由此可见，廉颇虽刚，但最后却被蔺相如的柔所折服。而蔺相如面对秦王具有的大义凛然，就是刚；对廉颇的大度，则是柔。这便是刚中有柔，柔中带刚。所以说生活中的我们也一定要学会这种该刚则刚、该柔则柔的处世原则，这样才能够成就大事。

二、外刚柔的性格特征

【原文】

五行有合法，木合火，水合木，此顺而合。顺者多富，即贵亦在浮沉之间。金与火仇，有时合火，推之水土者皆然，此逆而合者，其贵非常。然所谓逆合者，金形带火则然，火形带金，则三十死矣；水形带土则然，土形带水，则孤寒老矣；木形带金则然，金形带木，则刀剑随身矣。此外牵合，俱是杂格，不入文人正论。

【译文】

五行之间具有相生、相克、相仇三种关系，这种关系叫做“合”；“合”又有顺合与逆合之分。木生火，火生土，土生金，金生水，水生木，这种辗转相生就是顺合。相貌外形归入顺合中的人中多会致富，但是却不会尊贵，即使偶然尊贵，也总是浮浮沉沉、升升降降，难以保持长久。金以火为仇敌，因为火能克金，但是，有时火与金又相辅相成，金无火炼不成器。类而推文，火仇水，水仇土，土仇木，木仇金等等之间的关系就是这样的，这就是逆合。形貌上带有这种逆合的人就会非常高贵。在逆合之相中，如果是金形人带有火形，便非常高贵，相反，如果是火形带有金形，到了三十岁就会死亡；如果是水形人带有土形之相，那么就会一辈子孤苦伶仃；如果是木形人带有金形之相，便会非常高贵，相反，如果是金形人带有木形之相，那么就会有刀剑之灾，杀身之祸。其余以此类推。至于除此之外的那些牵强的说法，都是杂格，不能归入文人的正统理论。

【解读】

• 五行形相

在古代，人们对人的形体，常运用五行来分类，来说明人的性格、品德和命运。古人将这种方法称为"五行形相"。五行形相就是说，根据金、木、水、火、土五行的性质，用类比取象的方法，把人的形体相貌、性格气质归类为五种：金形、木形、土形、火形、水形。古人的"人禀阴阳五行之气而生身"的哲学观念是"五行形相"的理论依据。

《五行象说》曰："夫人之受精于水，故禀气于火而为人，精合而神生，神生而后形全，是知全于外者，有金、木、水、火、土之相，有飞禽走兽之相。"其意思就是说，由于禀气不同，人的性格气质不同，因此有不同的相形，于是便有五行之相的分类和飞禽走兽之相的分类。《神相全编》也有歌诀概括了这五种形相的特征与命理，其曰："木瘦金方水主肥，土形敦厚背如龟，上尖下阔名为火，五样人形仔细推。木色青兮火色红，土黄水黑是真容。只有金形是带白，五般颜色不相同。青主忧兮白主表，黑主重病及官方。若还进职并添喜，看取新黄满面光。"还有相学家将仁、义、礼、智、信五德附会于五行形相之中，即所谓以五德配五行，认为木形人宜多仁，金形人宜多义，火形人宜多礼，水形人宜多智，土形人宜多信。

这都表明了，古人认为宇宙万物都是由金、木、水、火、土五种元素构成。人是宇宙之精华，万物之灵长，它的所构成元素也是金、木、水、火、土，具有自然之性，因而说："禀五行以生，顺天地之和，食天地之禄，未尝不由于五行之所取。辨五行之形，须尽识五行之性。"其意思是，人生于五行，与天地相合，既然来自五行，那么，要想了解五行的形态，就必须知道五行的性状，知根知底，才能把握事物的本质。

• 人的双重性格

每个人的性格都不同，有的人性格内向，有的人性格外向，有的人性格内外兼有。内向型的人表现为文静、爱思考、细致。外向型的人表现为活泼、开朗、灵活。内向型与外向型两类性格各有优缺点，如果能融合这两者的优点，取长补短，那么做事就会具有判断力，知道如何进退。

人的双重性格有两层含义，一是指综合了内外两种性格的优点，二是指综合了两种人性格的粗犷和细腻的长处。伟人就具备双重性格，他们既有男人的粗心、豪爽，不拘于小节，还有女性的细腻、柔情，善解人意。正是因为这些特点，使他们既豪迈勇敢，英气勃发，又懂得关心人，并胸怀大志，开创一番事业。

伟人的成功，从性格学上讲，就是充分融合两种性格类型各自的长处而形成的。即使他自身不具备这个特点，也会在他身边副将的身上体现。譬如，刘邦原本是一个粗人，但张良却非常细心。他们的结合就是刘邦胜利的必要条件之一。

还有北宋初期幽州人吕端，从小聪明好学，成年后风度翩翩，对于家庭琐碎小事毫不在意，心胸豁达，乐善好施。有一次，吕端奉太祖赵匡胤之命，乘船出使高丽。突然海上狂风大起，巨浪滔天，飓风吹断了船上的桅杆，吓得一船人都胆战心惊，唯有吕端面无表情，依然十分平静地在那里看书。

到了宋太宗赵灵时代，吕端被任命为协助丞相管理朝政的参知政事。当时老臣赵普推荐吕端的时候，曾对宋太宗说："吕端不管得到奖赏还是受到挫折，都能够十分冷静地处理政务，是辅佐朝政难得的人才。"

宋太宗听后，便有意提拔吕端做丞相。有的大臣对此十分不满，在他们看来吕端"平时没有什么机敏之处"，太宗却认为"吕端大事不糊涂"。后来，吕端成为宋太宗的宰相。在处理军国大事的时候，吕端充分体现出机智灵敏、果断坚决的才能。每当朝廷大臣遇事难以做出决策的时候，吕端则常常能较圆满地解决问题。

淳化五年，归顺宋朝的李继迁叛乱，宋军在与叛军的作战中，将李继迁的母亲抓去了。宋太宗便单独召见参知政事寇准，决定杀掉李母。而吕端早就预料到太宗会将李母处死，等到寇准退朝后，吕端便巧妙地询问寇准："皇上是不是告诫你不要把你们所商议的事情告诉我？"寇准脸上则显出十分为难的神色。吕端见寇准并没有将话封死，继续说道："我是一朝宰相，倘若是边关一些琐碎的小事，那么我也不用知道；如果是国家大事，你可不能故意隐瞒我啊。"

吕端、寇准都是深明大义、熟知轻重的人，所以吕端才敢公开地向寇准询问他与皇帝商议的事情。寇准也明白吕端话中的意思，就不再隐瞒，将太宗的意思如实告诉了吕端。吕端听后，便说："这可不行，如果这样下去，必定会引起祸患。"于是急忙上殿启奏太宗说："陛下，春秋时期，楚霸王项羽俘虏了刘邦的父亲，威胁刘邦，扬言要杀死他的父亲。刘邦为了成大事，根本都不理他，何况是李继迁这样卑鄙的叛贼呢？如果杀掉李母，只会让叛军更加坚定他们叛乱的决心。"

太宗听了吕端的话，仔细琢磨，也觉得十分有理，便问吕端那应该怎样处置李母呢。吕端则很有远见地回答说："不如把李母放置在延州城，对她好好照顾，即使不能很快招降叛贼，也可以引起他良心上的不安；而李母的性命依然可以控制在我们手中，这不是更好吗？"吕端的这一番话，让太宗点头称赞："如果没有吕卿，朕险些坏了大事。"后来吕端巧妙运用攻心战术，避免了事态扩大，李继迁最终不得不归顺宋朝。

从中可知，在处理李继迁的问题上，吕端及时纠正皇上的错误决策，避免了祸患。那么在关系到江山社稷的大事上，吕端更是一点也不糊涂，而是周全地处理问题。

宋太宗至道三年，皇上赵炅病危，内侍王继恩十分忌恨太子赵恒英明有为，便暗中串通副丞相李昌龄等人图谋废除太子，另立楚王元佐。楚王元佐是太宗长子，原为太子，因残暴无道，太宗便废弃了他。吕端知道后，就秘密地让太子赵恒入宫。太宗一死，皇后命令王继恩、吕端来见。吕端观察到王继恩神色有些不对，知道这其中一定有事情发生，就将王继恩骗进书阁，把他锁在里面，派人严加看守，自己则冒着生命危险去见皇后。皇后因为受王继恩等人怂恿，已经产生了另立楚王元佐的意图，但见吕端来，便问道："吕丞相，太宗皇上已经去世了，是不是让长子继承王位才合乎道理？"吕端回答说："先帝立太子赵恒，正是为了今天，怎么能违背他老人家的遗愿呢？"皇后见吕端反对废太子赵恒，便不再说话。而吕端见皇后犹豫不定，就立即说道："王继恩企图谋反，已经被我抓住。希望皇后赶快拥立太子才能保天下安定啊。"皇后见事情已经这样，无奈只好让太子继承皇位。

太子赵恒在福宁殿即位的那一天，垂帘召见群臣，吕端担心这其中有诈，便请求赵恒卷帘听朝。当吕端登上玉阶，仔细看了一番，确认是太子赵恒时才退了下来。随后，他带领群臣高呼万岁，庆贺宋真宗赵恒登基。

由卷帘认准了是自己拥立的皇帝才肯行礼，可以看出吕端确实是大事不糊涂。他善于忍耐平时的小事，在对于重大问题的细节上，却一点也不糊涂，不忽略，总是将问题处理得十分到位、周全。

• 大柔非柔、至刚非刚

太平天国时期，曾国藩起初带领湘军连打了七次胜仗，名声大振。但后来在武汉一次惨败，这让他觉得没有脸面回去见江东的父老，于是便想投河自尽，但是却被属下救下。回到湖南老家后，他不断读《道德经》，悟出了"大柔非柔、至刚非刚"的道理。他开始总结教训，将失败最终归于后备供给不足。此后，曾国藩复出，一半时间在前线带兵打仗，而一半时间用在京城搞后备工作。他把荣辱和后方官员拴在一起，渐渐进入顺境，最终建立功勋。

后来，曾国藩生病兼守母孝，在家依旧思索人生的哲理，最后他又终于明白了道家思想的精要所在，于是他从读书和当京官时的儒家，转初办湘军时的法家，而变为即将问鼎政治高峰的道家。力诫自己做人做事要忍耐、要柔韧，像水般处事为人。随后，曾国藩再次出山后，对所有以往排挤他的人都笑脸相迎，对所有他所看不起的人也都笑脸相迎，奉行“打落牙齿和血吞”的姿态，这样一来，他在官场上得心应手。在皇帝赏识他的时候，他采取儒家姿态，赢得了皇上的更加信任；在他独自办事时，采取法家，严刑峻法，使事情办得十分公正；而在与同僚相处的时候，他采取道家一味的谦退，与人相处得十分融洽。

由此看来，正是曾国藩这种大柔非柔、至刚非刚的性格，才使他一生官运亨通，成就了辉煌的事业。作为今天的我们也应该懂得这其中的道理，进而学习借鉴，这样一来相信凡事都不再棘手，而能顺利达到你的理想目的地。

• 哪种性格更易成功

人一般有四种性格，分别是：外刚内刚型，即嘴硬心也硬、嘴狠心也狠型，如秦始皇、成吉思汗；外柔内刚型，即嘴软心硬、嘴不狠心狠型，如刘邦、曹操；外刚内柔型，即嘴硬心软、嘴狠心不狠型，如项羽；外柔内柔型，即嘴软心也软、嘴不狠心也不狠型。

那么哪一种性格类型的人，事业更加成功呢？以卫青和霍去病为例，来说明性格的不同，人生的境遇也不同。

卫青的母亲卫媪，本是平阳侯的妾，先生下女儿卫子夫和卫少儿，又暗地与郑季私通生有卫青。少年时候，卫青跟随父亲郑季，郑季便叫他去放羊。因为一次偶然的机会，卫青去了一次甘泉宫，宫中一人见了他，便说他将来一定会做官，并且官能封侯。卫青则笑着说：“我能够天天不挨打受气，就很满足了，哪里敢去想封侯。”

卫青的大姐姐卫子夫因为跟随平阳公主而得到汉武帝宠爱，陈皇后便十分愤怒，派人去捉住卫青，想杀他以泄私愤。当时，卫青有位好友名叫公孙敖，同几位壮士一同救出了卫青。汉武帝知道后，便认为卫青有奇才，封他为侍中。后来，派他随大军出征匈奴。那时期，同时代的李广等名将击匈奴有成有失，只有卫青有功无过，大家都佩服汉武帝的识人才能。

后来，卫青升职为大将军，但为人谦恭有礼，以仁治军，平和柔韧，不张声势，爱恤士卒，不擅权功，士卒都愿意为他效命。右将军苏建兵败，一个人逃回，部将们都认为苏建弃军独回，应当斩首以严军法。卫青却说："我同大家情同手足，虽苏建失军当斩，但我们都是臣子，等呈报天子，让天子裁决才好。"这便是平和柔韧的卫青。

而霍去病是卫青的另一个姐姐卫少儿与平阳县吏霍仲儒私通而生，他却与卫青的性格不一样。他为人直言仗义，非常勇敢。十八岁随卫青出征匈奴。汉武帝便叫他学习《孙子兵法》，霍去病说："打仗主要看方略如何，不必多学古人兵法。"汉武帝就为他修建了一座院落，他说："匈奴未灭，无以家为也。"这与当初卫青听人说他将来会封侯时的话语截然不同。霍去病行军打仗不大体恤士卒，士卒缺粮，他仍然意气风发地追击匈奴。这与卫青以仁治军也不相同。

李广的儿子李敢，因为李广随卫青击匈奴误期自杀的事情，对卫青一直心存怨恨，便伏在路边打伤了卫青。卫青则将这件事情隐瞒了过去。骠骑将军霍去病知道后，非常气愤，于是借李敢随汉武帝到甘泉宫打猎的机会将李敢射杀。汉武帝问起李敢的死因，霍去病则说李敢是追猎时与鹿相撞而死。

这便是两种不同性格人物的表现。卫青属于内向型，霍去病属于外向型。而他们的做事风格也不相同，一个是柔和谦虚，一个则是胆大勇敢。两个人都功名盖世，威震朝野。但唯一不同的是，霍去病比卫青出生得晚，但却比卫青死得早，这也是因为他的胆大勇敢所导致的。

然而，决定一个人的成败，最主要的还是看人的品质好坏，以及思考问题的方法正确与否。粗心者能否细心，细心者是否果敢，而不能因为他小心谨慎而认为是胆小怕事，也不能因他的不拘小节便当做是豪迈英雄。同样，通过性格看个人成败也是一样。最重要的还是看人物性格中的优缺点。因为人的性格并不能单纯地归为一种，往往它都具有混合型。比如看内向的人是否在关键时候犹豫不决，敢于行动；外向型的人是否能够把握住细节，而不计粗略。这样就能判断这个人的能力了。总之，一般事业辉煌的人往往都具备双重性格。

• 性格决定人的命运

俗话说，性格决定人的命运。同样，性格也决定事情的成功与失败。

项羽和刘邦在中国历史上是楚汉相争中的两大霸王，项羽是锐不可当的二十七岁霸王，刘邦是年逾五十的垂老之人；项羽是名将之后，刘邦则是无名的农家子弟；项羽受过严格的军事训练，刘邦本身并没有什么才能。后来，项羽称霸天下，声势如日中天，而刘邦仅被封为汉王，所据之地偏远险阻。但是，两人最终的结局却是截然不同。项羽在三十二岁时，兵败自刎，全盘皆输；刘邦则承袭了秦始皇的大一统格局，尽收天下，开创了绵延四百年的汉朝。

纵观项羽和刘邦两人的性格，他们都有一个共同的特性，就是有远大的理想，有过人的包容力和忍耐力，以及化危机为转机的能力。之所以导致两人不同的人生，究其原因就是因为两人的性格不同所致。

项羽的性格是缺乏耐心，眼高手低，但他自信心强，做事又积极；刘邦的性格则是我行我素，喜欢夸口，但他慷慨好施，善交朋友。

项羽出生于将门贵族，崛起于秦始皇大秦帝国动荡的时候，他拥有用兵如神的军事天赋，仅仅用三年的时间，他率领五国联军直入秦都咸阳，终结了大秦帝国，以霸王之名威震宇内；他凭着天赋的军事才能和严格的军事训练，在他二十七岁起，就逐步立下惊人的战功；他用兵别有洞见，敢于行险，善于以强大的精神力量凝聚士卒的心，形成强大实力。他原本应该成为一个掌控天下的人，但是，他与出身贫寒的刘邦对峙争锋数年后，在楚汉争霸中却尝到一败涂地、四面楚歌的滋味。他虽善战，政治谋略却不敌老谋深算的刘邦，灭秦之后一连串失策的扰民、焚宫、封王、杀义帝等举动，引发了四起的民怨及诸王叛乱，终于让长于收买人心的刘邦羽翼丰满，布下牢不可破的圈套，霸业昙花一现，功败垂成。

项羽失败的原因就是因为缺乏谋略和视野。司马迁《史记》中记载：项羽是位英雄，他的志向博大高远。他很讲信义，只因允诺了项伯“善遇”刘邦的进言，他不顾亚父“示之者三”，于鸿门宴上放走了罗网中的刘邦。当兵败乌江时，他拒绝登上乌江亭长的救生船，面对身后的丛林干戈，他笑对死亡，气概何其豪迈。英雄项羽最终自刎而死。

也有人认为项羽最大的失误，就是在鸿门宴上未听从谋士范增之言，以至放虎归山，招致最后的失败。这一失败看出项羽在政治上是个分辨不出真假的人，又在险境中不能急中生智、化险为夷。其实这都是因为项羽性格中存在着极为严重的缺陷：他空有高志却目光短浅；爱慕虚荣，不乏自满自得的小农意识；凡事勇在先，智在后，残忍有余，仁善不足；缺乏从谏如流、宽宏大量的国君气质。这就决定了他的一生，只宜做一名叱咤风云的将军，却不具备一种帝王的胸怀。

《史记》中记载这样一个片段：章邯率部归降。项羽不是对降兵善加督导，化为己用，反因害怕降卒不服而“夜击坑秦卒二十余万人”。新丰鸿门，闻刘邦欲关中称王，项羽大怒，欲以四十万大军击压刘邦十万军。刘邦恐，急笼络项羽季父项伯，卑曲称臣，高颂项王。项羽显然沾沾自喜，颇以为得意，遂听从项伯言而“善遇”刘邦。这就有了鸿门宴上范增“数目项王而王默然不应”的千古遗憾。入关后，“项羽引兵西屠咸阳，杀秦降王子婴，烧秦宫室，火三月不灭，收其货宝妇女而东”。令秦人大失所望。

由此可见是项羽的性格毁了他的一生。这对一个有着远大抱负和理想的英雄来说，是个致命伤。项羽的成长过程，只是一部勇猛成长史，却忽略了对更高层次人格的追求和塑造。因此说，他的失败是必然的失败，而他也只不过是一名强悍的勇士而已。

而刘邦的高明地方就在于，他能知人善任，宽宏大量，宁愿斗智而不斗力。即所谓的内刚外柔。这也正是刘邦能够在那个动乱、烽火云涌的时代中脱颖而出的原因。

刘邦虽然出身十分普通，与大将后裔身份的项羽相比根本不及。但是刘邦却不失领导的气质，善于不断提升自己，他将信陵君作为榜样，给自己定了人生的高度，而且还常常学信陵君的处世、行为方式。例如，他学到了用笼络手段壮大力量的方法。也就是善于根据情势揣摸人的心理，润滑人际关系，有较强的凝聚力，能够吸引他人为己所用。这便造就了他理性和工于心计的性格，因此受到了人们的爱戴。

从表面看，刘邦似乎没有什么才能，但是他的身边却人才济济，萧何、韩信、陈平等都忠诚为他效命，连自视甚高的张良也敬佩地对人说：“沛公殆天授也”。刘邦做事还比较有分寸，楚国长老都称赞他说：“沛公，长者也。”史书记载：汉元年十年，沛公兵先诸侯至霸上。秦王子婴素车白马，系颈以组，封皇帝玺符节，降轵道旁。诸将或言诛秦王。沛公曰：“始怀王遣我，固以能宽容，且人已服降，又杀之，不祥。”乃以秦王属吏，遂西入咸阳。项羽兵败死后，刘邦以鲁公礼葬项羽谷城。“汉王为发哀，泣之而去。诸项氏枝属，汉王皆不诛。”

同时，刘邦遇事还十分冷静。楚汉久相持未决，项羽曾对刘邦说：“天下匈匈数岁者，徒以吾两耳，愿与汉王挑战决雌雄。”汉王笑谢曰：“吾宁斗智不斗力。”可见，这种以己之短敌彼之长的傻事，刘邦是不会做的。他为实现大谋，坚忍克己。楚汉荥阳对峙时，项羽欲烹刘邦之父以迫其退兵，刘邦竟说：“我们已约为兄弟，我父亲即你父亲，如果要烹你父亲，则幸分我一杯羹。”项羽惊怒，要挟计划因之破产。刘邦原本性情贪财好色的，但是为了达到目的，他能克制自己。这与项羽每攻城破镇后“收其货宝妇女”有所不同。

总之，人的性格是人成就大事的重要因素。争霸中的项羽与刘邦都是胸怀大志的人，但是却因为彼此的性格不同，而使各自的人生也不同。从人的禀赋优越来看，项羽优于刘邦，但是项羽却不注重自我修养，遇到事鲁莽冲动，毫不克制，结果以失败告终；而刘邦表面平平，但却善于在追求目标的过程中，不断以高标准来完善和要求自己，培养自己的优秀品质，克制天性中的不良成分，所以他取得了成功。

• 范蠡：由性格知人

性格在心理学上是指对现实的稳定态度以及与之相适应的习惯化行为方式，是人格的一个最重要的方面。

性格的发展、形成及变化，和人的遗传、环境等因素有着密切的关系。首先，遗传因素通过气质和智力而影响人的性格。人在遗传因素的作用下形成的气质，按照自己的活动方式，使性格具有独特的色彩。比如同样是助人为乐的性格特征，多血质的人在帮助人时动作敏捷、热情溢于言表，而黏液质的人则沉着冷静，情感蕴含在心。气质为人的高级神经活动类型所决定，所以，一开始气质就影响性格形成和发展速度。

同时，人的智力和遗传因素也有一定的关系，智力和性格都受高级神经活动的特性和类型的影响，而智力对人性格形成是有作用的。这作用在人的逐渐发展的过程中显示出来。人们运用自己的聪明才智，掌握相应的知识和技能，冷静地审时度势，使自己的行为符合客观规律，这样就会促使自己勇于克服困难，在艰难险阻中表现出自觉、大胆、果断和坚毅等良好的性格特征。因此那些政治家、发明家、作家、艺术家，虽然从事不同的职业，但他们都兼有高度发达的智力、创造力和优良的性格特征。

此外，环境还是性格发展的一个决定因素，环境主要是通过家庭、学校、社会活动圈子以及工作实践来反映性格的。可以说，性格随着人所处环境的不同，也会有所不同的变化，但总体上人的性格是不会轻易改变的。

范蠡知道自己不辞辛劳、忍辱负重地帮助越王完成复国雪耻的大业后，也得不到越王的倍加宠爱，但是却可以展现自己一身的聪明才智，也会因自己所做出的成就而扬名天下，所以他任劳任怨地帮助越王灭吴之后，决定立刻归隐。同时，他还劝另外一复国名臣文种与他一同归隐，并对他说："勾践这个人，豺颈狼心，只可与他同患难，不可与他同富贵。"但文种却不这么认为，在他看来，灭吴之后正是享福的时候，所以不愿意离开。结果，就在范蠡离去之后，勾践就派人送了一把剑给文种，这时候文种才十分后悔自己没有听范蠡的规劝。

可见，范蠡对自己侍奉的君主是十分了解的，以及他对当世名士和自己的儿子们也十分了解。他的二儿子在楚国杀了人，被关进了监狱，准备临刑处死。但是他却认为"万金之子，不死于市"，于是就想派小儿子去救他的兄长，结果大儿子却觉得这么重要的事应该是交给他做才对，因为他是长子。但陶朱公范蠡深知大儿子的性格，执意不让他去，但是最后经不住大儿子和妻子的苦苦哀求，只好无奈地让他去了。在大儿子临行前，他交代一定要去求楚国的名士庄生，并赠送他黄金千两，千万不可与庄生发生争执。

庄生是个很清贫的名士，在楚国极其受到人们的尊崇，楚王对他也是言听计从。范蠡的大儿子找到他后，便将事情说给了他听，并将黄金交给了他。为了让大儿子放心，庄生就收下了黄金代为保管，准备事成之后再还给他。庄生便凭着自己的机智和巧言说服了楚王，楚王也准备释放在押囚犯（包括陶朱公的小儿子）。但范蠡的大儿子却不知道庄生私下为他办事的实情，只认为是楚王大开天恩，于是就马上找庄生要回了千两黄金。结果激怒了庄生，本来就不贪钱的他，气愤之下就又到楚王那里对范蠡的儿子进了谗言，结果范蠡的大儿子最后只等到了他弟弟的尸体。

范蠡的大儿子带着弟弟的尸体回去后，全家人听到这个消息十分伤心，都从屋中出来痛哭迎接。但是范蠡却苦笑着说："我就知道他一定会害死他弟弟的。他并不是不爱他的弟弟，只是从小和我在一起，看惯了生活中的各种艰苦，所以他对于钱财就非常重视；而他的小弟，从生下来就过着丰衣足食的日子，这种富裕的生活，让他哪里知道钱财是怎么来的。营救犯法的人，是要一大笔本钱的，只有让不吝啬钱财的人去，才能做得到。我之所以让小儿子去，就是因为他能够丢得开钱财，而大儿子却不能做到这一点。这不，结果证明了他只会害死了他弟弟。所以这早就在我的预料之中，我也早就准备好他带着丧事回来了。”

• 可遇深虑，难与捷速

性格沉稳的人，比较文静，办事不会大张旗鼓，作风也是十分细致入微，认真执著，具有锲而不舍的钻研精神。所以，通常都能够成就一番事业，或者成为某一个领域的专家和能手。其缺点就是由于过于沉静，而使自己的行动总是比别人慢半拍，即显得行动不够敏捷，还因为凡事都仔细分析，三思而后行，因而抓不住生活中擦肩而过的机会。此外，这样的人还没有更多的兴趣，不太关心周围的事物。虽然平日里不爱讲话，但是他所看问题能够十分透彻，只是不愿意说出来，这样就很容易被人忽略。

王湛就是这样一个人。他平日里总是不爱说话，也从不会表现自己。别人欺负他的时候，他也从不与人斤斤计较。因此，在别人的眼里他是个大傻瓜。从而，有很多人都瞧不起他。就连他的侄子王济也看不上他。在吃饭的时候，桌子上明明有许多好菜，但是王济就是不让他吃。王湛吃不到大鱼大肉，就让王济给他点蔬菜吃，但王济又当着他的面把蔬菜也吃了，王湛也没有生气。

有一天，王济偶然到叔叔的房子里去玩，看见王湛的床头上有一本《周易》，这是一本很古老又难读懂的书。这让王济很是纳闷，在他看来，这位“傻叔叔”怎么可能读懂这样部书呢？于是就问：“叔叔我看你床头上有本书，你为什么要把这本书放在床头上呢？”王湛回答说：“身体不好的时候，坐在床头随便看看。”

见叔叔如此回答，王济还是怀疑叔叔读《周易》只不过是做做样子而已，便有意请王湛说说书中的一些意思。王湛便为他讲解了书中的一些内容，并分析其中深奥的道理，深入浅出，非常中肯，讲得也十分精炼而有趣味，这可是王济从来没有听到过的。

于是，他留在叔叔的住处，好几天都不愿回去。经过与叔叔的接触和了解，让他深深感到，自己的知识和学问比起叔叔来简直是相差甚远。他便惭愧地叹息说：“我家里竟然有这样一位博学的人，可我都三十岁了还不知道，这可是我的一个大过错啊！”几天后，他要回家了，王湛便将他送到大门口。

王济有一匹性子很烈的马，特别难骑，于是他就问王湛："叔叔爱好骑马不？"王湛说："有一点喜欢。"接着就骑上这匹烈马，只见他姿态悠闲轻巧，速度快慢自如，连最善骑马的人也无法超过他。王济对他平时骑的马也特别喜爱。王湛又说："你这匹马虽然跑得快，但受不得累，干不得重活。我看到督邮有一匹马，是一匹能吃苦的好马，只是现在还小。"王济便听了叔叔的话，将那匹马买来，精心地喂养，等到它与自己骑的马一样大了，就进行比试。这时候，王湛又说："这匹马只有背着重物才能知道它的能力，在平地上走是显不出优势来的。"于是，王济就让两匹马在有土堆的场地上比赛。跑着跑着，只见王济的马果然摔倒了，而督邮的马还像平常一样，稳稳当当。

通过这些事情，王济从内心深处更加佩服叔叔的学识和才能。他回家后，便对父亲说："我有这样一位好叔叔，他比我可强多了，可我从前却一点儿也不知道，还经常轻视他，真是太不应该了。"

曹武帝平时也认为王湛是个呆子。有一天，他见到王济，就又像往常一样与他开玩笑地说："你屋里傻叔叔死了没有？"如果是在过去，王济一定会笑而不答，可这一次，王济却大声回答说："我叔叔根本就不傻！"接着，便把王湛的才能学识一五一十讲出来，这也让武帝震惊并相信了。后来，王湛还当了汝南内史。

由此看来，王湛平日里只会不断提高自己，从不去追求虚荣和过分地表现自己，这可谓是人生的智慧。也正是因为王湛这种善于忍耐、不追求虚名的性格，才获得他人真正的敬佩与赏识。

• 韬谲之人

所谓韬谲之人，是说这种人机智多谋，深藏不露，心中城府深如丘壑，善于权术，反应也快。如果立场不坚定，很容易成为大奸之人，通常见风使舵，察言观色确定自己的行动路线，诡智多变。办事能采取比较得体的方法，表面谦虚，实际上不会吃哑巴亏，暗藏着报复的想法。这种人不论在乱世还是治世都能谋得自己的一席之地，是懂得变通的善于保全自己的一类人。因诡智多变，可能节气不够，如果忠正有余，有气敢往，就会成为张良一类的奇才。所以这样的人可以为辅佐之人，但不能专权。

据《史记》里记载：秦始皇本应是吕不韦的儿子，而不该是秦王的后代。但这个偷梁换柱的前因后果足以充分体现了吕不韦的韬谲诡智特点。

吕不韦原本是个有钱的商人。秦昭王时期，立次子安国君为太子，而安国君最宠爱的姬是华阳夫人，但是她却没有生育能力。安国君有二十多个儿子，老二叫子楚，很不得安国君的喜欢，御史子楚被派到赵国做人质。赵国屡次被秦国攻打，因而子楚在赵国的日子过得十分艰苦。

有次，吕不韦到赵国去办事，当他看到处于困境中的子楚时，便认为他是个奇才，将来一定能成大器。于是就帮子楚策划，并给予他很多活动经费。吕不韦对子楚曾说："秦王已经老了，安国君应当立为新秦王。但他宠爱的华阳夫人没有儿子，安国君要立太子，华阳夫人具有举足轻重的作用。如果你能讨得华阳夫人的欢心，那么你与其他兄弟争太子位的时候，不就有了很好的助力吗？我愿意为你提供千金作为经费。"子楚面对吕不韦的如此帮助，叩首称谢。

随后，吕不韦又去华阳夫人面前开始讨好，对华阳夫人说："子楚在赵国日夜泣思君王和夫人。"华阳夫人听了十分兴。吕不韦又买通华阳夫人的姐姐，叫她对华阳夫人说："你以美色得安国君喜欢，但一旦年老色衰，又没儿子，该如何托付后半生？子楚虽然排行老二，但有贤名，又能附和你，倒不如让安国君立子楚为太子，这样你一生都不用担心了。"经过吕不韦的如此吹捧，子楚的名声也因此日渐厚重。吕不韦同一个舞姬同居，舞姬有了身孕。就在这个时候，子楚对她一见钟情，希望吕不韦能够让给他。这让吕不韦大怒，但他转念一想，自己所有的家业都已经耗在了子楚身上，不如放长线钓大鱼，钓出一个千古的奇才来，就痛快地把舞姬送给了子楚，而不声张她怀有孩子的事情。

公元前 259 年，舞姬产下了一子。子楚认为这是自己的儿子，便将小孩取名为政。年老的秦王八年后驾崩，太子安国君即位，同年又因腹疾而亡。吕不韦一手安排的后备君子楚顺利地登上王位，是为襄王。但是三年内，这个运气十分不佳的子楚也死了，而吕不韦的私生子——子政继承了王位。

由此，吕不韦做了十年的涉政丞相，着手重塑秦国的形象。由于秦国地处西北边区，经常受到游牧民族威胁，后来虽然变成战国时代军事武力最强之国，但它的人民却被其他各国认定为粗鲁，没有文化。为摆脱这一形象，吕不韦从各国邀来三千宾客，包括学者、艺术家、哲学家、诗人、演说家和有名望的人，用自己的钱供他们住在秦国首都。吕不韦供这些人吃、住、娱乐，也请他们将个人所精通的天地万象、古今之事编成一本百科全书，结果编出了当时内容最完备的一本书，名为《吕氏春秋》。吕不韦也深以此书为傲，曾悬赏千金，征求是否有人增益此书。但却没有一个人应征。

虽然，吕不韦的这些手段看起来有些旁门左道，难登大雅之堂，但是实际上他是以谋略任秦国的宰相，已经为统一六国，建立中央集权帝国打下良好基础。吕不韦是个粗俗、没有受过良好教育、白手起家的人，他的故事使很多人受到启发。此外，吕不韦还有杰出的地方就是，秦国是法家的坚强据点，而法家通常将商人鄙视为寄生虫。也有官员耻笑吕不韦出身于粗鄙商人，但也有人说，很多官员才干还不如商人。有人直截了当地向一个对吕不韦财势眼红的贵族说："你在权力斗争中斗不过吕不韦，才会去骂他不知礼节。"

随着秦始皇的一天天长大，吕不韦开始担心他会发现自己和他的母亲的私情。于是他就设下诡计，让这个热情如火的太后自己走上了毁灭的道路。根据史家描述，吕不韦先找到一个很健壮的年轻人。太后见后，立刻对他表现出兴趣。吕不韦便顺水推舟，将这个年轻人送给了她。他便建议太后将他的情夫剃光头，拔掉眉毛，让他看起来像个宦官。一切安排好后，奸诈的吕不韦又设法放出声去，让秦王嬴政知道太后养了个假的宦官，而且这对男女还要谋反。并极力要求秦王诛这个年轻人及他的九族，并将太后锁入冷宫一生不得出来。

这个时候，秦王嬴政也对吕不韦起了疑心。他二十一岁亲政，在掌权之后，立刻免掉了吕不韦的摄政及丞相之职，还将他贬为平民，随后又把他放逐到边远的四川。迁往四川途中，吕不韦在恐惧遭暗杀的阴影下，服毒自尽。吕不韦死后，秦国还采取了严厉的防范措施，防止商人再度掌握政权。

公元前 221 年，也就是吕不韦自杀后十六年，秦王灭掉其他六国，自立为秦始皇。尽管他的统治时间短暂，但却剧烈地改变了中国。他完成统一大业的时候，所有旧时的封建制度所造成的壁垒也一同瓦解，社会阶层上下流动变得比较容易。他将西北和西戎之地都并入中国版图，并将军事势力扩张到东北的朝鲜和南方的越南。

• 徐阶柔倒严相

粥子曾说："要想刚，一定要用柔来守住它；要想强，一定要用弱来保持它，柔积得多必然刚，弱积得多必然强。看他所积的是什么，就晓得他所得到的是福还是祸。用强来取胜于不及自己的，等到能与自己相匹敌时就易于损伤；用柔来取胜于超过自己的，那种力量是不可估量的。"

明代奸相严嵩父子专权，无恶不作，当朝官员都纷纷上书揭发他们的罪行。但因为严嵩倍受嘉靖皇帝的信任，所以一时根本没有办法制止他们的恶行，这样便使正派势力受到了多次的打击。如杨继盛、沈炼等人，都被害死。

徐阶就在严嵩炙手可热的时候进入了内阁，追随严嵩十年，从来都不敢与严嵩平起平坐，只是追随在他的后边谨慎从事。与此同时，在嘉靖皇帝斋醮所用的青瓷上，他还特别地制作，以此来亲近皇帝，讨他的欢心。一方面防备严嵩对自己下手，另一方面伺机“倒严”。

公元1561年，即嘉靖四十年，明世宗所居住的永寿宫发生了火灾，只得迁居其他宫殿。徐阶便趁机劝明世宗重修永寿宫，第二年改名万寿宫。这时候，皇帝对严嵩已经有些不满，因为是他劝说居住南城，即明英宗在土木之变后回宫居住的地方。于是，徐阶就指使道士蓝道行借着扶乩来揭示严嵩的奸罪。嘉靖皇帝一直都迷信方术，宠幸道士，听了道士的话，便有所心动。

徐阶见到这种状况，认为时机已经逐渐成熟，就暗中支持御史邹应龙上书弹劾严嵩父子一些不法的事情。等到邹应龙将奏书呈现给皇上后，徐阶又专门到严嵩府中去拜见严嵩，对他进行了安慰。严嵩听了这些安慰的话后，十分高兴，立刻拜谢徐阶，并且让他的儿子严世蕃将全家妻儿老小都带到徐阶面前，将他们托付给他。

徐阶回到家后，他的儿子便暗中敲击他说：“您平日里被严嵩父子侮辱到了极点，如今正是报仇雪耻的时候了。”徐阶听后，心中有些畅快，但是转身又假意训斥他的儿子说：“如果没有严家，哪会有我们的今天，你让我昧着良心与他作对，这让别人怎么看我。”其实徐阶早就想到，严嵩会派亲信到他家探风，于是才说了这一番话。探信的人将自己所听到的话，回去报告了严嵩。严嵩见徐阶所说的话和他曾经说过的一模一样，便放宽了心。后来，皇上将严嵩罢免，严嵩归乡。而徐阶依旧是“书问不绝”。

然而，严嵩回到家乡江西宜春后，并没有吸取教训，稍作收敛。他的儿子严世蕃被充军发配到广东，却只在那里待了两个月，便悄悄逃回了原籍。在家乡，父子二人依旧是恶贯满盈。一次，袁川府推官郭谏臣因为公事到严府去，严府恶仆正监督着一千多名工匠在修建庭院。于是恶仆便让这些工匠戏弄郭谏臣，而且还用瓦块投掷他。郭谏臣一怒之下，就上书给巡江御史林润，揭发严府强暴侵占的罪行，告发他们聚众谋反。随后，林润便立即驰书奏报朝廷。皇上也马上命人将严世蕃等人逮捕到京师。

到了京师后，严世蕃依旧对前途毫不在乎，并狂口说："任他燎原火，自有倒海水。"同时，他还私下聚集其党共同谋划，认为在自己的罪行中，行贿已经是无法遮掩的事实，但是那并不是皇上所深恶痛绝的地方。而"聚众以通倭"的罪名大，必须设法消除。而且还补充填写杨继盛、沈炼之狱的事情，这样既可激怒皇上，又可以得到赦免。他谋划好了以后，又让他的党徒到处去宣扬。结果主持审理案件的刑部尚书黄光异、左都御史张永明、大理寺卿张守直都中了他的阴谋，而听信了他的话。便草拟了这一内容的书稿，准备奏请皇帝。他们先将这个书稿带给徐阶过目。而徐阶对这一切心中早已有数，便故作不知，问这三个人："书稿在哪里？"这三人立刻呈给徐阶看。

徐阶看完书稿后，便将黄光异、张永明、张守直三人带到内室，让手下退下。对他们说："在你们看来，严公子是该死，还是该活呢？这个案子是想判他死罪呢？还是想判他生还呢？"这时三个人都说："写上杨、沈之案正是要判他的死罪。"而此刻徐阶却摇头说："这其中另有说法。"于是他讲出了这书稿所隐藏的阴谋，如果这样写，他们正是中了严世蕃的诡计。因为杨、沈之案是当年圣上亲自下诏，倘若在案中牵涉此事，就触及圣上忌讳。此案就可能不了了之。三个人这才猛然醒悟。可是三人却不知道该如何书写奏书，才能置严世蕃于死地，一时间没有主意。他们便再三请徐阶出主意修改。只见胸有成竹的徐阶马上从袖中取出了一份早已写好的疏稿，说："我已拟议久矣。"三人一见，都喜出望外。

于是，一份置严世蕃于死地的奏书就这样产生了。书中历数了严世蕃的种种滔天大罪，特别突出了他的"潜谋叛逆"。因为徐阶早就猜透皇帝心理。结果，正如他所预料，他将这份书稿奏上后，只这一点就让皇帝大发雷霆，立刻令三法司核实后奏闻。徐阶便急忙带着圣旨出宫来，三法司官员齐集在宫门外候旨。徐阶只简略地问了他们几句话，就回家去草拟奏书。在奏书中他极力上言事已属实。就这样，罪有应得的严世蕃终于被判斩首，严嵩被黜为民，严府被抄，这让许多人都大快人心。后来严嵩病死家中。

• 晁错过刚亡其身

汉文帝驾崩后，太子启继承了皇位，为汉景帝。这个时候，自刘邦以来分封的诸多藩王势力越来越强大，有了很强的经济势力和独立性。这对于汉朝的中央政权来说，已经构成了非常大的威胁。而晁错就是在这种情况下登上历史舞台的。

晁错原本是太子家的人，汉景帝即位后，晁错所进献的对策言论经常能说到景帝的心里去，因此便由中大夫提升到内史。再加上晁错是景帝原来的属下，便更加地受到信任。只要是景帝商议的一些活动，都邀请晁错参加，而且他所提出的建议和意见都能被采纳，朝廷的法令制度，晁错大多数都进行了改革。这样一来，朝中大臣都知道景帝非常器重宠信晁错，谁都不敢与他发生顶撞，这便引起了许多人对他的妒忌。

宰相申屠嘉自从晁错受宠后，便受到了冷落，心中愤恨不平。便暗中寻找机会，想要把晁错除去。晁错这时候也是有些得意忘形起来，做事更是肆无忌惮。有一次，晁错没有经过人的允许，就自作主张将他的内史署舍开了一个角门，这可是穿过了太上皇庙的短墙。原来，太上皇庙正是坐落在晁错的署舍的后面，如果要想到达这个地方，就必须绕很长的圈子，但开了这个角门，只要穿过这个墙，就很近了。所以，晁错就找人来开门拆墙。

宰相申屠嘉知道这件事后，觉得这可是个大好时机，就赶紧令府吏草写奏章，书写晁错未曾奏闻，擅自拆墙，是蔑视太上皇，应以大不敬论罪，按律当诛。有人听到了这个消息后，便急忙去给晁错报信，晁错听后，胆战心惊，深夜中就赶紧跑进了皇宫，面见了皇帝。因为景帝曾经准许他随时前来奏事。这时忽然见他深夜里求见，不知道出了什么大事，立刻召见了他。当听晁错诉说完事情的经过后，景帝的回答却是没有什么大事，尽管照办。

第二天早朝，申屠嘉便将自己写好的奏章，呈给皇上看，满以为景帝会因晁错的大胆而治他的罪，却万万没想到的是景帝看后却淡淡地说："这件事情，朕早已知道，况且晁错另辟新门以求方便，仅是穿过太上皇庙外墙，并没损坏庙。丞相不必多心。"申屠嘉下朝后，妒怒交集，吐血而死。随后，景帝便命御史大夫陶青做了丞相，而晁错则升为御史大夫。这样看来，晁错不仅没有获罪，反而更加受到宠爱，也就不再管其他，一心报效皇上，而朝廷对他也绝对信任。

通常情况下，人只要总是在顺境中，那么很容易变得安逸，而变得不加谨慎。

晁错便是如此，他年轻气盛，接连升职，这让他觉得没有什么事情是他做不到的。于是便想趁机做出几件大事。首先他一面压服人心，让所有人都对他尊敬；另一方面是效忠皇上。于是，他给景帝写了一封上书，请求首先从吴国开刀削藩。他所上书的大意是说：当初高祖初定天下，诸兄弟年少，子侄也柔弱。所以才大封同姓诸王。

齐国有七十余城，吴国有五十余城，楚国有四十余城，几乎把半个天下封给了他们。如今，吴王故意称病不上朝，按照古法应该诛杀，但文帝却不忍心，便赐予了他几杖，这是最厚的仁德了。吴王承蒙皇上的恩泽，本应该改过自新，但反而更加骄横无礼。靠山冶铜锈钱，煮海水制盐，诱收天下逃亡的罪犯，阴谋叛乱。现在看来，削藩吴、楚等国要反，不削藩也要反。如果削藩，可促成他们造反，这样其准备不充分，为祸就会小一些；如果不削藩，他们准备得充分了，虽反得迟一些，却是为祸很大，不容易平定。

对于削藩这一想法，景帝早就有了这个打算。这次晁错提出来，他便把晁错的奏章交给大臣们一起讨论。大臣们因为害怕晁错，一个个即使有意见也都不敢提出来。只有詹事窦婴出来进行阻止。窦婴并没有很高的职位，但只因为他是窦太后的侄子，有着内援，才不害怕晁错，敢于抗言。因为有了窦婴的反对，削藩的事情也只得暂且停了下来。由于削藩没有成功，晁错便十分暗恨窦婴。

没过多久，窦婴便被免职。原来，景帝的弟弟梁王刘武来朝觐见，窦太后十分喜欢自己的小儿子梁王，所以，景帝也就遵照母亲的意思，格外照顾自己的这个胞弟。母子三人曾同席而饮，景帝在酒酣耳热的时候，竟说自己千秋万岁之后当传位给弟弟梁王。窦太后听了十分高兴。梁王虽然口称不敢，可心里却十分得意。景帝的这番酒醉话让一边侍候的窦婴听见了，他急忙跑上前来，对他说“不可”，并强迫景帝罚喝一杯酒，收回成言，结果弄得刘武、窦太后都十分扫兴。第二天，窦婴就被免官，窦太后也将他除去门籍，不准觐见。

晁错见窦婴免了官职，就又再次提前议，准备削藩。正在商议此事，还没结果的时候，又遇到楚王刘戊入朝，晁错趁机便说他生性好色，薄太后奔丧的时候，不加节制，依然纵淫，按法律应当处死，请景帝明正典刑。刘戊的确是不尊礼法，不敬长贤，荒淫无度，楚国的几位贤士如穆生、申公、白生等人都相继离去。就是因为在薄太后丧事期间，他仍是偎红依翠，不思哀戚。太傅韦孟等人讽谏不成，都相引而去。如今被晁错抓到把柄，他不能不承认。只是景帝宽厚仁慈，不忍加刑，只是罢免了他的东海郡官职，依旧让他回到楚国。

楚国已被削，晁错便又寻罗赵王过失，把赵国的常山郡削了去，然后又查出胶西王私自卖官鬻爵，削去了六县。晁错见诸侯没有抵抗的情绪，觉得削藩可行，就准备向强大的吴国下手。这时候，吴王刘濞已听说楚、赵、胶西王都被削夺封地，担心自己也要遭削，便要起兵造反。当初，刘邦封刘濞的时候，就曾告诫他不要造反。刘濞是刘邦哥哥的儿子，刘邦曾带他征讨过陈稀，刘濞孔武有力，骁勇善战，军功卓著。平定陈稀后，刘邦就封刘濞为吴王，封赏的时候，刘濞伏身下拜，刘邦则忽然发现刘濞眼冒戾气，背长反骨，就料定他一定造反，直言相告说："看你的样子，将来恐反。"惊得刘濞汗流浃背。刘邦又抚着他的背说："汉后五十年东南有乱，难道就在你身上吗？为了汉朝的大业计，还是不要反！"现在，刘濞果真派使者联络胶西王、楚王、赵王及胶东、淄川、济南六国一起造反。

吴、楚七国起兵不久后，吴王刘濞发现公开反叛一定不会得到人心，就提出了一个具有欺骗性和煽动性的口号，叫做"诛晁错、清君侧"。其意思就是说皇帝本无过错，只是用错了大臣，七国起兵也并非叛乱，只不过是为了清除皇帝身边的奸佞大臣。

景帝听到叛乱的消息后，就马上召集群臣商议，这时候晁错平乱心切，居然脱口说出要景帝御驾亲征。景帝便问道："如果我亲自出征，那么谁来守城呢？"晁错则说："臣愿意留守都中。倘若陛下出兵荥阳，堵住叛兵，而徐潼一带，自然会撤去，令他们自生骄气，自减锐气，然后一鼓可平。"

景帝听了晁错的话后，没有理睬，忽然想起文帝临死前告诉他的一句话："天下有变，可用周亚夫为大将。"于是，景帝便命周亚夫为太尉，领兵出征，周亚夫也没有推辞，领命前去。没过多久，又接到齐王求援的告急文书，景帝又想起窦婴是个忠诚的臣子，便派人持节前去征召。可窦婴依然心有前嫌，不肯受命，经过景帝一再督责，他才拜命出征。

正当窦婴发兵之际，突然有故友袁盎前来拜访。袁盎曾是吴国的故相，在晁错为御史大夫、创议削藩的时候，袁盎才辞去吴相的要职，回国都复命。没想到的是，晁错却说袁盎私受吴王财物，谋连串通，应当坐罪。后来景帝听信了晁错的谗言，便下诏免除了他的官职，贬为庶人。袁盎从此对晁错怀恨在心。他对窦婴说："七国叛乱，由吴发起，吴国图谋不轨，是由晁错激成的。只要皇上肯听我的话，我自有平乱的良策。"窦婴原本与晁错不和睦，曾是同朝事君，却没有共同语言，听了袁盎的话，便满口答应代他奏请皇上。

因为袁盎当时已为庶人，根本就无法晋见皇帝，只有通过窦婴这条门路，才能奉特诏见到皇帝。景帝一听袁盎有平叛的妙策，便非常欣喜，立刻召见了他。当时，晁错也正在场，正在向皇帝汇报调拨粮饷的事情，袁盎原本是想陷害晁错，在这种情况下，袁盎的言谈举止可是起到了举足轻重的作用。景帝见了袁盎便问："吴、楚七国造反，您有什么好的办法平定叛乱呢？”

袁盎听到，倒显出很平静的样子，随口说道：“陛下尽请放心，不必担心。”

景帝见袁盎说得如此空洞，有些着急，因为他只想听具体的策略。又问道：“吴王倚山铸钱，煮海为盐，招天下豪杰，如果不是有万全的计策，又怎么肯轻易发兵，又怎么说我不必忧虑呢？”

听景帝这么一说，袁盎抓住了景帝的心理，依然没有谈及实质性问题，而是进一步促发他的好奇心。袁盎接着说：“吴国只有铜盐，并没有豪杰，不过是一群无赖之徒，乌合之众，这样一哄为乱，实在是不值得人担忧。”

景帝这下更加着急了，有些生气地说道：“你来难道就是跟我说这些没有用的话吗？”袁盎这才说：“臣是有一计，能够平叛。只是不能让外人听见。”景帝听他这么一说，这才打起精神来，立刻叫周围的人退下，但晁错依然还在。袁盎心中明白，如果当着晁错的面说出自己的计划，那么晁错肯定会极力为自己辩解，而景帝又非常宠信晁错，即使他有罪，也无法下定决心。到那个时候，肯定是杀不了晁错，却会被晁错所杀。因此，他之所以将景帝的情绪调动起来，就是为了不让晁错在场。眼下就剩下晁错一人，他依旧神秘地说：“我的计策，除了皇上，任何人都不能听到。”说完这话，袁盎捏了一把汗。倘若景帝认为晁错可以不必避嫌，又逼着自己说出计策，那么他只有死路一条。幸运的是，景帝思考了片刻，终于对晁错说：“你也先避一避吧！”

袁盎这才松了一口气，知道这可是个千载难逢的好机会。于是就立刻对景帝说：“陛下你知道七国叛乱打出的是什么旗号吗？是‘诛晁错，清君侧’。七国书信往来，无非说的是高祖子弟，裂土而王，互为依辅，却没想到出个晁错，离间骨肉，挑拨是非。他们联兵西来，也无非是想诛除奸臣，复得封土。陛下如果能诛杀晁错，并能赦免七国，赐还故土，他们一定会罢兵而去。这国家的安危，全凭陛下一人作主。”说完，瞪目而视，不再多说一句话。

景帝毕竟年幼见识少，更不能分辨是非。当他听到袁盎这番话后，便想起了晁错建议他亲自出征的事情，便觉得晁错是居心不轨，即使他没有和七国串通一气，肯定也是另有所图。想到这里，便立刻对袁盎说：“如果可以让他们罢兵，我又为什么不能牺牲一人而谢天下呢！”

袁盎听景帝这么一说，内心十分欢喜，毕竟他是多年的老臣，为了避免景帝日后算他后账，他想要再次从景帝那里得到证实，让景帝无法推诿责任，就对景帝说：

“陛下可要三思而后行啊。”

景帝没有再理他，只是封他为太常，让他秘密治装，赴吴议和。等袁盎退出，晁错才进来。这时的晁错可谓是十分大意，明知道袁盎诡计多端，有意避着自己，所出的计策应与自己有关。但晁错只是过于相信景帝，见他不说，也就没有过问，只是继续陈述军情而已。在他认为，景帝并没有听从袁盎的计策，但让他想不到的是，景帝已密嘱丞相陶青、廷尉张欧等人劾奏晁错，准备将他腰斩。

一天夜里，晁错忽听见外面一阵敲门声，急忙出去开门，原来是中尉奉诏前来，传御史晁错立刻进宫。晁错十分吃惊，便问是什么事情啊，中尉只说不知道。晁错急忙穿上朝服，坐上中尉的马车。行进途中，晁错忽然觉得并非是上朝，拨开车帘往外一看，所经过的地方都是闹市。正在疑惑，车子已经停下，中尉喝令晁错下车听旨。晁错下车一看，正是处决犯人的东市，才知道大事不好。中尉还没有读完圣旨，只读到处以腰斩之刑处，晁错就已被斩成两段，身上仍然穿着朝服呢！

晁错死后，景帝又命将晁错的罪状宣告中处，把他的母亲、妻子、侄子等一并捉拿到长安，只有晁错的父亲于半月前服毒而死，不能抓来。景帝命已死者勿问，其他的人都当以处斩。就这样，晁错一族竟被全部诛戮。

晁错族诛，袁盎又赴吴议和，景帝以为这肯定会没有什么问题了，七国也该退兵了。但等了很久，都没有消息。一天，周亚夫军中校尉邓公从前线来见景帝，景帝忙问：“你是从前线来，可知晁错已死，吴、楚愿意退兵吗？”邓公直言不讳地说道：“吴王蓄谋造反，已有几十年了，今天借这个理由发兵，其实不过是托名诛错，本意是想得到天下，哪里有为一臣子而发兵叛乱的道理呢？如今您杀了晁错，只怕天下的有识之士都缄口而不敢言了。晁错想要削诸侯，只是为了强本弱末，为大汉事世的计策，今天的计划方能可行，就遭族诛，臣以为实不可取。”

景帝听完，低头默然。袁盎来到吴国议和，吴王当然没有答应，反把他囚禁起来，好在他宁死不降，总算有点骨气。后来经人相救，逃回长安。诛杀晁错一事虽由袁盎提议，却是景帝一手定办，又因为袁盎拒不降吴，也不便加罪，景帝也只好让他照常供职。

由此看来，晁错不仅是替罪的羔羊，还是用来祈祷平息叛乱的祭品。他死得的确有些冤枉，可见他完全是一场政治、军事与权谋斗争的牺牲品。在封建官场这种没有人性的斗争中，充斥着奸诈、残忍、嫉妒、仇恨和愚昧。

晁错虽然具有过人的才识，但不谙人情世故，不知自谋后路，只知一味地前行，最终不免深陷败亡的境地。从这也可以看出，是晁错的性格决定了他悲剧的命运。而他的这种性格又因为缺少社会的磨炼，只知道忠诚，却不晓得忠诚有道；只知道为国家着想，却不知道为自己谋取生路。他太过锋芒毕露，不知道迂徐婉转；接触那么多人，又不知多结善缘。这样的性格便注定了他难以在官场立足。因为光靠一个人的信任，是根本不可靠的。当然这也不是说人必须诡计多端，没有棱角，而是要将事情做得尽量周到。就拿削藩为例，如果晁错渐行其道，分割削减，而不是一时间骤然削封，这样就不会逼迫各诸侯团结一致一起对付景帝，也不至于激起一场祸国殃民的叛乱。

三、观人当识内刚柔

【原文】

五行为外刚柔，内刚柔，则喜怒、跳伏、深浅者是也。喜高怒重，过目辄忘，近"粗"。伏亦不伉，跳亦不扬，近"蠢"。初念甚浅，转念甚深，近"奸"。内奸者，功名可期。粗蠢各半者，胜人以寿。纯奸能豁达，其人终成。纯粗无周密者，半途必弃。观人所忽，十得八九矣。

【译文】

五行是阴阳刚柔之气的外在表现，所以称为"外刚柔"。此外，还有与之相应的内刚柔。内刚柔指的是人的喜怒哀乐的感情、激动与平静的两种情绪、深浅不一的心机城府。遇到高兴的事情，不能控制自己的感情，遇到恼怒的事情，就大发雷霆，不能节制，事情过后便忘得一干二净，这样的人属于阳刚之气过盛者，同"粗鲁"的人很相似。平静的时候没有半点张扬之气，激动的时候振作不起精神，这样的人属于阴柔之气过盛者，同"愚蠢"的人很相似。遇到事情考虑得很肤浅，但深思熟虑后又能深入细致地看待问题，这样的人属于刚柔并济者，同"奸诈"的人很相似。凡是内藏奸诈的人多外柔内刚，遇事能进能退，能屈能伸，日后一定有所成就。既粗鲁又愚蠢的人，因心神受到刚柔之气支配，乐天知命，所以这样的人往往长寿。奸诈的小人用心来控制刚柔之气，遇到事情经常以退为进，以顺迎逆，最终能获得成功。那种外表举止粗鲁，心思也是粗枝大叶的人，由于只刚不柔，做事容易半途而废。查看一般人所忽略掉的东西，往往会有十拿九稳的好效果。

【解读】

• 五行与相人术

此节所说的刚柔，主要是针对金、木、水、火、土五行的配置以及判断所说的内容。这也属于相术的内容。

在古代，相士都认为，人是五行之气而生的，有的人得金气较多，就是金形人；有的人得木气较多，则为木形人，依此类推。根据相书上所论述，五行的人性格各不同，人的命运也不同。唯一相同的是，凡是金、木、水、火、土者，不管属于哪一种，都有富贵功名。最怕的就是人的头部为金形，腹部为木形，产生相克，那么人的命中就不会大富大贵了。而如果眉毛为木，眼睛为土，那就是相生的关系，这样的人一生都会有福气。

俗话说："性格决定命运。"看过戏剧的人都知道，京剧里的人物都"脸谱化"，只要人物一上台，看见他所画的脸谱，就能知道这个人是谁，比如说黑脸的是包公，代表着公正；红脸的是关公，代表着仗义；白脸的是曹操，代表着奸诈。

人的性格也可以由面相观察出。在古代，曾有十二属相的说法，其意是说人们通过动物的本能而折射出人的性格，无论形神都有相似之处，所以我们也常常以动物来比喻人。

在古代选用人才也是如此，往往都是通过察举来任用人才。譬如两汉魏晋南北朝时期，朝廷选人，察举有三：一是识鉴，也就是说给人相面。东汉末年，识鉴人物非常盛行，当时有人评曹操："子清平之奸贼，乱世之英雄也"；评孔融："孔文举金性太多，木性不足，背阴向阳，雄倬孤立。"汉魏时期，刘邵著的《人物志》一书中也详细谈了识鉴人物的理论和方法。如《人物志》中有云："品人物则由形所显观心所蕴。人物之本出于情性。情性之理玄而难察。然人禀阴阳以立性，体五行而著形。苟有形质，犹可即而求之。所以，识鉴人伦，相其外而知其中，察其章以推其微。就人之形容声色情味而知其才性。"

其二是门阀，门阀就是指"门第"和"阀阅"相结合，也就是说封建社会中的世家门第。东汉前期，有许多人都依仗自己的家室门第被举荐。有些保门世家，甚至形成门生故吏遍天下的巨大团体。到了魏晋南北朝，更加重视门阀特权，被高门压抑的中下级士族为突破门阀的限制，取得富贵，往往投靠诸王公、外戚和少数民族酋豪。

其三名望。就是说为人仰望的名声。如诸葛亮一直被人称为有才、有智谋的人，于是刘备仰望他的名声，三顾茅庐请诸葛亮出山。

曾国藩观人也是基本以阴阳五行理论为基础。阴阳者，言其性也；五行者，言其质也。木和土性同，主阴；水和火性同，主阳，两性相合而成金。曾国藩认为，五行合五德，也就是说，木贵仁，土贵信，火贵礼，水贵智，金贵义。五行合六德，也就是说，木贵仁，土贵信，火贵兼，水贵智，木、火成金贵义，土、水成金贵礼。

而本节，主要是根据五行的性质来识别人的刚柔，并以刚柔来鉴别人才。这样才能够根据人才的特点，因地制宜，量才而用。

• 观人当识内刚柔

人的“内刚柔”与人的性格有着密切的关系。性格决定一个人成败得失，好的性格能够使人不管是在顺境还是逆境中，都能坦然积极面对；不好的性格则会让人处处碰壁，受尽挫折。

北宋时期，苏轼、苏辙两人的性格就十分迥异。苏轼为人豪爽，说话直接，为此得罪了不少人，最终遭到贬职。而苏辙则是属于内向的性格，能够韬光养晦，待时而动，文笔虽然不及他的兄长，但是他一生的仕途却十分顺利，最后官升到副宰相。这便是内刚柔致使人生境遇的不同。

对此，曾国藩也深知内刚柔这一特点。所以他在观人的时候，总会以此为准则。曾国藩担任两江总督的时候，有人向他推荐了陈兰彬、刘锡鸿两人。这两个人都十分有才华，并善谈天下事情，为人所敬仰。曾国藩接见二人后，就对他们进行了评价：刘生满腔充满不平的气息，恐怕难以得到善终；而陈生却沉稳踏实，官可以上升到三四名，但一生却不能有所作为。

没过多久，刘锡鸿作为副使，随着郭嵩焘出使西洋，两人则因为意见不合，常常闹出笑话。刘写信给清政府说，郭嵩焘带着妾出国，与外国人来往十分密切，这实在是有辱我国。郭嵩焘也写信说刘偷了外国人的手表。当时执政的是李鸿章，因为李鸿章是曾国藩的学生，自然也就倾向于郭嵩焘，将刘锡鸿撤了回来。刘锡鸿对此十分不满，开始痛恨李鸿章，并上书列举李鸿章有十大可杀的罪名。而当时清政府正是倚重李鸿章办外交事宜，所以上书留中不发。刘锡鸿知道后，更是气愤，经常是出言不逊，凡是认识他的人都对他敬而远之。刘锡鸿设宴席请客，没有人去赴宴，结果没过多久就抑郁而死。而陈兰彬则进入了曾国藩的幕府，并出使各国。他为人不肯随俗浮沉，虽胸有理想大志，但气色却没有英勇之气概，最终一事无成。

• 喜高怒重近“粗”

在人的情感世界里，喜怒是人的情绪表现。人的喜怒之间就能表现出对人待物的态度。譬如人高兴的时候，就会哈哈大笑，脸上就会充满着喜悦的表情；因为事情而生气的时候，便会大发雷霆，脸上会出现怒火的表情。这样的人，是无法控制住自己的情绪的，属于阳刚之气过盛的人，与“粗鲁”的人是非常相似的。

然而，生活中这种直率性格的人必定是少数，往往有些人的表情并不能真正体现出内心的情感，他在一定时期也会有意隐藏内心的所想和情绪。这样的人，一时观察不出来，只有路遥知马力，日久见人心。

文中说，喜高怒重，过目辄忘，近“粗”。其意思是说为了事物的得失或喜或怒，情绪非常强烈，失于常情。而凡事过目就忘记，做事情不用心，把许多经历的事情都忘记得一干二净，这种人就是粗鲁的人。人们常说的粗心大意的人，性情刚直、不思进退的人，办事欠考虑、缺乏周密的人都属于粗鲁的人。.

曾国藩也认为，只有粗中有细、思考周密的人，做事才稳当，才能取得胜利。而粗心的人要想取得成功，就要经过一番磨炼，才能使心思周密，但是这种人往往是不能担当大任的。但这样的人优点就是没有心计，没有野心，用这样的人比较放心。

《水浒传》中的人物鲁智深就率直粗犷，勇而有谋，粗中有细。为了保证金氏父女能够平安地离开，鲁智深就在店门口“坐了两个时辰”拖住店小二追寻金氏父女的举动，等到估计两父女都走远了，方才起身离去。还有在惩治恶霸镇关西的时候，他并没有不问青红皂白就大打出手，而是采取先激后打的策略，让郑屠手持剔骨尖刀先动手，再将他引到街上，当众质问郑屠，让大家了解“拳打郑屠”是正义的行动，直到后来他不慎失手打死郑屠，他也并没有惊慌，而是随机应变，遇险不惊地说道：“这厮诈死，洒家和你慢慢理会。”一边大骂，一边大踏步地走了。这些都表现了鲁智深勇而有谋、粗中有细的性格特点。

但纯粗无周密，就必定会让事情败露，导致失败。再如，《三国演义》中的张飞可谓是个粗鲁的汉子，但是正是因为他的粗中少细，因为常常酒醉而鞭打士兵，而引起士兵的积怨，最终被自己的手下砍下了头颅。

还有，纯粗无周密者，性情刚阳，如果一味地刚，而不分形式，不分场合，不知进退，凭自己性情行事，缺乏周密思考，就会使最后的结果得不偿失。比如，蜀后主建兴六年（公元 228 年），诸葛亮为实现统一大业，发动了一场北伐曹魏的战争。为守住街亭这块战略要地，诸葛亮任命参军马谡为前锋，临行时再三嘱咐马谡："街亭虽小，关系重大。它是通往汉中的咽喉。如果失掉街亭，我军必败。"并具体指示让他"靠山近水安营扎寨，谨慎小心，不得有误"。马谡到达街亭后，并没有按诸葛亮的指令依山傍水部署兵力，却骄傲轻敌，自作主张地想将大军部署在远离水源的街亭山上。副将王平再三劝阻，都无济于事，最后马谡失守街亭，战局骤变，迫使诸葛亮退回汉中。最后，为了严肃军纪，诸葛亮下令将马谡革职入狱，斩首示众。

纯粗者还包括做事拖拉，不稳重，缺乏智谋。这样的人如果没有人去指导，任其行事，往往就会半途而废。所以我们要想取得事情的成功，做事顺利，就必须要去除纯粗这种性情。只要能够时刻注意自己的行为举止，不断读书和积累经验，就一定能够成为一个办事认真、成大事的人。用孔子的话说，这叫做"困而学之"。如三国时期的东吴大将吕蒙，他开始从军的时候，是个有勇无谋、纯粗无周密的人，后来孙权要他读书，他便认真听取了意见，最终成为了智勇双全的人才，打败关羽，扬名一方。

• 伏不伉，跳不扬，近"蠢"

伏跳是指人的情绪变化。伏，即情绪平静的状态；跳，即情绪激动时的状态。当人情绪剧烈变化的时候，人往往就会做出超乎常理的举止，因此做大事者做事前必须慎重考虑，再作出决定，才不会作出错误的判断，致使事情失败。

在古代，人们经常根据人的情绪变化来鉴别人才。比如曾国藩主张对人才宜"留心察看，分别贞邪"。此外，曾国藩还经常设置不同的情境来考验对方，以找出真正沉稳内敛、德行俱佳的人才。当年，年轻气盛的李鸿章就在曾国藩的考验下碰过好几次钉子。同时，在选人时，曾国藩还不喜欢用官气重、夸夸其谈的人，并以"德大于才"为用人第一要旨，对此他有过精辟的阐述："与其无德而近于小人，毋宁无才而近于愚人。"

虽然根据人的情绪可以鉴别人才，但是却不能作为一个独立的方法来考察所有的人才，因为，有一种情况能够让人独立成行，即伏亦不亢，跳亦不扬。

伏亦不亢，是指情绪平静的时候，不会激动兴奋，这是人的正常情绪反应；而跳亦不扬，是指当人遇到令人特别兴奋的事情时，也不能激动兴奋不已，心所反映的是死水状态，这便出乎人的想象之外。这种情况有两种可能，一种或许是刻意的掩饰，另一种或许是一种“愚蠢”。

故意掩饰的人，可以说是人正常的一种反应，并非是他不能表现其行为，而不去为之。如，前秦时期，苻坚率领六十万大军南下讨伐晋朝，军队声势浩大，马匹肥壮，有投鞭断流之势。而东晋谢安却以八万人马迎战苻坚。谢安所表现的是貌似平静，胸有成竹与人下棋，其实内心却是十分惶恐和担忧，但是这种情绪只有他自己知道，而别人却无法看出。当报信的人报来以少胜多的消息时候，谢安依旧平心静气地下完这盘棋。但当他走进屋子里的时候，他却再也掩饰不住内心的兴奋，而高兴得鞋子的齿掉了都没有察觉。

正是由于谢安的故意掩饰，这场以少胜多的战争才得以实现。身为统帅如果不懂得掩饰内心的真正情绪，是无法率领部下赢得胜利的。当然这与那种真正的“愚蠢”是不同的。

• 初念甚浅，转念甚深，近“奸”

深浅，是指人的心机城府。这种心机并非人天生带来的。人在少年时期，是个充满热情、胸怀大志的有为青年，常以天下为已任，以为天下事无不能为。因为社会阅历浅，其坦率的性格是天不怕地不怕，坦荡做人，风火做事；到了中年时期，由于经历的事情多了，遇事不再那么鲁莽，那么粗心，而是凡事都能够三思而行。不声张，沉住气，城府也越来越深，从而懂得如何才能步步为营，将事情办得成功。

遇到事情考虑得很肤浅，但深思熟虑之后又能深入细致地看待问题，这样的人属于刚柔并济者，同“奸诈”的人很相似。心计城府深的人，遇到事情就会具有这种特性，尽管最开始没想到，转念之间就会有新的发现，看到了更严重的后果。

一般聪明的人，都会过眼不忘，过眼就能看到事情的关键，并能把握住事情的本质，因而作出正确的决定。而所谓的“奸者”与聪明或许有着差别，被认为天性不聪明，思维不敏捷，但是他却坚忍执著，知难而进，最终所取得的成就反而会高过聪明的人。

有人或许看到“奸者”就想到奸邪、奸佞的人，其实它所指的是那些有心成就大事，而心中城府慎重、谋思取胜的人。

清朝乾隆年间，和珅这人是无人不知晓。而且人们都认为他是历史上最有名的大贪官，从而便将他列为奸臣的行列中。其实，并非所有的贪官都是奸臣。纵观和珅的一生，他并非人们想象的那样奸佞，他只是一个玩弄权势，一半为公，一半为私的大臣。

为什么这么说呢？首先从他的出身和才干，以及他对朝廷的功绩来说，就证实了他是当时朝廷中能力突出的臣子。根据《清史稿》记载，和珅从小出生在一个贫穷的旗人家庭，父母死得早，没有任何人可以依靠，许多事情只能靠自己去处理。在一次偶然的机会中，得到了乾隆的器重。从此他官职一直晋升，但是由于他不是科举考试出身，所以常常被那些科班出身的官员瞧不起，他认识自身的不足，就在自身的性格上有所弥补。他不但不会生那些看不起他的人的气，而且对人常常是笑面相迎，无论对上还是对下，从不摆官架子。又由于他善于理财，更是被乾隆所宠幸，得到重用。而人们对他施加的奸臣的罪名，主要表现在他的贪污和弄权上。和珅并不是仅仅靠一张嘴皮子来奉承就能平步青云，而是靠自己的能力来赢得乾隆的信任。当乾隆面对最大的财务危机的时候，是和珅出手为乾隆挽回了损失严重的局面。还有，当时西方的大英帝国第一次派使者和大清王朝接触，结果却出现了大使马戛尔尼不愿行跪拜礼的风波，最后还是和珅处理得法，不卑不亢，既维护了大清王朝的尊严，又避免了一场东西方的战争。

由此可见，和珅看似是一个奸臣，其实并非完全如此，他只是乾隆皇帝身边一个懂得见机行事、思维敏捷、有能力的辅臣。

所以说，“内奸”者，只是一个内心深思的人。这种人面对问题，总会反复思考和分析，作出最终的决定。这种人一般性格倔强，韧性十足，锲而不舍，因此往往都会取得事业的成功。

• 韬光养晦的处事方法

生活中，每个人的处事方法都不同，有的人喜欢张扬，有点人善于内敛。而二者不能过度。过于张扬，就如同烈日会使草木枯萎；过于内敛，就会让江水决堤。

所以说，我们一定要懂得“韬光养晦”，才能使事情取得成功。如韩信点兵的故事，在关键时刻，韩信面对着刘邦别有用意的提问，只是头看着棋局，漫不经心地回答。正是由于他不懂得韬光养晦，口出狂言，而不知正是因为他这句话，坚定了刘邦杀掉他的决心。使他走向死亡的原因也正是他的张狂。这是我们今人要引以为戒的。

真正的聪明的人，绝对不是那种锋芒毕露的人，而是时刻都会韬光养晦的人。刘备就是这样的人。他在投靠曹操后，心里依然胸怀雄心大志，但是刘备却时刻提防曹操对他的谋害，于是他在后院中亲自种菜，不问外面的事情。对此，他的兄弟关羽和张飞都不明白刘备为何会有如此闲心。便问："兄长你不留心天下大事，却学小人之事，这是为何呀？"刘备则回道："你们二位兄弟是不明白的。"于是他们两人也不再多说。

一天，曹操派人去请刘备赴宴，刘备则心中忐忑不安，不明白曹操葫芦里卖的是什么药，但他如约而去。当两人酒到半酣的时候，天空突然阴云密布，眼看狂风暴雨就要来临。这时候，曹操突然问道："玄德奔走四方，一定知道当世的英雄，请说说看哪些人才称为当世的真正英雄。"刘备则说了袁术、袁绍、刘表、孙坚、刘璋、张鲁、张绣等人。没想到，曹操却鼓掌大笑道："这些人都是碌碌无为之辈，又何足挂齿！"刘备见曹操如此说来，又说："我只知道这些人，此外就真不知道了。"曹操这时才说："凡是英雄，都是胸怀大志，腹有良策，有包藏宇宙之机，吞吐天地之气。"刘备则问道："那谁能担当此任呢？"曹操先用手指指刘备，又指向自己说："当今天下英雄，只有您和我曹操了。"刘备听到曹操这么一说，大吃一惊，手中所持的筷子顿时掉到地上。恰巧这时外面雷声大作，刘备便从容俯下身去捡起筷子，嘴中说道："这雷声的威力，可真是让人害怕。"曹操便笑着说："大丈夫也怕雷震吗？"刘备说："圣人云：'迅雷风烈必变'，怎能不怕呢？"就这样，刘备把自己刚才听到曹操的话，所表现的失态轻轻地掩饰过去，而曹操从此也不再怀疑刘备胸有大志了。

从中可以看出，曹操自认为自己是天下的英雄，但又担心刘备会与他敌对，而争夺天下。虽然平日里曹操没有说出口，但是酒后却吐出了内心的担忧。而刘备也一向是谨慎行事，装呆，当被曹操一语点破的时候，心中固然十分吃惊。于是表现出了失态。因为刘备虽然投靠曹操，却始终不愿寄人篱下，时刻等待时机而东山再起。但曹操是个聪明的人，对于刘备的失态肯定会心起疑心。于是刘备便借着外面的雷声大作，而随机应变将自己的失态解释为是因为害怕外面的雷声。这巧妙的语言，显示出了刘备的随机应变，机智灵敏。后来，刘备在赤壁之战中大败曹操，而形成三国鼎立的局面，从而完成自己的大业。

从古至今，有多少英雄豪杰都胸怀大志，感叹英雄无用武之地，也都渴望能够得到识千里马的伯乐。但是能够像吕尚碧溪垂钓，得遇重人的文王那般幸运的人却是极少数。更多的只是鲁莽行事，最终显露锋芒，遭到了灾祸连连。

因此，我们要做到真正的韬光养晦，就要时刻注意自己的行为举止不张扬，不鲁莽，遇事要冷静，三思而后行，做到收敛自己的浮躁。在危难中，时刻保持静如止水的心态，这样才会有机会取得事情的成功，实现自己的理想。

• 柔以掩刚剪政敌

老子有一天把弟子们叫到床边，他用手指了自己的口里面，问弟子："你们看到什么？"在场的弟子都没回答。老子对他们说："满齿不存，舌头犹在。"意思是：牙齿虽硬，但它的寿命有限；舌头虽软，但它的生命力更强。

由此可见，人的性格有的是外刚内柔，有的是外柔内刚，但是很明显，前者往往会因此而受很多苦，因为大家只看到他刚的一面，而忽视他柔的内心。

公元 976 年，宋太祖赵匡胤病逝，弟弟赵光义嗣位登基，也就是宋太宗，改年号太平兴国。

赵匡胤之所以将皇位传给了弟弟，其原因主要是吸取了后周朝廷因幼主嗣位，被自己和兄弟发动陈桥兵变，黄袍加身，篡夺天下的教训，唯恐让自己年幼的儿子继承之后，被别人以自己使用过的伎俩，加害大宋赵家的皇帝。公元 961 年，也就是建隆二年，杜太后病危的时候，便把太祖匡胤唤到床前，对他说："你知道为什么你能登上皇位吗？"赵匡胤脱口就说是托祖宗以及太后的福泽。杜太后则说："你错了，这是因为后周柴氏以幼主主宰天下。如果当初后周有成年的君主，那你就不会有今天的地位了。你与光义都是我的亲生儿子，等到你百年后，理所应当传位给弟弟光义，然后光义再将皇位传位给弟弟廷美，廷美死后再传位给你的儿子德昭。要知道，天下地广事多，能够立成年君主，这是造福社稷的事情。"

由于宋太祖对母亲十分忠孝，谨守母训，立刻答应了杜太后，并命令站在身边的大臣赵普把太后遗训记下。赵普也马上听命执笔记录，完毕后，还署上"臣普记"字样，太祖亲手封藏在金匮密室中保存。

为了赵宋王朝的安危，宋太祖赵匡胤果真将皇位让给了弟弟。本来太祖皇后宋氏开始想立自己的儿子，但被赵光义安排在身边的私党做了手脚，遣使召当时还是晋王的赵光义进宫入承大统，宋皇后无奈，只好对他说："我们母子的身家性命，全都托付给你了。"赵光义感激涕零，当面发誓说："我一定会保你们共富贵，请不必忧虑。"但是，令人想不到的是，赵光义一登皇位，便言而无信了。他的哥哥赵匡胤有四个儿子，两个已经夭折，只剩下德昭、德芳两子，当时德昭二十五岁，已经是成人，最有可能继位。因此，赵光义就把矛头指向了德昭。

公元 979 年，即太平兴国四年，赵光义带着德昭出征幽州，路途中故意试探，命令人散布谣言说皇帝不知下落，让军中众人十分慌乱，这时果真就有人想立刻拥戴德昭称帝。这便让赵光义起了疑心，他觉得德昭上台可能性最大，于是他们出征返师回京后，以出征没有取得大胜为理由，迟迟不给予论功行赏。赵德昭便善意劝谏赵光义，催促叔叔赵光义尽决解决这件事情，赵光义此时见侄子如此劝说，就故意用语言刺激德昭说："等到你做皇帝的时候，再行赏也不晚嘛。"以此来嘲讽德昭擅自干政。赵德昭是个性格耿直的人，他一心善意为国，没想到却反被羞辱，回府后心情十分不平，一气之下便自刎而死。两年之后，他的弟弟赵德芳也病死，时年二十二岁。这样一来，宋太祖这一支威胁太宗后代继承皇位的危险便彻底消除了，接着下一个目标就是赵光义的弟弟廷美了。

秦王廷美作为光义的弟弟，遵照太后的遗训，应当是在赵光义死后上台继位。当廷美看到哥哥赵光义在长兄宋太祖在位的时候，扩大势力，为后来顺利上台，奠下扎实基础。于是也想仿效，除了在秦王府内养了一批幕僚将官外，还同当朝宰相卢多逊成了死党。卢多逊原本是赵光义晋王府重要的人物，中过进士，宋太祖的时候，官至中书舍人，参知政事。太宗一上台后，便任命他为中书侍郎、平章事，做了当朝宰相，予以重用。后来，卢多逊与秦王廷美私交的事情，很快有人传给了太宗光义，这让赵光义十分恼怒，但考虑到这件事情关系到皇位继承大事，而且还牵连着太后遗命中的未来皇帝和在朝宰相，况且朝廷群臣到底持有什么样的态度，自己心中还没有数。于是经过他的再三思考，打算在朝中寻找卢多逊的政敌，促使他们内部互攻，这样自己就不会受到影响，又可以坐收别人攻敌之利，可谓是一箭双雕。随后，他就召宰相赵普进入京都，想利用赵普与卢多逊之间的矛盾，达到驱除卢多逊的目的。

赵普是宋朝的开国元勋，赵匡胤上台代周就是因为他的计谋而取得成功的。所以宋太祖时期，他一直被宋太祖作为政治谋臣重用。在太祖乾德二年，他迁升门下侍郎、宰相、集贤大学士，独居相位，处理大宋国政。但是因为他贪污受贿，私自扩建自己的幕府，加上结姻亲枢密使李崇矩，让太祖对他产生了不满，逐渐冷淡了他。正是在这个时候，身为翰林院学士的卢多逊，每次被宋太祖召见的时候，总是攻击赵普，导致公元973年，即开宝六年，赵普被罢相，贬到河阳，做了一个三城节度使。从此，赵普视卢多逊为不共戴天的宿敌，所以当他听到太宗召他入京的消息后，便立刻连日起程返都。

对于秦王廷美和卢多逊的暗中活动，赵光义知道后，并没有马上采取抵制的措施。因为他怕两人受到刺激后，与朝中大臣联手与他对抗。所以当有些大臣因为不满卢多逊的专权，而上书密告他与廷美勾结的时候，赵光义并没有立刻罢免卢多逊，只是对那些密告的人进行了奖励。如对密告卢多逊的左拾遗田锡赏钱五十万。赵光义之所以这样做的原因有两个：第一是暗中鼓励卢多逊的政敌进一步告发，促使他们互相攻击；二是在赵光义看来这些人的密告还不足以制服卢多逊、廷美，还必须等待更高一级的政敌出面，引发更加激烈的政争，这样才能在双方凶残反目的时候，一网打尽，坐收渔利。因此，他把赵普召回京后，立刻恢复了赵普的相位，以牵制廷美和卢多逊。

卢多逊得知赵普恢复相位后，心中十分不安。赵普位列开国旧勋，这让秦王廷美也感到难以凌驾，于是便主动提出让出自己首辅地位，向前推赵普。赵普恢复相位后，总结了前次被太祖罢相的教训，便极力讨好太宗赵光义，他把自己当初与太祖受太后遗命的事情详加叙述，还说自己要“备位枢机以察权变”。还大力攻击政敌卢多逊，揭发他仗势欺人、结交私党、专权用事等情况。赵光义见赵普与卢多逊之间有如此大的矛盾，正应了他的计谋，随后就命令赵普调查卢多逊与秦王廷美勾结一案。

赵光义将自己的尚方宝剑交给了赵普，让他不遗余力地明察暗访。作为秦王的廷美，身为皇族显贵，而卢多逊位列宰相，执朝纲权柄，两人都是居一人之下、百官之上的高位人物，平常与朝臣将官交结往来非常多，如果有意查找他们的过失，可以说是件很容易的事情。赵普一上手，就把卢多逊抓了起来，压制廷美。在赵普势逼下，卢多逊承认了自己曾遣派心腹属官密告秦王廷美朝中的机密，向秦王输诚投靠，还对秦王说过：等太宗（赵光义）死了，我将尽力侍奉秦王。秦王也以弓矢回赠自己，以增加两人的彼此信任。

卢多逊的这些言辞，让赵普抓到了他的罪证，便给他定罪为勾结秦王、阴谋篡夺，是大逆不道的重罪，于是立刻上报宋太宗。宋太宗当然也是顺水推舟，罢免卢多逊的官爵，与他的家属一起发配到流崖州（今海南岛南部）。秦王廷美，也在太平兴国七年，被免开封府尹，出为西京留守。对此，赵普还特意向赵光义建议“太祖的遗训已经失误，陛下岂可再误。”鼓动赵光义应该将皇位传于自己的儿子，赵光义也欣然同意。

受到赵光义重用的赵普，为了铲除后患，更是不遗余力地怂恿太宗一定要铲除秦王，唯恐秦王哪天上台，自己会落得悲惨下场。因此在审查卢多逊案件的时候，他极力把卢多逊的案件往秦王身上引，借机株连。卢多逊供认后，他就立即授意开封府尹李符，以廷美与卢多逊勾通为名，要求把秦王再度往远处贬。李符还诬告秦王在留守西京的期间，不思悔改，埋怨皇上，“不利朝廷”。本来赵光义就视秦王廷美为自己身边的隐患，于是下令将廷美贬为涪陵县公，安置房州（今湖北房县），不许外出。一年后，廷美整日忧悸，病死贬所。这让赵普等人心中十分得意。

将赵廷美和卢多逊除去后，赵光义将自己的皇位传位给自己子孙的计划也得以实现。而杜太后的“兄终弟及”的遗训已经彻底被抛到了九霄云外去了。宋太宗赵光义一支的嫡长子继承制度取得了稳固的地位。从此以后，赵宋的皇位都是在太宗后代的手中继承延续。

赶走了卢多逊的赵普，认为自己终于出了一口心中的怨气，但他没想到的是，自称赵宋第一谋臣的他，也有失手的时候。他的宰相位置还没有坐稳，赵光义就向朝臣宣布：“赵普对我们国家立下了汗马功劳，与朕又是昔年的故旧，如今花甲已过，已是白发上头，牙齿松落，念到旧情，朕再也不忍让他辛苦劳累，所以应该选择一善地，以尽享晚年。”于是，赵普立刻收拾了行装，一肚子委屈到他的“善地”邓州，做一个节度使去了。

由此可见，赵光义这种先柔后刚的计谋可谓是一箭双雕。他首先利用隔岸观火的计谋，在卢多逊与廷美互相勾结、势力逞强的时候，尽管朝中有一些卢多逊的政敌，但是赵光义却认为并不是抵制的时候，于是采取静观其变的态度，密切观察两人的动向，以确定下一步的策略。后来他又召回被太祖罢免回家的开国元勋赵普，利用赵普和卢多逊之间的矛盾，暗中助他们互相攻伐，挑起更大的案件，一同将卢多逊、秦王廷美定罪，远贬到没有人烟的偏远地方。

• 先柔后刚诛权臣

三国时期，孙权去世后，吴国便陷入了权臣相争的内部斗争中。继孙峻诛诸葛恪之后，吴国的朝政被孙峻所把持。而孙峻一向没有名望，而且还骄矜残暴，导致朝臣与百姓对他有着极大的愤恨，甚至有人都想谋杀他，幸亏他发觉得早才免于一死。他在擅权三年后，于 256 年，即吴太平元年中历九月患病而死，临死的时候，将大权交给了他的弟弟孙林。

孙林与孙峻是同一个祖父，受命的时候，他只有二十四岁，又没有战功，所以当时在外征讨魏国的吕据等大将对他都不服气。还有曾与诸葛恪从受孙权辅政遗诏的滕胤更是不甘心受孙林的调配。于是在中历九月和十月，吕据和滕胤先后举兵讨伐孙林，孙林便派他的兄弟孙虑迎击吕据和滕胤，后来因为吕、滕两人配合不好，被孙虑钻了空子，吕、滕两人兵败，被夷三族。

孙林铲除了吕据和滕胤这样的朝中政治敌手后，便无所顾忌，将任何人都不放在眼里。他自任大将军，封永宁侯，总揽政纲。孙虑曾经为孙峻诛除诸葛恪出谋划策，因此孙峻对他非常尊重；孙林征讨吕据、滕胤的时候，孙虑又是主帅。但是有了政权的孙林，却对他轻视无礼，这让孙虑心中十分恼火，慢慢地孙林又受到了来自宗族内部的威胁。吴太平元年中历十一月，孙虑联合将军王敦，密谋想要杀死孙林。但是事情却泄露了出去，结果孙林杀死了王敦，孙虑也被迫服药而死。这使孙林的地位更加稳固了。

吴国权奸肆虐的时候，曹魏政权的内部也出现了重重的矛盾，李丰、夏侯玄、毌丘俭等人先后举兵反对司马师被族诛，大将诸葛诞深感自己处于危机，便于吴太平二年（公元 257 年）中历五月叛变投降吴国。当时魏国以二十万大兵将诸葛诞围困在寿春（今安徽寿县）。由于孙林急于收降诸葛诞扩充势力，先后派出三批军队，一共十一万人去为诸葛诞解围，但都以失败告终。为此，孙林十分恼怒，一气之下，斩杀了大将朱异。这场战争，可谓是劳民伤财，不但没救出诸葛诞，孙林还杀了自己的名将，这便引起了吴国上下的一片怨声。

孙林知道自己惹出了祸端，于是便称病不上朝。让自己的弟弟孙据掌管宿卫，此外，让其他三个弟弟孙恩、孙干、孙闿分掌诸营之兵，拥兵自固。其实，他这样总揽兵权，不仅是为了防备诸臣的叛变，最重要的是要防备吴主孙亮对他动杀机。

因为，那时候孙亮已经年满十六岁，在诸葛诞叛魏前就已经亲政。当时他对孙林擅权的不满逐渐暴露了出来，对孙林所奏的表章，经常肆无忌惮地质问不休。他还拣选了十五至十八岁的士卒子弟三千人，令大将子弟为将帅，在皇家林苑中每天操练。当孙林救诸葛诞没有成功，大失民心的时候，孙亮觉得时机已经成熟，便立刻与太常全尚、将军刘承共谋铲除孙林。

孙亮的妃子是孙林的外甥女，当她听到孙亮等人的密谋后，就立刻派人告诉给了孙林。孙林便先发制人，于吴太平三年（258 年）中历九月，派兵夜袭全尚的幕府，将他拘捕；又派遣弟弟孙恩杀死刘承。随后，孙林亲自率士卒将孙亮的宫殿团团围住，孙亮听到消息后，执弓上马，对宫内的大臣们说："我是大皇帝（孙权）的嗣子，即位已经五年了，谁敢不跟我去拼杀！"众臣都上前劝他不要去送死。没过多久，孙林就冲了进来。他当即宣布废孙亮的帝位，降之为会稽王。随后，孙亮被送往会稽（治今浙江绍兴县），在流放的途中被杀。

废黜孙亮后，孙林很想自己即位称帝，但是再三考虑，只怕朝中大臣都不服气，于是就派人将孙权的第六子孙休从会稽接来，拥他为帝。孙休知道孙林势力强大，为了稳住他，他即位后就对他以及其宗族封官晋爵。不但立孙林本人为丞相、荆州牧，增加五县封邑，就连他的四个弟弟都分别被任为将军，封为县侯、亭侯。在《三国志·孙林传》中记载说："林一门五侯，据皆典禁兵，权倾入主，自吴国朝臣未尝有也。"

其实，孙休对于孙林家族权势过盛早就心存不满，他更不愿意做一个傀儡的皇帝。只是他知道孙林的厉害，不敢轻易贸然行事，以免重蹈孙亮的覆辙。但是随着两人的矛盾日渐激化，这便迫使孙休不得不采取断然的措施了。有一次孙林向孙休进献牛和酒，结果遭到了孙休的拒绝，这下恼怒了孙林，乘他酒酣的时候，故意对孙休的近臣张布说："初废少主的时候，多劝吾自为之者。吾以陛下贤明，故迎之。帝非我不立，今上礼见拒，是与凡臣无异，当复改图耳。"这可是孙林公然对孙休的威胁恐吓。随后，张布就将孙林说的话上报了孙休。为了稳住其心，他一边对孙林屡加赏赐，一边将孙恩加侍中之职，与孙林分掌其原来独揽的职权。当时有人告孙林预谋造反，孙休不加理会，对之不加审讯，只是将举报的人交给孙林处置，弄得孙林非常尴尬。

孙休的举止，让孙林越来越觉得孙休并不像孙亮那么好对付，便想去地方发展自己的势力。吴太平三年（公元 258 年）中历十一月，孙林正式提出到武昌屯兵，孙休也爽快答应了他。接着他又请求将他以前统领的中营精兵万余人带往武昌，并要求取走武库中的兵器，孙休也都一一答应了他的请求。

当时，朝中大臣看到孙休对孙林如此的不加防备，心中都为他担忧。其实，孙休并不是没有一丝防备，他在麻痹孙林的同时，早已与近臣张布、左将军丁奉密议诛除孙林的策略。当年十二月戊辰日（公元 259 年 1 月 18 日），朝中按例举行腊会，孙林这时候早已觉察到将要发生变故，于是便称病不赴会。而孙休连续派了十几个人去请他，这让孙林无法不去应酬，于是，他整装准备赴会，又暗自嘱咐家人说："你们赶快将应付事变的兵卒集合好，等我一进入宫中，你们就在府中放火，这样我可以借口回府灭火，尽快离开皇宫。"可见，孙林不愧为诡计多端之人。

果然，孙林入宫没多久，就传来他府中起火的消息。孙林便趁机借口请求回府，孙休则说："外面兵卒那么多，何必劳丞相亲自操劳这件事情？"但孙林还是要强行离去，这时候，孙休便向左右亲信丁奉和张布使眼色，大家一齐上前，将孙林牢牢地捆绑起来。孙林被捉，立刻失去了往日的威风，跪地叩头说："我愿流放到交州！"孙休说："当初，你为什么不将吕据、滕胤流放到交州呢？"孙林又说："我愿卖入官家为奴！"孙休说："你当初为什么不以吕据、滕胤为奴呢？"这番话，实际是孙休在指责他逼死吕据、族灭滕胤。对此，孙林无以辩白，只好接受了杀戮的命运。

随后，孙休下令灭大将孙林夷三族。他的弟弟孙闿听到消息后，就想要乘船逃奔曹魏，结果途中被杀。他的从兄孙峻虽然早已死去，但也被掘出棺材，将他身上的佩印绶取走，将豪华的棺材砍得七零八落，才重新埋葬。就这样，孙峻和孙林这一对专权欺主的兄弟，最终落得了个夷族灭门的下场。

由此可见，孙休之所以能够消灭孙峻和孙林，不是孙亮那种鲁莽的行动，而是他深知以柔制刚的道理。他先对孙林百依百顺，待孙林放松了警惕后，再后发制人，一举将其歼灭。试想，如果孙休刚开始的时候就对孙林以刚制刚，那么他的下场肯定和孙亮一样。所以说，做任何事情的时候，鲁莽行事，必使事情失败，而沉着冷静，看清对方的真正面目后，以待时机，那样才会取得事情的成功。作为当今的我们也应该引以为戒。

• 外柔内刚对楚王

春秋战国时期，晋国人抓获了楚国的公子以及楚国的大臣，后来将二人斩了首级。随后将二人尸首交给了楚国，希望以此换回包括知罃在内的晋国战俘。楚王便答应了晋国的要求。

楚王在送别知罃的时候，问道："你怨恨我吗？"知罃则回答说："两国交战，我是个没有才能的人，没有担负起自己的职务，因此做了俘虏。君王的左右没有用我的血来祭奠，而让我回国去接受杀戮，这是君王您的恩惠。而我的确是无能之辈，我又能怨恨谁呢？"楚王又问道："那么，你是要感激我吗？"知罃回答说："两国各为自己的百姓打算，希望各国的老百姓都平安，所以各自抑制住愤怒，互相原谅。这才释放各自的战俘，以结成友好。我又能感激谁呢？"

楚王继续问："那你回去以后，用什么来报答我呢？"知罃说："我既没有什么怨恨，也没有受大王的任何恩德，我不知道该报答您什么！"

楚王接着说："即便是这样，那你总该告诉我些什么吧。"知罃不卑不亢地说："那好吧！托君主的福，我作为囚犯，能够回到晋国，如果我的国君杀了我，那么我死而不朽。如果由于君王的恩惠而赦免我，或是君王同意把我杀掉来祭祀祖先，那我也死而不朽。但是，如果承蒙君王的恩宠，再让我承袭原职，按次序担任晋国的政事，率领一部分军队驻守边城，那么即使再遇到楚国的文武官员，我也丝毫不会违反礼仪而有二心，只会竭尽全力，尽做臣子的本分，如果说有报答的，这就是我要报答大王的。"

楚王听了知罃的这番话，知道根本不能折服他，就对大臣们说："晋国的臣子真是无法打败啊！"于是，楚王用隆重的礼节把知罃送回了晋国。

由此可见，知罃是一个不卑不亢、外柔内刚的臣子。其实，楚王之所以对知罃的这番谈话，或许有两个原因：一方面是想找个空子羞辱一下晋国的战俘，另一方面是想留下一些后路，为将来的楚、晋作战争取晋国的人心。但是知罃始终不卑不亢，据实而答。每次的回答都弄得楚文王十分尴尬，但又无可挑剔，最后只好以礼相送。后来，知罃的这番以柔为主、柔中寓刚的答辩成为千古名论。

• 富翁巧取郑板桥字画

狂傲的人大多数都会对自己所处的现状不满，而狂放不羁、恃才傲物。这种人常常表现出愤世嫉俗的状态，为人耿直朴厚，多数都有着高人的风度，但是他们的内心却十分狭隘。他们总是自以为是，自成一格，从不愿意屈从和迁就别人。他们对于自己的个人兴趣，往往能够沉静坚持，最终取得事业的辉煌。

像这样有所成就的人，历史上有许多，其中郑板桥就是最好的典范。郑板桥是“扬州八怪”之一，是清朝书画家、文学家。名燮，字克柔，号板桥，江苏兴化人。早年家境十分贫困，通过科举考试，考中康熙秀才、雍正举人、乾隆进士。郑板桥最善于画兰、竹、石，尤其对墨竹十分精通，学徐渭、石涛、八大山人的画法，还擅长水墨写意。提出“眼中之竹”、“胸中之竹”、“手中之竹”三阶段画论。特别强调表现“真性情”、“真意气”。他所画出的墨竹，挺劲孤直，让人看了总有一种孤傲、刚正气派的感觉，就好像是他自己的思想和人品化身一样。

不仅郑板桥笔下的画如此，就是他生活中的做事也是如此。他恃才傲物，鄙视权贵，一些达官显贵想要索求他的书画，哪怕有人拿着装满银子的袋子来，也被他拒之门外。

当时，有位大富豪新盖了一幢别墅，十分豪华富丽，见到他的人都连连称赞。但是，一天有人却提出了建议说，此屋就是缺少点斯文气息。听说郑板桥的字画是当世最好的字画，如果能够弄两幅来，往客厅里一挂，那不就高雅脱俗了吗？富豪一听，顿时心花怒放，连称：“妙哉！妙哉！”于是就拿着好几袋的银子前往郑板桥家。当郑板桥的仆人告诉他门外有一位富商想要见他的时候，郑板桥立刻拒绝。接连几次的拜访，都被郑板桥以外出、不舒服、在练气功等为借口拒绝。

后来有一次，大富豪同他的一位大官朋友闲聊的时候，偶然提到了这件事情，大富豪很是生气。大官则说：“你怎么连郑板桥是什么人都不知道？别说你啦，就是我想要他的画，要了好几年，都还没有要到手。”大富豪一听，浑身来了精神，立刻夸下海口说：“你瞧我的，不出几天，我一定会弄几幅字画来，上面还要让他写上我的大名。”

于是，大富豪就派自己手下的人，四处去打探郑板桥的生活的各种习惯和爱好。一天，郑板桥出来散步，突然听到了远处传来了悠扬的琴声，曲子也十分高雅。心中十分好奇，便循着琴声而来，才发现是一所宅院所发出的琴声。只见，院门半掩，郑板桥便推门而入。他却被眼前的情景震惊了，庭院内修竹翠，奇石林立，竹林中还有一位老者鹤发童颜，银髯飘逸，正在拂琴而坐。这让他脑中浮现了一副绝好的风景图。老人见到郑板桥后，立刻停止了弹琴。郑板桥见自己冒然地闯入，败坏了人家的雅兴，心中有些惭愧，忙说着愧疚的话语。但老人却并不在意，而是热情地让他入座，两人开始谈论琴，十分投机。谈到兴趣正浓的时候，突然又闻到一股浓烈的狗肉的香味，这可是他平生最喜欢吃的肉。

不一会，只见一个仆人提着一壶酒，端着一大盆烂熟的狗肉送到他们面前。在老人一句“请”刚出口时候，郑板桥就毫不客气地吃了起来。当他酒醉饭饱后，才觉得自己连主人的尊姓大名都不知道，顿时又觉得十分不好意思。起身走吧，实在是有失礼节；给人家银子吧，身上又没带钱。于是他就对老人说：“今天能与您老邂逅，实在是幸会，非常感谢您热情款待，为了表示感谢，我愿意为你画上几笔画，算留个纪念吧。”老人听郑板桥这么一说，似乎也有点不好意思，就连声说：“吃顿饭只是小事情，何必在意！”郑板桥以为老人并不喜欢书画，便自夸说：“我的字画虽然算不上极品，但还是可以换银子的。”老人这才找来纸笔，郑板桥画完，又问老者的名字，老者报了一个，郑板桥觉得十分耳熟，但又一时想不起来是谁，便提笔写上“敬赠某某某”。看着老人满意地笑着，才起身告辞离去。

得到郑板桥的画后，第二天大富豪就挂在了别墅的客厅中，还请来宾客一起欣赏。宾客都以为他是花高价买回的。但是当看到字画上有赠予他的大名后，才相信是郑板桥为他画的。消息传开后，郑板桥简直都不相信自己的耳朵，当他沿着那天散步的路线寻找那个宅院的时候，才发现是自己的贪吃狗肉，才落入了人家的圈套。

由此可见，这个富翁的办法其实就是一种“以柔克刚”。他先是抓住了郑板桥的爱好和兴趣，再利用他知恩图报的心理，得到了自己想要的字画。试想，如果大富翁只是用高价去买，即使买多少年，也买不到的。所以他摸清郑板桥不爱财、不爱色的性格特点，而是爱好琴和吃狗肉的习惯，才达到了目的。

• 有名有实的傲才

人不能过分狂傲，或者不肯屈服别人，因为一般具有这样性格的人，往往会给自己带来麻烦或者祸患。

方士儒就是一个特别傲的人。因为他的傲气，他的全家还有他的学生都受到牵连，遭到了杀身之祸。还有练子宁，他也是个有傲气的人。朱棣继位后，由于他坚决反对，被割去舌头。朱棣则说：“我是学周公辅助周成王。”可这时候，练子宁没有办法说话，就以手蘸舌血在地上写着：“成王安在？”这下惹恼了朱棣，便将他杀死，并诛灭了九族。

由此可见，狂傲的人多数都会失去了分寸，没有自律，也不分场合，按着自己的意愿，一意孤行，那么最终都得不到很好的下场。

还有一部分“傲骨文人”，在特立独行、坚持原则后，既没有遭杀头，也没有被高看一眼，而是贬官。但是，“官”贬而“文”不贬。

从屈原之后，“贬官”们都在各自擅长的领域，硬是将灰暗的命运抹上一道亮丽的色彩，于不自觉中形成了一种“贬官文化”。

韩愈是唐代著名的贬官，看他《左迁至蓝关示侄孙湘》：“一封朝奏九重天，夕贬潮州路八千。欲为圣朝除弊事，肯将衰朽惜残年。云横秦岭家何在，雪拥蓝关马不前。知汝远来应有意，好收吾骨瘴江边。”贬官的心态在这首诗中一览无余。当然不能说韩愈的文学成就都是在受贬后取得的，但他相当数量的佳文不受贬是决然写不出的。特别是《祭柳子厚文》，倘若没有相同的受贬经历，岂能相知如此之深？

柳宗元也是被一贬再贬。无法想象柳宗元如不遭贬，会在永州及柳州留下那样好的文字，无论岁月怎样流逝，只要翻阅柳文仍然会为其折腰。就是白居易不受贬也决然写不出《长恨歌》。文字能够如此穿越时空，恐怕是受贬者自己也没想到的。

至于苏东坡，那更是一位让人牵挂的贬官，“诗案”改变了苏东坡的生活，以至后人才有幸读到《赤壁赋》这一类千古佳作。

历史上这样狂傲的人有许多。刘邦是一介武夫，没有什么文化。生平他最瞧不起儒生，尤其讨厌他们。在他打天下的时候，儒生郦食其求见。刘邦的卫士弄清他的身份后，便对他说：“沛公最不喜欢儒生，他只要见到有人戴着儒冠来，常常是摘下别人戴的帽子，向帽子里面撒尿。同这些儒生谈话的时候，他还常出口骂人。所以你要是见了我家的主公，一定不要说你是儒生啊。”郦食其点头应允。卫士立刻通报，郦食其就走进了刘邦的帐幕。他看到沛公两腿分开，正坐在床上，让两个女孩子给他洗脚呢。他见此情景，只是做了个长揖却不拜，开口问道：“阁下是要帮助秦攻打天下的诸侯呢，还是要率领诸侯攻破秦呢？”沛公听了，张嘴骂道：“你个书呆子，天下被秦朝欺负得如此之苦，我当然是要同诸侯一起来攻打秦，怎么说我是帮秦来攻打诸侯呢？”郦食其接着说：“如果您是真心想聚集天下的英雄豪杰来攻打无道的秦，那么就不应该以这种态度来接见有知识的人。”沛公听到这里，觉得自己确实有失礼仪，就赶紧停止洗脚，站起来穿好衣服，请郦食其坐到贵宾的座位上，向他请教。

• 唐伯虎诈疯远祸

唐伯虎是明朝的文学家、书画家。他与祝允明、徐祯卿、文征明齐名，称“吴门四才子”。唐伯虎不仅是江南才子，能书善画，而且他还能够在险恶的政治斗争中，运用计谋保全自己。

明朝弘治年间，宁王野心勃勃，仗着天潢贵胄，分茅裂土，心里开始做着明永乐的“靖逆”之梦。他笼络了许多当时的知名人士，具有孟尝君食客三千的美名。这在唐伯虎看来，是贤王好士，加上自己又经济拮据，如同韩愈的好朋友董邵南一样，在京城不遇，便转而到藩王那里去寻求发展。这也是失意文人通常选择的一条道路，“学得文武术，货与帝王家”，唐伯虎急需谋一个吃饭的地方。

而宁王朱宸濠很赏识当时的名画家唐伯虎，曾派人带着很多金子到苏州去聘请他。唐伯虎被请到之后，宁王安排他住在王府里，待遇十分优厚。

于是，在南昌王府，一住就是数月，这让唐伯虎发觉到梁园虽好，但并不是久留的地方，宁王做出许多不法的行为，推断他以后一定会造反，如果贪图眼前的荣华富贵，就会给自己带来祸患。可是他被宁王所控制，又如何能脱身呢？要知道宁王是个枭雄，据历史记载，他很像朱元璋，忮刻猜疑，无所不为。于是唐伯虎就开始想办法，思考许久，终于想到了一个妙方——装疯卖傻。

唐伯虎开始歌哭无常，起居无节，佯狂使酒，箕踞谩骂。宁王派人给唐伯虎送东西，他便赤身裸体地坐到地上，玩弄自己的下体，还讥笑责骂来人。来人带着礼物回去报告宁王，宁王说：“谁说唐伯虎是一个贤才？我看他不过是一个疯子罢了！”甚至遇到了王府中的妃嫔乘轿外出，他挡在道中解衣小便，口中高喊“骄其妻妾”，妃嫔个个都掩面塞耳，花容失色。“骄其妻妾”其实是个典故，但听起来却像“浇其妻妾”或“交其妻妾”，唐伯虎的如此猖狂，一下子惹怒了宁王，也不管唐伯虎是他请来的嘉宾，就把他赶了出去，放回了苏州。

唐伯虎回到家乡后，情况并没有像他想象的那样好转，因为苏州的官吏多数都是宁王的爪牙，苏州按院还是宁王的亲戚，这样一来，唐伯虎的一举一动都在他们的监视中。如果被他们看出唐伯虎在南昌的所作所为是装的，那么他肯定会丢掉性命的。

不久，宁王果然起兵叛乱。宁王的叛乱被镇压下去之后，朝野中凡是与宁王有牵连的人都遭祸。而唐伯虎却因为发现宁王的企图，并且断定他日后不会成功，于是装疯卖傻逃过一劫。

由此可见，唐伯虎是个非常聪明而有才能的人，他的一生，表面上是狂放洒脱，放荡不羁，不受礼俗的羁绊，其实有着政治上不得志与怀才不遇的苦闷。他年轻的时候，和同乡不拘小节的书生张灵纵酒放荡，根本没有心思科举考试，后来经过祝允明的劝说，便发奋学习，结果考中了乡试第一，即解元。但又因为科举考场上牵连下狱，最终失去了大好的前程。随后，他开始以为自己是怀才不遇，对此而会抱恨终生，没想到被宁王看重，能够施展自己的才华。但是当他看到南昌宁王所作所为后，很快就看出宁王的野心。因为他已经经历过科举案件，再也不愿卷入一场叛乱中。于是他为了保全自己，只有想出计谋来脱身。

于是，他假装疯狂，做出常人所不能作出的举动，让宁王相信他是真的疯癫，而不会对他产生疑心。当时他心中十分清楚，如果说他要辞职回家，宁王是绝对不可能应允的，而且弄不好就会引起宁王的戒心，甚至会招惹杀身之祸。所以他只能设计脱身，可见他这种行为实际是内刚柔的表现，因为他在宁王前，没有直言相告，而是采取了计谋，最终保全了自己。

第三篇

容貌鉴：

相貌仪容尽显个性

观姿容以七尺躯体作限，看面貌以两只眼睛为准。人的身材容貌与五行相关联，四肢五官各有自己的属性与特征，体现着每个人的不同个性。

一、观察人体各部位

【原文】

容以七尺为期，貌合两仪而论。胸腹手足，实接五方；耳目口鼻，全通四气。相顾相称，则福生；如背如凑，则林林总总，不足论也。

【译文】

凡是观人察质，姿容以七尺躯体为限度，容貌以两只眼睛（也指天庭和地阁）来判断。人的胸腹手足，实际上都与五行中金、木、水、火、土五行对应，都有它们的某种属性和特征；人的耳目口鼻，都与春、夏、秋、冬四时之气相贯通着，也具有着它们的某种属性和特征。人体的各个部位，如果相互搭配得和谐融洽，彼此对称、协调，那么就会给人带来福分；如果相互背离或者彼此冲战，使相貌显得纷纭杂乱，就不值得一提了。

【解读】

• “容”和“貌”是两个概念

在相书上，人们把容貌分为“容”和“貌”，这是两个概念。从鉴别人的角度来分，容以七尺为期，这就是说人的整个身体，包括头、颈、胸、背、腰、腹、臀、乳与四肢手足。如果细致地分，容可以分为两方面，一方面是身体静态的表现，另一方面是身体动态的表现。譬如一个人的言谈举止，喜怒哀乐。人们可以根据容的静态，而发现人的外在美，通过容的动态，即身体的动态，发现人的心性品质和能力。

貌合两仪而论，是说头面上的形象状貌。包括人的口、鼻、耳、目、眉等。而貌又是容的一个构成部分，因为人的精、气、神主要都体现在面部上。而貌如果细分，也包括两方面内容，一是构成貌的具体部位，如眼、耳、鼻、口、眉，这是静态的貌；二是动态的貌，它构成人的情态。

一个人如果是容貌和谐，那么这个人就是美丽的。人的容貌是天生的，拥有美丽的容貌固然会让人赏心悦目，但是真正考察人才的时候，还是不以容貌为标准，最重要的还是看人的内在能力。所以说，才貌双全，固然是最好的人选，但是这样的人还是少数，当二者不能兼有的时候，选择人的才能，才是最正确的选择。

胸腹手足，耳目口鼻，各个部位不论大小、美丑，只要是互相配合匀称，就是美的。人的各个部位，如果相互照应、匹配，彼此对称、协调，那么就会给人带来福分，而如果相互背离或彼此拥挤，使相貌显得乱七八糟、支离破碎，其命运就不值一提了。

• 身相三停不在长短，而在方正

三停，是指人身体的上、中、下三个部分。上停，是指人的头部；中停，是指从肩到腰的这一部分；下停，是指从腰到脚的这一部分。在相学上认为，人体的上中下三停只要匀称适度，互相均衡，那么就说明这个人具有良好的合相，一生必定会富贵长寿。

在古代，人们常说："身分三停，头为上停。一身三停相称为美。一个人体型矮小，头大，有上梢而没有下梢，还有人身长而头小，那么这样的人会一生都不会有富贵命；一个人中停短，则说明此人不长寿，中停长，则说明此人一生贫穷，腰软而坐行都动的人不能长寿；下停要与上停齐而不宜过长，长则会容易多病。如果是上中下停长大短小齐者，说明此人寿命短。"

当然，这只是对人的身材整体审视。此外，人的躯体各部分如手足、胸腹、腰背、乳脐等部位也有着不同的特征，这也需要我们仔细去审察。

1. 手足：即四肢，也就是两手两脚。人体的四肢与春夏秋冬四季有着密切的联系。四肢与头，合称"五体"。五体又与阴阳五行有着紧密的联系。在天时中，四时不济，五行不调，则万物难以化生。在人相中，四肢不齐，五体不和，自然便是贫困终生。

一般来讲，人健康的手是软长、滑净、不露盘骨。在古代人们认为手纤长的人心慈好善，喜施舍。短厚的人则为人卑劣，好贪取。因为人是用手来拿东西和放东西的。俗话说："双手过膝为盖世英雄。"三国时期的刘备就是"双手过膝，两耳垂肩"，所以人们都称之为世之枭雄。而手短不到腰的人必定是终生困苦，身小手大的人则是福禄宏泽，身大手小的人则一生清贫。手宜端厚，端厚者富足，忌薄削，薄削者贫穷；手粗硬者卑贱，细软者高贵；手香暖者清秀，手污臭者浑浊。

至于人的手指，以纤长为好，这样的人聪明，短突的人愚贱，软密的人有积蓄，硬疏的人破钱，手指形状好像春笋者清贫，如鼓槌者愚玩，如剥葱者食禄，如竹节粗者贫贱。

再说手掌，一般以颜色来审察人的富贵贫贱。掌红如血，此人富贵，黄如土的人贫贱。青黑的人贫穷，白色的人下贱。手喜润泽，润泽的人富贵，干枯的人贫穷。手以长厚的人为贵，短薄的人为贱。又硬又圆的愚蠢，又软又方的福厚。四周丰满中间窝下的人富有，反之则贫苦。

足相则要求人的脚平、厚、正、长，忌侧而薄，短而肥，因为"足者，上载一身，下运百体"，象征地虽位居最下，却功不可没。足弓高到脚底能放入鸡蛋者大富，脚板厚若达四寸者必是大富大贵。总之，脚小而厚富贵，大而薄贫贱。

2. 胸腹：胸是气血的宫庭，神情的府库。宫庭平广则神态安定而气血平和，府库低陷则见识短浅而气量狭小。所以，胸要平而长，阔而厚，这样便智高福厚。如果突而短，狭而薄，便是贫穷浅陋。胸突起的人，愚蠢下贱，胸洼下又倾斜的，贫穷。胸平阔像磨刀石的人，具有豪杰之气；胸狭窄如土堆的人，愚贱。胸骨凹落如槽的，狠毒之人。

腹的功用是包藏五脏六腑，就好比是身体的炼炉，能容纳万物。所以，腹要圆，皮厚且下垂的人为贵。如果腹部又扁又短则贫贱。古人又认为：皮厚者身体健康又富有，皮薄者常遭病厄又贫穷。肚皮向上的低贱而愚昧。身下悬垂则富贵又长寿，如像茶壶那样滚圆，则为巨富。腹部窄小，最为贫穷。

又说：胸为血气之宫庭，平、广、方而衣禄荣，若是偏斜并凹凸，定知劳碌过平生。腹大垂下，名遍天下；腹如抱儿，万国名题；腹如鸟腹，贫贱无屋；腹有三甲，背有三壬，如此之人，法蓄黄金；腹脐突出，寿命早折。胸中为万事之府，平正而广阔者富贵；凹凸而狭薄者贫贱。男昂愚昧，女昂则淫乱。为血脉之穴，圆紫而垂下者，富贵而多子，白小而斜狭者，穷困而滞。胸狭而长，不可求望。胸广而长，主得公王。胸短于面，法主鄙贱。胸上黑紫，为兵万里。胸不平均，未足为人。胸均平满，豪播天畔。胸有毫毛，必主富豪。胸广而长，方智荣昌。

3. 腰背：腰，位于人的中部，是人体活动的中枢，人的各种动作都是以腰为轴心在运动。可见，腰对于人来说是很重要部位。古人认为，腰要端正，丰厚为佳。以偏窄、单薄为差，且腰主中年运气，所以，常说“狭腰不贵”。这也就是说腰是腹之心，一生之安危，全依赖于腰。一个人的腰如果端而直，阔又厚，便是有福有禄的人；相反，腰偏而陷，狭而薄，一定是贫穷的人。

背：背的厚薄与丰陷，决定人生的贫富。平阔而丰满的背，一生少灾多福。偏狭又低陷的背，一生多难而贫穷。背为人身之基址，有负重之功用，所以，背脊有骨隆然而起，如同伏龟，此有官至太守。

腰与背的关系是十分紧密的：没有背没有腰，穷苦终生；有背没有腰，少年平凡，中年停顿；有腰有背，早年贫苦，中年顺达；腰背俱佳，自然就是富贵双全。古人云：“腰者，如腹之山，如物依山，以恃其安危也。故端而直，阔而厚者，福禄之人也；偏而陷，狭而薄者，卑贱之徒也。因此短薄的人多成多败，广大的人禄保永终，因而厚的人富贵，细而薄的人贫贱，凹而陷者穷下，袅而曲者淫劣。”又云：“背宜长不宜短，宜厚不宜薄，坑陷者贫贱之人，平阔丰厚，则安于一身矣。”

4. 乳脐：乳，与血脉的精华相通，分居胸之左右，它是哺育子女的器官，辨别贵贱的标准。乳阔而乳头红黑，垂而坠为佳；忌狭而白，曲而细。双乳之间距一尺二的人，富贵；距一尺的人，次贵；乳头大，志气高，小则性格怯懦。脐，是盘脉之舍，如同腑脏之开关。脐孔深又大，聪颖又有福；浅窄者，愚蠢浅陋；脐向上，富贵；向下，贫贱；脐孔的部位低，这样的人有远见，反之则鼠目寸光；脐孔凸出的人，浅而小的人，都是恶相。

• 容貌是人体的无形名片

“以貌取人”并不是一个贬义的词语，这个习惯自古就有，“才比子建，貌比潘安”是形容才子的。其中“才比子建”是用来夸奖一个人很有文采的，子建就是被谢灵运称为“才高八斗”的曹植。高傲的谢灵运曾经把天下所有的才华比作十斗，而他认为曹植独占八斗，自己占了一斗，天下人共占一斗。他对自己高度自信的同时，也表示了对曹植文才的高度肯定。而“貌比潘安”则是夸奖一个人长得帅，潘安就是中国古代第一美男子。潘安长得太俊美了，他年轻时，拿着弹弓，坐车到洛阳城外游玩，女孩子们见了他，都不由得围着他。而老女人们见了他，就用水果投掷他。这样，当潘安回家时，总是满载而归，历史称为“掷果盈车”。

还有在《晋书》中记载了两个丑才子的小故事。一个叫张载，也是名重一时的文学家。他“甚丑，每行，小儿以瓦石掷之”；另一个人叫左思，“左太冲（即左思，字太冲）绝丑，亦复效岳游遨。于是群妪齐共乱唾之”。一个被人扔砖头瓦块，一个被人吐唾沫，结果这两人都“委顿而返”。由此看来，人们对相貌丑俊是非常看重的。

如今，在人际交往的过程中，人们往往通过人的面貌来断定最初的印象，因此说容貌是人的一张名片，丑与俊、好与坏，直接影响着你的人际关系。

其实容貌在这里是两个概念，曾国藩认为“容”是指人的手足、腰背、乳脐以及坐、卧、行、走等方面显示出来的举止、情态，或者是人的言谈举止，喜怒哀乐等。仔细分，则是指人身体的静态表现和动态表现。静态表现，就是通过观察人的各部位，能够发现人的外部是否漂亮，给人一种愉悦的感觉，也正是因为这样才会对某人产生好的印象；而人动态表现，则是指容的动态，发现人的品质和能力。这是“有形无质”的东西，就好比你看见一个外表温柔、面貌漂亮的姑娘时，对她立刻产生了好感，于是你便想与她交往，但是终于有机会与她交往的时候，你却听见她正和别人在吵架，像个泼妇似的在骂人。此刻，你肯定会大失所望，再也不敢有与她交往的想法了。这就是人身体的基础“容”。

古人常说：“人之善恶，其相必露。”其意思就是说，一个人的好与坏、善与恶，以及他的性格特点，在他的面貌上一定有所突出。譬如，生活中人们常说：“你看这个人满脸的横肉，这个人一定是非常残酷或者是个性十分狠毒。”还有人说：“这个人面好满月，透着机灵和智慧，这个人一定是八面玲珑，处世圆通。”其实这些对人的推断，通过其做事人们发现真的就符合这个人的品性。

据说，秦始皇嬴政在年轻的时候容貌就十分不好。对此，郭沫若综合史书记载进行了分析，说嬴政的外部形象是个典型的“软骨症患者”。他长着鸡胸，还有一个起伏的马鞍鼻，眼睛细长好像马的眼睛，眼珠喷薄欲出，嗓音嘶哑，说起话来犹如狂野的“豹声”。由此可见，他的外部形象是不讨人喜欢的，这也就暗示了他冷酷和阴狠的性格。

再如，清代的纪晓岚，乾隆只是把他当成一个解闷的戏子，因为他的相貌不符合乾隆的要求，而且他在待人接物方面也有些偏激、刻薄，讽刺多于幽默，所以他一直不被重用。而和珅则与他相反，和珅做事圆通，颇讨皇帝喜欢。

所以说，一个人的容貌是人体的无形名片，它决定着别人对你的喜欢和厌恶，同时也是提高自己身价的砝码。

• 不同面相人的性格特征

古代人们任用人才的时候，常常以人的面相和脸型来判断一个人是否可用。譬如清代举人会试中就以长方“同”字脸、圆形“田”脸、方形“国”脸为选拔重用的对象。而诸如那些上丰下锐的“甲”字脸、上锐下丰的“由”字脸、上下都锐的“申”字脸一般都不会被人重视，更别说被朝廷所重视了。

由此可见，古人对于容貌是非常重视的。在他们看来头是人神明之府，人所有的智慧都聚集在那里。因此一般他们都先观人的头部，再看人的面貌。而不同人的面相又有着不同的性格，如：

1. 圆形脸：额部小、下巴短、颧骨宽、五官紧凑，整个脸的形状近于圆形。具有这种脸形的人性格温和，与人相处融洽，亲和力强，但也有任性一面。多数都是很难拒绝别人的请求，如果和他成为朋友，作为他的听众，一定会使他特别开心。

2. 蛋形：其特征是脸部瘦长，下颚带着圆弧感，额头清晰而宽广圆润。具有这种脸形的人，人们都称为是最美的脸形。这种人性格顺应性很强，而且还富有理性。在紧急和混乱事物的面前能够做到沉着冷静。很少有情绪波动，很容易赢得别人的信赖。但是由于过分的细腻，有时候也会因为小事而变得消沉，而且自尊心特别强，对事公私分明，与他交往一定不能有贸然的行为。

3. 四角形：脸形方正，下巴呈四角形，脸颊骨发达，口大而嘴唇薄，这种脸形多数都是运动员。其性格遇事积极，意志坚强，遇到困难也不气馁。正义感强烈，不喜欢迁就。其缺点是缺乏通融性，对于决定了的事情一定坚持到底，容易与人有冲突。

4. 细长型：脸形长，下巴呈四角形，口鼻显得比较小。这种类型的人能够对细微琐碎的事情考虑得十分周到，但是由于表达能力不够强，与人交流起来不是很顺畅。

5. 倒三角形：额头宽，脸形往下巴方向变窄，形成倒三角形的脸。整体来说脸部很小，身体多半也细瘦娇小。这种人的性格多数是做事认真，但是也难免会焦躁，具有优柔寡断的一面。一般会从事医学、技术方面的职业，不过，如果过于自信，妄自行动的话，很可能导致失败。

6. 本垒形：颧骨到下巴的线条非常明显，体格健壮带有阳刚气。这种人的性格热心、有耐心、有同情心，属于不将自己内在感情表露在外的类型，因此受到众人的喜欢。

7. 混合形：特征是脸孔整体有棱有角或变形，额头小颧骨宽大。这种人的性格顽固具有不愿输的精神，但有时候神经质，爱慕虚荣。一般适合当政治家或影视明星，或者是秘书。

8. 甲字脸：上大下细，前额大而阔，鼻大直。这种人具有敏捷的思维，处理事情比较理智，处事负责认真，为人较骄傲，但自尊心强，所以容易自满，容易与人相处。

9. 由字脸：上细下大，前额窄，腮骨大。这种类型的人做事麻利，对人对事比较倔强，与人相处不是很融洽，但是对家人却十分好，重视家庭。个性率直，不易忍耐，较急躁，知足，不会过分，很容易答应别人请求，帮助别人。

10. 申字脸：上下皆小，中间较大，前额窄，颧骨阔，下巴尖。这种脸形的人具有双重性格，很有主见，但是缺乏信心，遇到事情易举棋不定，重视感情，愿意让人赞美，缺乏自控力，但是很有远见。

11. 田字脸：圆而带方，肥而有骨，面短，腮骨较方。这种脸型的人个性比较稳重，做事很实际，利己心重，但不容易损害别人。欲望强，野心大，计划很实际，执行能力亦相当好，比较重感情，理智清醒。

12. 目字脸：面形狭长，鼻直，天庭高狭，中部短而小，地阁窄长。这种脸型的人个性倔强，脾气很暴躁，不容易与人相处，爱怀疑别人。做事古板，没有应变能力，比较狂妄自大。

13. 王字脸：瘦骨嶙峋，腮骨、颧骨都大，额亦大。这种脸形的人能力强，但不善于工作，而且适应能力差，交到的朋友少。个性固执、自大，做事缺乏考虑和计划，不善于理财，贪图眼前，没有远见。

14. 用字脸：歪面，一边面大，一边面细。这种脸形的人具有双重性格，话多，欲望强，活动也多。但是很容易抑郁，缺乏自信，朋友多但是交往少。

15. 风字脸：前额阔，腮骨突出，脑后见腮。这种脸形的人应变能力强，做事认真负责，有远见，但爱面子，自尊心强。容易见异思迁，不讲道义，力求实际，爱恶截然而极端，学习能力强，不易信服人。

• 人体对应五行

古人曾把人的形体分为金、木、水、火、土五种类型：木形青而瘦长，金形白而方正，水形黑而肥圆，火形赤而尖露，土形黄面敦厚。这是按人体的体格形态与色素来分类的，“方”、“长”、“圆”、“露”、“厚”也足以表示“金”、“木”、“水”、“火”、“土”五行的特性。金形人的体格方正，木形人的体格敦厚，这都表明了一个人的体格形态。

而人的胸腹手足，对应都和五行相互关联，都有它们的某种属性和特征。中医认为，五官分为五脏，局部对应脏腑，五脏有病，观察人的面目颜色可知一二。如果一个人脸色萎黄，头发稀少并缺少光泽，说明他目前的精神或者身体状态十分不好，如果眼睛布有血丝，说明晚上没有休息好。

神医扁鹊拜见国君蔡桓公，他在旁边观察了一会儿，然后对蔡桓公说：“我看君王皮肤上有点小病，要是不及时诊治，恐怕病要深入体内。”蔡桓公毫不在意，他说：“我没有什么病”。扁鹊就告辞出去了。蔡桓公对身边的大臣说：“当医生的就喜欢给没有病的人治病，以此来邀功请赏。”

过了十天，扁鹊又拜见蔡桓公，说：“我看君王的病已发展到了肌肉里面去啦，再不医治，恐怕病情还会加重呢！”蔡桓公还是没有理睬他。扁鹊只好又告辞出去了，蔡桓公仍然不高兴。

又过了十天，扁鹊又来拜见，说：“我看君王的病已发展到了肠胃里去了，要是不及时治疗就会更重了。”蔡桓公还是没有理睬他。

又是十天过去了，扁鹊老远望见蔡桓公，掉头就走了，蔡桓公忙便派人去问扁鹊：“为什么不说话就走了呢？”扁鹊说：“皮肤上的病用汤药洗或热敷就能见效；发展到皮肉之间，用针灸可以治好；病在肠胃服几剂汤药也还能治好；一旦深入骨髓，那只能由阎王爷作主了，医生是无能为力的。现在君王的病已经深入骨髓，我已经无能为力了。”

五天以后，蔡桓公浑身疼痛，派人去找扁鹊，扁鹊早已逃走了。不久，蔡桓公就病死了。

相学认为，人的五官与阴阳五行性情相符，故将两者相配，赋予特定的命理意义。具体为：眼为甲乙木，主精华茂秀，定人贵贱；眉为丙丁火，主威势勇烈，定人刚柔；鼻为庚辛金，主刑诛危难，定人寿夭；口为戊己土，主宰育万物，定人贫富；耳为壬癸水，主聪明。这样，不仅可直接从一个人的五官形相揣测其命相，同时还可依据歌诀进一步推断比较复杂的命理内涵。

五官五行相生歌：耳为轮珠鼻为梁，金水相生主大昌。眼明耳好多神气，若不为官富更强。口方鼻直人虽贵，金土相生紫绶郎。唇红眼黑水生火，为人去气足财粮。舌长唇正火生土，此人有神中年聚。眼长眉秀足风流，身挂金章朝省位；五官五行相克歌：耳大唇薄土克水，衣食贫寒空有智。唇大耳薄亦如前，此相之人终不贵。鼻大眼小金克木，一世贫寒又孤独。眼大耳小学难成，虽有资财寿命促。舌小口大水克火，急性孤单足人我。耳小鼻蠢亦不佳，性贪心恶多灾祸。舌大鼻小火克金，钱帛方盛祸来侵。鼻大舌小招贫苦，寿长无子送郊林。眼大唇小木克土，此相之人终不富。唇大眼小贵难求，到老贫寒死无墓。

• 五官与脏腑的关系

面部五官对容貌起着非常重要的作用，其外形直接关系人体的容貌美。五官的功能与脏腑关系密切。

鼻是呼吸通道，具有通气功能，而肺司呼吸，故称鼻为肺之窍。鼻还有主嗅觉的功能，鼻的通气和嗅觉功能正常与否均与肺脏功能有关。肺气和利，则呼吸通畅，嗅觉灵敏；肺气不利，则鼻塞、流涕、嗅觉不灵。

眼睛的功能是主视觉，肝开窍于目，肝藏血，肝受血而能视，若肝脏功能正常则两目有神；若肝气不舒，肝血不足，则两目干涩，视力减退。中医还认为眼睛与五脏六腑的功能正常与否有直接关系。五脏六腑之精气充盈，视觉功能正常，五脏六腑精气不足，将会影响眼睛正常生理功能。

口是消化道入口，脾开窍于口，脾主运化，脾气健运，食欲旺盛，则口健美；若脾失健运，生湿生热，则口唇生疮或口臭。

耳是听觉器官，而肾藏精，开窍于耳，耳的听觉功能靠肾精的充养。如肾精充盛，髓海得养，则听觉灵敏；如肾精不足，髓海失养，则双耳失聪，行动迟钝，给人以早衰的感觉。

舌是发音的重要器官，为心之外候，心主血脉，心的气血上通于舌，保持舌的正常生理功能。若心血充盈，心气健旺，则舌体活动自如，发音正常；若心血涩滞，心气不足，则舌强舌卷，发音困难，语音不清。

• 容貌彰显本性

通过容貌来预测一个人的富贵贫贱、家庭婚姻、寿命长短等，早在春秋战国时代就已经盛行。越王勾践的忠臣范蠡，除了精通政术、做生意之外，还懂得相术。当他看见西施，就知道她可以做间谍，再相越王勾践，便知道这个人“可共患难，不可与共安乐”，因为他生得“长颈鸟喙”。他便劝好友文种功成身退，文种不听，结果落得了可悲的下场。

元朝末年，身为进士的刘基见到朱元璋的麻脸后，便心甘情愿地跟随这个农民军中的小头领，后来刘基果然成为了开国元勋。

就相貌来看人，最主要是看人的五官，五官端正才是好的面貌。其中端正就是说匀称之意，“五短身材”在相法上目为贵格，就在匀称。就五官的各个部位而言，男子眉宁粗淡，眼宁大勿细，鼻宁高勿塌，口宁阔勿小，耳宁长勿短，才是好的面相。

在古代有个叫张炯藏的人，他十分擅长给人看相，他曾经给四个人看相，事实都应验了他所说的话。

唐朝时期，实宰相魏元忠和礼部尚书郑惟忠都是十分有才能的人，而且两人从小就特别地要好。但是两人年近三十岁了，还依旧没有任何功名。一天，张炯藏在路上看到了他们，便将二人以特殊的礼仪邀请家中做客。首先他对魏元忠说：“古人说，物以类聚，你信不信？而我看魏官人的面相，将来的官能做到为人臣子的最高一级，声名显赫。你当上官后一定会忠诚正直，诚实守信，必定是国家栋梁之才。但是你命中曲折，难免会有忧患，这都是你在没当宰相前所要经历的事，但是你不必担心，只要你遇事就去做，听话就附和，就一定没事。”

接着，张炯藏又对郑惟忠说：“看你的面相，您将来金章紫绶，命中注定福寿无边，既能进入三品高官的行列，也能升任到八位重臣之一。你做官后一直都会官运亨通，你的寿数也长久。”

两人听了张炯藏分析得如此透彻，都开始相信。这时候，魏元忠开口请教说：“那我的俸禄从什么时候开始，为官任到什么职位结束。”相士回答说：“你今年如果向皇上上书进言，俸禄就来了。”

果然，就在这一年，魏元忠上书陈事，被皇上看中，下诏书召魏元忠进宫，授予他校书的官职，后来改任中丞大夫。他进入宫中后，因为一次违逆圣命，触犯了权贵，多次遭到责罚，下狱追究。当他绝望想要自杀的时候，就想起了当年张炯藏的话语，于是开始安慰自己。从此他收敛了自己的言辞，不再刚正不阿地抨击时政，避免了祸患，最终登上了宰相的高位。

河东有位姓裴的人，已经五十三岁了，才在禁卫军中担任三卫的官职。一天他进京去浐水西店买饭，正好被张炯藏所看见，于是他就对裴某说："我看你的面相，你是贵人啊！"裴某听后笑道："你看我都五十三岁了，这么一大把年纪了，才是一个三卫，老先生您为什么叫我'贵人'呀？"张炯藏也笑着说："这你就不知道了，你二十五天内，一定能得到三品官。"说完，张炯藏便转身离去。

裴某到了京城后，已经过了二十一天了。当时，太宗皇帝哮喘病发作，请来良医，进服妙药，都不见效，皇帝是终日坐卧不宁，寝食不安。于是皇帝便下诏书说："三卫以上，朝官以下，都可以进献医治此病的药方。"裴某有过这方面的一点经验，就也献上了一个方子：用奶煎荜拨。结果太宗服用后，病很快就好了。于是太宗命令中书省给裴某授任一个五品官职。宰相们都很犹豫，也没敢断然拟制任职令呈报皇上。没过几天，皇上又犯了哮喘病。后来又服用了奶煎荜拨止住了哮喘。这时皇上想到了进献药方的人，便询问给那个人授予了什么官职？中书令则说："还没有审定好是给五品文官，还是五品武官。"太宗听后十分不悦，生气地说："他是能救一位治国安邦平天下的天子的命的人，为什么不授予官职？如果治好了你宰相的病，一定当天就能得到官职了！"当天，太宗皇帝特殊恩赐裴某三品正员京官，官拜鸿胪卿。以后，裴某多次升迁，一直升任到本州刺史。

刘仁轨，尉氏人。七八岁的时候，张炯藏从他家门前经过看见他，就对他父母说："这孩子骨相特别奇异，将来一定能做高官，要好好地培养教育他。"后来刘仁轨长大后做了陈仓县尉。张炯藏被流放到剑南，经过歧州。当时，有个叫冯长命的人任歧州刺史，得知张炯藏会看相，就让他给判司以下的属员看相，看看他们里面有没有人能任到五品官职的。当张炯藏遇见刘仁轨的时候，他突然变得非常严肃，对冯刺史说："得见贵人了！"后来，刘仁轨果真升官。后来两人闲谈中，张炯藏对他说："二十年前，我在尉氏看见过一个小孩，他的骨相与你类似，当时我没有问姓名，也不知是谁。"刘仁轨笑着说："尉氏小儿就是我啊！"张炯藏又说："你离不开四品，如果犯大罪，就能升任三品以上。"后来，刘仁轨从给事中出任青州刺史，主持海上运输的工作，出航时遇到大风，船沉海中，被河间人李义府进言上告。朝廷派遣御史袁异式推究审理这一案子，经大理院判处刘仁轨死刑。但是却得到了皇上的开恩，免去了刘仁轨的死刑，将他免去了官职。后来，刘仁轨在辽东效力，做得十分出色，随后又调回京城任大司宪，紧接着一直升任到左仆射。

由此可见，每个人的面貌都彰显着各自的本性，张炯藏之所以会看相，并非他有着神仙法术，而是因为他能从人的相貌中看出一个人的性格特征，然后加上人的言谈举止，便能判断出他将来的前途是否富贵。可以说这种审察人容貌的能力，并不是每个人都能做到的，这需要一定的审察和分析的能力。

• 容貌的恭敬与否

在古代，人们常常以容貌来观人，并对人的容貌有一定的要求。如《大戴礼记·少闲篇》中就有关于尧依据人的容貌设官授职的记载。《礼记·曲礼》中也提到了步履要稳重，手势要恭敬，目光要端庄，口气要和蔼，声音要恬静，头颈要端直，气色要肃穆，态度要端庄的要求。

假如一个人长着一副不恭敬的容貌，就会遭到别人的排斥或者给自己带来祸患。所以说，一个人容貌的好坏，直接影响这个人的前途和命运的好坏。

《汉书·五行志》中记载：因容貌不恭敬而获罪取咎的事例达十几条，其中关于举止的有三条。《春秋左氏传》中记载：桓公十三年，楚国的大将屈瑕讨伐罗国，斗伯比为屈瑕送行，回来时斗伯比告诉他的车夫说："屈瑕这次一定要失败，举止高傲，心思不定啊！"于是马上晋见楚国国君，上报了他对屈瑕的看法。楚国国君马上派人追回屈瑕，但已经来不及了。屈瑕率军攻打罗国，路上不加防备。到了罗国，罗国人严阵以待，予以抵抗，屈瑕大败，自杀而死。

周僖公十一年，周朝派遣内史过向晋惠公颁赐诏命，晋惠公接受玉器时显得十分懒散。完成使命后，内史过告诉周王说："晋国国君可能会断子绝孙了！国王您颁赐诏命于他，而他接受玉器时却显得如此懒散，这明显是自暴自弃，怎么能有继承的人？要知道礼仪是国家政治的重要事务，恭敬是安身立命的重要途径。如果为人不恭敬，礼仪就会行不通；礼仪行不通，君臣上下就会昏乱不堪，这样一来，国家又如何能长盛不衰？"结果，僖公二十一年，晋惠公死去，晋怀公继位为君，而晋国人杀死晋怀公，另立晋文公为君。

成公十三年，晋国国君派郤锜去鲁国请求军事支援，而郤锜在处理与鲁国的事务时也十分不恭敬。孟献子便说："郤家难道要亡了吗？礼仪是为人处世的首要事情，恭敬是安身立命的基础。郤锜为人处世不得要领，安身立命没有基础。而且郤锜是先朝国君留下的辅弼大臣，接受命令出使鲁国，请求军事援助，应该以国家大事为重。然而郤锜却置国家大事于不顾，怎么能不灭身亡家？”结果成公十七年，郤氏家族灭亡。同年，各诸侯国国君朝觐周王，跟随刘康公讨伐秦国。成肃公在社稷坛接赈肉，态度也很不恭敬，刘子说：“我听说过这样的话，人居天地之间，受命而生，这是上天的意志，也是命运的安排。所以一个人的言语行动、举手投足要讲究礼仪、注意威严，这样才能顺适天命。贤能的人才会因此获得上天的赐福。而不贤能的人则会获罪罹祸，所以君子要经常熟习礼仪，小人只有出力卖命；熟习礼仪的关键就是要常存恭敬之心，出力劳作的关键就是要悖谨笃诚；而恭敬的目的在于供养神灵，笃诚的目的就是保守家业。国家的重要军国大事有两件，一是祭祀，二是征伐。祭祀的时候有执膰之事，征伐的时候有受赈之事，这都是供养神灵的大礼仪。但是，成肃公接受赈肉时表现出大为不恭，这不是反其道而行吗？”结果当年五月，成肃公死去。

成公十四年，卫定公招待苦成叔，宁惠子作陪。宴席上，苦成叔态度十分倨傲无礼，宁惠子看见后便说：“苦成叔家要败亡了！因为古时候，宴请别人是为展示威严礼仪，免灾去祸，这就如《诗》中所说：‘犀牛角杯也陈列，美酒那样的温和，既不求取，也不倨傲，只是祈求万福来临。’如今苦成叔态度倨傲无礼，这可是招致祸患的事情啊！”结果，过了三年，苦成叔家族便败亡了。

成公十六年，晋国国君在周朝都城大会诸侯，单襄公看到晋厉公表现出的是高视阔步，目中无人。于是私下便告诉鲁国国君说：“晋国恐怕将会出现大乱了。”不久晋国出现了动乱。

襄公七年，卫国的孙文子出使鲁国，鲁国国君登上坛台，孙文子也一起跟着登上，叔孙穆子担任相职，当他看到这种情况后，就走上前去说道：“在各国诸侯会集的时候，我国国君从来都是走在卫国国君前面，如今您却和我国国君并行而登，尽管我国国君没有意识到这件事，您难道能心安理得吗？”孙文子听后，没说一句话，但也没有承认错误、请求原谅的意思。叔孙穆子便说：“孙文子一定会败亡！身为臣子，却冒行君礼，知道犯错而毫无改过从善之意，这是家败人亡的事啊。”襄公十四年，孙文子因驱逐卫国国君而自己最终叛逃外国。

襄公二十八年，蔡景侯从晋国回国，途中经过郑国的时候，郑国国君宴请蔡景侯，蔡景侯态度十分不恭。子产说：“蔡国国君肯定逃脱不了祸患！他犯了一个很大的错误。以前国君派子展前往东门犒劳军队而子展态度倨傲不恭，我说过：‘要更换这个人！'现在蔡国国君接受宴请而如此怠慢不敬。要知道蔡国是个小国，对待大国怠惰不敬，自以为是，必将难逃死祸。如果蔡国国君出现祸患，肯定是由他的儿子引起，荒淫奢侈，不守父道，这样的人肯定子孙会出现祸患。”襄公三十年，蔡景侯被他的太子般杀死。

襄公三十一年，卫国的北宫文子出使楚国，见到楚国令尹围的仪仗规模很大，逾越了规矩，回来后对卫国国君说：“楚国的令尹派头很大，好像国君一般！他恐怕会有别的想法，虽然能实现他的愿望，但最终不会有好的结果！”卫国国君说：“你怎么能知道呢？”北宫文子回答说：“《诗经》中说‘恭敬谨慎，注意威仪，是百姓取法的准则’，现在楚国令尹没有威仪，百姓也就没有取法的准则了，无法给百姓提供取法准则的人，在上位治理天下，是不会有善终的！”

襄公三十一年，鲁国国君死去，季武子等人准备立公子稠为国君，而穆叔却持有反对的意见。他说：“这个人啊，居丧的时候，根本没有哀痛的表情，悲痛的时候却面呈欢欣快乐，这就是没有规矩尺度。没有规矩尺度的人，一定会招惹祸患的，如果立他为鲁国国君，季家肯定会有麻烦！”但季武子根本不听穆叔的劝阻，最终立公子稠为国君。在举行丧礼的时候，他三次更换丧服，不守丧葬之礼，这就是鲁昭公。鲁昭公立后二十五年，因为听从臣下谗言攻打季家，结果兵败出奔，死在异国。

定公十五年，邾国国君邾隐公来朝见鲁国国君，邾隐公高高地捧着玉器礼物，仰望着鲁国国君，而鲁国国君接受玉器礼物的时候，却是漫不经心地俯视着邾隐公。子贡看到了这个场面，便说道：“按照礼仪规则来看，两国国君都不会有好的结果。因为所谓礼仪，是国家生死存亡的根本大事，在左右周旋、进退俯仰之中体现出礼仪的精神。朝觐、祭祀、丧葬和征伐都是礼仪中的大事。现在两国国君在春天朝觐时都不守礼仪法度，心中根本没有守礼遵仪的意识！朝觐时嘉礼都这样不守规矩，又如何能长久？仰望鲁国国君是骄妄，俯视邾隐公也是非礼之举！妄近乎叛乱，隆替近乎损身。要知道君主是国家的首脑，而一国之君都如此没有礼仪，那么这个国家一定要亡了！”

以上，便是因为容貌不恭敬所导致祸患的例子。从中我们可以得知：一个人如果容貌上显示出恭敬，对人对事有礼仪，那么这个人就会吉利平安；而如果一个人容貌不恭敬，即根本视礼仪不在，毫无君子风范，那么这个人一定会怠惰、倨傲、骄纵、衰落，这样一来就会有祸患。当然，我们看一个人的时候，不能千篇一律，举止端庄则吉利，如果不是举止端庄，如步履太大，高视阔步，站位不当就会有祸患。这些都是根据人情事理而定的，文中虽然列举了大量因为容貌不恭敬而导致的祸患，但这都不只是因为人的容貌不恭敬，更重要的因素还是人物的举止。所以我们在日常生活中，为人处世，一定要从正反两面去借鉴。

• 品行、心态影响容貌

一个人的言谈举止、气质、外貌是内在自我的表现。心里龌龊、品行不好的人，所呈现的面相也会是狡诈、卑鄙的脸孔；心地善良、品德高尚的人，所呈现的面相也是和蔼、慈祥。

其实，人的一言一行、一喜一怒、一思一虑都多少会通过外表展露出来，而且会随着时间的长久重复展露，逐渐就会定型，最后渗透到你的气质、神态中，这样就形成了有的人气度不凡，有的人相貌猥琐，有的人谈吐儒雅，有的人举止粗俗……这也是我们对人印象中所呈现的，所谓仁者常显仁爱之态，恶者常现邪恶之形。

当然，除了人的内在修养会直接影响到人的容貌、气质外，人的日常言行也会在人的外表中展露无遗。一个人如果常常熬夜，脸色一定很灰暗，白天也是无精打采的。而一个常年抽烟、喝酒的人，他的容貌也会因为长期被烟熏火燎和酒精浸泡而出现各种问题。

再比如，古代有位十分年轻帅气的小伙子，是位雕刻师，专门雕刻钟馗的石碑。突然有一天，年轻帅气的小伙子发现自己的相貌变得十分狰狞，这让他感到惶恐，同时十分烦恼。于是他来到一个寺庙里为自己祈福，告诉神灵他这一生并没有做过坏事，对工作也是十分尽职尽责，却不知道老天为何对他惩罚，让自己本来帅气的面容变得丑陋不堪。这时候，他的一番话被一位高僧听到了，于是就询问他："你是做什么工作的？"小伙子如实地告诉了高僧自己是做雕刻的。高僧又问他："那你又是雕刻什么图案呢？"小伙子告诉他是雕刻钟馗的。高僧听后哈哈大笑地说："如果你想要恢复你原来的容貌，这很容易，你还是认真做你的工作，但你从此不要雕刻钟馗了，而改雕弥勒佛。"后来小伙子照着去做了，果然他不仅恢复了原来的相貌，而且还变得十分和蔼可亲。

由此可知，人的品行对一个人的容貌有着直接的影响。同样，人的心态也直接影响着人的容貌。纵观我们现代的生活，有的人年纪轻轻，看上去却是岁数很大，这是因为生活在这个激烈竞争的社会，心中有着莫名的压力，所以面目流露的是这种年龄的人不该有的焦虑和愁绪。而有的人呢，虽然已经过了三十而立的年龄，但是由于心态年轻，愿意积极乐观地面对一切，所以从面貌所呈现出的是一种年轻的活力。

所以说，心态年轻了，人的面容看上去才会年轻；心态老了，那么，容貌也一定不会再拥有年轻了。人要想年轻，首先心态一定要年轻。一个人的年纪的增长是无法改变的，但是，一个人的心态好与坏，却是人们自己可以调节和拥有的。

• 选才以“身”为重

通常在应聘一个公司的职位时，我们会发现这样一个现象：一般长相漂亮的总会比长相丑陋的人更受欢迎。其实早在古代就是这样，尤其是从先秦到宋朝时期，十分重视人的面貌丑俊。到了明清时期，容貌的地位更是有所提高，一般科举考试都会以人容貌姣好的定为状元。比如太祖朱元璋虽然自己长得并不出色，但是他对状元和官员的容貌却十分重视，有很多有才华的人都是因为相貌的丑陋而落选。

明朝建文帝时期，朝廷测试举人，有个人叫王良，他所作出的决策令人叫绝，但是只因为他的面貌丑陋被抑为第二，而原本是第二的胡靖为第一。后来建文帝失去了皇位，而王良却以死殉国，可见其忠诚。而胡靖却是投靠了朱棣，做了高官。同建文帝一样，明英宗也是十分看重人的容貌。大学士李贤曾经举荐山东按察使王越做兵部侍郎。因为王越身材高大，步履轻捷，又喜欢穿宽身短袖的服装，这让英宗十分满意，认为这是威武的打扮，后来他果然在边陲取得了战功。

清朝的乾隆也是挑选相貌好的男子作为官员。他在选官的时候，一向以“身、言、书、判”作为人的首要条件。所谓身，就是人的形体，必须是五官端正，仪表堂堂，否则很难树立官威的形象；所谓言就是口齿清晰，语言明晰，这样才能治理国家事务；所谓书就是字要写得工整漂亮，这会让上级看清他书写的状子和文章；所谓判就是审判明断，这样才不会贻害人民，引起民怨。在这四条之中，“身”还是最重要的。比如，唐代的士子及第后，必须通过吏部选官这一关。首先要看他写的文章，再看他的身言，四者都合格，才会授予他官职。

张柬之任青城县丞的时候，已经六十三岁了。有位擅长相术的人看见他后说：“你的目光深沉，神色刚正谦和，将来一定有所作为。并且以后你能够位极人臣，成为一朝的宰相。”众人都不相信他的话。认为一个小小的县丞，已经年过花甲，即使再有能力，也是很难当上宰相的。

后来，朝廷下令通过考试来选拔官员，而张柬之应策选官落了榜。武则天看了被选的名单后，责备被选中的人太少，命令从落选的人中重新挑选。这时候负责选官的人员便上报武则天说："有一位应选的官员，策对得很好，只因为书写不合规范，所以没有被选中。"武则天看了他的策对后，认为这人是个奇才，于是召见张柬之进宫，考问他制策中的问题。而张柬之非常从容，回答得与别人特别不一样，有着自己独到的见解。这让武则天十分喜欢，于是立刻选张柬之为第一名，授任他为王屋县尉。后来，张柬之一直升任到当朝宰相，封汉阳王。

由此可见，人神色的变化体现在外貌上，就是精神外在的表征。这种表征体现于外貌，那么内在的情感就会通过眼睛流露出来。所以说，拥有一个姣好的面貌，才会在各种应聘中受到重视和关注。当然，仅凭外貌也是不行的，做到内外兼修才是王道。

• 袁天罡看相

袁天罡，四川成都人。他的父亲袁玑，曾任职梁州司仓。他的祖父袁嵩，在周朝时先后担任浦阳、蒲江二郡的郡守和车骑将军。曾祖袁达，在梁朝时做过江、黄二州的刺使，周朝时连续担任过天水、怀仁二郡的郡守。袁天罡是在孤独与贫穷中度过他的少年时代。他喜欢做学问和学习技艺，精通相术。

唐太宗贞观年间，皇帝下诏书命令袁天罡到九成宫，当时中书舍人岑文本让袁天罡给看相。袁天罡说："舍人的脸面宽大，眼眉又长过眼睛，你的文才可在海内名声大振。但是你头有生骨，不可能有太大的成就。从后面看完全没有得到三品官的命相，从前面看可以得到三品官。但是你四肢虚弱，骨与肉不相称，如果得到三品位，恐怕是折寿的征兆。"后来，岑文本升任中书令后，不久就死了。房玄龄与李审素一起来见袁天罡。房玄龄说："审素恃才傲物，你先给他看相，看他能得个什么官？"袁天罡说："五品看不出来。如果是六品以下比较重要的官职还有可能。"李审素不再问他自己的事，说："看看房公能得个什么官？"袁天罡说："这位官人大富大贵，你要想得到五品官职就求他吧。"李审素不信袁天罡的话。后来，房玄龄任宰相，李审素任起居舍人，死在任上。

李义府在四川居住时，袁天罡看见他，惊奇地说："这小伙子贵及人臣，但寿命不长。"于是留他在家中住下，把自己的儿子托付给他，说："这孩子有七品的命相，希望你今后多照顾。”李义府答应了，又问袁天罡自己的寿命有多长？袁天罡回答说：“五十二岁往后，我就不知道了。”后来，李义府被安抚使李大亮、侍中刘洎等联名推荐。唐太宗召见了他，并出了一道试题，让李义府作一首《咏乌》诗。李义府当场写出一首《咏乌》诗：“日里扬朝采，琴中伴夜啼。上林多少树，不借一枝栖。”唐太宗非常赏识他说：“我将全树借你，岂只一枝！从门下典仪起全越过去，你为监察御使。”后来李义府的官位、寿命确如袁天罡所说的一样。

武则天掌管朝政期间，李峤官拜宰相，但是家中仍然很贫困。这期间，高宗皇帝多次到过宰相府，看见李峤睡觉用的帐子是用像布一样的粗绸做的时，感叹地说：“一国的宰相用这样的帐子，有损我大国的体面。我赐你宫中御用的绣罗帐。”李峤在皇上赐给的绣罗帐里面睡觉，一宿到天明也没有睡安稳，觉得身体好像生了病似的，极不自在。于是自己奏报皇上说：“臣年轻时，看相的人对我说过，不应该奢华，所以睡不安稳。”高宗叹息了许久，任由他用他的旧帐子。李峤身材短小，鼻子、嘴都没有厚相。按当时人的观念，不应当给他高官厚禄。他在润州期间，派他担任宣州山采银的官吏。这时突然传出李峤突然死亡的消息，全朝上下没有一个人不哀伤叹息的。冬官侍郎张询古，是李峤的堂舅，听到这一噩耗后特别忧伤，让许多亲戚去探访这个消息的真伪，正好遇到从南边来的使臣，说：“李峤是真的死了。”张询古痛哭流涕，朝中的许多官员都来安慰他。当时有一个人，自称擅长相骨法，特别学到了袁天罡的相术。许多朝中位居显贵的官员，都私下来问这个人关于李峤的事。这个人说：“早就知道李峤舍人俸禄稍薄的面相。”去问的人都洗耳恭听。这个人又说：“李舍人虽然很有才华，但是从相貌上看，他的耳朵、眼睛、嘴和鼻子全都没有富贵相。不久前见他做了朝散大夫，就替他担心了。”去问的人异口同声地说：“是啊！”李峤竟然三次出任执掌中枢的要职，地位在众位朝臣之上。由此说来李峤的骨相难以预测，然而擅长相术的人却能预测出来。

袁天罡有个儿子叫袁客师，他继承父业，给人相面，说的话也很灵验。袁客师官任廪牺令（掌管供宗庙祭祀的谷物和牲畜）。唐高宗显庆年间，袁客师凭着他的相术与贾文通一起去给皇帝当差。高宗用银盒装一只老鼠，让在场的几位相、卜术人猜里面是什么。这些术人都说是一只老鼠。袁客师也说：“是老鼠，然而放里面一只，拿出来是四只。那只老鼠放入盒中后，已生下三只小老鼠。”打开盒，里面果然是四只老鼠。袁客师曾与一位书生一起过江，上船后看遍了船中人的气色，对同伴说：“不能着急！”于是二人相挽着下船上岸，袁客师偷偷地说：“我看见船上几十个人，全部都鼻子下有黑气，不久就要有大难。既然已经知道了，干吗还跟他们一起去呢？”过了一会儿，船没开，忽然看见一位神色高朗不凡，跛一只脚，挑着担子的男人赶着驴上了船。袁客师看这个人上船，就对同伴说：“我们可以走了，贵人在里面，不用担忧了。”上船后，船就开走了。到了江中央，风涛忽然大作，虽然危险惊惧，最后还是安全渡过了江。下船后一问，赶驴的男人说他就是娄师德。后来，娄师德担任了门下省纳言的官职，成为执掌朝政的三位宰相之一。

蒲州的刺史蒋严，在他小时候袁天罡给他预测说：“这孩子该受多年的牢狱之苦，以后能大富大贵，跟随某人，官能做到刺史。在八十三岁的八月五日，俸禄就终止了。”后来，蒋严在征伐辽东时，被敌人擒获，在地牢中被囚禁了七年，平定高丽后才回来。完全像袁天罡说的那样，官做到蒲州刺史。八十三岁时，他对家中人说：“袁公说我八十三岁禄绝，这是死啊！”于是置办酒食与亲朋好友告别。

• 曾国藩看容貌识人才

曾国藩一生以“识人之明”著称。清史记载：“国藩为人威重，美须髯，目三角有棱。每对客，注视移时不语，见者悚然。退则记其优劣，无或爽者。”其意思是说，曾国藩每次见客，自己从来都不先说话，一双三角眼上上下下地打量对方，当对方感到十分尴尬的时候，他才会坐下来谈事情。最后，当对方起身离开的时候，他又会注视对方离去的背影，然后评价此人，没有一个评价是错误的。

曾国藩带领的士兵数十万，将领数百名，所推荐的督抚封疆大吏也有数十位，这些人都为国家立下了汗马功劳。可以说曾国藩的相人堪称一绝。

譬如在《古春风楼琐记》中记载：李鸿章招募淮军之后，带领几位将领赴营谒见曾国藩，曾国藩接见这几位淮军将领的时候，仅点头致意，一语不发就挥手辞退他们，然后对李鸿章说：“少荃（李鸿章字），这些人的确都不差，将来有成就的，当属那位麻面少年最大。”李鸿章十分不解，便问何以见得？曾国藩说：“他们见我出来，都改容屏息肃之，只有那麻面少年见我走过，仍昂然而立，眉宇间似有不平之色。这个人胆量与才气，都远在诸人之上。你如不能用，杀了他，以免后患。”那麻面少年，就是刘铭传。由此可见，曾国藩是善于相人的，看人凭借他对人物面貌和神气来判断。

曾国藩的日记中也有一例，某日记载当天他见过的几位新任哨官：

王春发：口鼻方正，眼有清光，色丰美，有些出息。

毛全升：鼻梁正，中有断纹。目小，眼无神光。口小，不可恃。

康顺利：目小有精光，眉粗，笨人。

古人云“相由心生”，在看相玄学中“相”的意思一般是指面相，也概指人整个相貌。“相由心生”也就是说有什么样的心境，就有什么样的面相，一个人的个性、心思与作为，可以通过面部特征表现出来。如“七尺之躯不如七寸之面，七寸之面不如三寸之鼻，三寸之鼻不如一点之心。”

总之，会相人是一个领导者选拔人才的重要素质。这就需要做到听其言，观其行，察其貌，这样才能知道一个人的气度、性情，合理安排人的工作岗位。曾国藩有一套相术口诀：邪正看眼鼻，真假看嘴唇；功名看气概，富贵看精神；主意看指爪，风波看脚筋；若要看条理，全在语言中。这套口诀非常精辟，人们掌握了其中的要领，就能够像曾国藩一样做到善于相人、用人，使自己身边团结更多的优秀人才。

• 不可以貌取人

俗话说：“人不可貌相，海水不可斗量。”但是自古以来就有人相信相貌跟人的才能有关，甚至跟人的命运有关系。比如说，鼻直口方，两耳垂肩，是帝王之相；倒眉豆眼，尖嘴猴腮，是鼠辈之相。还有在古代，选官员的时候，都明确规定着人物的身相口齿。

在查继佐的《罪惟录》中记载：洪武四年（公元 1371 年），明朝举行开国后的第一次科举考试。原本拟定郭种为状元，可是当朱元璋看到这个人的时候，十分不快，因为郭种相貌丑陋，在他看来不足以显示大明帝国的新兴气象，于是他便将他划出，将相貌堂堂、气宇轩昂的吴伯宗点为状元。

建文二年（公元 1400 年），明惠帝朱允炆登基。两年后，殿试原本是拟王艮为第一名，可是当明惠帝听到大臣描述了王艮的长相后，也觉得十分不舒服，因为王艮形象不佳，于是就改为第二。最后，惠帝为了能够挑中一个相貌俊俏的人，就派胡广、汤溥上殿，他要亲自看看再定。胡广接到圣旨后，立即前往。他长得广雅秀气，一表人才，惠帝一看就相中了，立即定他为状元。但是，惠帝觉得他名字听起来不太好，“胡”通常指北方那些袭扰中原的少数民族敌对国，“蛮胡”如何能让它“扩张广大”呢。惠帝让胡广改名为胡靖，“靖”有安定、肃清的意思。汤溥本来长相也不错，只可惜他动作迟缓了些，胡广先他上殿，因此汤溥痛失状元桂冠。

在古代，很多帝王都是很注重人的外貌的。所以古人的这种习气，后人也就跟着效尤。陆容在《菽了杂记》里说，正统元年(公元1436年)，明英宗朱祁镇第一次临朝试进士，大学士杨士奇主持阅卷。本来是定为浙江的周旋为状元，名单刚宣读，就有人发问，周旋相貌如何，在场的几位浙江籍官员连忙说这个人身体修长，皮肤白皙，算得上浙江的美男子。大臣们一听，又有文才，又有长相，都表示赞同，立刻让衙门奏报皇上。御旨批准，周旋定为状元。等到传胪唱名的时候，官员们都十分吃惊，站出来的周旋不仅谈不上漂亮，而且十分丑陋。浙江籍的几个官员不由得面面相觑，不知这是怎么回事。原来浙江应试的还有一个周碹。周旋是温州人，周碹是淳安人。“旋”和“碹”，浙江人口音听来差不多，浙江籍官员错把周旋当做了周碹，所以才导致了误会。但是生米已煮成了熟饭，状元已经宣布出去了，也不好更改，就这样周旋幸运地保住了状元的头衔。

英宗有了第一次的失误后，第二次就更加谨慎了。正统四年(公元1439年)殿试，大臣奏报名次，定张和为第一名。英宗心中十分不放心，担心再选一个相貌丑陋的臣子。所以就派自己的贴身太监去实地考察一下他的长相。太监便偷偷来到了张和住的地方偷窥，发现张和有一只眼睛有问题。就这样，因为张和没有长着一副好的面容，本来是第一名，而被英宗提笔降至二甲第一(总第四名)。最后经过太监相面，取施励为状元。

陆粲的《庚巳编》中，也记录了这样一件趣事：成化十四年(公元1478年)殿试，大学士万安主持阅卷。开始大臣们看了一天卷，都找不出一份十分称意的卷子。万安左翻右翻，发现江西泰和人曾彦的卷子比较出色。经过大家反复比较，觉得万安的眼光确实没错。当天晚上，就宣入选新进士唱名。当喊到曾彦时，万安特意留神地观察了一下。曾彦身材伟岸，面目英俊，气度不凡。万安暗暗高兴，就兴奋地对同僚们说，状元可以确定了。大家也一致同意万安的意见。宪宗问明情况后，也批准了万安所定名次。

令人想不到的是，第二天传胪唱名，应声站出来的状元曾彦皱纹满脸，髭须满腮，分明是个六旬老汉，一点儒雅之气都没有，万安和大臣们都十分吃惊。典礼结束，他们急忙找出曾彦的卷子看，立刻也觉得文章也非常平庸。但一夜之间为什么有如此大的变化，难道是大臣们眼睛出了毛病，还是曾彦有神明帮助，施了障眼法。原来只不过是万安和大臣们老眼昏花看错人了，这一年录取的进士三百五十人，就算是一个平常人也会看花眼，何况是万安这个六十岁的老头呢。

由此可见，郭种、王艮、张和都是不幸的，周旋、曾彦则是万幸。

同这些人相比起来，丰熙的命更是幸运的。明弘治十二年（公元 1499 年），殿试结束后，明孝宗朱佑樘亲自阅卷。当他看到浙江宁波人丰熙的对策，十分赞赏，就定为第一。孝宗为了想要知道此人的相貌，就派人去打听，结果有人回来报告说丰熙的脚有毛病。但是孝宗已经定下，无法更改，于是孝宗只能无奈中定丰熙为一甲第二，赏赐同状元。就这样，丰熙也就成了身着状元袍的假状元。

综上所述，我们可以得出，人的相貌有时候是可以影响人的命运，但是一个识别人才的领导者，如果只是以貌取人，往往就会失去真正有才的人。俗话说："花瓶好看不中用"，人才也是同样道理。有的人虽然仪表堂堂，但是胸中毫无真才实学，用这样的人只能是误人误事，所以说我们看人不该以貌取人，而要看人的真才识学。

• 透过现象抓本质

通过一个人的相貌和表情来了解人的才能、品性，是识人的一种辅助手段。但如果把它绝对化，变成以貌取人，就会错失一个人才。

晋代学者葛洪在《抱朴子·外篇》中说：看一个人的外表是没有办法识别和观察他的本质的，单凭人的外貌也是无法看出他的能力的。有的人虽其貌不扬，但是他却是千古的奇才；有的人虽然是相貌堂堂，却是"金玉其外，败絮其中"的懦弱人才，如果要是以貌来取人，一定会造成"取者非才"或"才者非取"的后果。

《史记·仲尼弟子列传》中记载：孔子有许多弟子，其中有个叫宰予的，能说会道，利口善辩。孔子对这个学生十分看好，但是随着时间的长久，这个人逐渐露出了真实的面目。他既没有仁德，还十分懒惰，白天不认真读书和听讲，在床上蒙头大睡。对此，孔子气愤地骂他是"朽木不可雕"。孔子还有一个弟子叫做澹台灭明，字子羽，是鲁国人，他比孔子小三十九岁。他的体态和相貌都十分丑陋，而且还一心想要侍奉孔子。但在孔子看来，他是个没有多大才能的人，像这样的人根本就不会成才。但令孔子没想到的是，他从师学习后，回到家乡致力于修身实践，处事光明正大，不走邪路，如果不为了公事，是绝对不会见公卿大夫的。后来，子羽游历长江，跟随他的弟子有三百人，他的名声也众人皆晓，各国诸侯都知道他的名字。后来孔子知道了这件事情，十分感慨地说："我只凭借他的相貌来断定此人没有才能，真是失误啊。"

还有三国时期，东吴的国君孙权被人们称为善识人才的明君。但是他也曾经有过

“相马夫子瘦，遂遗千里足”。周瑜死后，鲁肃就向孙权推荐庞统。孙权早就对这个人有耳闻，便欣喜若狂，可是当他见到庞统本人的时候，立刻变了表情，心中有些不悦。因为他觉得庞统长得浓眉掀鼻、黑面短髯，样子十分古怪，再加上他觉得庞统对他一向器重周瑜的做法有些偏见，于是便认为庞统不过是一介草民而已，根本就没什么可用之处。这时候，鲁肃便在孙权面前说明了庞统在赤壁大战时曾经献的连环计，立下了大功，以此来说服孙权。但是孙权依旧固执己见，最终将庞统从江南逼走。

鲁肃见事情已经无法挽回，但又不想失去这个人才，就把庞统推荐给了刘备。可一向爱才的刘备也是犯了孙权同样的错误。当他见到庞统面相丑陋的时候，心中十分不悦，虽然没有把他赶走，但只是让他当了小小的县令。就这样，身怀智慧的庞统只因为自己长相不美，接连吃了两次闭门羹，遭到冷落，报国无门，不受重用。后来当张飞了解到他的真才后，就极力推荐，刘备才给他委以副军师的职务。

同样的将领，司马懿在识人方面却是胜过孙权和刘备。他所任用的邓艾就是一个曾经被人瞧不起的人物。邓艾从小是个孤儿，当过放牛娃，说起话来还结结巴巴，常常因为说不出话憋得脸红脖子粗，像他那样的人想要做官是没有什么希望的。但是他从小酷爱武艺，喜欢看兵书，每看见高山大河、形势险要的地方，他总要指指点点，结结巴巴对人说：“这……这里要是驻一支兵……兵马，敌……敌人就……打不进来。”人们都笑他人小鬼大，做不了文官还想当武将。就是这样的一个人，却被司马懿看中了，并做了尚书郎。后来，邓艾带兵消灭了蜀国，打破了“三分天下”的局面。

由此看来，要想识别真正的人才，就要对这个人进行全方位的审察，看他是否有一定的能力，看他是否有发展前途。如果只是凭借一个人的相貌来判断。那么就会犯感官上的错误。因为事实上，一个人的学识、智慧、能力是在后天学习过程中发展的。

想要认识事物的本质，就一定离不开认识事物的现象。任何本质都隐藏于现象之中，所以我们无论看人还是待物都不能只看外在表象，而要通过现象去了解本质。

二、容貌贵在整

【原文】

容贵“整”，“整”非整齐之谓。短不豕蹲，长不茅立，肥不熊餐，瘦不鹊寒，所谓“整”也。背宜圆厚，腹宜突坦，手直温软，曲若弯弓，足宜丰满，下宜藏蛋，所谓“整”也。五短多贵，两大不扬，负重高官，鼠行好利，此为定格。他如手长于身，身过于体，配以佳骨，定主封侯；罗纹满身，胸有秀骨，配以妙神，不拜相即鼎甲矣。

【译文】

人的姿容可贵之处就在于“整”，这个“整”并非指整齐划一，而是说人整个身体的各部位要匀称协调，构成一个完美的整体。就身材而言，人的个子可以矮，但不能矮得像一头蹲着的猪；人的个子也可以高，但不能高得像一根细长无筋的茅草那样插立着。从体形来看，体形可以胖，但不能胖得像贪吃的熊那般臃肿；体态可以瘦，但不能瘦得像一只寒鸦那般单薄。这些都是本节所说的“整”。再从身体各个部位看，背部要浑圆而厚实，腹部要突出而平坦，双手要柔软温润，手掌要弯曲如弓，脚背要丰厚饱满，脚心要空，空到能藏下鸡蛋为好，这也是所谓的“整”。五短身材虽然看似很平常，但这样的多数地位高贵，双腿过分长的人通常命运不太好。走起路来就如同身负重物，这样的人一定有高官之运，走起路来好像老鼠一样细碎急促，两眼左顾右盼，闪烁不定，这样的人多数是贪财好利之徒。这些都是固定格局，屡试不爽。另外，如果两手长于上身，上身比下身长，再加上一副上好的骨相，这样的人一定能入公侯之列。如果皮肤细腻柔滑，犹如绫罗覆盖周身。胸部的骨骼隐藏而不显现，纹秀别致，再有一副好的神态，不做宰相，也会高中状元。

【解读】

•“整”不是整齐划一的整

一个姣好的姿容，是通过“整”表现出来的，这里所说的“整”并不是整齐划一的整，而是指人的身体的各个部位都符合格局，并且互相对应、协调、均衡。这从人的高矮肥瘦，手足腹背可以看得出。

文中说人的“长”“短”“肥”“瘦”，这是从五行开相的角度出发来说的。土形之人不怕矮，但也不能矮得如蹲着的猪；木形之人不怕长，但不能如孤单的茅草那样耸立着；水形之人不怕肥，但像贪吃嗜睡的熊那样臃肿也不行；金形之人不惧瘦，但不能瘦得如寒鸦般的单薄。凡事都有一定的原则和分寸，不能过头，否则就会物极必反。因此说，如果土形人短过了头，就好像卵石乱堆，丑陋不堪；木形人长过了分，就会纤细单薄，弱不禁风；水形人肥过了界，就显得臃肿虚浮，呆笨迟钝；金形人瘦过了限，就会形单影只，贫苦懦弱。这些都是“容”的不“整”，不是人的佳相。而真正的整，则是长短肥瘦都要适度，即“不茅立”、“不豕蹲”、“不熊餐”、“不鹊寒”。

其实，人体的形美和容貌美是由以下五大要素决定的：骨骼、肌肉、脂肪、皮肤、五官。

骨骼是体形和容貌的支架，是体形美和容貌美的重要基础。骨架的大小要适度，比例要匀称。肌肉和脂肪位于骨骼与皮肤之间，它们决定着体形和容貌的曲线健美。每个人都要有适度发达的肌肉，否则就谈不上健美，尤其是男青年。但是，各个部位的皮下如果没有适度的脂肪衬垫，体形和容貌的健美也会大为逊色，尤其是女青年。对于人体的容貌美，在各个时代都是不一样的，但是所评判的标准都是以人体各部位协调、均衡来决定的。

五官、皮肤及其他的器官也决定着人的外貌健美。五官对面部容貌美影响程度的顺序为：眼、口、鼻、耳。如果说一个人的五官真美，这只是一种局部的美，它们之间还依旧需相互协调，相互映衬才能有整体的美感。所以在面部五官之间，五官的局部与局部之间、整体与局部之间符合美学的比例关系，符合局部与整体和谐统一时，才能达到美的最高形态。

总之，容貌贵整，指的就是人的骨骼、肌肉、脂肪、皮肤、五官及其相关的器官互相协调，均衡。

• 从外貌鉴别人才，“整”是其规律的不二法门

古人通常在辨别人才的时候，都会先从人面貌上来看是否容貌整齐，再断定此人是否可用。但有时候用人也有种例外，就是以奇为贵。讲究乱世用奇，治世用正；兵法上也有奇正结合之说，鉴别人才时也有奇正全偏的区别。

由此可知，鉴人察性，除了用一般的原则方法之外，奇人异士又是一种奇特的例证：

如：手长于身，身过于体，是奇相；罗纹满身，胸含秀骨，是奇相；但二者都不少得“精气神妙”，精气神足，体态饱满，如果按照古人的说法，不封侯王宰相，也可高中状元。

这正说明书中所说：“五短”虽短，但贵在其皆短，所以说“多贵”。“两大”就是两条腿过于长，不符合均匀的原则，也不符合社会大众所认同的审美标准，其走相肯定难看，古人定其为贫贱之相，所以断定有“两大”者命运“不扬”也就不难理解了。

还有一种类型：“负重高官”，行路有如重负在背，沉稳有力，坚实稳健，不疾不徐，而无大山压顶之绝望吃力态，这也是一种好的面相，是担当重任的象征。根据比类取象的原理，古人就认为此相乃任重而道远之相，故主大贵，日后必成达官显贵。

此外，“鼠行好利”也是一种类型：行步像老鼠一样细碎快速，无声而疾，急速匆忙，左顾右盼，目光闪烁不定，稍有声响即如惊惶鼠窜。这种人天生势力，不重义气。

关于“鼠行好利”一说，也是用此类取象之法的结果。“好利”之徒往往心怀鬼胎，居心叵测，所以走起路来是急促匆忙，贼眼更是左顾右盼，闪烁不定。作者作出“鼠行好利”之论，似乎更来源于对现实生活的犀利深刻的观察所得。

俗话说，透过表象才能看到实质。生活中我们也不难发现，真正勇敢的人也许表面上看来是懦弱的；真正聪明的人也许表面上看起来是愚笨的。这正如严冬的到来，霜降落后，才能看出松柏生命力的旺盛来。

总之，我们看人要看本质。识别品德高尚与低下的人，只需以义、利来观察就可以。在大事和难事面前，要看这个人是如何处理。在不利和有利境遇下，要看他的胸怀是否开阔。碰到高兴和愤怒的事情，要看他的修养是否良好；遇到那些应该做或

是不应该做的事情时，要看他的识别和见解能力。只有这样，通过观察行为来识别人才，才能得到最优秀的人才。

• 相顾相称则福生

中国汉代以前，人们对女性只注重面部形象的美，到了魏晋，便开始注重女性的装饰。魏文帝喜欢打扮华丽并将头发挽成蝉翼形的妃子。到了唐朝，社会已经逐渐开放，允许袒胸露臂，崇尚的女性体态美是额宽、脸圆、体胖。宋朝后，以观音菩萨的本貌作为女性美的高标准，可以说，各个时代所雕塑、绘画的观音菩萨，便是当时审美标准的具体说明。

其实，人的相貌美丑，并不是以哪个部位长得漂亮而定，古人认为一个人姣好的面容是：相顾相称，则福生。所以在古代时期，相人术中有着“十美”、“十清”的标准。

十美：

1. 手掌温软如绵，且眼秀有神，口大能容拳；
2. 一身之肉如玉如珠；
3. 身瘦头圆；
4. 耳后肉丰满，又不脑后见腮；
5. 皮肤光润，气色长期鲜明；
6. 身黑面白，手背黑而掌心白；
7. 眼睛清澈有神，嘴唇红润；
8. 身材短小而声音清晰洪亮；
9. 眼有夜光，黑暗中能视物；
10. 胡须清秀。

十清：

1. 声音洪亮，先小后大；
2. 毛发细软；
3. 牙齿细小整齐，洁白如玉；
4. 手掌红润，手指修长，掌纹如丝；
5. 耳白于面，且色泽光润；

6. 眉毛油黑，头发光亮整齐；

7. 眼睛清澈有神，口唇红润；

8. 人体瘦而不露骨，肤色红润；

9. 女人体瘦而乳房坚实饱满；

10. 肚脐既深又大。

• 观容貌识人术

魏朝时期，管辂给何晏和邓扬相面后，便说这两个人的命短，不久就会被诛灭。结果应验了管辂说的话。等到何晏、邓扬死后，管辂的舅爷就问他："你是怎么看出来的？"管辂回答道："邓扬走起路来无法约束自己的骨头，筋脉也约束不住肌肉，起立坐卧就像没有手足一样，这种命相叫做'鬼瞭'；而何晏看人，魂不守舍，面无血色，神气飘浮，相貌犹如枯木，这种命相叫做'鬼幽'。具有'鬼瞭'相的人，将会被风收去性命；具有'鬼幽'相的人，一定会被火烧灭。这都是自然界物质相生相克的征兆，是无法遮掩住的。"

南北朝时，宋朝的孔熙光对姚生说："相面首先要看额头是否饱满，下额是否丰厚，眼神是否灵光，鼻头是否挺直，两眼、人中和嘴巴要棱角分明，五官要圆满完整。而这几样，你没有一样，而且你的眼神流动不止，好像在观望着什么，走起路来曲曲折折好像羊一样，说话的声音也嘶散低哑。你这一生是没有福禄的，而且还会有性命之忧。"后来，姚生因为谋反而被杀害。

北宋名臣范仲淹从小就胸怀大志，把振兴国家作为自己的理想。有一天，相士为他看相，十分惊奇地对他说："你眉浓有光彩，两目秀长，鼻子笔直，兰庭辅正，加之为人忠正仁厚，真是绝好之相，将来一定是富贵之命。"后来范仲淹高居宰相，成为一代名臣，他的"先天下之忧而忧，后天下之乐而乐"的名句至今还被人们传诵。

在《韩诗外传》中，记载了姑布子卿偶遇孔子的故事：孔子从卫国的东门出去，与姑布子卿不期而遇。这时候，孔子便对他的弟子说："你们几个人赶紧回避下，有个人要过来，他一定会为我相面，你们一定要记住他所说的话。"说完，孔子下车开始步行，这时候姑布子卿迎面看着他走了五十步，又从后面跟着他走了五十步，回头就问子贡："这个人是做什么的？"子贡说："他是我的老师，就是人们所说的孔丘啊！"姑布子卿接着问："你说的是鲁国的孔丘吗？他我早就听说过。"子贡又问："那您看我的老师这个人怎么样啊？”姑布子卿说：“他有着尧帝的额头，舜帝的眼睛，大禹的脖子，皋陶的嘴巴。从前面看上去，气宇轩昂像是一位帝王，从后面看上去，两肩高耸，脊背瘦弱，只有这一点比不上四位圣人啊！”子贡这时候叹了一口气。姑布子卿继续说：“你的老师虽然脸黑却不丑，嘴虽有点长，但对外物没有损害，远远望去，瘦弱得像办丧事人家的一条狗。你何必忧虑呢？”

后来，子贡将这些话告诉了孔子，孔子对姑布子卿的评价没有过多的不满，只是他说的“丧家之狗”的评价，有些不苟同。他对子贡说：“他说的这个‘丧家之狗’，我是不敢当的，你见过办丧事人家的狗吗？当主人的尸体装进棺材后，祭祀的堂中摆上了贡品，丧事人家的狗便东张西望，找不到主人，他是想按主人的意图做点什么啊！如今上没有英明的君主，下没有贤士和优秀的地方官，王道已经衰落不堪，政教也已经丧失，强大的欺凌弱小的，人多势众的欺侮势单力薄的，百姓随心所欲，根本没有人遵守国家的法纪。这个人认为我是那条丧家的狗，意图是说我能为天下做点什么，但我怎么敢当呢？”

吕洞宾为道教八仙之一。名岩，字洞宾，自号“纯阳子”。唐京兆府（今陕西省长安县）人，曾以进士授县令。他的母亲要生他的时候，屋里异香扑鼻，空中仙乐阵阵，一只白鹤自天而下，飞到他母亲的帐中就消失了。吕洞宾降生后，果然气度不凡，自小聪明过人，日记万言，过目成诵，出口成章。长大后他身长八尺二寸，喜顶华阳巾，衣黄襕衫，系一皂俸，状类张子房，二十不娶。当他还在襁褓的时候，马祖见到他就说：“此儿骨相不凡，自市风尘物处。日后，遇卢则居，见钟则扣，留心记取。”后来吕洞宾长大后，铭记马祖的话语。游庐山，遇火龙真人，传授天遁剑法。六十四岁时，游长安，在酒肆遇见一位羽士青衣白袍，在墙壁上题诗，吕洞宾见他状貌很奇古，诗意飘逸，问他姓名。羽士说：“我是云房先生。居于终南山鹤岭，你想跟我一起去吗？”吕洞宾因为凡心未泯，没有答应。这位云房先生就是钟离权。

到了晚上，钟离权和吕洞宾一起留宿在酒肆中。云房先生独自为他做饭，这时吕洞宾睡着了，他梦见自己状元及第，官场得意，子孙满堂，极尽荣华。忽然获重罪，家产被没收，妻离子散，到老后孑然一身，穷苦潦倒，独自站在风雪中发抖。刚要叹息，突然梦醒。这时候钟离权还没有做熟饭，于是便题诗一首：“黄粱犹未熟，一梦到华胥。”吕洞宾吃惊道：“难道先生知道我的梦？”钟离权道：“你刚才的梦，生沉万态，荣辱千端，五十岁如一刹那呀！得到的不值得欢喜，失去的也不值得悲伤。人生就像一场梦。”于是吕洞宾下决心和钟离权学道，最后终于修道成仙。

综上所述，相士都是根据人们容貌，预测人的富贵与贫贱。可见生得一个好的面貌，所显示出的神气也是富贵的；而一个面貌不佳的人，所反映出的神气也是不好的。生活中或许我们根本无法达到相士准确看人的能力，但是我们可以借鉴他们对容貌的概括，知道一个人的大概，再从人的神气举止观察，相信也一定能够辨别出好的人才。

• 苻生独眼性格狂暴

古人认为，容贵"整"，乃富贵也。多数人都能够应验这句话。但是有的时候，仅仅通过人的容貌"整"就说人的富贵，还是有一定狭隘性的。

譬如说苻生，字长生，苻健第三子，从小就顽皮无赖，他的爷爷苻洪十分讨厌他。因为苻生只有一只眼睛，他还是儿童的时候，苻洪就经常戏弄他，问侍卫："我听说瞎眼的人只有一只眼流泪，是真的吗？"侍卫回答道："是这样！"苻生听后大怒，拿过佩刀，刺伤自己的肢体，顿时血流遍身，坚定地说道："这也是一种眼泪！"

苻洪见状，十分吃惊，举起马鞭就抽打苻生，苻生更加愤怒地说："我生性就是不怕刀槊，但就是不能忍受鞭捶，要打你就用刀槊吧！"苻洪也生气地说："如果你继续这样，我就把你贬为奴隶！"苻生根本不服输，回敬道："石勒不是也做过奴隶吗？"苻洪听后大惊失色，赤脚跑过来堵住他的嘴，对苻健说："这孩子是个狂妄悖乱之徒，最好早点除死他，否则，他长大后一定要祸害整个家族！"

于是苻健准备杀掉苻生，可苻健的兄弟苻雄却制止了苻健，说："孩子长大后自然会改过自新，又何必立刻要处死他！"苻健想想也是，便听从苻雄的劝告，没有杀苻生。苻生长大后，力大无比，能举千钧之重，雄勇过人，手格猛兽，健步如飞，奔跑起来像马一样，其他的武艺如骑马射箭等也都冠绝一时。

桓温北伐时期，苻生经常单马入阵，勇冠三军。太子苻苌死后，苻健以谶言"三羊五眼"应符，立苻生为太子。苻健卒，苻生立，是为前秦厉王（公元355—357年），改元寿光。据史记载：苻生"临朝辄怒，惟行杀戮"。只要是他看见不顺眼的大臣，就叫弓箭手一个个射死，他的残暴达到极点。有一次，苻生前往阿房，路上看见有兄妹一起同行，就强逼二人乱伦。兄妹两个不从，苻生就把兄妹杀掉。"又遣宫人与男子裸交于殿前。生剥牛羊驴马，活爓鸡豚鹅，三五十为群，放之殿中"。"或剥死囚面皮，令其歌舞，引群臣观之，以为嬉乐"。

而且他还动用暴刑，如截胫、刳胎、拉胁、锯颈，被他杀的人有数千人。寿光三年（公元357年）他想要杀堂兄弟苻法、苻坚等，结果反为所害。他先被苻坚废为越王，进而遇弑。《晋书》说苻生“临死犹饮酒数斗，昏醉无所知”。

据古人分析，苻生之所以如此残暴，正是因为他缺少一只眼睛。从相书上来看，就是五行中缺少木性，因此天生五行不全，生性好杀，便是不仁的征兆和反映。或许大师的判断是正确的，但是也并不是所有独眼的人都是性格狂暴，凡事因人而异。

• 高矮胖瘦皆英雄

前面说，一个人面容的“整”需要人身体各部位要均衡、匀称，才能构成一个完整体。就拿人的身材来说，人的个子可以矮，但不能矮得离奇，犹如长不大的孩童；人的个子可以高，但不能高得出奇，犹如参天生长的大树。从人的形体上来说，人可以胖，但不能胖得太过于臃肿，给人一种感官上的不美；人可以瘦，但不能骨瘦如柴，给人一种不健康的状态。再从人的身体各部位来说，背部要浑圆厚实，腹部要突出平坦，手要温润柔软，手掌要弯曲如弓，脚背要丰厚饱满，脚心要空，这样的形体才是完整。

古人看人才，往往是从人的外貌看一个人的特征，其实这种鉴别最容易犯主观性的错误，从而会失去一个良好的人才。其实，人面容的整与人的高矮胖瘦、漂亮丑俊是没有关系的，只要是身体各部位协调，均衡就是完整。所以说人不论高矮胖瘦，都是英雄。

以高矮胖瘦来说，矮个子的人尺寸得度，则以短为贵。所谓尺有所短，寸有所长，说的就是这个道理。身材矮小并不碍事，只要挺拔有势，自然是气度不凡。晏子出使楚国。楚国人都知道晏子身材矮小，于是就在大门的旁边开了一个小洞请晏子进去。晏子没有进去，而是说：“出使到狗国的人才从狗洞进去，今天我出使到楚国来，是不应该从这个洞进去。”迎接宾客的人无奈，只好带晏子改从大门进去。晏子拜见楚王后，楚王见到他便说：“齐国没有人可以派了吗？竟派您做使臣。”晏子听后严肃地回答说：“齐国的都城临淄有七千五百户人家，人们只要一起张开袖子，天就阴暗下来；一起挥洒汗水，就会汇成大雨。街上行人肩膀靠着肩膀，脚尖碰脚后跟，怎么能说没有人呢？”楚王继续说：“既然这样，那为什么还会打发你这样的人来呢？”晏子回答说：“齐国派遣的使臣，要根据不同的对象，贤能的人被派遣出使到贤能的国王那里去，不贤能的人被派遣出使到不贤能的国王那里去。我晏婴可以说是最没有才能的人，所以当然出使到楚国来了。”

由此可见，晏子虽然个子矮，却具有聪明灵敏的思维，又善于言辞，可以说他身上这个优点就可以弥补他的个子矮的缺点，而成为英雄。再如曹操，身长七尺，细眼长髯，个头比刘备矮了点，但是依然可以独霸鳌头，彰显英雄气魄。

身材高点也无所谓，高有高的好处，如那些篮球运动员哪个不是具有高大的身躯。还有那些高挑的时装模特，他们高挑的身材，个个都让人看了赏心悦目。所以说，个子高的人只要有“骨”，就好像鹤立鸡群一样，与众不同。

人的身材胖点也不妨碍，古时候都以胖为美。杨玉环体型胖，也一样被人们列为美女的系列。每个人的审美观念是不一样的，胖的人心宽，性格随和，很容易与人交往。瘦的人也是如此，瘦得有筋有骨，会身轻如燕，踏雪无痕。

总之，人的高矮胖瘦调停中和，互补互用，匀称协调，就是容貌的整。我们在用人的时候，不要仅局限在人的面貌漂亮与否，更重要的是看这个人身上所具有的能力，正所谓：花瓶好看，不中用；乱石丑陋，但可垒砌房屋。

三、貌有清、古、奇、秀之别

【原文】

貌有清、古、奇、秀之别，总之不必须看科名星与阴骘纹为主。科名星，十三岁至三十九岁随时而见；阴骘纹，十九岁至四十六岁随时而见。二者全，大物也；得一亦贵。科名星见于印堂眉彩，时隐时见，或为钢针，或为小丸，尝有光气，酒后及发怒时易见。阴骘纹见于眼角，阴雨便见，如三叉样，假寐时最易见。得科名星者早荣，得阴骘纹者迟发。二者全无，前程莫问。阴骘纹见于喉间，又主生贵子；杂路不在此格。

【译文】

人的容貌有清秀、古朴、奇伟、秀致的区别。这四种容貌主要是依据科名星和阴骘纹去辨别。科名星，在十三岁到三十九岁这一年龄段可以看到；阴骘纹，则是在十九岁至四十六岁这段时间内随时可见。如果科名星和阴骘纹同时具备了，则这个人将来一定会成为大人物；如果具备其中一方面，也一定是富贵之相。科名星显现的位置在印堂与眉彩之间，有时会出现，有时会隐藏，有时像钢针，有时如同小球，经常发出红光瑞气，喝酒之后或是发怒的时候容易看到。阴骘纹常出现在眼角处，阴天或下雨的时候容易看到，形状好像三股叉，人在快要睡着的时候也容易看到。如果拥有科名星，这样的人少年的时候便会发达荣耀；如果拥有阴骘纹，这样的人发达的时间要晚一些。如果两者都不具备，则前程就不必说了。如阴骘纹出现在咽喉部位，预示着主人将要喜得贵子，如果阴骘纹出现在其他部位，就不能这样断定了，属于其他的情况了。

【解读】

• 相面纹

观察颜面的纹理以测断福寿休咎。相学认为面部纹理出现的方式、形状、部位与人的命运吉凶关系极大，因此历代相士都十分重视相人面纹。《史记》中有两则类似的记载。《绛侯周勃世家》所载周勃为河南太守，《佞幸列传》所载佞臣邓通，颇受汉文帝宠信，然二人皆因面纹不佳，有“纵理人口”，被相士断言“当贫饿死”，后来悉应相士之言。古代文学作品中亦有此类描写。如《金瓶梅》第二十九回：“你行如摆柳，必主伤妻，鱼尾多纹，终须劳碌”。面部纹理的优劣，主要根据纹理所在部位及形状而定，大抵以互不侵扰、有条不紊、色泽鲜亮者为佳，主吉运；交叉盘结、色泽惨淡、有黑气冲出者为厄，主凶兆。《神相全编》对纹理优劣与命运的关系有具体的论述。其曰：“额上有横纹如‘川’字者寿。两角纹屈曲斜者主刑。鼻上横纹主克子。印堂纹直者主破相。腮下横纹主恶死。项上有纹为项绦，主有寿。颔下无乱纹者吉。鼻准痕多者心毒，眼下有纹斜下者主刑。鼻侧两纹下延人唇者主饿死。掌中横纹多者心无智。乱理人中子息难。舌纹纵横身必贵，温红在掌福绵长。奸门乱理多淫荡，鱼尾修长老不停。”

• 何谓阴骘纹

阴骘一词出自于《尚书·洪范》：“惟天阴骘下民。”其意思是说：“上天，默默地安定人民。”后来指阴德，阴骘纹就是阴德纹，在相学中泛指人做好事而表现在面部上的纹或者神与色。

“阴骘纹为心中之灵苗，能挽回人间的造化，而变吉变凶者也。”吕尚的《无形篇》曰：“未观相貌先观心田，有心无相，相随心生，有相无心，相随心灭。另心欲救人口虽未言而眼现青莲而睛定光，所以人之善恶因心而发于表也。”

倘若你是个心地善良、具有慈悲心、能够忍辱负重的人，那么你面部上所表现出来的就是一种祥云照面以及和蔼可亲的神色；如果你是一个有仁义、忠诚正直的人，那么你面部上所表现出来的是一种威严清肃的神态；如果你是一个奸贪而又固执、心怀鬼胎的人，那么你面部上所表现出来的就是一种阴暗的神色。由此，我们就可以看出，阴骘纹是随你的“心”的变化而变化出来的“纹”。而这种阴骘纹变化莫测，时隐时现，不易被人察觉。只有成纹的时候，才可以让人看到。没有成纹的时候，则表现为色和气。阴骘纹一旦出现，就说明你所做事会很快得到报应。因为你心里所想的东西，已经表露于你的面部上了。

在古代相法中说，如果想看一个人的阴骘纹，要等到天还没有亮，鸡刚打鸣的时候来看，或者是在他正在发怒时候来看，这时候人的神色和面纹会因为气而显露在面部上。又或者在打雷的时候，月色皎洁的时候来看，就很容易觉察到人的神色和面纹了。倘若是在白天看到一个人的阴骘纹，则说明他将要面临着祸患。

根据古代相法所说，总结出一些比较常见的阴骘纹：

1. 蚕肉起色明润：这种阴骘纹出现在人的眼下男女宫，这种纹多数是因为人做了好事而出现的。这种纹说明最近会有喜事，尤其是在人际关系上非常好，而且还是一种得到贤妻贵子的相貌。

2. 悬针纹：这是人面部上常出现的一种纹。尤其是在中年人的脸上常见。这种纹主要出现在人的印堂附近，这个纹十分灵活，表现明显的时候，会上穿中正下穿山根甚至年寿。可以说这是一种具有极强的杀伤力的阴骘纹。倘若上穿中正就说明你的事业前途会遇到很大的波折，倘若是下穿山根年寿，这说明不仅你自身的事业和身体会受到伤害，而且还会对你的妻子和子女也有不良影响。所受的伤害轻重，还是要根据人的面相而定。如果你从善积德，则会伤害减小，这种悬针纹会转到脚上，也就是说悬针纹不向山根年寿穿过而是转向鼻子两边去，这是说明伤害已经发生或因为你的积德而减轻。

3. 蠹肉虚肿或生痣：这种纹与蚕肉很难区分，蚕肉一般是形状好像蚕，并且色明润。但蠹肉则是肉块较大，色青而虚肿。如果人的面部会出现蠹肉，这是说明这个人做了坏事。通常来说，出现这样面纹的人，会对子女不利或者感情路不顺，老年孤独。

其实，随着人的年龄增长，人的面貌也会逐渐变化。或许是因为后天所经历的人情世故，或者是因为遇到不测，导致面貌的改变。而阴骘纹就是变相的一部分。

在《拍案惊奇》上记载着这样一个故事：明朝时期有个叫袁柳庄的人，是一代相学大师，他是当时朝中官员家中的贵客。有一天，王部郎家眷中不断有人患病，一直不见好，便请袁柳庄为他和他的家人诊断。袁柳庄为他看后，说道："你家是因为有个下人在克你。"正说着，有个姓郑的仆人进来，袁柳庄看了此人的相貌后，便断定就是这个人。后来，王部郎便将郑遣送出家门。从此以后，家人的病真的就好了。当这一消息传出后，所有人都觉得不可思议。

而姓郑的仆人出门后，一天上厕所的时候，捡到了一大包银子。这要是换做一般人，他肯定会十分开心，而郑某却是个心地善良的人，认为失主丢了这么一大包银子，一定会十分着急，因此于心不忍，就一直守在厕所旁边，等候失主回来认领。最后终于等到了主人，原来这包银子是一个地方官员上京疏通关节所用的银两，这个官员也姓郑，见到竟然有这样拾金不昧的人，为之感动，正好他的膝下也没有儿子，便收郑某为他的义子。从此以后，郑官员平步青云，而郑某也因此得到了官职。过了几年，郑某回京拜访了他原来的主人王部郎，两人闲聊中，说起了自己的境遇，两人都十分感慨，言语中对当年袁柳庄的一面之词的错误判断有些怨言。正说着，袁柳庄也来拜访，郑某为了数落一下袁柳庄，便又换上了他原来穿的仆人服装，在一旁沏茶。袁一进门，便看见了他，于是就说道："这个人应该是带武官的职位，怎么为一个奴仆呢？"王部郎提醒他说："他就是你当年相过的人，说他克主，而且十分贫贱，今天又怎么说他是个富贵之人呢？"袁柳庄面不改色地说道："这个人的阴骘纹起，如果不是救过别人的性命，就是还过别人的东西，如今骨相已变，看来一个对别人有恩德的人，别人也会回报他，因此他今天才会有如此富贵。"话刚说完，两人都被他有着如此的眼力而折服。

从中可以看出，故事讲了一个人的变相，也就是阴骘纹。也说明了一个人如果一生行善积德，对命运会产生很大的影响。任何事物都不是一成不变的，会随着人的修养、学识、胆略、境遇和情绪而变化，这也是人变相的原因。所以说我们对于相学上的知识，不能完全去相信和借鉴，重要的是认清其事物的本质，这才是关键。

• 四种独特的相貌辨别

相学上，将人物的面貌分为"清、古、奇、秀"四种容貌，而四种容貌主要是依据科名星和阴骘纹去辨别。

下面我们介绍一下这四种独特的面貌：

清相：这里的"清"是指人的精神澄明，举止文雅，犹如桂林之枝、昆山之玉。潇洒超脱，不染俗尘。鹤立鸡群、出类拔萃、仪表非凡、格调高雅、不坠红尘、气势豪迈，这些都是人的"清"。反之，一个人寒酸贫薄，假装斯文，自以为是，带着酸相则是假"清"。

古相：这里的“古”是指人的气质古朴、风度自然、见多识广、才高八斗。出则为贤达名流，兼济天下；入则是名宿隐士，独守其贞。犹如浑金璞玉不必雕凿，而风采怡人。犹如苍松古柏，质朴真诚、神完气足、荣辱不惊，这些都是人的真“古”。而举止令人不可理解，思维也十分怪异，常故作深沉，遇事心浮气躁，这些都是假“古”。

奇相：这里的“奇”是指人身材高大奇伟，气宇轩昂，体魄强壮，步履矫健。神态豪迈，进可出相入将，退可超凡入圣，文有经天纬地之才，武有安邦定国之功，这些都是真“奇”。相反，有的人装模作样、自以为是、目中无人则是假“奇”。

秀相：这里的“秀”是指人的气势和祥，眉清目秀，而且眉目之间有怡人的神采。犹如杨柳拂面，使人看了心里觉得十分舒服，给人一种可爱而不可猥，可近而不可玩的感觉，这就是真的“秀”。而那些常浓妆艳抹、描眉画眼、故作矜持、雄性雌声的表现则是“媚”。

• 七种容貌类型

人的容貌有很多种，但如果按形象分，可分为七种类型，具体情况如下：

1. 威相：是指人体形貌具有威仪刚猛的面相，其气势就好像老虎出山林，百兽胆战心惊，好像蛟龙腾四海，万物都顺服。体貌高大，仪表堂堂，神情庄重，仪态威严，性情勇猛，不怒自威，有着天仪的外表、龙凤的姿态。具有这样面相的人，具有很强的判断力。

2. 厚相：说的是厚朴稳重的相貌，它的特征是，肚量好像沧海，能纳百川，能包容万物；它的气宇好像巨舟，引之不来而摇之不动。从体貌上来看，正直厚实，举止中正，性情又温顺和气，行动老练持重。具有这样面相的人，雍容大度，心胸宽广，稳若泰山，一生多富贵少风险。

3. 清相：说的是相貌清秀疏朗，气度纯和，没有一点杂质。体貌文秀清朗、姿容朴实端庄、神情自若、举止轻捷、朴实无华、仪表温雅、性格开朗、思维敏捷。具有这样面相的人，聪明睿智，机灵活泼，做事有创造性和进取心。但是倘若清秀而不厚实，那么颇显为刻薄之相。

4. 古相：这种面相有两种。一是古朴之相，古朴而不清秀，是比较庸俗的面相；二是古怪的相貌，形貌特征为：体形奇怪，有些粗俗丑陋，性格比较内向，性情较孤僻，时常郁郁寡欢。古而清，命运亨通大吉大利，古而浊，命运注定一生孤独和贫苦。

5. 恶相：这种面相是凶神恶煞的相貌。恶者，体貌凶的好像蛇鼠的形象，豺狼的行踪，没有一点理智，不讲信用，不讲礼仪，往往喜欢陷害别人。

6. 薄相：这种面相是削薄软弱的相貌，也就是说，体质虚弱，身轻气怯，色昏肤暗，神露不藏，好像一叶之舟泛重波之上，非常薄弱。具有这样相貌的人，体貌形状孤单瘦弱，性情孤僻、内向、怯懦，愚昧无知，意志薄弱。为人处世没有主见，无所适从，犹豫不定，让人难以琢磨，这样的人命运不济。

7. 俗相：这种面相是粗俗鲁莽的相貌。这种相貌的人，在生活中五体粗鲁粗陋、性格古怪、喜怒无常、不能自持、愚昧不化、不聪明、心地狭隘、见钱眼开、唯利是图、忘恩负义、鼠目寸光。具有这样相貌的人，一生命运不好。

• 七类奇相的人

1. 清：

面容高贵的刘邦

汉高祖刘邦鼻梁高耸，眉骨隆圆。《史记·高祖本纪》记载：“高祖为人，隆准而龙颜，美须髯。”所谓“隆准”，是指鼻梁高；“龙颜”，指上额突起；“美须髯”，指胡须长得非常漂亮。《史记》的这一记载是否是溢美之词，不得而知。但是，这种面相显然是贵人之相。《三国志·蜀书·先主传》中写道：“（刘备）身长七尺五寸，垂手下膝，顾自见其耳。”这种相貌在我国的古代的相术中属于大富大贵之相，即帝王之相。

龙凤姿态的李世民

唐太宗李世民有着龙凤的姿态、天仪的外表。李世民是唐高祖李渊的第二个儿子，隋开皇十八年十二月二十二日出生在陕西一个贵族家庭的“别馆”中，“别馆”非长子居住之所。史书上说他出生时，“有二龙戏于馆门之外，三日乃去”。暗示李世民是天生的龙种，自然应该拥有天下。又说李世民四岁的时候，有一位自称善于相面的书生见了他，大加赞赏：“这个孩子有龙凤之姿，天仪之表，到了二十岁时，一定可以济世安民。”李渊听书生如此称赞自己的儿子，心里十分欢喜，但却害怕相面书生泄露天机，招惹祸端，便派人前去暗杀他，没想到此人却像一阵风吹过，转眼之间便消失得无影无踪。李渊认为是神人在指点他，于是采“济世安民”之意给儿子取名“世民”。

龙貌的黄帝

在《竹书纪年》中有"黄帝龙轩辕氏龙图出河"的记述，说黄帝长着一副龙颜。三皇五帝中，伏羲皇最具有影响。并且只有伏羲的形象是人首龙身，被尊为"中华祖龙"。

相传伏羲是雷神的儿子，是其母华胥氏踩踏了雷神在雷泽留下的"足迹"而孕生的。因为雷电是龙的重要的取材对象之一。闪电为龙之形，雷声为龙之音，雷神就是龙神，雷神的儿子当然是龙。于是，伏羲便生就一副龙颜。古籍里称其"龟齿龙唇"、"鼻龙状"、"牛首龙身"。他"受龙图，画八卦"，"以龙纪官，号曰龙师"，然后结网罟、造甲历、作乐章。

天庭饱满的李钰

唐代名臣李钰天庭饱满，右边眉骨隆起，深入发际。

2. 古：

老子身形像乔木

《史记·正义》中有这样的说法，李母怀胎八十一载，逍遥李树下，割左腋而生。据说，老子的母亲把老子生下来了，一看这个孩子相貌很奇怪，他的耳朵特别大，他父亲一看，这孩子的耳朵太大了，夫妻俩一商量，就起了个名字，叫李耳。

后世的另一种为众人所普遍采纳的解释是，"老"是年高德重的意思，"子"是古代对男子的美称，"老子"是人们对他的尊称。

孔子面如梦琪

孔子天生异相：头顶四周高，中间低，身高相当于今天的一米九米左右，面如梦琪（梦琪是上古时代人们避邪驱鬼和送葬时所用的神像，既然是用来吓唬鬼魅的，其样子狰狞）。孔子身材瘦高，长眼高颧骨，皮肤泛着青色，腰长腿短。

3. 秀：

张良如美妇

张良，字子房，太史公笔下的张良是一位卓越的战略家。张良是个很奇特的人，单从其相貌来说，太史公言："余以为其人魁梧奇伟，至见其图，状貌如妇人好女"，即说他长得像美女一样，是一个容貌清秀、文质彬彬的美男子。显然属于"优美"一类。

陈平身体洁白如玉

陈平为刘邦手下重要谋臣。对此，司马迁曾评论："于其相貌，陈平为人长大美色，状貌如妇人好女。"

4. 怪：

鬼貌的奸臣卢杞

唐代奸臣卢杞脸带青色，好像鬼一样的容貌，有着龙一样的唇，豹一样的头。在《新唐书·奸臣下·卢杞》中也有记载：卢杞“有口才，体陋甚，鬼貌蓝色，不耻恶衣菲食，人未悟其不情，咸谓有祖风节”。

卢杞的长相极为丑陋，且面带蓝色，被有些人视之为鬼。但他又极富口才，说起来滔滔不绝，很能打动人。凭着这点长处，挽回了面貌的短处，一路升迁，经历了从中央到地方的要职。只有郭子仪对他抱有戒心。这个功勋卓著的中兴之臣，用奢靡来显示他无政治野心，常被歌姬丝竹所环绕，并在这场景中接见百官群臣。他病重之际，卢杞来访，他屏退所有的美女侍从，单身相见。事后，家人问是何故，他解释说：“卢杞面丑，左右见了必笑，然他心险，一旦得权，恐有灭族之祸。”

眼睛能穿天入地的赵方

赵方是宋朝人。据说他的眼睛能穿天入地。在《艺术门·相》“赵方异相”条有记载：

赵方字彦仁，长沙人。少业儒，馆于岳富人胡氏，奇形古貌，眼有大小。有相者为其赞曰：“一眼大，一眼小，大者观天地，小者视四表。”贫困不遇。一日辞馆归，就乡举，翁谓妪曰：“赵生虽贫，贵人也，吾女方择婿，盍归之？”大吼，翁再三譬晓，妪不得已，厚其装资，妻之。其年领举，次年历官边郡，名振华夏。后除荆湖制帅，终龙图阁学士，赠端明，谥忠肃。

牙齿显露、喉结突出的鬼谷子

鬼谷子，姓王名诩，战国时代卫国（今河南鹤壁市淇县）人。他长于持身养性和纵横术，精通兵法、武术、奇门八卦，著有《鬼谷子》兵书十四篇传世。民间称其为“王禅老祖”，中国春秋战国史上一代显赫人物，是“诸子百家”之一——纵横家的鼻祖，也是位卓有成就的教育家。经常进入云梦山采药修道。

“鬼谷”之名，由其出生地或隐居地（今河南登封县内的归谷山）而得，因“鬼”、“归”二字同音相近，一音之传，兼之“鬼”字更富传奇色彩，故将“归谷”习称为“鬼谷”。

5. 端：

脸色青绿的皋陶

对于皋陶的描述，《淮南子·修务训》中说：“皋陶鸟喙，是谓至信。”说他长着一张尖尖的鸟嘴，在古代认为这样的嘴是至诚的象征。《荀子·非相篇》中也说：“皋陶之状，色如削瓜。”其中意思是皋陶的脸色呈青绿色，就像一个削了皮的瓜，后来这位执法如山的大法官被描绘成“青面无私”的样子。在皋陶生活的年代，青铜器是最硬的金属了，皋陶的“青面”便是来自于青铜器的颜色。其实皋陶一张“青面”，除了人们把法官神圣化之外还反映了青铜器时代人们对法官品德的心理和美学追求。比青铜器更为坚硬的铁器出现后，人们悄然用“铁”来取代了“青”，从而有了流传至今的“铁面无私”一词。

张飞环眼虎须

按照《三国演义》的说法，张飞是个燕颔虎须、豹头环眼的彪形大汉，戏曲中更是给了他黑脸的形象。身长八尺，声若巨雷，势如奔马。

6. 异：

眉毛有八种颜色的尧

《通玄真经》记载尧因“非以贪禄慕位，将欲事起天下之利，除万民之害也”故容貌因忧劳而“瘦瞿”。《荀子·非相》曰：“帝尧长。”说的是尧身型高大。王充在《论衡·骨相篇》提到“尧眉八彩”。“眉八彩”历来有两种说法，一种说法是“八彩”为八种颜色；另一种说法是眉如八字。“八”应为形状，而“采”为姿态，“八采”即眉如飞扬之八字，刚劲利落，衬托出尧英气浩然。

画中尧王头戴竹制长方形黄冕，并以精致兽骨固定。尧不以草木鸟兽为贱，视其为大地生灵，将它们融入高贵的冠冕，鲜明地表达出尧王博爱厚生、追求万物和睦的思想。八字眉，眉采飞扬，好像在远眺又若凝思，深炯的目光中蕴含着无限的智慧与非凡的魄力。天庭饱满、上锐下丰、长髯俊逸、双耳舒展敦厚，展示出尧王仁慈富贵之态。肤色古铜、容貌瘦瞿，可见他是忧国忧民不独享安逸。上身穿黑衣，下身着白裳，手握腰间玉带，脚蹬重底舄，傲然屹立，气宇轩昂，尽显尊贵的帝王之气。整幅尧王画像大气中见高贵，自然中见质朴，“巍巍乎！唯天为大，唯尧则之”的神韵不言而喻。

有四个乳头的文王

据记载，文王出生时，有一只红色的鸟衔着用朱砂写的书信，落在他家的房屋上，人们都说这是一种吉祥的先兆。他生下来以后，长着四个乳头，到了成年，“龙颜虎肩，身长十尺”。

值得注意的是，文王一生下来便有四个乳头。如果从今天的眼光来看，这仿佛是一件值得羞愧的事情。但在古人看来，很多有大作为的君主贤臣，都是身有异相的。当时古公亶父刚刚完成了周都的建设。这天突然听说儿媳太任为自己生下个小孙儿来，而且有这样那样的祥瑞，喜出望外，于是马上赶往探看。古公亶父怀抱着这小孙儿，见他长得龙颜虎肩，一派仁君的风范，真是越看越喜爱，不由得欣喜地说出一句话来："我大周国要想兴旺昌盛，就看他的了。"于是便给他取名为昌。

四只眼睛的苍颉

《淮南子》中有"史皇苍颉生而见鸟迹知著书，故曰史皇，又曰颉皇"的记载。苍颉生下后部落中人人称奇，因为凡人只长着两只眼睛而苍颉却长着四只眼睛，比普通人多生了一对。苍颉生后三日能行，五日体成，八日便能识天察地、辩迹达理，始创文字。

气从耳出的李峤

赞皇人李峤，年幼的时候就显露出卓越的才能。他家兄弟五人全不到三十岁就都死去了，只有李峤自己长大成人。李峤的母亲，每天都担心儿子会夭亡，便到袁天罡那里去，让他给李峤看看面相。袁天罡看了李峤的面相后说："小伙子神气清秀，可惜寿命不长，恐怕活不到三十岁。"李母听了后大为悲伤。这时候的李峤已经很有名气，家中人都希望他显贵发达，当听到袁天罡的话后，都不愿意相信。李母又请袁天罡，并且安排饭食招待他，让他再给儿子仔细察看。袁天罡坚定地说："他的面相就是这样的。"于是李母请袁天罡到书斋和李峤在一张床上同睡。袁天罡上床就睡得很平稳，可李峤依然不睡，到五更时分才睡去。这时候，袁天罡正巧醒来，觉察到李峤好像没有了呼吸，用手试一下，鼻下已经断气。这让袁天罡十分吃惊，察看了许久，才发现李峤原来是用耳朵呼吸。袁天罡便推醒李峤，告诉他说："我找到了答案。"立刻起身去向李母道贺，说："我看了李峤好几次面相，全都没有找到问题的所在。今天才知道，你儿子一定大贵长寿，因为他是像龟一样呼吸啊！但大贵长寿，却不能富。"后来，果然像袁天罡说的那样。

虎口阔大的秦始皇

《史记·秦始皇本纪》中记载："秦王为人，蜂准，长目，挚鸟膺，豺声，少恩而虎狼心，居约易出人下，得志亦轻食人。""准"，即古代相书中所言的鼻子，从记载中看，嬴政鼻梁并不完美，有缺陷。眼睛细长，说话声音怪异，是一个五官比例不协调，相貌丑陋的鸡胸男人。有人因此戏言，中国封建社会的第一位皇帝，是帝王中的第一丑。"虎口"之人与"龙口"之人均为帝王相："虎口阔大有收拾，须知此口必容拳，若然不贵且大富，积玉堆金乐自然。”可见，嬴政的相貌不是丑，而是奇。

7. 嫩：

岑文本长眉过目，肉不称骨

《旧唐书·袁天罡传》亦载：唐太宗密令天罡为中书侍郎岑文本看相，袁看后复帝：“学堂莹夷，眉过目，故文章振天下。”

• 清代皇帝的奇特的面貌

努尔哈赤：火耳垂肩，额现川字，鸣凤之目，鹅眉，鼻骨端直，下颏方正，棱角分明，肃杀骁勇。只可惜的是他皮肉不丰满，虽有驾驭操劳的能力，福却不厚，最终被炮轰而死，寿禄为六十七岁。由于努尔哈赤早年久居关外，争战沙场，身先士卒，所以他面带征尘风霜之色。这也是他与其他十帝最显著的不同之处。

皇太极：国字脸。双耳紧贴后脑，对面几乎看不见耳朵，须眉相应，鼻如悬胆，鹤目，柳叶眉。这种面相表示他中年显贵，三十五岁就在众兄弟中脱颖而出，继承皇位。而后十年攻无不克，战无不胜。享年五十二岁。

顺治：五官端正，清秀朗然，八字格局木火通明，极为清纯。睡凤眼，带有几分忧郁，缺乏神采，脸上带有倦意。寿限二十四岁。

康熙：眉毛前清后疏，大耳照面，雁眼，有点三角形，仁德之相。鼻端齐丰，鼻骨直贯印堂，这种面相能够名扬四海。口唇端正而有棱角，五官清朗，气势浑厚，精气团结，圣神文武，乃千古帝王唯一人物，是清代在位时间最长的皇帝。寿禄六十九岁。

雍正：鹤眼，两只眼睛离得很近，清秀眉，肃正严酷，神光犀利、枭辣，容不得半点浮靡，与康熙的仁慈形成鲜明的对比。康熙末年，由于长期太平，官吏松懈，刑罚废弃，百姓刻薄，所以雍正以严厉整治时局。寿禄五十八岁。

乾隆：眉上生毫，寿眉，鹤目，人中长，鼻梁隆直，目字脸，精神团结，绽放精华。《滴天髓》记载：八字遍野桃花，贪淫好色的象征，福泽深厚，四海归附，天下熙宁。他是古往今来福、禄、康、寿俱全，福报最大的君王。寿禄八十九岁。

嘉庆：金水相生格局。清秀眉，虎鼻凤目，四渎相济，谦恭有礼，富甲天下，享祖上余德，可以守住家业，为祖上增光。福禄六十岁。

道光：甲字脸，鼻梁阔直，五岳虽隆起，但只是上半部广阔明朗，下半部两腮塌陷，下停无锁，必有失地之患。寿禄六十八岁。

咸丰: 下颔尖削，龙鼻、龙目、一字眉，上阔下窄耳朵小，亦寿短。寿限三十一岁。

同治: 五官不正，口若吹火，眼睛歪斜，两耳薄弱，下颔尖削，鱼腮，人中短，神光浮泛，短命之相。寿限十九岁。

光绪: 申字脸，五岳不朝，口无腮，五官过冷无情，眉毛过于纤细，好像是妇女描眉一般，眉毛绵长的人，寿命也长，然而光绪只活了三十七岁。因为八字生不逢时，丁火生于七月，不得时令，辅佐又尽被牵制。

溥仪: 耳小，没有轮廓；下颔尖削，五岳不朝，不成格局，也没有帝王之相。解放后接受改造做了平民，享年六十二岁。

• 相面相出来的女皇帝

据说，武则天降生到人间以后，他的父亲发现她一点也不像女孩子，就把她当成男孩子来养，叫她穿男孩子的衣服，还让她在朋友面前说自己是男孩子。有一天，武则天的父亲请来很有名的袁天罡为武则天相面。于是奶妈将武则天抱了出来，袁天罡相了武则天好一会，才叹息地说："只可惜他是个男的，如果是个女的，将来一定是贵不可言。"这时候，武则天的爸爸武士彟迫切地问："那如果是女的，将来一定能做皇后吗？"袁天罡回答说："岂止是皇后。"这么一说，倒让武则天的爸爸武士彟有些疑惑，又反问："难道她还能当女皇帝不成？"袁天罡笑而不语。

由于有了这次的相面之说，她和姐妹们一起玩耍的时候，大家都叫她"女皇帝"。她自己也常以女皇帝自居。后来武则天被选进宫，当她接到圣旨离开家乡的时候，她的母亲哭得非常伤心，可她一点也不感到悲哀，还安慰母亲说："我今天能够进入皇宫，这是我的命好，您又何必难过呢？"

武则天进宫后，唐太宗便封她为才人（妃嫔的称号），赐号武媚。贞观二十三年（公元 649 年）五月，唐太宗去世，按照朝廷的规定，武则天和其他的嫔妃们都必须送到长安感业寺出家当尼姑。永徽五年（公元 654 年），唐太宗五周年忌辰日，唐高宗李治到感业寺追悼他的亡父，武则天便觉得这是自己能够还俗的好机会，就在拜见高宗的时候，向高宗倾诉了往日的情怀。

原来，唐太宗在世的时候，有一次生病，身为太子的李治进宫侍奉，正好遇到了武则天。因为武则天生有美丽的容貌，立刻就吸引了高宗。当武则天回避高宗而躲到鱼缸后边的时候，高宗李治也不由自主地跟到了鱼缸边。望着水中映出的两个人影，高宗李治心荡神驰，情不自禁地弹着鱼缸中的水，水花溅到了武则天的身上。此后，鱼缸旁和武则天在一起的情景，很长时间萦绕在高宗李治的脑海中，武则天那妩媚的面容，让李治久久难忘。

当武则天在感业寺再次说起往日情景的时候，高宗李治的记忆大门顿时打开了，对往日的回忆也油然升起。回到宫中后，高宗李治把在感业寺遇到武则天的情况告诉了皇后王氏。当时，王皇后和高宗的另一个妃子萧氏因为争宠，闹得正是不可开交。

王皇后没有儿子，而萧妃当时正好怀孕。王皇后见高宗如此眷恋武则天，就想用武则天来离间萧妃和高宗的关系。于是，王皇后便暗中派人到感业寺命武则天蓄发，几个月后，就把她接到了宫中。武则天不仅貌美，而且还十分有心计，她第二次入宫后，首先就是把王皇后服侍得非常周到，很快便得到了王皇后的好感和称赞。王皇后也常常在高宗面前夸奖武则天美丽、聪明和贤惠。这让高宗对武则天更加宠爱，还封她为昭仪。

武则天为了巩固自己的地位，于是便开始策划阴谋，设法打击和陷害王皇后。不久，武则天生了一个女孩，王皇后因为自己没有孩子，就常来武则天宫中逗这个女孩儿玩。一天，王皇后又来到武则天的宫中，她抱起女孩儿，又是亲脸，又是摇晃，孩子的小脸上露出了微笑。武则天见到此情景，就计从心来。王皇后走了以后，武则天就狠心地把女孩儿掐死，然后照样盖好被子，小孩仿佛睡着似的。不一会儿，高宗回来了，武则天装做若无其事的样子。当高宗揭开被子，发现女儿已经死了，忙问武则天这是怎么回事。武则天先是一副吃惊的神态，然后就大声哭了起来。高宗见她不说话，就向宫女们询问有没有人来过，是谁害死了小公主？宫人们才回答，刚才皇后来过。高宗根本就不知道这是武则天搞的诡计，便气愤地说："皇后杀死了我的女儿。"武则天又趁机在旁说了王皇后许多坏话。

这样一来，高宗便产生了废掉王皇后、立武则天为皇后的念头。从此以后，武则天一步步地控制住了高宗，并在高宗死后改国号为周，成为中国历史上唯一的女皇帝。

• 陈抟相人

宋朝初年，有位大臣名叫吕蒙正，他十分仰慕陈抟的相人本领。有一天，他想请陈抟为他的儿子、侄子相面，看看他们的前程如何。因为吕蒙正和陈抟只有一面之交，心想：如果我就这样贸然带着儿子和侄子去，那么陈抟即使是看出了什么，也是不好说的，而且也见不出陈抟的本领。于是他就令儿子、侄子装扮成奴仆和他一同去拜见陈抟。令人想不到的是，陈抟一见到两位公子，便说道："这两位公子风骨奇特、神采辉煌，怎么都做起了下人？"吕蒙正见陈抟果然厉害，只好说出了事情的原委。

于是，陈抟就开始为两人看起相来。首先是为吕蒙正的儿子看相，陈抟看完后说："令郎的眉毛像画的一样，又长又有形，眼睛像早晨的星星，光彩有神，是个翰林苑的人品，以后一定有文才。"接着又看了看吕蒙正的侄子，说："令侄的气度不凡，眼睛有龙一样的威仪，将来一定是国家栋梁。"

后来，吕蒙正三居宰相之位，当他申请退职的时候，由于宋仁宗十分器重他，便问："爱卿的哪个儿子可以重用？"这时候，吕蒙正想起陈抟的话，便说道："我的几个儿子虽然都身居翰林，但都不配担当重任。只有我的侄子夷简可担此重任，虽然他目前还是刑法官，但是他却气度不凡，具有宰相之才。"后来皇帝便任命吕夷简为宰相。

相人固然有时候说得很准，吕蒙正的儿子和侄子也虽然都生有一副富贵相，但是如果他们都没有真才实学，那么即使生得再好，也是形如皮囊，中看不中用，必定是平庸之辈。因此说，除了人先天的相貌外，后天的努力还是十分重要的。

• 李白识良士

我们可能都知道李白是一个大诗人，他作的诗非常有气魄，却不知他还有看相的本领。一天，李白在大臣哥舒翰家做客，恰巧武将郭子仪也在座。当时郭子仪只是个一般的军官，但当李白见到他时，便说："这位壮士的眉长长的，直入鬓边，目光闪烁，神采飞扬，两颊、下颌都极丰厚，说起话来声音响亮，很远都能听得清清楚楚。这些都是精气神有富余的表现，将来肯定能得高官厚禄，位极人臣。"

事实果然如李白所料，后来郭子仪在平定安史之乱中屡建功勋，官至汾阳王、尚书令。

还有有一次，李白和郭子仪一起出征，正好在途中碰到了唐代有名的法师一行。一行知识非常渊博，他上知天文，下知地理。李白和郭子仪便向他询问各自的终身大事，一行见李白谦虚好学，便有心教他两招，于是就告诉他说："人虽然都有个身子，有眼耳鼻舌各种器官，但要究根问底，本来是没有这些东西的。这些东西都是无中生有，从虚无中生出来的。所以说，看人的面相是不能局限在这些部位中，一个高明的相士应看人的气度、神采，这样才能入木三分，抓到本质的东西。”说完便为郭子仪看起相来，他说：“您气度不凡，很有气量，有相术中五合的局面，将来一定能声名远播，就是一般的王侯也比不上。”

李白听后，立刻问道：“什么是五合？”一行说：“五合是相术中比较高深的道理，相术中论面貌都忌讳平扁无势，歪歪斜斜，甚至迂回曲折。通常来讲，鼻子最忌讳山根断裂深陷，尤其是鼻梁塌小，那就更是无可救药；眼睛忌讳有红丝穿进去；眉毛忌讳中间突然断裂，尤其是不可倒着长。另外眉毛又粗又硬，像猪毛一样，也不是上相之眉；至于胡须也忌讳粗短蓬松；行为更不能诡诈多变。这些是五种不合。有这五种不合，便会一生多灾多难，事与愿违，那就是平庸之辈了。相反地，如果面貌纯粹而有光华，颜色洁净无瑕，这便是天心相合；气度不凡，气宇轩昂，便是天德相合；德行谨严，胸怀仁爱，便是天伦相合。有这些特征，便可保身体康健，疾病难侵，威名远扬，士民爱戴。”

后来郭子仪活到了近百岁，死的时候，须发飘飘像白银一般，功德传遍天下。

从中可以看出，法师一行是一个看相的高手，他并没有凭借人的表面器官而对人的命运下结论，而是看人的气度、神采。其实这就是告诉我们，看一个人不能光从容貌上看这些表面上的东西，而应该是看内在的东西，这样才能相好人。可以说这是我们在人际交往中以及领导用人方面值得注意的，交人、选人都要抓住人本质的东西，这样才能交到好人，用到好的人才。

• 历史上著名的丑妇钟无艳

生活中，人们常用“貌似无艳”来形容一个女人的丑陋。其实这个比喻还有一个历史故事。这“无艳”其实是指战国时代齐国无盐县（今山东东平县东部）的丑女钟离春。

据史书上说，钟无艳“四十未嫁”，“极丑无双”，“凹头深目，长肚大节，昂鼻结喉，肥顶少发”，而且“皮肤烤漆”。她额头前突，双眼下凹，鼻孔向上翻翘，头颅大，头发少，颈部喉结比男人的还要大，皮肤黑红，年纪好大也没有出嫁。

当时正逢齐宣王执政时期，他的政治腐败，国事昏庸，性格暴烈，喜欢被人吹捧，全国上下人心惶惶。

钟无艳虽然貌丑，但她却饱读诗书，志向远大。当她看到国家处于危难之际，为了拯救国家，她冒着杀头的危险，进谏齐宣王，告诉他如果不悬崖勒马，那么国家就一定会灭亡。

一天，钟无艳鼓足勇气，来到了临淄求见齐宣王。无艳见到齐宣王后，便大言不惭地说："我倾慕大王美德，愿执箕帚，听从差遣！"要知道齐宣王后宫国色天香的佳丽比比皆是，更不缺执役人等。齐宣王听了无艳的话，看着眼前这个丑陋的女人竟然异想天开，不自量力，禁不住哈哈大笑。

但这时候，钟无艳却镇静自若，一本正经地连说："危险啊！危险啊！"齐宣王听后，半是玩笑半是认真地说："你说危险，那是什么啊？愿闻其详。"于是无艳慢条斯理，侃侃道来："秦楚环伺齐国，虎视眈眈，而齐国内政不修，忠奸不辨，太子不立，众子不教，齐王你专务嬉戏，声色犬马，这是第一件可忧虑的事情；兴筑渐台，高耸入云，饰以彩缎丝绢，缀以黄金珠玉，玩物丧志，利令智昏，这是第二件可忧虑的事情；贤良逃匿山林，谄谀环伺左右，谏者不得通入，谠论难得听闻，这是第三件可忧虑的事情；花天酒地，夜以继日，女乐绯优，充斥宫掖，外不修诸侯之礼，内不秉国家之治，这是第四件可忧虑的事情。此时是危机四伏，已是危险之至！"

这时候，齐宣王已经听得目瞪口呆了。无艳说完后，齐宣王过了好一会才虔敬地说道："得聆教言，犹如暮鼓晨钟，如果我今后还有一点点进步，皆君所赐。"刹那之间，齐宣王一惊而悟。而更令人想不到的是，虽然齐宣王喜欢饮酒作乐，好色无能，但他对钟无艳的奇才高艺佩服得五体投地，当他听到钟无艳的指责后，不但没有生气杀钟无艳，反而是深受感动。于是齐宣王立即下令拆除渐台，罢去女乐，斥退谄佞，摒弃浮华，然后励精图治，从此齐国国势蒸蒸日上。

从此，齐宣王把钟无艳当成自己的一面宝镜，并封她为王后。在钟无艳的辅佐下，他罢宴乐，除佞臣，强兵马，强国库，使齐国强盛一时。后来元人还将钟无艳的事迹编成杂剧，赞扬她这种以天下为己任的精神。

由此可见，钟无艳虽然外貌丑陋，却能够在进德修业上补救，注重学识上的修养，事理上的观察，以及勇气的培养。也正是因为她在这些方面的修养，日积月累，使自己的学识有了丰厚的基础。因此当她第一次见到齐宣王的时候，就能一针见血地切中时弊，畅所欲言，震撼了齐宣王的心弦。

此外，我们也能感受到身为一国之君的齐宣王，平日里都听惯了阿谀奉承的话语，如果不是他有着灵敏的头脑，又如何能够分辨出良言。更可贵的是他能接受别人的指责，从此改过自新。所以说，无艳的义正词严博得了千古美名，而齐宣王这种圣明也是十分可贵的。

四、面部形状决定人的前途命运

【原文】

目者面之渊，不深则不清。鼻者面之山，不高则不灵。口阔而方禄千钟，齿多而圆不家食。眼角入鬓，必掌刑名。顶见于面，终司钱谷，出贵征也。舌脱无官，橘皮不显。文人不伤左目，鹰鼻动便食人，此贱征也。

【译文】

眼睛就像面部的两方深潭，如果没有深邃含蓄清幽状态，那么神就不清，也少灵气。鼻子就像面部的高山，如果没有挺立高拔的气势，也缺少秀美山岳的灵敏之气。嘴巴宽阔又方正，必能身居高位，享受国家福禄。牙齿细碎而圆润如同美丽洁白的贝齿，一定能在四方干一番事业，不必屈守家中。眼角秀长并延伸到鬓发，必能掌生杀大权，在司法机关任高职。谢顶而使头与面额相连的，终身富有，所谓“十秃九富”是也。这些都是地位显贵尊荣的象征。舌头大、意思表达不清的，一定没有官运；面部皮肤粗糙好像橘皮的人也不会显贵的。如果文人的左眼受过伤害，就会因文曲星陷落而一无所成。鼻子犹如鹰嘴的人多数为人阴险毒辣，容易伤人，这些都是贫贱的特征。

【解读】

• 人面部的五种形相

面相

人的面部形相，包括面部的眉、眼、口、鼻、耳、额、颧、颏等各部位和器官的形相。在相学里认为“列百部之灵居，通五脏之神路，唯三才之成象，定一生之失得，面也”。由此看来，面部是预测人吉凶旺衰最重要的部位。

《神相全编·论面》中说：五岳、四渎要想得相朝，三停诸部要想得到丰满，貌端静气和者，就是富贵的根基。如果夫欹斜缺陷，色泽昏暗，这是不佳的相貌；如果一个人以面色白如玉润、黑如漆光、黄如蒸栗、紫如绛缯者，都属于吉相；如果一个人面色赤暴犹如火，这说明此人命短卒亡；如果一个人面色尘埃，贫下夭死；面色怒变青蓝者，则说明这个人是个阴毒的人，容易毒害他人；如果一个人脸皮厚，性情纯而富；皮薄的人其性格敏而贫。

《元史·王询传》中也有记载：王询有着超强的武力，善于骑射。三十岁的时候，曾经让一个道士给他看相，道士看他的面相十分奇特，便说他会因为一匹青马而得到富贵。于是王询就立刻买回了青马，并用以作战，结果他屡立战功，最终官至兵马都元帅。

在古代相书中，还有一种“螣蛇锁唇，梁武帝饿死台城”的说法。螣蛇，就是鼻两旁至口边法令纹的别称。据说有人给梁武帝相面，说他面相中有不吉之纹，后来因为侯景叛乱他被逼台城，“饮膳裁损”，最后被饿死。

头相

在相学中，头部为五脏之主，百体之宗，而且人一生的命运也和头的形象有直接的关系。在《神相全编·相头》中说：“头者，身之尊，百骸之长，都阳之会，五行之宗，居高而圆，象天之德也。”

清陈钊《相理衡真》也有记载：“头骨短圆，福禄绵绵。巨鳖入脑，尚书到老。中头四方，富贵吉昌。燕颔虎头，威镇九州。耳耸头圆，万顷田园。头皮宽厚，富贵现在。额尖头大，夫妻必碍。头小颈长，贫乏异常。蛇头屈曲，糟糠不足。男子头尖，福禄不全。鼠目獐头，富贵难求。蛇头平薄，财物寥落。头大好古，头小愚鲁。额如鸡卵，庸俗之党。头大无角，腹大无橐，不是农夫，必是屠割。”

汉班固的《东观汉记》也有关于头相看人一生命运富贵贫贱的记载：班超与人同求相，相者对班超说：“这些看相的人里面，其他人都没有富贵的相貌，只有你例外。”并指着他的头说：“燕颔虎头，正而食肉，此万里侯相也。”后来班超出使西域，果然立了大功，并封定远侯。

还有《瑞桂堂瑕录》中说：苏东坡自谪海南归，人有问其迁谪辛苦者，坡答曰：“这是骨相所招。少时人京师，有相者云：‘一双学士眼，半个配军头，异日文章虽当知名，然有迁徙不测之祸。’今日悉符其语。”军头为相法中不吉之头相，因此苏东坡才遭到贬谪。

发相

在古代相学里认为，发相的优劣关系人一生的穷通祸福。从一个人的头发能看出人的血气如何，鬓发细密则血气实盈，粗疏则血气浮薄；滋润则血气旺，干燥则血气弱。对此，宋代周密在《癸辛杂识》中说：“文时学者为秘书郎，有金钩相士……云：‘末座一少年最不佳，官虽至穹，然当受极刑。’叩其保以知之，云：‘顶发拳发，此受刑之相也。’”

由此可见，古代的人对于以发相来断人的命禄是十分重视的。《神相铁关刀》中说：发宜软宜疏宜黑，这样的人富贵福寿。切忌硬、粗、黄，这样的人夭折贫寒。发粗而硬，男女多克。发软如丝，夫妻恩爱。发黄多贫贱。发焦者多贫寒，老尤困顿。孩提发密，性多顽。男女发低，运气蹇。发落过早，要防命短，亦虑财空。发卷刑伤多见，发乱散发走他乡。

宋曾糙《高斋漫录》也提出了“智慧观其皮毛”的说法。《照胆经》中也说：“肌肤细腻毛发柔泽者多智慧。”

额相

额在相学中又叫做“南岳”、“天府”、“高广部学堂”、“火星”等。又是面三停之上停所在，包括决定面相贵贱的天庭、天仓、天中、中正、日角、月角、驿马等重要部位。

在相学里，把头比喻成君，额比喻成臣，而明君又离不开贤臣的辅佐。由此，额相就有了“分一面之贵贱，辨三辅之荣辱”的说法。所以人们一般看人的时候都是要先从人的额头看起。

陈永正在《中国方术大辞典·相术·额相》引《神异赋》说：“额方而阔，初主荣华；骨有削偏，早年偃蹇。”其意思是说，额相最能反映出一个人早年的运气，如果人的额相好，这说明此人早年发达，否则命运坎坷，十分艰辛。

同时，相学认为，额还关系到人的兴衰荣辱。在古代，一般都以高耸宽阔的额头为最好的佳相。对此，《神相全编》中说：“头小而窄，至老孤死。额大面方，至老吉昌。额角高耸，职位崇重。天中丰隆，仕宦有功。额阔面广，贵居人上。额方峻起，吉无不利。额莹无瑕，一世荣华。”

《旧唐书·唐俭传》中也记载：“召访之，俭曰：‘明公（李渊）日角龙庭，李氏又在图牒，天下属望，非在今朝。'"龙庭，即指天庭隆起。高祖尝《后汉书·李固传》也说："固貌状有奇表，鼎角匿犀，足履龟文。"鼎角，额骨高耸之谓。由此，天庭隆起、额骨高耸都是上佳的额相。

印堂相

印堂，在人的两眉中间，在相学中又称为"阙庭"、"命宫"、"福堂"、"紫气星"、"官禄宫"、"光大部学堂"。一般情况下，相学家也会根据人的印堂来测人的吉凶。以印堂开阔明润为佳相，低陷狭窄为厄相。唐赵蕤在《长短经·察相》中说："天中丰隆，印堂端正者，六品之侯也。"《神相水镜集》中也有记载："印堂阔，天庭广，日月角开，眉目得其舒展，两颧得其有印。天庭高爽，印堂平阔，土星（鼻）直贯天中，兰庭（鼻翼）准头朝拱，可掌八方之印绶。印堂倾陷，额角尖塌，眉头交锁，腮短少髯，定主多业多破，常忧常虑。印堂侧而山根断，鱼尾（眼角）低而仓库陷，妻子难为。印堂宽广，两目秀长，定应功名显达。印阔颧开，可得呼聚喝散之权柄。印堂圆满，早有腾升。印堂大忌纹冲痣破，主一生刑伤破败无休。印堂又为紫气星，一身气色之聚处，福堂、印堂、准头三光气运明亮，定主名利两通。"

• 五官与面部各部位的密切关系

人的面相中，五官起着重要的作用。因为无论是三才、三停、三主，还是五星、六曜、六府以及四学堂、八学堂、十二宫、十三部位等，都与五官有着十分密切的关系。

三才

又叫做三表。是指天、人、地三方面，在相学中是指对额、鼻、颏的别称。《神相全编·三才三停》中说："三才者，额为天，欲阔而圆，名曰有天。""鼻为人，欲旺而齐，名曰有人。""颏为地，欲方而阔，名曰有地。"三才最早出自于《易·系辞下》："有天道焉，有人道焉，有地道焉，兼三才而两之。"其为古人对宇宙运行规律的解释。在古代人看来，天、人、地三个方面是构成世界的基本内容，三方面和谐才能平安。相学家又从天人相副的观念出发，借用三才来阐释人的命相，把人的额比做天，称作天要张，所以说额以阔圆的人为富贵命；将鼻子比象为人，称作人的强壮，因此鼻子端直的人为长寿；将颏比象为地，谓地欲方，因此颏以丰阔的人为富贵。由此可知，古代的福寿贵人一般都为三才有成之相。如《水浒传》描写宋江的形象："眼如丹凤，眉如卧蚕，滴溜溜两耳悬珠，明皎皎双睛点漆，唇方口正，髭须地阁轻盈，额阔顶平，皮肉天仓饱满，坐定时浑如虎相，走动时有若狼形。”所谓“地阁轻盈，额阔顶平”，便是下颏圆满、前额丰隆之相。

三停

相学家将人的面部与身体分为三部分，称为上、中、下三停，并以此来推断人的命运。面相三停的位置是：上停，从发际到印堂；中停，从印堂到鼻准；下停，从人中到地阁。身相三停的部位是：上停，头部；中停，从肩至腰；下停，从腰到脚。

对于各停所主宰人的命相的评判，古代相学从天、地、人和谐的方面来看，以均衡对称的为最好的面相。在《麻衣神相》中有“三停平等，富贵荣显”的说法。《神相全编·身相三停》也称：“身分三停，头为上停，人矮小而头大长者，有上梢而无下梢，身长大而头短小者一生贫贱……中停要匀称，短则夭寿，长则贫穷，腰软而坐行俱动者夭寿……下停，要与上停齐而不欲长，长则多病。如果上中下三停长大短小不齐者无寿。一身三停，相称为美。”

由此可见，面相三停是以各部位间的均衡对称为美，同时还看各部位是否丰隆饱满。如果上停方正广阔，就说明此人吉祥昌盛；如果尖狭低陷，则说明此人多有灾祸发生，是卑贱的面相；如果中停丰隆端峻，则表明此人寿命长久，事业有成；如果短小偏塌，则说明为人不义，而且愚顽驽钝，一定破败；如果下停圆实丰厚，则说明此人晚年安乐，福寿齐全；如果尖薄无肉，则说明此人没有家田，一生劳碌。

三主

三主主要是指初主、中主和末主。在面相学中，三主就是三停的别称。上停是初主，中停是中主，下停是末主。在相学里，认为三主分别是主掌一个人少年、中年和晚年时期的运气。其中，在三主所领的各部位中，额、鼻、地阁对于人命禄关系最大。因此，在《麻衣相法》中有“额尖初主灾，鼻歪中主逃，欲知晚景事，地阁喜方高”的说法。

三主在手相学中，又称作三限。是指食指指根，中指指根和小指指根三个部位所主命相的称谓。食指指根在八卦中属“巽”部，为初主，这关系到一个人少年阶段的运数；中指指根属“离”部，为中主，这关系到一个人中年阶段的运数；小指指根属“坤”部，为末主，这关系到一个人晚年阶段的运数。

五星六曜

五星六曜是面相学术语。五星是指金星、木星、水星、火星、土星。在相学里分别指左耳、右耳、口、鼻、额。六曜是指太阳、太阴、月孛、罗喉、计都、紫气，在相学中分别指代左眼、右眼、山根、左眉、右眉、印堂。五星六曜实际上是宇宙间的主要天象，相学家用来与人的颜面部位或器官相配，来预测人的命运。通常情况下，二者都具有吉善的面相，否则就是凶恶的贫贱面相。而各部分具体的明理要旨是：金星、木星为耳，如果一个人的轮廓分明、色白过面、大小均等，则说明此人富贵聪明；如果一个人翻反侧窄，大小不均，则说明为损田破财，是蠢笨无知的人。水星为口，如果一个人口型方正，唇色红润，人中深阔端直为文章俊秀，则说明这个人有少年及第之相；如果一个人嘴角垂尖，薄而无棱者，则说明此人乞食求生。火星为额，如果一个人广阔者高贵富足，说明此人儿孙满堂；如果一个人尖陋多纹，则说明此人一生潦倒，有损妻破财之相。土星为鼻，如果一个人鼻准尖厚，鼻梁端正则说明此人福寿俱全；如果一个人鼻准尖薄，鼻梁歪斜，则说明此人孤独贫穷。太阳、太阴为目，如果一个人的眼球黑白分明，神情光彩夺人，则说明这个人身居显位，百事俱顺；如果一个人目光枯黄，无神，则说明此人损长刑幼，多为短命。月孛星为山根，如果一个人端直晶莹，这说明此人有忠臣贤仕之相；如果一个人狭而尖，多为灾败家之相。罗喉、计都二星为眉，如果一个人宽广清长则衣禄丰足，眉头纹破或两眉相连者坎坷多难、骨肉难全。紫气星为印堂，如珠者大富贵，狭小有纹者不学无术，衣食萧条。

五岳四渎

原名为大山川名。在相学里是借指面部器官和部位，并以此来预测人的福寿休咎。金张行简在《人伦大统赋》中说："五岳必要穹与隆，四渎宜深且阔。"薛延年注云："五岳者，额为南岳衡山，鼻为中岳嵩山，颜为北岳恒山，左颧为东岳泰山，右颧为西岳华山。四渎者，耳为江，口为河，眼为淮，鼻为济。"

在相书中，"五岳俱要丰隆有峻极之势，四渎须宜深阔崖岸，有川流之形，不欲汗漫破缺。"这里，五岳中以中岳鼻相最为重要，贵在隆耸，这需要得东西二岳为之呼应方为吉善；不隆不峻，谓之无势，为贱人，且无高寿。

中岳陷薄无势则说明四岳无主，即使其他四岳都佳，也没有大贵。东西二岳，是指两颧，贵在挺直，如果成倾斜之态便为无势，属恶毒无爱之相，主人中年破败。南岳，即额相，贵在广平高阔，这说明少年有成，如果成凹陷的形状，即是贫夭之相。北岳，即颏相，贵在丰阔，这是荣富的相貌，尖突则一事无成。四渎清朗端直，明净流畅便可增加财富。如果混浊短浅则说明万物不长，人之聪愚贵贱、福寿贫夭也可由此而断。

六府

这一论述在《尚书·大禹谟》中有记载："地平天成，六府三事允治，万世永赖。"其意思就是说，水、火、金、木、土、谷六者为财货聚敛的地方，在古代，人们都认为这是人类养生的根本。也有人认为这是天人合一，于是就将六府归结为相学上，视为面相中的六个部位的别称，认为通过这六个部分的虚实盈亏就可以看出人一生的命运。对此，《神相全编》中记载："六府才，两辅骨、两颧骨、欲其充实相辅，不欲支离孤露。《灵台秘诀》云：上二府自辅角至天仓，中二府自命门至虎耳，下二府自眉骨至地阁。六府充直无缺陷瘫痕者，主财旺。天仓峻起多财禄，地阁方停万顷田，缺者不合。"其中的意思是，两天府的位置是两辅骨，同时包括周围的天仓，也就是说额靠近发际的区域；两人府的位置在两颧骨，同时包括从命门到虎耳之间的区域；两地府的位置在两颐骨，也包括周围的地库。总之，相学中的六府之相主要是关系一个人的财帛运数，说明主人一生钱财丰盈，安享富贵，即使声位不显，也不阻碍福富；反之，如果缺陷孤露，枯暗多瑕，就会一生拮据，难免饥寒之苦，即使身居显位，也不聚财。

四学堂

四学堂是面相中可断人贤愚福祸的部位。《人伦大统赋》中说："欲察人伦先从额相。"薛延年注："郭林宗观人有四学堂，一曰官学堂，谓眼，长而清为官贵；二曰禄学堂，谓额，广阔而丰者富贵；三曰内学堂，当门二齿周正而密者主忠信，疏缺而小者主狂妄；四曰外学堂，右耳门之前丰满明润主文章声誉，昏尘者下愚。"其实这是说，四学堂关系到人生命运的四个不同方面。各学堂形象佳，富贵双全，福寿兼得，而且学有所成，声名远播；如果有部位形相残缺，则说明艰辛劳碌，命运蹇滞。《旧唐书·袁天罡传》中所说："天罡谓（杜）淹曰：公兰台成就，学堂宽博，必得亲纠察之官，以文藻见知。"史载杜淹后来果然功成名就。就相理而论，与"兰台成就，学堂宽博"的命相是分不开的。

八学堂

相学家一般是根据八学堂来推断人的吉凶贵贱的。它们分别分布在头面的各个部位：高明部学堂，是指头；高广部学堂，是指额；光大部学堂，是指印堂；明秀部学堂，是指目；聪明部学堂，是指耳；忠信部学堂，是指牙；广德部学堂，是指舌；班笋部学堂，是指眉。对于各部位的相形要求，《麻衣神相》中说："第一高明部学堂，头圆或有异骨昂；第二高广部学堂，额骨明润骨起方；第三光大部学堂，印堂平明无痕伤；第四明秀部学堂，眼光黑多人隐藏；第五聪明部学堂，耳有轮廓红白黄；第六忠信部学堂，齿齐周密白如霜；第七广德部学堂，舌长至准红纹长；第八班笋部学堂，横纹中节弯合双。”这八学堂关系到人生命运的各个方面，比如人的头部为高明部学堂，《神相全编》云：“头小颈长，贫乏异常。蛇头屈曲，糟糠不足。头部而圆，福寿绵绵。”同样，其他各学堂也都有相应的命相主属。只要是某学堂的形相符合相法，人某个方面的命运就通达，反之则说明这个人的面貌不好。

十二宫

原为天文术语，是用来标明太阳和月亮沿黄道运行，每年会合十二次的位置。相学引用这一术语，来指面部的十二个部位，而且还把人生经历的主要内容以及关系到命运的主要因素分为十二个项目，以此来推断一个人的吉凶祸福和命运前途。这十二宫是指：命宫、财帛宫、兄弟宫、田宅宫、男女宫、奴仆宫、妻妾宫、疾厄宫、迁移宫、官禄宫、福德宫、相貌宫。根据相书记载，各个宫的部位以及命理说分别是：命宫，居位印堂，光明如镜，学问皆通，福寿双全；凹陷多纹，贫贱边滞，破尽家财。财帛宫，在鼻准，耸直丰隆，财旺资丰；偏窄枯削，财帛消乏。兄弟宫，位于两眉，眉秀而疏，兄弟众多；短粗逆散，仇兄贱弟。田宅宫，在两眼，清秀分明，产业荣荣；火眼冰轮，家园倾尽。男女宫，两眼之下，色彩暗淡，男不旺女不育，左枯损男，右枯损女；丰厚光彩，多有贵子。奴仆宫，位居地阁，颜圆丰满，侍者成群；陷斜多纹，仆马俱无。妻妾宫，位居鱼尾，光润无纹，必保妻全；深陷多纹，心好淫欲，妻多恶死。疾厄宫，印堂之下，丰隆晶莹，福禄无穷；低陷尖斜，疾病连年。迁移宫，位居眉角，昏暗缺陷不宜出，明润洁净利远行。官禄宫，正中之上，光明莹净，显达超群；缺破有痕，常招祸事。福德宫，位居天仓，丰满明润，福禄承祟；凹陷昏暗，灾厄常见。相貌宫，指整个面相骨法，五岳朝拱，三停平均，官禄荣迁，否则便为凶恶不吉之相。

十三部位

十三部位，是相学里将面部中线从发际到下颏按照天、地、人三才的关系划分的三个部位，并以此来推断人的贤愚、善恶、命禄。各部位由上至下分别为天中、天庭、司空、中正、印堂、山根、年上、寿上、准头、人中、水星、承浆、地阁。这十三个部位又分别统领横向、百多个子部。这在《麻衣神相》中有精辟的论述，并有十三部位总图歌诀。如歌诀第二段：“第二天庭在日角，龙角天府房心墓，上墓四煞战堂连，驿马吊庭分善恶。”其意思是说把天庭部统领的天庭、日角、龙角、天府、房心、父墓、上墓四煞、战堂、驿马、吊庭等十个子部都概括在内，并指出了该部所主命禄的性质。再如天庭部，通常人们认为高耸、端正、明净为佳相，主福禄；坑陷无光者危厄，低覆暗淡者愚笨。对此，《三国志·魏志·管辂传》也有记载：“辂族兄孝国居在斥丘，辂往从之，与二客会。二客去后，辂谓孝国曰：‘此二人天庭及口耳之间同有凶气，异变俱起，双魂无宅，流魂于海，骨归于家，少许时当并死也。’数十日后，二人果同溺死。”

由此可见，史籍中有不少根据颜面部位形相来断人吉凶贵贱的记载。相学中，十三部位所领属的百余子部，除日月角、驿马、辅角、廷尉等二十多部有独立的命相之说外，其他的各部位的作用主要都体现在流年运气和十二宫。

• 五官相人术

相学中所说的人的“五官”是指耳、眉、眼、鼻、口。在相学中，人的五种器官也有各自称为：眉为保寿官，眼为监察官，鼻为审辨官，口为出纳官，耳为采听官。相学认为，一个人如果五官生得好，那么这个人的命运也好。正如《人伦大统赋》中所说：“一官成十年之显贵，一府成十载之富荣。”

眼睛是监察官

南唐宋齐邱《玉管照神局》中说：“天地之大，托日月以为光，眼乃人一身之日月也……寐则神处于心，寤则神依于眼，是眼为神游息之宫。”由此可见眼睛的重要性。对此，相学中也认为人的双眼是“五星六曜”中的太阳和太阴，“渎”中的河渎，“四学堂”中的官学堂，“八学堂”中的明秀部学堂，“五官”中的监察官，又是“十二宫”中的田室宫所居之处。

在相学看来，眼须要“含藏不露，黑白分明，瞳子端定，光彩射人，或细长极寸，乃为监察官成”。一般眼睛修长如凤眼，神藏而不露，黑白分明，瞳仁端正，光彩照人者为佳相。目秀长而光润，预示将来富贵；眼溏眼睑带赤红色，多为险恶之人；目黑如点漆，表明生性聪明；眼睛短小，主下贱愚蠢；眼神不露，灼然有光，显示运气正佳；目光浑浊而偏怒，为心术不正之人；眼细而深，主人长寿又禀性奸邪。眼睛间宽而整齐，眼睛大而修长，眼珠黑白分明，瞳孔大而居中的都不失为福贵之相。

而且，相学还认为人的目相与人的命运有很大的关系。正所谓“三亭九侯定于一尺之面，愚智勇怯形于一寸目”。如宋王侄《默记》中记载，杜祁公为相的时候，曾经夜晚召滕元发，因为元发善于看相，当他为杜祁公看相的时候，心中十分惊诧，这个人骨相十分贫寒，怎么是宰相的面貌呢！当杜公命令左右点上蜡烛，拿书看的时候，元发在一旁看到杜公眼有黑光径射纸上，才顿时有所醒悟。原来杜公之相贵在眼有黑光！还有宋陆游《老学庵笔记》中载："河北道士贾众妙善相，以为曾鲁公脊骨如龙，王荆公目睛如龙，盖能得龙之一体者，俱贵。"

眼睛是心灵的窗户，从一个人的眼睛中能够在瞬间迅速地捕捉到这个人内心世界的细微变化。在面部的五官中，说眼睛是监察官，是因为眼睛具有"明察秋毫"的功能，眼睛所接受的信息都是直观形象的。眼睛和口是出纳官，它是人体的信息接受和输出的器官，人通过眼睛摄取的信息，占人脑摄取信息总量的百分之八十以上，这便说明了眼在信息接受方面的作用。而人要传出的信息，也有一部分是通过眼睛传出，尤其是情感方面的内容。譬如人的精神好坏，人的喜怒哀乐，多数都是从人的眼睛中显示出来。正所谓"炯炯有神"，"眉目传情"，"暗送秋波"。这都说明了眼睛是心灵的窗户。此外，眼睛又是人身体健康状况的显示屏。如果一个人的眼睛黑白分明，神气清爽，则表明此人身体很健康；反之，灰暗浑浊，枯涩呆滞，则是不健康的表现。顾盼无光，昏花恍惚，是衰弱的表现。没有任何神色，眼睛好像鱼翻目，这意味着此人性命不保。因此此节才说："目者面之渊，不深则不清。"渊要深才清，有清才美。目既然为面之渊，就应该深，从而至清并至美，否则，便不会清，也不会美。其中这里的"深"指的是眼神深邃不露，而不是说眼眶陷或眼窝深。而所谓"清"则是指整个面相的神色要清秀爽朗。

而书中说的"眼角入鬓"，是指两眼秀长到鬓发的地方，这样面相的人很有威严，意志力坚强，很富有魄力，处事也果断，正直无私，疾恶如仇，一般都具有执政大权的能力。

"左目有伤，文星失陷。"在古代，人们认为目主文星，如果人的双眼有缺陷，便是不吉利的事情。在如今，如果一个人面部有残缺，那么会影响人的心情，有的人会因此性格乖戾，自暴自弃，所以一般很难有所成就。但也有的人将自己的缺陷作为动力，努力奋斗，最终取得了成功。如春秋末期鲁国人左丘明，双目失明后，依旧努力向上，最后著有《左氏春秋》。

在古代相学中，相学家还根据人的眼睛形相特点将其分为几十种类型，各有具体的命理之说。

眼睛大的人：积极明朗、性格开朗，具有敏锐的感受力，眼光远而丰腴，很容易亲近，善交涉，话题丰富，协调性高；但缺陷是比较轻浮，容易见异思迁，耳根软，易受外力影响和他人蒙骗。

眼睛小的人：性格消极，性情阴柔，反应迟钝，视野狭隘，气量小，疑心重。对事物能够冷静分析，意志坚强，精打细算。

眼珠大的人：个性十分开朗，感情很丰富。

眼珠小的人：处事慎重，个性阴森，性格消极，意志强。

黑色眼珠大的人：思考单纯，感情细腻，性格坦直大方。

黑色眼珠小的人：气性小，自私自利。

褐色眼的人：性格比较急，幽默开朗，但容易得意忘形。

修长眼睛的人：思虑深，有很强的直觉，具有较强的创造力、洞察力、忍耐力，具有慈悲心怀，但容易发怒。

圆眼睛的人：双重性格，比较任性自私。

凸眼，上眼皮肉厚突出的人：性格大方、自信，有活力。

凹眼，上眼皮肉薄的人：反应灵敏，处事冷静，比较神经质，心胸狭隘。

深眼的人：具有敏锐洞察力，遇事冷静，个性执着，容易发怒。喜欢挖苦别人，耐力不够。

上吊眼的人：自尊心强、具有不服输的性格，说话尖锐，树敌多。

下垂眼的人：性格温厚、和蔼、待人友善，有社交性，但缺少积极的一面。

上三白眼的人：理想高，重物、钱，自私任性。

下三白眼的人：缺少体贴心，容易背叛，爱唠叨，自以为是。

四白眼的人：脑筋好，冷酷狡猾，做事不择手段。

雌雄眼的人：性格偏激，心思不定，自私，顽固。

斜眼的人：个性强烈，想法极端，自私自利。

眼珠藏在上眼皮的人：有上进心，不认输，意志坚强，心态积极。

眼珠藏在下眼皮的人：性格消极，不轻易表露情感，温和谦虚，但意志薄弱，易遭他人摆布。

眼光锐利的人：感觉敏锐，脑筋快，行动迅速，感情细腻，能敏捷地对付对手，容易动情、激动。

眉眼之间宽的人：性格悠闲大方，交友广阔，善言谈，受人欢迎。

眉眼之间窄的人：个性独来独往，性格认真，感情细腻，按部就班，耐力强，易动怒。

两眼之间宽的人：性格大方乐观，缺少信念和持续力，与人沟通力差，能看清大局，适合做大事。

两眼之间窄的人：直觉性佳，略神经质，有先见之明，能够深刻地掌握事物的本质。见机行事，行动敏捷，有协调性，能言善道。

单眼皮的人：性格消极，不善言谈，遇事冷静，做事细心，意志坚强，有持续力，但个性顽固。

双眼皮的人：直觉性佳，感情丰富，热情明朗，行动积极敏捷。

总之，从人的眼睛里是可以看出一个人是慈祥或是恶毒、温柔或是冷酷、诚实或是阴险、狂热或是冷静，它是折射心灵的窗口。但是人的眼睛类型的不同所反映的命理不同，并不是绝对的，因为看人还是需要从人的各方面去观察，才可以看出人的性格特点。

无鼻不成相

俗话说，名山之所以有名，就在于它的奇脉佳峰。而鼻子在人的脸面上，也就好比奇脉佳峰。一个人的面相好坏，虽然需要各种器官的美以及互相的协调，但是鼻子在众器官中起到了举足轻重的作用。所谓“无鼻不成相”。在人的面部上，鼻子以高为美，这种高是丰隆挺拔，承接有势，而不是过于高耸，孤峰独立。另外，鼻子还要同周围的器官均衡对称，这样才是佳相。因此此节中说“鼻者面之山，不高则不灵”，其意思正是说鼻子高起是好面相的重要条件之一，鼻子不高，整个面部就丧失了灵气。

古代相学中认为，鼻在“五官”为审辨官，“十二宫”中为财帛宫，“五星”中为土星，“五岳”中为中岳，“三主”、“三柱”关系中为中主和梁柱，天、地、人三才关系中代表人，五行关系中属土。鼻是人面部的表率，它的形相优劣同人的气质、性情、福寿等都有着密切的关系。

人们常说“问富在鼻”，可见通过人的鼻子形相能够预测人一生财富与健康。但是需要注意的是，鼻子需要与颧一起配合，有颧无鼻或有鼻而无颧，这都是不好的面相。依相书所说，“颧”就是“权”，“颧”、“权”两字在古时原是相通的，因为“颧”是相法上所谓“人府”，包括了“权力”和“权衡”，鼻居中央，颧居左右，鼻颧自不可分而统一，成为权威的象征了。

鼻为主，颧为辅，需要互相对称和均衡。也就是鼻颧都要正，鼻居中央，颧看来从左右两方向鼻朝拱，宜饱满不露骨，宜高耸不宜低平，宜圆秀不宜坦尖。如果说颧高于鼻或颧左右不平、上下不齐、露骨、凹陷、歪斜，颧鼻则乱，则说明具有此面相的人没有权力。鼻形丰隆润泽、直如截筒、垂如悬胆、不仰不露，兰台、廷尉相辅相应，由山根至准头，仿佛一气贯通，这说明具有这样鼻相的人除能富贵外，为人正直、聪明，事业有成，兄弟朋友相处也十分融洽。

鼻根上有横纹：面部上有横纹说明此人有危险，有几根横纹，便有几次危险，纹路深则说明危险大，反之纹路浅则危险小。

鼻根低陷：说明此人不能早年成家立业，家境十分贫穷，身体状况差。

鼻根高涨：直贯印堂，色润，可得名成利就，扬名于社会。

准头：即鼻头，宜圆、大、正，丰满有肉，色明黄，则说明此人财运亨通，忌尖垂破露、色焦，财运受损。

兰台、廷尉：两边鼻翼是财的仓库，宜丰满肉厚，不宜仰露狭小，主难有积蓄。

颧柄高插两鬓，说明这个人心正气高，权力在握。如果只是两颧突出，或是露骨而尖，骨不尖皮紧绷，这是不好的面相，具有此相的人一生劳碌，气傲欲多，难与人相处。女人要是有此面相，与子女无缘，且克夫造成离异，假如颧骨低平，难保不堕落沉沦。

鼻子准头丰圆，上下如贯通有气最为上乘。鼻形以长大为好，短小为差，但要与面型相衬。

鼻肉薄：说明此人奔波劳碌，而且刑克妻小。如果鼻再高耸，则是自傲自大、六亲疏远，即使家中有钱也一定会破败。

鼻头肥圆隆起：说明此人富且贵，即使不发财，经济情形也必宽裕。但如果肥而虚胖或垂肉，则是贪淫的人。

鼻头尖一生孤，尖又斜：说明此人心事恶毒，不斜却尖如鹰嘴，古人称是取人之脑髓，交往要宜加提防。

鼻瘦又赤：孤苦没有儿子，终身坎坷，又如鼻不瘦但起结，则说明此人劳碌无成，性情古怪。如果鼻子有二三处曲折而出结，说明这个人不但劳而无功，而且有灾疾，中年大凶。

鼻头仰鼻孔露：鼻孔不宜露，财富难聚，即便小有所得，也很快消失，一生多贫穷；鼻孔宜小不宜大，孔如是长方形、三角形都是不吉之相。

鼻高峻：说明意气高且寡情。鼻子低小的人胆量亦无，但较有人情味。

鼻梁无骨：说明此人意志薄弱，容易受人左右，结果好心变成坏事。

鼻可看女性的夫运：鼻圆柔不露骨，说明即便外貌不美亦可嫁得好夫婿，一生衣禄无亏。

鼻形长及直鼻翼有肉：说明此人具有较强的思维能力，处事必经深思熟虑，能得到异性贵人帮助，一生财富丰厚。

鼻头以光润为好：青色是有疾病灾害的征兆，红色奔波劳碌，淡黑是发病的征兆。

对此，清代相学家陈钊《相理衡真》对鼻子关系人的命禄的说法做了总结，他说："鼻似截筒，衣食丰隆。鼻如悬胆，家财巨万。鼻准圆红，不受贫穷。鼻耸天庭，四海驰名。鼻高洪直，富贵无极。鼻如缩囊，到老吉昌。鼻如狮子，聪明达士。鼻高而昂，仕宦荣昌。鼻上光泽，富贵盈宅。鼻头短小，一生贫夭。鼻直而厚，王子诸侯。鼻若广长，必多伎俩。鼻梁不正，中年遭困。鼻梁无骨，必然夭没。露肯鼻薄，一生漂泊。"

口是出纳官

嘴是人的一个复杂器官，它既能反应饮食中的触觉和味觉，又能够表现人情感的动向。同时嘴又能借由语言产生善恶是非。所以说，口的形状与一个人的得失以及健康有着很大的关系。

古代相书说，口为"言语之门，饮食之具，万物造化所关"，观察人的口相，可以预测此人的穷通荣辱。古代医学也认为，口为脾之窍，心之外户，从一个人的口唇与口腔可以预测人的身体病理情况。口有多种代称，"五官"称口为出纳官，"四渎"称口为淮渎，"五星"称口为水星。

在古代相学家看来，不同口形的人，他们的命理也不同。清陈钊在《相理衡真》中进行了分析和概括："口如泼砂，食禄荣华。口如抹丹，不受饥寒。口如红殊，富贵相宜。口如中唇，必是贤人，非特口德，又且性纯。口如角弓，位至三公。口紫而方，广置田庄。口角不张，缺乏储粮。口不见唇，主有兵权。口大容拳，位置公侯。口垂两角，衣食消缩。口角高低，奸诈便宜。口尖如篓，与乞为邻。口如缩囊，饥饿无粮，纵然有子，必主别房。口如缩螺，常乐独歌。口边紫色，贪财妨害。口如撮聚，破产飘蓬。口不见齿，老亦成立。口唇乱纹，一世孤单。口如吹火，到老独坐。口上生纹，有约无成。轻薄口唇，惯说他人。口阔又丰，食禄万钟。口角向上弯，终身不怕难。"

此外，相学还根据口的不同形相将口分为方口、龙口、四字口等十多种类型，并对各自不同的命理进行了分析。如对四字口，有诗赞曰："口如四字两头齐，不仰不垂也不低。显耀功名观上国，为官惠养乐群黎。"其中意思是说，生有四字口的人，一生能建功立业，抚国安民，享受荣华。

口又包括口唇、牙齿、舌头，通常情况下人们还会根据这三方面来预测人是否具有吉相。

口唇之相

口唇在相学中又叫做“覆载”，上唇为金覆，下唇为金载。相学家认为：“唇者，口之城郭，舌之门户，一开一合，荣辱之所系也。”这就是说，看一个人的唇相能够推断人的命运好坏。譬如欧阳修少年的时候，有人曾给他看相，说他“耳白于面，名满天下；唇不着齿，无事得谤”。后来果然如相人所言，欧阳修位及宰辅，而且以文章誉满天下，但最终遭谤而辞相。对此，《神相水镜集》中也有记载：“欲端厚，不欲尖薄。欲红润，不欲白黑。上下唇相当，为人宽厚，上下俱厚，忠信而集文章。上下俱薄，妄言而劣。上唇长而厚，主命长。下唇长而薄，主贪食。龙唇者富贵，羊唇者贫贱，唇尖撮者穷死，唇坠下者孤寒。唇若绽血无纹，为人自满不谦。唇若周围有棱利者，忠信。唇含丹者贵而多富。青而灰黑者多病而夭。唇色杏红，不求自丰。唇如鸡肝，久病少痊。”《神相全编》中也说：“上唇薄者，言语狡诈。下唇薄者，贫贱运差。上下俱厚者，忠信之人。两唇上下不相复者，贫寒偷盗。上下两相称者，言语正直。”

由此可见，嘴唇在相学中，上唇表现为精神的领域，下唇则表现为本能的领域，而嘴唇则可以看出一个人健康的情况。唇以红润为美，红如丹砂最多福，或者是嘴唇带有紫光，快乐衣食，而嘴唇赤如鸡肝的人，老来贫苦，嘴唇黑暗则说明此人有灾或者身体有疾病。

牙齿之相

牙齿在“四学堂”、“八学堂”中，又被称作忠信部学堂和内学堂。“齿”表示人生命运的动向，牙齿不好的人难长寿，而长寿的人多数都有一副不错的牙齿。如年龄的“龄”字，偏旁是个“齿”字，这就说明牙齿对人的健康起着重要的作用。同时，齿相的优劣还关系到一个人的品行和才智。

相学家认为，骈齿者睿智多才，齿双生多排的人狡横多诈，齿黑枯而缝疏的人贪鄙。据传周武王和南唐李后主就是骈齿的人，所以他们都具有超凡的智力，周武王以政绩垂青史，李后主以文才名天下。

此外，《麻衣相法》中也说：“构物之精华，作一口之锋刃，运化万物以颐六腑者，齿也。”其意思是说，人是靠牙齿来消化食物以供养六腑的，所以牙齿的优劣对人的命理有直接的影响。根据相书所言，牙齿的命相一般是一大而密、长而直、多而白为最好的佳相。具体来说，说话时候不见齿，莹如玉，说明此人富贵吉祥；牙齿密而齐，说明此人清闲有福；牙齿密而长、大而方，说明此人可获高官；牙齿犹如剑锋，坚固光洁，说明此人长寿；唇不盖齿，说明这个人多有不测之祸；牙齿疏不齐，说明此人贫贱困顿；牙齿焦枯暗淡，说明此人遇祸而夭；牙齿早缺，说明此人短寿。

舌头的形相

在相学里认为，舌是口中铃铎，心之舟楫。一个人的舌相好坏，直接关系到人的贵贱休咎。《人伦大统赋》中说："唯舌者以短小薄钝为下，以长大方利为先。"清陈钊在《相理衡真》中也明确指出："舌至准头，位必封侯。舌大而方，位至王公。舌上长理，王公可拟。舌小多纹，安乐不已。舌如朱红，位至三公。舌长而薄，万事虚耗。舌短唇长，晚年慌忙。舌薄而小，贫穷无了。舌小口大，言语捷快。舌头粗大，饥饿无怪。舌小而短，贫贱所管。舌上黑子，必无终始。舌上绣纹，奴马成群。舌大口小，言语不了。舌厚而长，仕宦吉昌。舌有交纹，贵气凌云。舌无纹理，寻常之子。舌似红莲，广积田园。未言舌见，多招人怨。"还有相书认为从舌相可判断人的贤愚品性。通常来说，舌长而红，主人聪明；舌短而大，主人愚蠢；舌长而尖，主人生性狠毒；舌薄而小，主人阴险奸诈。

由此可见，舌头在人的口中也起到了举足轻重的作用，它同样是关系人命运的重要器官。

综上所述，我们不仅知道了口要以端正方润有棱为好，唇厚色红，口角朝上为上乘，嘴唇与嘴角开时大，闭时小，说明出纳官良好。具此相之人，必福禄寿俱全。而且还知道了口中的各种器官所给人带来的命禄。那么现在我们再以口的形状、大小、厚薄来做以下分析，说明人所生以下几种口所预示的含义。

口的形状大小

口大吃四方：一般人以为口大为贵，但口的大小需要与面部比较才行，如面小口特大，也非善相，总要是相衬均衡才行。又如口大而无收，棱角又不分明，或是歪斜不正，这不但说不上贵，而成了口无遮拦，污言秽语，动辄伤人之言出，这种人纵能发迹一时，终必败落。

口肥而大，颜色鲜润，不歪不斜：说明这个人饮食量大，身体健壮，财源亦宽，但不免好色多欲。

口生得端正厚实：说明这个人言而有信，出言必善，不喜谎言；不正则出恶言，没开口唇先动者心术不正，口常紧闭意志坚定，常开口不免缺乏主意但心机不多。

口虽阔大而无棱角：这在面相术中叫做"口劳"，表示这个人很惹人生嫌。

口生得方正如四字：说明这个人一生富足。

口若像是撮聚在一起，或是缩成一团：说明这个人一生贫困，贫寒刑克，而且这样的人还虚伪无诚，到处逢迎讨好。

口若如弯弓微微向上，棱角分明，加上齿齐而密，人中深长：说明这个人富于机智而前程远大，较重于精神生活，不计较于物欲，有高尚情操，好色而不淫乱，一生中财旺虽不大，但衣食无忧。

口阔大而筋骨强壮者：这种人具有野心，敢闯，不知急流勇退，因而成败迭见，一生中一直奔波。

口生得阔大能容拳：说明这个人有着大好前程。

嘴的形状

嘴无法紧闭者：口风不紧，这是我们生活中常说的“长舌妇”，这种人胆识小，做事犹疑不决，不是做大事的人。

笑时露出牙龈：这种人较重视物欲与肉欲。

突出的嘴：这种人生命力旺盛且斗志高昂，易与异性发生感情纠葛，同时对吃的方面也极为挑剔。

口若覆钟：这种人个性顽固，喜欢和别人唱反调，优点是韧性强，能够在官场上主宰大权、雄霸一方。

嘴角有小小的窝：自卑蛮横，对人刻薄且有强烈的攻击性，但私下却是胆小又忧郁。

闭嘴时唇线呈波浪形：做事有信心，给人一种信赖感，具有良好的口才，但不善于理财。

闭嘴时唇线呈一字形：这样的人个性保守、言行谨慎，做事有耐心及毅力，缺点是有些自大。

嘴似吹气状：这种人做人薄情，比较重视色欲，未来子女很少，亲子关系也不会很融洽，老年孤独。

唇的形状厚薄

上唇稍盖，下唇稍收缩：如果男人具有此相，说明独立自强，上唇稍盖是性格表征，以温顺为主，下唇拱是好相。

唇上有痣：这种人是个有口福的人。

上唇突出，下唇凹进：这种人个性懦弱，胆子也小，做事犹豫不决，比较依赖他人，无论在职场或是情场，都容易受到别人的利用。

上唇缩进，下唇突出：这种人主观自我、自私多疑，只享受权利而不愿尽义务，过度的自信或者一意孤行，很容易导致事业及婚姻的失败。

双唇的厚薄：上唇薄说明这个人狡诈，下唇薄说明这个人贫困，上下都薄说明这个人不但福薄而且说话也刻薄。上下两唇都厚，福厚说话也宽厚。

上唇薄，下唇厚：说明这种人有贵人相扶持。

上唇厚，下唇薄：说明这种人是付出型的人，懂得主动关怀别人。

两唇太厚：说明这个人感情丰富、个性忠厚、讲信用，但是经不起各种诱惑。

两唇极薄：说明这个人个性轻浮、无责任感，讲话靠不住，喜欢拨弄是非、口无遮拦。

眉为保寿官

人的两眉在相学中，又叫做“罗喉星（左眉）”、“计都星（右眉）”、“保寿官”、“兄弟宫”等。对此，《神相全编·论眉》有明确的记载：“夫眉者，为两目之华盖，一面之表仪，主贤愚之辨。眉欲细平而阔，清秀而长，性乃聪明；若夫粗而浓、逆而乱、短而蹙者，性又愚顽也。眉过眼者富贵，短不覆眼者乏财，压眼者窘迫，挑昂者气刚，卓坚者性豪，尾垂者性懦，尾短散者孤贫，眉头交者贫夭，眉棱骨起者强悍，眉高居额中者大贵，眉中生白毫者多寿，眉薄如无者多狡佞。”可见相学把眉作为一个人贤愚、贵贱、寿夭的表征。

《隋书·来和传》中也说：炀帝在藩的时候，十分好学，善属文，深沉严重，朝野属望，高祖密令善于看相的人来看他的诸多儿子，看相者说：“晋王（炀帝）眉上双骨隆起，贵不可言。”

由此可见，人的眉毛能够决定人命运的富贵。相学认为，眉为保寿官。而一个人只有眉宽广清长，双分入鬓，或如悬犀新月之样，鱼尾丰盈高居额中，才是保寿官成。在古代，相学家将人的眉毛的各种形状，分别作了详细的分析，来说明人的命禄。如：

浓厚淹留孤独。

眉黑稠浓密，主淹留赛滞久困。《五总龟》云：“眉浓发厚人多滞。”《万金相》云：“阳，男子也，阳得虎眉赛滞，虎眉稠浓密也，主平生少快，二十六岁入运至三十五岁，此一运中主上五年多淹滞。”

短促兄弟非宜。

《广鉴集》云：“眉为君，目为臣，宜清长过目，宜如雁行，若短不及目者，难为兄弟。纵有二三四，终须不靠也。”《万金相》云：“眉长于目，兄弟五眉如扫帚，兄弟八九。与目同等，兄弟一两。短不及目，兄弟不足。纵有一两，非是同腹。二十六至三十五上四五乍不利。”

骨棱高起，性勇好为非。

棱骨高起者，言眉骨尖峻显露也，则主人粗鲁，知进而不知退，知存而不知亡，知成而不知败。自强自胜，做事不应为而强为。性暴好斗，不可为友之相也，平生宜远之。

清秀弯如月样，文章显折桂荣奇。

《广鉴集》云：“眉是目之君，胆之苗，面之表也。若得清秀弯如月样，主为人聪明智慧，文学博雅，必攀蟾桂，高明富贵之相。知为平生之福，二十六岁运至中主，便得显焕功名。”郭林宗曰：“眉如新月祥，名誉四方闻。”许负曰：“眉如月弓，衣食不穷。”《太清神鉴》云：“眉曲弯弯多学识。”

印堂广双分入鬓，卿相位何疑。

眉中为印堂，名曰官禄宫、相貌宫、福德荣气宫，一面之中，此位最关祸福。所以眉毛欲得宽广，双分入鬓，主生平多福而贵。纬林真人曰：“眉为罗计之星。宜阔而不欲侵犯紫气宫。”陈图南曰：“翠眉人鬓，位至公卿。”《广鉴集》云：“朝中无交眉宰相。”

竖毛多，主杀，神刚气暴，岂有思维。

竖眉者，谓眉毛直立而少也，多主杀性。《人伦大统赋》曰：“主性急神猛，好斗贪杀，无思算之相也。”又云：“毛直性狠。”

交头并印促，背禄奔驰。

头交者，言两头印提交锁，侵犯印堂也。盖缘印堂是官禄宫，若得眉宇宽则为官平生安稳，若交促者无禄，而一生走骤愚夫。

横直妨妻害子。

夫直者，言眉毛。凡生直竖不顺也，左妨子，右妨妻，左右如此妻子俱伤。然为平生不利，二十八限至于三十，此三年最是不利。

旋螺聚必执旗枪。

旋螺，言其中毛盘旋似螺丝尾尖、盘盘旋旋而生者。说明具有此眉的人刚健勇猛，可车前枪旗之首当先，无惧而战也。

低压眼相连不断，运至必灾厄。

《广鉴集》云:“眉为罗计之星，眼为日月之象，相眉紧紧贴而与眼相连不断者，是罗计二星侵犯太阴太阳，太阴太阳为日月之台，一身之主，二十六限至二十九不利，三十七八九亦不利，若孛星高广、日月分明，灾祸减半。”

耳为采听官

耳在相学中又叫做“采听官”、“江渎”、“金星(左耳)”、“木星(右耳)”、“寿星”、“聪明部学堂”等。

南唐宋齐邱在《玉管照神局》中说:“耳主聪，贯脑而通肾，为心之司，肾之候，故肾气实则清而聪，肾气虚则昏而浊，所以主声誉与心行也。”这其实道出了耳朵是人体心行运行的主要器官，如果它出现问题，人的身体就会处于亚健康状态。

据传，唐代相士袁天罡当看到名将马周的时候，发现他的耳相有缺，就说此人不长寿。后来马周果然早夭于羁旅之中。

北宋苏轼在《东坡志林》中也有记载，欧阳文忠公尝言:“少时有僧相我，耳白于面，名满天下;唇不着齿，无事得谤。其言颇验。”这都说明了耳相的优劣关系到人的智愚寿夭。对此，清陈钊在《相理衡真》中做了比较全面的总结:“耳如提起，名播入耳。两耳垂肩，贵不可言。耳耸相朝，富贵官高。耳薄无轮，祖业难存。耳白过面，名满天下。棋子之耳，成家立业。耳有垂珠，衣食有余。耳门广阔，聪明豁达。耳有成骨，寿命不促。耳高于目，食受师禄。高眉一寸，永不贫困。耳高轮廓，亦生安乐。耳有刀环，五品官高。耳门垂厚，富贵长久。耳有毫毛，富贵寿高，为人安乐，灾难不遭。耳门宽大，富寿久耐。光明润泽，财源不绝。耳坚如木，到老不哭。两耳朝口，衣禄不少。轮廓相成，有利有名。耳薄如纸，夭死无疑。耳薄向前，卖尽田园。两耳张风，卖田祖宗。反而偏侧，居无屋宇。耳反无轮，祖业如尘。轮廓桃红，性最玲珑。耳薄无根，必夭天年。耳黑飞花，离祖破家。耳下骨圆，剩有余钱。耳门窄小，命短食少。耳窍容针，家无一金。耳门如墨，二十之客。两耳帖肉，富贵自足。”

此外，关于耳相的论述，还在不同的书籍中，也有详细的论述。如:

成败倾奇。

倾，缺也。奇，低也。倾奇主破散成败也。《万金相》云:“左耳缺先损父，右耳缺先损母，左右废缺双亲并损。主妨克离祖亦不奇低十眉也。”诗曰:“偏堂降地，破祖无疑。兄弟稀少，自身不利。”偏堂，耳名也，又口降地，耳低于眉。

聪明高耸。

高耸，过于眉也。郭林宗曰:“耳为君，眉为臣。君宜上而臣宜下。高起过眉者，主贵，聪明文学，才俊富贵也。”《万金相》云：“耳高眉一寸，永不受贫困。”又曰：“耳如携起名播人耳。”宋齐丘曰：“耳齐，日角，曰大贵。”许负曰：“耳能齐日角，曾服不死药。”又主生病少寿长，才智过人。

皮粗青黑飘蓬。

郭林宗曰：“左耳为金星，右耳为木星，色鲜者贵而安稳。若皮粗及青色黑而干者，主一生奔驰南北，散走他乡，终无定基也。”宋齐丘曰：“皮粗青黑，走异乡。”《广鉴集》云：“耳轮青黑，肾藏丧不久也。飘蓬，谓如蓬草也。中原郊野多生，俗名蓬子。根类竹根，其枝叶如杨柳，盘盘旋旋、团生，圆如灯球，分圆若丈余，秋天枯死之时，风吹出土。若东风起，吹辊往西无阻者，迤逞进去，忽然换西风，复吹远东而去。若耳皮粗青黑者，为人似蓬草，朝暮走他乡，无定止也。”

色如莹玉，年少作三公。

《广鉴集》云：“耳若贵贱，不取大公。先要色鲜，莹白为上。昔欧阳文忠公，耳白如面，名声天下。”《人伦大统赋》曰：“白或过面，主声誉之飞扬，莹白贯轮，主信行之敦厚。”

贴肉垂珠，红润自然，主财禄亨通。

贴内者，隐伏也。红润者，垂珠鲜泽也。主平生财禄绵绵，百谋百成，千求千遂，天生自然富贵。《人伦大统赋》云：“寿越眉今贵血，聪垂明兮富贴肉。”许负云：“耳贴肉，富贵足。”《大清神鉴》云：“对面不见耳，问是谁家子。似此贴肉隐伏而垂珠红润者，主平生旺相而长富贵。一岁人远至十五岁，荫成父母病少之相。”

若尖小直如箭羽，安得不孤穷。

尖小者，谓之猴耳，主孤贫。如箭羽者，其耳形直竖似矢之翎，最为贫贱之相，主十五岁男女，并有妨财破财、长大贫贱孤独之相。《五总龟》云：“反耳无轮最不堪，直如箭羽少资根。”又曰：“双耳尖小多妨克。”

命门难人指，寿原铿短，忘浅愚蒙。

命门者，耳孔也，若窄小难人小指尖者，主愚顶短寿，无智之人。《洞中经》云：“耳孔容针，家无一金。”《大清神签》云：“耳门如墨，二十之客，大寿也。”

无轮兼反薄，家破囊空。

薄者，主贫也，一岁至十五岁之内妨克破祖，长大孤贫，寿夭之相。《太清神鉴》云：“轮为城内为廓，城兜廓吉，廓兜城凶。”《金镜经》曰：“耳无轮廓多破散。”《大统赋》云：“耳薄如纸，贫而早死。”《五总龟》云：“能可城兜廓，不可廓兜城。”

厚大垂肩摄贵，天年过八十方终。

《广鉴集》云："耳大四寸高耸垂肩者，主大贵寿长，蜀刘先主，耳毫垂肩，目顾其耳。宋太祖口方耳大。"

只因是毫生窍内，头自老龙钟。

毫者，孔内生毫也，龙钟，竹名，其曲头垂眉地，若人生耳毫，长寿似龙钟之竹，踧曲头低，极老之相也。郭林宗曰："借问何人年过百，耳内生毫头半白。项下双绦成一缕，此是人间寿星魄。"

• 顶见于面

顶见于面是指人到中年脱发谢顶，使额头与头顶连为一体，这是一般看不见的。在相术上认为秃发谢顶是善于理财的表现，有掌管钱物的能力。所以说"终司钱谷"。

俗话说"十个秃子九个富"，从面相学的角度来看，"上停"因为涵盖了官禄、事业与驿马三个宫位，所以额头高的人是贵人命，有着事业运，幼年时期疾病少，家境也十分不错。由此可见，秃头便成了财富和事业的指标。

在相学上认为，三十岁以前，少年秃头的人，多数都是言行不符，而且身体状况也十分不佳；如果是中老年秃，既秃又亮，那说明这个人是大富贵的人。女人最好不要秃，因为头发主血，如果一个女人秃，则有刑克家人之相。对此，相学家根据人的发质和秃发部位来分析人的个性和运势：

头发自然卷：这说明此人情绪化，疑心病重，容易患得患失，个性不稳定且性欲强。

前额秃的人：这说明此人聪明、为人随和，有自己的主见，对某些事情太过有原则，很容易变得武断、主观。

地中海秃的人：这说明此人组织、逻辑能力都很强，性情比较急躁。

旁秃或后秃的人：这说明此人运气不佳，容易遇到一些倒霉的事情，凡事应谨慎。

• 橘皮不显

人面部的颜色不同，所呈现出的性格也不一样。如书上所说“橘皮不显”，这就是指一个人的脸面如同橘子皮一样粗硬，说明这个人为人糊涂、懒散、消极、无进取心、无羞耻感，所以无法发达。

在京剧脸谱中，人们根据人物面部不同的颜色，分析出人物的性格特点如下：

红色脸

这种面相象征着忠义、耿直、有血性。比如“三国戏”里的关羽、《斩经堂》里的吴汉。它还有一种讽刺的意义，表示假好人。

黑色脸

这种面相表现性格严肃，不苟言笑，比如“包公戏”里的包拯，象征威武有力、粗鲁豪爽，“三国戏”里的张飞（黑十字门蝴蝶脸），“水浒戏”里的李逵，《杨排风》中的焦赞。其中还表示阴阳中的阴，用于鬼魂，肤色较黑或面貌丑陋。

白色脸

这种面相表现奸诈多疑，比如“三国戏”里的曹操（白整脸）、《打严嵩》中的严嵩。

蓝色脸

这种面相表现性格刚直，桀骜不驯，比如《上天台》中的马武，《连环套》里的窦尔墩（蓝花三块瓦脸）。

紫色脸

这种面相表现肃穆、稳重，富有正义感，比如《鱼肠剑》中的专诸。这种脸色面色都不好，很丑陋。

金色脸

这种面相象征威武庄严，表现神仙一类角色。比如《闹天宫》里的如来佛、二郎神。

绿色脸

这种面相勇猛，莽撞。比如《白水滩》里的徐世英。

黄色

这种面相一般表现性格猛烈。比如《南阳天》中的廉颇。

褐色和粉红色

这种面相表现比较正直的老人。

净角紫色脸

紫色介于黑、红两色之间，表示刚正威严、忠义的人物。比如《武科场》中的常遇春，《恶虎村》中的濮天雕，《招贤镇》中的费德功，《战长沙》中的魏延。有的时候，还用紫色脸来区分其他的角色，如《百寿图》中的北斗星是相对于老生的南斗星，说明的是人物的威武，而《柴桑口》中的庞统用紫色脸膛是表示他的相貌丑陋。

净角粉红脸

这种面相一般象征年迈的红脸人物，如《取洛阳》中的苏献，《盘河战》中的袁绍，《四杰村》中的花振芳等。

净角绿色脸

这种面相一般寓意为勇猛暴躁，与黑色脸相近，比如有些占山为王的草寇类人物使用绿色脸。如《白水滩》中的青面虎，《庆顶珠》中的倪荣，《失子惊疯》中的金眼豹，《响马传》中的程咬金等。

净角蓝色脸

蓝色通常表示刚强阴险，在脸谱中蓝色与绿色的寓意相近，都是黑色的延伸，表示性格刚强的人物，比如《取洛阳》中的马武；表示人物阴险性格的如《薛家窝》中的谢虎，《剑锋山》中的焦振远，《连环套》中的窦尔敦等。

净角黄色脸

这种面相寓意人物骁勇剽悍或凶暴残忍。比喻人物骁勇剽悍的，比如《车轮战》中的宇文成都，《洞庭湖》中的杨么；表示人物凶暴残忍性格的，比如《鱼肠剑》中的姬僚，《战宛城》中的典韦等。

净角金银色脸

金银两色在神怪脸谱中表示神仙的面现金光和鬼怪的青面獠牙，如《安天会》、《无底洞》、《蟠桃会》中的杨戬（二郎神），《红梅山》中的金钱豹，《攻潼关》中的金吒（勾金色脸），《攻潼关》中的木吒（勾银色脸）。有的还用来表示英勇无敌的人物，比如《挑滑车》中的金兀术，《四平山》中的李元霸。

净角瓦灰色脸和赭色脸

在脸谱中，瓦灰色与蓝色相近，瓦灰色脸如《芦花河》中的乌里黑。赭色与紫色的意义相近，如《彩楼配》中的月下老人，《铁笼山》的迷当。

净角淡青色脸：

在脸谱中，淡青色的用意介于蓝、绿色之间，如《卧牛山》、《单刀会》中的周仓（勾淡青色脑门），表示他死后成神。

• "贫"不一定"贱"

在古代，人们将"贫"与"贱"合称，认为"贫"者必"贱"，"贱"者必"贫"。同时还把贫贱相的特征归结为：头部短小，额头狭窄，嘴小肉松，耳薄如纸，皮粗似麻，脚长得过分，肩膀短促，形相庸俗，神情怯懦，面色无光。

其实，这种观点是一种片面的、世俗的观念。"贫"在古代是指人们缺乏生活的必需品，如粮食、衣物、钱等，这是指物质方面的东西。而"贱"则是指一个人的品德、精神方面，属于人意识方面的东西。

从古到今，都存在"贫"而不"贱"和"贱"而不"贫"的人。唐代的诗人大多都是穷士，少达而多穷。但是不论当代还是后代人，都会觉得唐代的诗人们很富有，即便他们身上钱不多，心里也十分富有。因为他们都有着贫而不贱的富有心灵，如李白豪唱"千金散尽还复来"。在穷困潦倒中度过了一生的杜甫对金钱也有一种平静的情致和幽默："糁径杨花铺白毡，点溪荷叶叠青钱。"岑参甚至在囊中羞涩、欲饮无钱的情况下，仍可以拿自己和店家开玩笑："道傍榆荚青似钱，摘来沽酒君肯否？"

再如，管宁的远祖是春秋时代的贤相管仲。他身高八尺，长了一副好须眉，相貌不错。管宁家里十分贫穷，而且他在十六岁的时候就死了父亲，亲戚朋友可怜他同情他，便赠送了许多财物让他葬父。但是管宁却一文都不收，只凭借自己的真实财力安葬了父亲，对一个十六岁的少年来说，这是十分难得的品质了。

管宁还十分好学，他结交了几个好朋友，一个叫华歆，一个叫邴原，三个人十分要好，又都出色，所以当时的人们都把他们比做一条龙，华歆是龙头，邴原是龙腹，管宁是龙尾。但是龙头华歆和龙尾管宁之间，却发生过一件著名的绝交事件，后人称之为"管宁割席"。

这在《世说新语》中有记载：当时，他们求学的时候，经常是一边读书，一边劳动，可谓是知行合一。有一天，华歆、管宁两个人在园中锄菜，突然锄起一块黄金。金子可是好的财物，任何人都会喜欢的。但是华歆、管宁他们平时读书养性，就是要摒出人性中的贪念，见了意外的财物不能动心，平时也以此相标榜。因此，在这个时候，管宁见了黄金，就把它当做了砖石土块，用锄头一拨就扔到一边了。华歆在他的后边锄，不一会看见了，心里明知道这东西是不该拿的，但心里还是忍不住，就拿起来看了看才扔掉。通过这件事情，可以看出华歆的修为和管宁比要相差很多。过了几天，两人都在屋里读书，外头的街上有达官贵人经过，乘着华丽的车马，敲锣打鼓的，很热闹。管宁就和没听见一样，继续认真读他的书。华歆却坐不住了，站起来跑到门口观看，对这达官的威仪艳羡不已。车马过去之后，华歆回到屋里，管宁却拿了一把刀子，将两人同坐的席子从中间割开，说："你呀，不配再做我的朋友啦！"后世的所谓"割袍断义，划地绝交"，就是从此而来。

由此可见，人穷志不短，穷得要有骨气。贫而不贱就是规范人们行为的道德标准，这样的人才能从贫穷中显示出高贵的品质来。

对于"贱而不贫"，则是对那些为了得到富贵而投机取巧、不择手段的人来说的。

东汉外戚梁冀，是顺帝时期的大将军，专断朝政近二十年。聚敛财富，大肆搜刮，并向求官者收取贿赂。建私家林苑，方圆近千里。桓帝治其罪，梁冀被迫自杀。其家产没收变卖合三十余万两，相当于东汉政府一年租税收入之半。

杨国忠是玄宗时期的吏部尚书。因他的妹妹杨贵妃受宠而权倾一时。结党营私，贿赂公行，选任官吏均于私第暗定。安禄山以"讨国忠"为名发动叛乱，杨国忠随玄宗奔蜀时，被士兵杀死。

朱勔，北宋苏州（今属江苏）人。因献媚蔡京、童贯而得官。投徽宗所好，以承办"花石纲"为名，捞取钱财，以至家藏甚富，置田三十万亩。凡谄事之人即得官，不附己者则罢去，时称"东南小朝廷"。钦宗继位，被罢官处死。

陈自强，南宋宁宗时做到了右丞相，他依仗着曾经做过实权人物韩侂胄启蒙老师的资历，贪赃枉法，什么事都干。凡是求官的人，他都派人谈好价钱，一切办妥后再"光明正大"地授官。地方官送公文到京城，封函上一定要注明"某物多少一起献上"。凡是没写的，就根本不打开。后来，韩侂胄北伐失败失去了权势，陈自强失去了靠山，又因谎报军情被朝廷罢免，最终死于流放地。

明太祖朱元璋在位时对贪官污吏的惩治十分残酷，贪污六十两银子的官员就要被剥皮，在皮囊里填草后放在衙门公座旁以警诫继任者。此法在当时收到一定效果。但是到了明宣宗时，贪污已成了风气。最大的贪污犯竟是经历了四代皇帝、资历高深的最高司法官左都御史刘观。刘观执法犯法，大肆贪污受贿。在他影响下，御史们个个贪婪无比。宣德三年六月罢朝后，宣宗召大学士杨士奇、杨荣至文华门询问，现在朝廷里哪个官员最腐败？杨荣毫不犹豫地说是刘观。宣宗立即下诏，命刘观巡视河道，实际上把他调离了御史位置。嗅觉灵敏的御史们立即闻风而动，纷纷弹劾刘观及其子刘辐。宣宗大怒之下准备处死刘观父子，后在杨士奇等人的一再求情下，改贬二人到辽东戍边。刘观最后死在辽东。

由此可知，这些人占有了社会财富，他们确实是富人，但他们不知道财富的真正价值，而他们又是悲哀的人，贱而不贫对他们也就是再恰当不过的真实写照了。

这也正如孔子所说：富与贵都是人们所想得到的，不用正当的途径而达到目的，是不能承受的；贫与贱都是人们所嫌弃的，不用正当的途径得到富贵，是不能脱离贫贱的。君子抛弃了仁，到何处去成名呢？君子在任何时候都不违背仁，生活忙碌之时与仁同在，流离颠沛之时也必定与仁同在。又说替人执鞭的事他也干。以拍马钻营甚至坑蒙拐骗而取得富贵则是“不以其道得之”。“不义而富且贵，于我如浮云”。

的确如此，生活中没有一个人愿意过贫穷困顿、流离失所的生活，都希望得到富贵安逸。但这必须通过正当的手段和途径去获取。所以说，取得富贵的手段正当与否，是君子和小人的分界点。君子爱财，取之有道，切忌不择手段，为所欲为。

• 面部如命

古人认为，人的“命”是一种上天的禀赋，是根本无法改变的，而人的“运”则是后天的造化，是可以改变的，但这份力量并非是人的主观意识所能决定的。

春秋战国时期，姑布子卿是很知名的相学名家。齐庄公即位不久，就听说他这个奇人，便急忙派车马征召姑布子卿。姑布子卿接到征召，便奉命应召，日夜兼程赶到临淄。

金殿上，齐庄公见到姑布子卿后，见他黑瘦矮小，面目可憎，心中顿时生出厌恶之情，禁不住长声道：“你就是姑布子卿？”姑布子卿见齐庄公一脸不屑的表情，心中也顿时心灰意冷，后悔自己的前来，淡淡地回答：“姑布子卿正是小民。”这时候，齐庄公打量了他几眼，突然仰头冷笑道：“人们都说你能够察人的面貌，知道人的命运生死，这是什么道理啊？”姑布子卿正气地回答道：“人命禀于天，则有表候于体。相有百相，命有百命，正所谓天有玄机，而俗人是不可能察到的。小民之所以能够察到，是顺天应事，探其表而断其内，如果是审察正确，那也是天告诉我的，并非是我臆测的功劳。”

齐庄公听后，沉思了片刻，直说：“原来是这样，那你看我这人如何呢？”姑布子卿看了齐庄公一眼后说：“大王中头四方，富贵吉昌，燕颔虎头，威震九州，勇猛好武，真是一代霸王之相啊！”齐庄公听后，畅声大笑。姑布子卿继续说：“大王额广高阔，少年时有成之吉相，神目黑白分明，光彩夺人，命当身居显位。纵是先立后废，依靠天来化险为夷，失而复得，小民在此恭贺大王了。”

姑布子卿说完，众大臣都十分震惊，齐庄公更是惊骇。齐庄公少年的时候英姿勃发，聪明过人，十分受齐灵公喜欢，年纪大些就让他掌管军旅大事，自然是少年有成。后来，齐灵公不顾众人的议论，立他为太子，而身居显位。只因为齐庄公为人好勇斗狠，十分清高，无所顾忌，引来非议，最后齐灵公一怒之下，将他废除。改立公子牙。齐庄公为此十分绝望，没想到就在废除他一个月后，齐灵公就暴卒。而公子牙立足未稳，齐庄公便趁机买通朝廷重要官员，囚禁公子牙，反客为主，再次登上了王位。关于这件事情，外部的人是根本不知道的，而如今自己的隐情却被这个一介小民一口道出，众人无不佩服姑布子卿的神奇能力。

齐庄公见事情败露，并没惊恐万分，而是脸上十分平静，他略皱了一下眉头说：“那么我将来又会怎样呢？你是否也知道？”姑布子卿沉吟良久，说道：“大王目前享国不久，日后富贵威名自不待言。”齐庄公听后，又爽朗大笑，便赐给他一百两黄金作为奖赏，但姑布子卿不予接受。

从金殿出来，各位大臣都纷纷出金请姑布子卿看一相。姑布子卿无奈推辞不过，只好一一相过。只有崔杼和庆封二人酬金不肯接受，晏婴觉得很是奇怪，便私下问姑布子卿。姑布子卿感叹道：“在下遍观所有人，只有大人善相无私，所以才肯相告。他们是将死之人，在下不受他们的酬谢。”晏婴听后十分吃惊，小声说道：“他们二人可是大王的宠臣，权倾朝野，又为何会是将死之人？”姑布子卿说道：“命由相生，我看他们二人额头尖狭低陷，一定是死厄之灾，鼻短小偏塌，一定是为人不义，愚顽驽钝，媚上奴下之辈，这二人现在虽然富贵，不过转眼即逝，破败之祸，已经不远。”晏婴怔立不语，过了好一会才说：“那先生不接受大王的赏赐，又是为何呢？”姑布子卿再次感叹道：“这天机不可泄露，希望大人不要怪罪。在下奉劝大人洁身自好才对。”

晏婴见他有意隐瞒，知道其中定有隐情，也不好再追问，但是心中依旧是忧心忡忡。在姑布子卿辞别的时候，他忍不住再次问：“先生可否告诉我片言？”姑布子卿见晏婴如此诚恳，便说："齐将乱，王死难。"晏婴听后，更加惊骇，刚想细问，姑布子卿已经抽身走远了。

三年后，即公元 548 年，齐庄公与崔杼的妻子私通，被崔杼所杀。国内开始大乱。随后齐景公立，以崔杼为右相，庆封为左相。景公二年，庆封借着崔氏家乱之际将崔一族灭掉，崔杼自杀。景公三年，庆封受国中大姓栾、高、陈、鲍等氏的围攻，逃到鲁国，后来死在了吴国。景公十年最终被杀。这一系列的事变，正如姑布子卿所料。

由此可见，一个会看面相的人是如何的神奇。这正如中医上有望、闻、问、切这四种方法，而从看一个人的面相则能反映出人的素质、修养和命运前途。但是任何事情都不是绝对的，仅仅凭看一个人相貌就能看出人的生死是片面的，也是我们不可取的。

• 舌脱无官不符实际

"舌脱"就是口吃，从生理学上来看，造成口吃的原因有两方面：一个是横膈和声带运动的不协调；二是跟口吃者相处，模仿其说话习惯，渐渐习以为常，成为一种病态。这对于一个人的事业是有一定影响的，一般会成为事业的绊脚石。但此节认为：口吃者无官位，这并不是绝对的，只是针对一般情况而论的。口齿伶俐，吐字清楚固然是为官的不可少的条件，而事实上口吃的人也有当官的人。

古代的官员都要通过科举制度的考试，而考官也是通过读取科考人的文章来选拔的。如果一个人的文章写得十分出色，那么就一定会榜上有名。而对于口吃的人才，并不完全限制。

汉高帝想要废掉太子，立戚姬所生的儿子如意为太子的时候，大臣们都持反对意见，但是他们的反对都没有起到作用，高帝根本就不理会他们。而在这件事情上，周昌在朝廷上与皇帝争辩的时候最强硬，高帝问他有什么理由，而周昌本来就有口吃的毛病，再加上他十分气愤，所以口吃变得就更加厉害了。他说："我的口才虽然不好，但是我期……期……知道这样做是不行的。陛下您就算要废掉太子，但是我期……期……坚决不能接受您的诏令。"

恰巧吕后在东厢房侧耳听到了周昌和高帝的一番关于废立太子的话语，她身为太子的母亲，对周昌十分感激。所以当她见到周昌的时候，便欠身致谢说："如果不是您据理力争的话，那么太子就有可能保不住今天的位置，十分感谢。"

由此可见，周昌虽然口吃，但是他却同样受到了吕后的尊敬和刘邦的重用。

战国晚期，韩非子是一个怀才不遇的韩国贵公子，他天生患有口吃的毛病。他是荀子的学生，又与以后当了秦始皇的丞相的李斯是同学。他心中装的都是一些治国的理想蓝图，但是就是因为自己天生口吃的毛病不能将自己心中的想法说出去，自然他也就得不到国君的重视。韩非子非常爱自己的国家，也更愿意为国家贡献出自己的一份力量，所以他对韩国的政局十分关注。可是韩国在七国中是最弱小的国家，土地贫瘠，经常受邻近的国家欺负，国家的安危受到严重的威胁，而国家的大权又被一些胸藏私心的权贵大臣把持着，政局十分混乱。韩非子面对韩国处于如此微弱的局面，痛心疾首，多次上书给韩王，提出救国的方案，同时也是自荐，希望自己的方案得到韩王采纳，受到韩王的赏识和重用。然而，他的意见总是被一些权贵大臣所阻拦，致使他的意见递不上去。即使递上去了，韩王接见了他，也是当面羞辱他："你说话结结巴巴，还会有什么好的妙策啊？"因此依旧没有将他放到重要的职位上。此后，韩非子便发愤读书、写书。他写了《韩非子》一书以叙述自己的志向，其中有一篇就是《说难》。虽然韩非子口吃，但是文章写得确实好，他运笔华美，议论酣畅，波澜起伏，层层深入，论事入髓，刺人心弦，极具论辩技巧。很快，《韩非子》一书就在七国之中流传开了。秦王政看了韩非子的《孤愤》、《五蠹》两篇文章，大为叹服，还以为是古人所作。

由此看来，口吃虽然是人的缺陷，但是一个有才能的人还是会被领导所重用的，这一点绝对不是用人的障碍。所以说口吃有可能会影响做官，但绝对不是不能做官。

• 吕文德"精灵转世"

南宋时期，南宋将领吕文德长着一副很怪异的面貌，就连他的父母都不是很喜欢他。有一天，有个和尚看到了他，被他的容貌所震惊了，就对别人说："这个人眼睛里流露出金光，光彩射人。声音响亮，震越山林。再看他的身材，铜肩铁肋，真是一副好身板。他是多年修行的精灵投到世上，以后一定是大富大贵。"

旁边有人听后十分不解，就问什么是"精灵转世"。和尚则回答说："一般人相中比较高贵的相都是生有根本，前生都有着不平凡的历史。通常来讲，有五种相为高贵的相貌，这五种人有的前世是神灵，有的前世是经过艰苦的修行，有的则是星宿降生人间，还有的是神仙起了凡心，下凡来感受。再有的是山精野怪在山中修炼多年，有了高深的道行，转变成了人。这些，在相书中被命名为从修行、神灵、神仙、星宿、精怪中来，而且这些人的长相大部分都是与常人不同，他们都很有特征。所以这五种人日后一定能做出一番大事业，得到富贵功名。而平凡人的相貌，多是迷惑不定，俗心未尽，轮回一年又一年，这样的人多数都是庸流，也不会有多好的前程。”和尚说完这番话，便转头而走。

没过多久，吕文德一天到市上卖柴，不小心将鞋落在了路旁，他的脚有一尺二寸长，这时侯正好被路过的大将赵葵看见这只鞋，感到十分惊奇，便拾起，派人四处打探，最后追访到他家里。恰巧正赶上吕文德背着一捆柴，提着一只老虎、一只鹿。赵葵看见他如此英勇神气，又加之来的路上听人们说他的神勇，便让他到自己的军营中去。后来，吕文德屡建战功，最后位居高官，封公封侯，做到了卫国公。

由此可见，相士的话得到了应验。但是，吕文德在宋朝灭亡后，便投降了元，可以说他是一个叛臣，如果按相士的“精灵转世”之说是不应如此的，可见相士的话也不足为信。要知道人的面相可以影响到一生的命运，但是却不能主宰他的一生，有时候人会根据客观条件和主观条件的变化而发生转变。所以作为今人的我们可以通过人的面部去看一个人，但是决不能认为面部所带给我们的信息就是绝对正确的，有时候更要看一个人的行动举止。

• 陈瓘看人

“听其言，观其行”是前人总结出的识人经验，但是知人不是一件容易的事，苏东坡就曾感慨地叹惜道：“人之难知也，江海不足以喻其深，山谷不足以配其险，浮云不足以比其变！”

的确如此，要想真正了解一个人是十分困难的。古代相学家一般都是根据人的面貌和行为而推测出一个人的命相。

北宋时期，有个叫陈瓘的人，非常懂得相学，经常给人看相，并且他所预测的结果都会得到应验。有一天，陈瓘看见蔡京正在看太阳，直视很久都不眨一下眼睛，于是就告诉别人说：“蔡京不怕太阳光，直视了许久眼睛都不眨一下，可见他的精神意志十分充沛，是个富贵的人。但是他敢与太阳敌对，同时也说明他心志太高，目中无君，有可能会肆意妄为，扰乱朝政。”

后来，陈瓘担任了专门为皇帝进谏各种事务的官职，此后他便向皇上检举蔡京。

可因为蔡京是皇上身边的红人，而众人也对陈瓘这种无事生非的行为不满，都纷纷指责他，皇上也因此没有理会。

但令皇上没想到的是，蔡京得了权柄后，开始扰乱朝政，使天下陷入了一片混乱之中。这时候人们才想起陈瓘先前的预见来。但遗憾的是当时根本没有人相信他。

由此可以得出，像陈瓘这样知人才能的人毕竟太少，而天下能够相信陈瓘预见的人更少。俗话说："画虎画皮难画骨，知人知面不知心。"能够真正看清一个人的品行的人，必定是少数，所以我们在鉴别一个人的时候不能以偏概全。

• 观人须注重表里如一

曾国藩非常注重自己人格的修炼，在他看来，"人无信不立"。表里不一，行为不正的人，必定不会被人信服，言语不诚实的人，也一定没有人与他共事。只有自己诚恳，为人表里如一，自己的一切才能公之于众。他说，掌握军队，驾驭将领，更要忠诚，而不能玩权术。

白居易曾有诗曰："笑中有刀潜杀人。"笑中有刀，指的是唐高宗时的宠臣李义府。他为人"貌状温恭，与人语必嬉怡微笑，而褊忌阴贼"。他以拍马屁起家，一旦得权后，专事笼络与斗争，他要打击异己时，总是向对方表示善意，笑脸以对，所以人称他为"笑中有刀"。

事实也正如白居易、曾国藩他们所说一样，"金玉其外，败絮其中"者不在少数，纵然此时能欺得众人，长久以后其本质也终将暴露。人之相可表其心，做人当表里如一，加强自身修炼，观者也当重其是否表里如一。

再说铁面无私的包拯，他更是一个表里如一的人。他从小家世清贫，命运偃蹇，生下来就是个"黑漆漆、亮油油"的小儿，幸蒙父母兄嫂怜爱，将其抚养成人，并聘请恩师，教诲他一举成名。包拯长大后也非常孝顺父母，所以史书上说他"少有孝行，闻于乡里"。包拯在二十九岁中进士后，竟辞官归里，颐养双亲，以终天年。直到先后给父母送终，并且守制满期后，包拯才出去做官。先任天长县知县，后又任端州（今广东肇庆）知州。端州出产一种名砚——端砚，是向朝廷进贡的贡品。由于官吏大量贪污，每年进贡端砚数不断增加，人民不堪负担。包拯上任后，下令只按规定数进贡，任何官员不得加码、贪污，一扫往日贪风，从而减轻了人民的负担。而包拯自己后来在离任时，连一方端砚也没有带走。

总之，忠直高尚的人，不管在人前人后他都是表里如一。处事公正，清纯高洁，始终不变。而我们看一个人的时候，不仅仅是要看一个人的面貌，更要看他的行为是否是始终如一，而不是善变的人，只有这样才能识别出好的人才。

第四篇

情态鉴：

相人之要，情态为先

容貌是骨骼状态的余韵，以弥补骨骼的缺陷；情态是精神状态的余韵，以弥补精神上的不足。从情态鉴人，不但要从细处着眼，还要分清主次。然而考察情态不能决定一个人的终身命运，但是只要能够掌握了其中的几种状态，就能识别出更多的人才。

一、情态是精神的流韵

【原文】

容貌者，骨之余，常佐骨之不足。情态者，神之余，常佐神之不足。久注观人精神，乍见观人情态。大家举止，羞涩亦佳；小儿行藏，跳叫愈失。大旨亦辨清浊，细处兼论取舍。

【译文】

容貌是人骨骼的余韵和外在显现，常常能弥补骨骼的缺陷；情态是精神的余韵与外在表现，常常能弥补精神上的不足。久久审视，应注意观察人的精神状态；短暂一见，主要观察人的情态。像五侯将相、高官显贵这些名门大家的举止动作，即便有羞涩之态，也可称作佳相；而像小孩儿哭哭啼啼，又叫又跳，越是矫揉造作，只会让他们显得更加粗俗愚蠢。观察人的情态，要从大处着眼来分辨清浊，细致观察时，还要兼论取舍存留，方可大处着眼，细处定性。

【解读】

• 容貌是骨的外在表现

容貌者，骨之余。这里的容貌与通常人们所说的容貌有所区别。文人先观神骨，以骨鉴人心性、才能给人一种虚无缥缈的感觉，实际上用“容貌是骨的外在表现”来解释，也许人们会更好地理解其中的意思。

• 观其情态，察其品行

人的一个眼神、一个表情、一个动作都是最直观的语言，如果一个人想表达一种思想，他不用说话，只要通过情态就能显露出来，是优雅洒脱、气度豪迈，还是娇弱柔美或者冷艳之美，都能一眼辨认而出。这就是情态语言的魅力所在。

情态，是生活中人物的个性流露。曾国藩在这里说乍见观人的情态，是因为情态不需要伪装，也不用坚持，很容易获得信息。而如果精神故作抖擞的人，则需要长时间的观察才能看清楚他的真伪。文中说的“乍见”和“久注”实际上都是对人最开始的观察，只是时间的长短不同。如果要从一个人的情态中得知一个人的品行及其他信息，那么就需要在日常生活中观察得更仔细些。一般情况下，通过识态便能知道人的内心想法，也会由此推断他的品行德行。

清朝时期，曾国藩是出了名的大臣。他的为人处世以及为官之道一直被人传颂着。他为官清正廉明，任人唯贤。任职期间，曾提拔了左宗棠、李鸿章等名将，而且他还具有精明独到的判断力，常常能慧眼识英雄，为朝廷挖掘了不少人才。

其实，考察人的情态，目的就在于用人者在与人相见过程中，确定人物的心性、才能、品质。曾国藩能够在大厅外识别出刘铭传的大将气度，这是他几十年阅历经验丰富所致，而不是凭空而造。每个人也都有这种能力，比如我们乍见一个人，就会喜欢上他，认为是一个人才，这便是所谓的“一见钟情”，而这种结果往往都是美丽的幻想。

所以说，能够像曾国藩具有一双慧眼的人是寥寥无几的。一个优秀的领导者无需事事亲自处理，但必须要有识人的慧眼，让每个人都能发挥他的才能，把各自的能力表现出来。

• “神”与“情态”关系

曾国藩认为，一个人的“神”与“情态”之间是密切相连的，它们是表与里的关系。“神”蕴含于内，“情态”则显示于外；“神”以静态为主，“情态”则是以动为主；“神”是“情态”之源，“情态”是“神”之流。因此说，“情态者，神之余”。

情态是人内心欢悦痛楚的面部表现。如果人精神不足，要由情态来补充，佐以优雅洒脱、清丽绝俗、优美端庄、气度豪迈、冷艳飘扬之态，自然别有一番风姿。如《红楼梦》中的林黛玉，一身病态。精神自然是不足的，虽得珍贵药物调养，仍无回天之力，但她身上的冰雪聪明、弱态娇美，却是一种美丽。这便是“情态者，神之余”的一种。由此可见，“情态”是“神”的流露和表现，如果其“神”或嫌不足，而情态优雅洒脱，那么情态就可以补救其“神”之缺陷，这就是所谓的“常佐神之不足”。

“神”与“情”统称叫做“神情”，从表面上似乎说的是一个意思，其实二者是有一定区别的。当考察一个人物的时候，各自的本源不同，用途也不同，那么所表现的情势更不相同。仔细区分，就会知道，“神”包含于内，“情”现于外，一个是抽象的，一个是具体的。“神”往往呈静态，是不容易被人察觉的，而“情”常常呈动态，是很容易让人觉察到的；神是人体内持久性的内在力量，贵在精神充沛，隐隐有形，情则是经常是瞬间的表现，贵在自然纯朴。

总之，精神是本质，情态是现象。要知人的本质，都要先从人的情态入手，因为情态能佐神的不足，所以我们在考察人物的时候，要做到先观察一个人的情态，再深观察人的精神。这正是此节提到的“久注视人精神，乍见观人情态”的说法。

• 情态与容貌之间的联系

情态与容貌之间，既有联系又有区别。容貌是形体的静态之相，它是表现仪表风姿的；情态则为形体的动态之相，是表现风度气质的。二者有着本质的区别，“形”也有所不同。

但是二者又是紧密相连，可以相辅相成，相得益彰。如中国古代四大美女：貂蝉、西施、王昭君和杨玉环，这四人都有“闭月羞花之貌，沉鱼落雁之容”。可以说她们四人的情态和容貌是相辅相成、相得益彰的。但我们也经常见到容貌清秀美丽，但举手言语之间十分粗俗的女子，这是容貌佳秀而情态不足的；又有容貌丑陋不堪、观不入目，但却是端庄美丽、知书达理的，不失一种深藏的内在美。这是容貌不足而情态有余的。

• 大家举止，羞涩亦佳

“大家”与“羞涩”是指人的两种情态。“大家”是指一个人的学识修养深厚渊博，举止大方、贴切得体。正如古人所说：“大人之风，山高水长。”由此将一个人的风貌情态描写得淋漓尽致。一个人是否具有大家的举止，是以大方得体为要，而不是以一时的伪装而呈现的。譬如人的气度豪放，可以一时虚饰，但当他受到环境或者主观因素的影响的时候，气质就会发生变化，这种豪放如果不是出自内心，是根本无法做到长久如此的。

文学大师钱钟书先生是个“甘于寂寞”的淡泊之人。他最害怕是被人宣传，更不愿意在报刊上露面。当他写的《围城》出版后，国内外一时间引起了轰动，许多记者都想采访他，但都被他拒绝了。有一天，一位英国女士打来电话，说她非常喜欢看他的《围城》，特别想拜访他。钱先生在婉言谢绝没有效果后，便以特别的幽默对她说：“假如你吃了个鸡蛋觉得不错，那你又何必要认识那个下蛋的母鸡呢？”

由此可见，钱钟书所表现的就是一种大家风范。他有着深厚渊博的学识，但是他却从不因为成名而去显耀自己，而是以一颗平常的心对待，更是以大方的举止拒绝别人。

“羞涩”，一般是人的一种内向心理表现，属于一种女儿态，但又不同于猥琐、小女儿家似的扭捏作态，而是指见人脸红，不善交际，开口讷讷，而且情态仍安详静穆，闲雅淡然，一动一静、一颦一笑都不失大家风度，不落常人俗套。这种羞涩是一种佳相，即所谓“羞涩亦佳”。

人类原始时期，我们的祖先曾有过一个裸体群居的生活阶段。后来，才逐渐开始用树叶或兽皮来遮掩身体的某些部分，人的羞涩也开始产生。

心理学家也曾用实验证明：羞涩，一般是女性比男性多，或者说主要是属于女性的尤其是姑娘们的性格特征。男性的羞涩往往显得憨厚、幼稚，让人觉得可笑，而女性的羞涩却被看做是正常现象，是一种女性特征。女性如果缺乏了羞涩，就往往被讥讽为厚脸皮。

在军队中，我们往往看到女性都有着刚毅的性格，有着男子汉的气概，戎马的生活让人看不到一丝一毫的女儿扭捏之态。但是如果在爱情的场合，却依然显示女性原有的羞涩。因为在恋爱的过程中，男子的性情往往都会很外露，而女子即使对男方有爱慕之心也不会轻易表露情感。羞涩同时也是人类特有的一种护身情感，是对自身的一种掩饰，是内心胆怯的回声，是感觉到不安的反映。而如果女性过于开放、外露、直白，或者过于约束、抑制、拘谨，都是美中不足的个性。因此羞涩一般也是一种深沉、含蓄的表达。这种羞涩体现女性特有的自然的美，并给人们带来美的享受。

由此可见，羞涩是一种感到难为情的心理活动。它伴随着甜蜜的惊慌，异常的心跳，脸上荡漾起丰收的红晕。姑娘脸上的红晕，就是青春羞涩的花朵。它是一种感情的信号，是一种动情的外部表现，是被异性拨动了心弦的一种感应。老舍先生说："女子的心在羞耻中运用了一大半。一个女子的脸红胜过一大片情话。"可见羞涩是一种美的情话。

譬如马克思和燕妮之间的崇高爱情，在表达方式上是含蓄羞涩的，他搜集抄录民间的情歌给她，这种表达方式就是美的。这种在爱情生活上采取羞涩的态度，是一种文雅而知礼的表现，是一种美。在表达感情上用含蓄委婉的方式，"插柳不让春知道"，爱情就会像丝丝春雨，慢慢湿润渗透心田。

此外，羞涩还是一种源于心灵的纯真，犹如温润与柔美的皎月。你的优雅，让你美丽脱俗，仿佛是一泓幽静潭水中漾起的涟漪，是静中闪动的亮点。

古人常形容女子为"红颜"，这"红"字不只是面部的青春红润，更重要的是与羞涩有直接关系。正如康德所说："羞怯是大自然的某种秘密，用来抑制放纵的欲望。它顺其自然地召唤，永远同善、德和谐一致。"羞涩之色犹如披在女性身上的神秘轻纱，增加了她们的迷离朦胧。这是一种含蓄的美。

羞涩表现了人类的开化，动人的表情，文雅的举止。羞涩的美是朦胧的，温柔的，它可以储蓄传递姑娘的情波，有一种空灵的诗情，有诗曰："姑娘，你那娇羞的脸使我动心，那两片绯红的云显示了你爱我的纯真。"

综上所述，使我们知道在世上所有的色彩中，女性的羞涩是最美的。动人的表情，迷人的色彩，文雅的举止，朦胧的神韵，温柔的蕴藉，使得女性的羞涩具有强烈的神奇魅力和功能。一个女人虽眉目口齿美丽，但如果失去了羞涩之美，就犹如花儿缺少香味，总让人心存缺憾。"犹抱琵琶半遮面"、"欲走还休，却把青梅嗅"，人美而含羞，两相映照，互发光辉，更增加了女性的迷离朦胧。总之，羞涩是一种含蓄的美，是一种使女人充满无限韵味的美，更是一种不可缺失的美。

• 小儿行藏，跳叫愈失

"小儿行藏，跳叫愈失"，这也是人的一种情态。成人一般也有小孩子一样的神情举止，只是各自有着不同的根源。出于真性情的，是顽劣本性在成年后的表现，这种情态往往都比较短暂，言谈举止也是转瞬即逝。如果是出于伪装的心，那么神情也会从中分辨，其他人也能觉察到你的伪装情态。

人的情态是多种多样的，但是都会有迹可寻，就像人内心的"神"一样，先是辨别清浊，再论表现。所谓的清浊之道，是先从人的外貌鉴别，观察人的性情，清者贵，浊者贱，就好比是莲花出淤泥而不染，这便是以物取象。

神不足的，可以取做好的情态补之；骨不足的，可以取容貌最漂亮的部位补之。当人的神态不能清晰辨别的时候，考察一个人的情态就能知晓；与人相见短暂、没有时间细审精神的时候，考察人的情态容貌就能了解。有羞涩女儿的姿态时候，考察他的本性是否大方；有小儿一样的举止时候，考察他的本性是否自然纯朴。这都是兼顾取舍的实际应用。

其实，只要你仔细听人的言谈，察人的神情，就能分辨出一个人的内心想法，从而对这个人进一步地了解，以下是人显现情态的几种情况：

言谈神情的分辨

从人的言谈神情中至少可以分辨出十四种情况：

1. 论显扬正，白也：这是说一个人说话的论点鲜明，态度轩昂，这是明白通达的人。

2. 不善言应，玄也：这是说一个人不善于用语言应对，这是深沉玄妙的人。

3. 经纬玄白，通也：经纬，丝织物的横线为经，竖线为纬。此处言纵横，条理清晰，也就是说条理通达，黑白分明，这是理论精通的人。

4. 移易无正，杂也：是说一个人动摇不定，没有主心骨，这是驳杂不清的人。

5. 先识未然，圣也：是说一个人未卜先知，这是圣贤之人。

6. 追思玄事，睿也：是说一个人探求阐述深奥之理，这是明哲的人。

7. 见事过人，明也：是说一个人对事物有超人的判断力，这是英明的人。

8. 以明为晦，智也：是说一个人以明为暗，逆向思维，这是大智的人。

9. 微忽必识，妙也：是说一个人对事物体察入微，这是神妙的人。

10. 美妙不昧，疏也：是说一个人熟练而没有疑惑，这是学术精练的人。

11. 测之益深，实也：是说一个人讲话掷地有声，经得起推敲，这是真才实学的人。

12. 假合炫耀，虚也：是说一个人故弄玄虚，这是虚伪的人。

13. 自见其美，不足也：是说一个人自以为是，这是知识不足的人。

14. 不伐其能，有馀也：是说一个人不夸耀自己的才能，这是谦虚之人。

表情是心灵的窗口

生活中，我们常见人们显现脸上的表情有以下几种：

1. 忧患之色，乏而且荒：这是一种忧虑的神情，是因为疲竭而惊慌，焦虑不安。

2. 疾疢之色，乱而垢杂：这是一种患病的神情，一定是昏乱憔悴，委靡不振。

3. 喜色愉然以怿：这是一种喜悦的神情，一定是喜悦而得意，满脸欢笑。

4. 愠色厉然以扬：这是一种愤怒的神情，一定是声色俱厉，愤然激昂。

5. 妒惑之色，冒昧无常：这是一种妒忌的神情，一定是喜怒无常，莽撞无礼。

表情来判断其心理活动

谈话时，也可以通过一个人的表情来判断其心理活动：

1. 其言甚怿而精不从者，中有违也：就是说，口头里说着喜悦的话，但神情上却相反，这是言不由衷的违心之举。

2. 言有违而精色可信者，辞不敏也：这是说说话不痛快，但神情却真诚可信，这是言辞不敏捷。

3. 言未发而怒色先见者，义愤溢也：这是说话还没出口而先露怒色的，这是义愤填膺。

4. 言将发而怒气送之者，强所不然也：这是说话中夹杂着怒气的，这是忍无可忍。

• 观人情绪识人心理

通过观察一个人的情绪和欲望，来辨别一个人是个心胸宽广的人，还是器量狭小的人，这需要我们从人的情绪和欲望的六种表现形式来看。如果一个人实现了自己心中的愿望，那么他就会喜形于色；如果他的才能得不到认可，那么他会怨天尤人；如果他总是喜欢显耀自己，为取得一点成就而沾沾自喜，就会得到别人的厌恶；如果他总是谦虚退让，不揽其功，甘居人后，那么他会受到别人的欢迎；如果他总是爱背后议论别人长短，就会引来别人的怨恨；如果他总是做事张扬，好大喜功，就会招来别人的嫉妒。这些都是人情绪的表现。

从中，我们就会得知从一个人情绪上观察就能判断这个人到底是个什么样的人。所谓“观其情机”。此外，通过观察一个人的情绪还能识别人的心理。

在“建安七子”中，王粲的文学成就最高。他从小就早熟早慧，少年就能博览群书，而且才思敏捷，文笔极好，过目不忘。所以，小小的年纪，他的名声就远扬四海。

当时在长安，有一个名叫蔡邕的文官，人们都称他为蔡中郎。因为他博学多才，文笔细腻，性格儒雅，慷慨好施，礼贤下士，是一个人心归向的大名士。尽管当时处于动荡混乱的局面，但是蔡邕的府上依然是门庭若市，从早到晚向他求见和拜访的人络绎不绝，以至门前的道路常常被来访客人的车马所堵塞。

这天，王粲的父亲也打算带着王粲去拜师，于是他们来到了长安。他们来到蔡邕的府上，看见这里的宾客盈门，高朋满座，蔡邕正与来宾们席地而坐，谈笑风生。他们立刻便将自己的来意告诉蔡邕的下人。只见一个下人来到蔡邕的身旁，在他耳边轻轻说了几句话，蔡邕就急忙对家人说："快请快请！"说着，也急忙站起来，因为慌忙来不及穿鞋子，便倒拖着鞋出门去了。满座的宾客从来没有见到蔡邕如此的神情，个个都暗自猜测起来："这个来人会是谁呢？肯定是一个大人物。"

不一会，蔡邕将王粲带了进来，并给大家介绍。这时候宾客们无不露出惊讶的神情，有几个人甚至不相信自己的眼睛，用手揉了揉。原来是一个十三岁的小毛孩。看他文弱矮小，皮肤黝黑，相貌不扬，体格不壮，是个很不起眼的人啊。而蔡邕已年近六十，又是文坛泰斗，却如此礼遇一个小孩子，真是让人费解。

蔡邕意识到大家的疑惑后，就拉起王粲的手对所有的宾客说："你们可别看他是个孩子，他可是个举世无双的神童。他叫王粲，虽然只有十三岁，诗赋文章却无一不精。他才情出众，悟性非常高。我有很多方面都不如他呀！他将来一定会超过我，甚至比我强十几倍。"自古都说文人清高，但蔡邕却是如此的谦逊，可见他的这种精神十分可贵。经过蔡邕这么一番介绍，大家也开始对王粲刮目相看了。

当时，在蔡邕的私人藏书库中有一万多卷书籍，在当年那种兵荒马乱的年头，如此多的书籍可以说是一笔相当可观的财物。因为蔡邕对王粲十分赏识，便毫不吝啬地将这些所藏的书籍赠给他，并感慨地说："我将把我一生珍视、收藏的图书典籍都赠送给你，这些书放在你那里比放在我这里更有价值，希望你能勤奋学习，不辜负我对你的一片希望！"

王粲从此读书非常用功，爱书如命。在他十六岁的时候，就被朝廷授职黄门侍郎。但他看到政局如此混乱，朝廷又是徒有虚名，便南下荆州，去依附地方实力派刘表。在刘表的门下，人才聚集，不乏才智之人，但是年纪尚轻的他居然很快从众人中脱颖而出，被荆州文人所佩服，因此推他为文坛盟主。

由此可见，这也是蔡邕慧眼识才的功劳。王粲的才华在还不被人知晓的时候，蔡邕就是一个众人所知的名人了，但是他却怀才不傲，慧眼识人，对于一个十三岁的孩子如此礼遇有加，实在是令人佩服。更从他这种为人待事的情绪中，得知他真是个德高望重的圣贤之人。

• 刘晔善于窥视人的心意

在魏明帝曹叡时期，有个叫做刘晔的人，在朝中做侍中大夫，这个人具有聪明的头脑，但是却十分狡诈，魏明帝特别器重他。有一次，魏明帝想要讨伐蜀国，但是众多大臣都持反对意见，于是纷纷劝谏。举棋不定的魏明帝就将刘晔召入密室进行商议。刘晔则是顺着魏明帝的意思说："蜀国可以讨伐。"刘晔从密室出来后，朝中大臣都纷纷问刘晔商议的结果，刘晔又顺着大臣们的意思说："蜀国不可以讨伐。"在当时，领军的杨暨也同样是魏明帝器重的大臣，他对刘晔也十分敬重。当魏明帝提出讨伐蜀国的时候，杨暨就坚持反对，还去问过刘晔的意见。刘晔也回答说："蜀国不可伐！"

后来，魏明帝又把杨暨召入内室议伐蜀的事情，杨暨就力谏不能伐蜀。魏明帝听后，就说："看来你只是个书生，根本不懂兵事。"杨暨说："陛下，如果我说的话你不信，那么侍中刘晔是你的谋臣，他也说蜀不可伐。"魏明帝则说："他告诉我是蜀可伐。"杨暨无法争辩，只好说："你可以把刘晔召来对质。"

随后，魏明帝又召进刘晔，便问刘晔能否讨伐蜀国的事情。刘晔面对着杨暨的面一句话也不说。魏明帝似乎看出了刘晔的顾虑，就将杨暨屏退了下去，单独与刘晔谈。杨暨走后，刘晔则反过来指责魏明帝："讨伐别的国家，这是大谋，我每次从你这知道一些国家大谋，常常是怕睡觉说梦话泄露出去，你怎么把讨伐蜀国的真实情况告诉别人呢？而且打仗本来就是诡诈之道，大兵还没发，越机密越好。如今陛下向外泄露，恐怕敌国早已经知道了。"

魏明帝听刘晔这么一说，觉得他说得十分有道理，也就没有责怪他的以下犯上以及说话不一致的不忠罪名。

刘晔出来后，见到杨暨又对他说："你知道钓大鱼吗？如果你钓到大鱼，你不能强行去拉鱼竿，而是要放开钓线，随着它跑，然后再慢慢牵它，那样的话大鱼就不会挣脱鱼竿而跑掉了。要知道皇帝的威力要比大鱼更难对待，你虽然是个直面诤谏的忠臣，但你的计谋不足采纳，我希望你能深思其中的道理。"

后来，有人经过长时间的观察，觉得刘晔是个不尽心的人，于是就在魏明帝那里参了他一本说："刘晔这个人不尽臣子的责任，他是最善于窥视陛下的倾向，而顺从于你。陛下如果不信，可以试着观察刘晔，用你的反意问刘晔，如果他的回答都是顺着你的意思，那么你就会知道他是善于窥测你心意的。"魏明帝便听信了此人，就用这一招来试探刘晔，结果发现刘晔果然如那人所言。从此，魏明帝便开始疏远刘晔，最后刘晔因为得不到魏明帝的信任和宠爱，郁郁而终。

由此我们可以得出，刘晔是一个奸臣，他不仅善于窥测皇帝的心态，更善于辞令，工于心计。处理任何事情，他都会圆滑处之，不得罪任何人，可谓滴水不漏。对此宋代司马光曾评价他是明智权计之士，但却是没有德性、没有操守之人。

• 知情态臣竟欺主

情态可以分为多种，我们经常说的坏人有奸、邪、佞、贼等。这些人之所以称为坏，其实也有一定的才能，否则就根本不会被人重用。而且这些人，还非常善于保护自己，甚至有比仁人志士更为优长的才能，那就是善于权变。

唐高宗时期，奸臣李义府很善于伪装自己，他表面看上去是柔顺谦恭，内心却十分奸佞。与人说话的时候，他总是面带笑容，将阴险狡诈和偏私妒忌藏在心里。只要是他看不顺眼的人，他就中伤陷害。如此阴狠、口蜜腹剑的人，更带有欺骗性和危害性。时间长了，朝中的大臣都看清了他的嘴脸，于是给他起个绰号叫做"笑中刀"。因为他常常是背后给人捅刀子，也就是所谓的"以柔而害物"，所以也有人称他为"李猫"。当时，高宗和武后特别宠信李义府。他手中掌握着一定的特权，就更加胆大妄为。有一天，他听说在洛州大理寺内关押着一名女囚犯，长得非常漂亮，于是便起了私心，命令大理寺丞相毕正义将她释放，打算把她纳为小妾。大理卿段宝玄听到了这个消息后，便立刻向高宗奏明这件事情。高宗便下令给事中刘仁轨、侍御史张绝审问，弄清事情的真相。

李义府黔驴技穷，为防止事情泄露出去，就逼迫毕正义自缢，以此来杀人灭口。这件事情被高宗知道后，其实他心里明白，却故装糊涂不治他的罪行。

一时间，朝中大臣都不敢轻易地去得罪李义府。但侍御史王义方有着一颗正义的心，他明知道弹劾李义府会给自己招来祸患，甚至是连累到自己的老母亲，但是在他母亲的支持下，他还是挺身而出，上奏皇上说："李义府辇毂之下，擅杀六品寺丞，就算正义自杀，亦由畏义府威。如此，则生杀之威，不由上出，渐不可长，请更加勘当！”而且还当庭斥责李义府退下，但李义府却是装作若无其事的样子左顾右盼，王义方再三斥责，李义府再看高宗沉默无语，只好退出了宫殿。于是，王义方当廷宣读了弹劾李义府的奏章。高宗原本是装糊涂而息事宁人，但是没想到王义方却揪住不放，顿时龙颜大怒，不但没治李义府的滥杀无辜之罪，反而说王义方毁誉大臣，言辞不逊，便将他贬到外州做司户。

如同李义府“诛弃骨鲠大臣”一样，被他陷害的不只王义方一人。657年，即显庆二年，李义府进中书令，兼检校御史大夫，加太子宾客，封为河间郡公。这个时候，他与礼部尚书许敬宗秉承武后旨意，诬奏侍中韩援、中书令来济与褚遂良图谋不轨，贬韩援为振州刺史，来济为台州刺史，“终身不听朝觐”。又贬褚遂良为爱州刺史，柳爽为象州刺史。这些都是太宗朝中的重臣，他们忧国忧民，维护朝纲，是李义府等人行其奸佞的绊脚石，所以他们相继被贬。

奸佞的人，多数都是贪得无厌的人，这些人善于结党成派。李义府更是这样的典型。

显庆三年（公元658年），李义府将他的儿子们，甚至婴儿，都封列为官。使自己的家室荣宠豪贵。但是他还是不满足，还和他的母亲、妻子以及儿女们卖官鬻爵，可见他是贪到了极点。与此同时，李义府还不惜重金和手段培养自己的亲信，树立朋党，他的权力也逐渐达到“倾动朝野”。

李义府的这种得意忘形、胡作非为也引来朝中一些大臣的不满及愤恨。中书令杜正伦是一元老臣，他对李义府的所作所为厌恶到极点。李义府依仗皇上的恩宠，更不把杜正伦放在眼里。杜正伦为了消除李义府，便暗中与中书侍郎李友益商量，想尽办法来搜集李义府的罪证将他除掉，否则朝中将不得安宁。很快，这个消息被李义府知道，他便来个恶人先告状，来到皇上那里诬陷杜正伦。于是，两人便在高宗面前争辩不休，互相指责。高宗虽然十分宠幸李义府，但是杜正伦身为太宗朝中的重要大臣，而且说话十分有理，但是又不能只处罚李义府一人，于是他便下令将两人各打五十大板，进行处罚，同时还贬杜正伦为横州刺史，李义府为普州刺史。

朝中大臣见杜正伦受到如此的惩罚，都表示不满，心里也一直支持杜正伦。然而武后最偏袒李义府，表面上高宗对两人进行了处罚，但实际上只是对杜正伦一人的惩罚。本来是李义府有过失，被贬是应该的，而杜正伦进谏弹劾奸佞，本该受到奖赏，却反造遭贬谪，真是黑白颠倒，不分是非。

事实上也的确如此，杜正伦死在了横州，而李义府不到一年就恢复了官职。显庆四年（公元659年）八月，高宗又下诏封李义府为吏部尚书、同中书门下三品，其他的官员依旧没有加封。

李义府之所以官职恢复如此之快，也是因为朝廷发生了一次大变动。高宗想要立武昭仪为皇后，但是唐太宗皇后之兄长孙无忌却坚决反对。后来武后便趁机诬陷国舅长孙无忌是“今之奸雄”，有谋反之心。于是高宗听信了武后的话，就将他的舅父长孙无忌放逐黔州，长孙无忌的儿子秘书监驸马都尉长孙冲也被除名，流放岭南。同时还斩杀了贬在外地的韩援、柳爽等，受牵连的大臣达十多人。就连中立不言的燕公于志宁也被贬为荣州刺史。

武后消除了唐朝元老派的势力后，朝中的大权也进一步被她所掌控。这时候，李义府重入朝廷，其行为也就更加无所顾忌了。

贪婪奸佞的李义府家世可谓非常显贵了，但是在他看来，自己的家族还没有列入《氏族志》，实在是一大遗憾。于是他就将自己的想法和武后说了，结果与她不谋而合，因为武后的家族也不适合人《氏族志》。于是在武后的帮助下，李义府和许敬忠奏改《氏族志》。后来武后又怂恿高宗，将新订氏族志更名为《姓氏录》。这时候李义府便趁机说他本出于赵郡李氏，并同李氏叙亲疏。可见“无赖之徒藉其权势，拜伏为兄叙者甚众”。给事中李德崇开始与他叙同谱，待他被贬普州，德崇便将他从赵郡李氏族谱中削除。后来他知道后，十分愤怒，重新为相后，就唆使亲信罗织罪名诬陷李德崇，将他打入牢狱，并逼其自杀。

从中可见，李义府是一个报复心很强的人，而且心狠手辣，只要是有人不顺他的眼，他一定会想办法复仇。

就这样，李义府的家族挤进了《姓氏录》。但他又觉得先祖的坟墓实在寒酸，有失体面，于是他又将祖父改葬于永康陵旁。随后便开始命人大兴土木，下令附近各县都派丁夫、车牛参加修建。这时候，三原县县令李孝节便趁机竭力讨好李义府，私下征集众多丁夫、车牛，昼夜不停地输土筑坟。附近七县的县令见三原县县令如此大张旗鼓，都怕自己稍有怠慢而得罪了李义府，迫不得已也都带领人丁、车牛去参加。而高陵县县令张敬业一向忠厚老实，迫于压力，终日劳累，活活被累死在工地上。助役的不仅仅是附近的七县，甚至王公以下的各级官吏也都争先恐后地为其送礼，赠送安葬所需用品。送葬那天，高宗下诏令“御史皆哭”。送葬的马车以及祭奠供帐等物，从灞桥到三原七十里，浩浩荡荡，络绎不绝，成了唐朝以来王公大臣们从来没有过的豪华葬礼。

李义府的这一举动，可谓是贪得无厌的表现，又是权倾朝野的一次炫耀和示威。可以说他葬祖坟之举，既是想光宗耀祖，更是玩弄阴谋诡计的借口。就连他的家人也跟着肆无忌惮，专以卖官为事。时间久了，高宗觉得李义府的行为越来越过分，便劝他说："听说你的儿子、女婿非法行事，多有过失，我已为你多加掩盖，你应该劝他们少为之。"作为一国之君能够对臣子如此劝慰，可以说已经非常客气。李义府却脸色转变，问道："是谁向陛下这么说的？"高宗回道："这还用问我，这不是你自己的所为吗？"李义府无言以对，但并没有向高宗谢罪，只是慢慢退下。这让高宗十分不高兴。李义府依仗武后撑腰，所以对高宗如此不恭敬，根本没把皇帝放在眼里，可见他的奸佞和霸道。

通过以上这些行为可见，李义府是个十足的奸佞之人。他没有任何原则和操守，为了达到自己的目的做尽了各种坏事。他为恶、为邪的时候善于决断、善于寻找机会，他的意志力、隐忍的能力可以说比那些有良心、有贤能的人要多出几倍。为此，古人都号召那些志士仁人要"行善如行恶"。这都是因为奸、邪、佞、贼之人把自己的刀子磨得都十分锋利，杀起人来从来不留后患，锐不可当，因而一般都会取得成功。李义府正是这样的典型，所以他的胡作非为能使他如愿以偿。

恶贯满盈的人终就会得到报应，而李义府这样的人当然也不会例外，最终，李义府死在流放的路上。所以说，生活中的我们一定不要做奸佞之人，为人从善，才是最好的立身法则。

• 李药师见微知著

有诗曰："月晕而风，础润而雨。"其意思是说任何事情的发生都是有征兆的，关键就在于你是否能看出来。我们评判一个人也是如此，如果你能仔细观察，就一定能看出一个人内心的真实想法。

唐太宗时期，大将侯君集一直备受唐太宗的宠爱。他在战场上立下了汗马功劳。但是，他在任职上却总是不及房玄龄和李靖，这让他心中十分不平。有一次，太宗对他说："你上阵杀敌，可以说是非常勇猛，但是作为将领，一定要懂得兵法，你在这方面还是有所欠缺的，以后要多加学习。"皇上的一番话，正说到侯君集的心里去。

于是，侯君集立刻说道："皇上所言极是，臣听说李靖熟通兵法，恳请皇上为我求情，让李靖教臣兵法。"太宗答应了他的请求。

随后，太宗便命令李靖到侯君集那里去。李靖对于兵法十分精通，也写过兵书，可以说是唐代大将中最有谋略的一位。然而，没过多久，侯君集就进谏皇上说："李靖想要造反，露出谋反之心。"太宗听后十分吃惊，便问："你从哪里看出？"侯君集说："李靖教我的兵法，专挑一般的来教，而最精髓的部分他都藏在心中，不肯泄露。一个精通兵法的人，又不肯外传，我肯定他有谋反之心。"

后来，唐太宗召见了李靖，就拿侯君集所说的话来质问他。李靖听后笑了，对太宗说："陛下，要说造反的，是侯君集，而不是我。"太宗有些不解，就问："你为什么这么说？"李靖便开始严肃地对太宗说："陛下你仔细想一想，如今天下已经安定，只是四方的疆域偶尔有些战事。臣所教给他的这些兵法，足以对付和抵御四方的外患了。但他却不知足，一心想要学到更精深的，这难道不是有造反的心吗？"这时候，江夏王也开始说道："陛下，侯君集这个人志向远大，可是却没有智谋。他自以为立了很大的功劳，虽然你给了他吏部尚书的官职，但是他依旧不满足。按微臣来看，侯君集将来一定会作乱。"

太宗听后，却不以为然地说道："侯君集有才能，不是我不肯提拔他，只是因为他的功劳没有到。你们对人不可以胡乱猜疑，否则会出问题的。"

结果，侯君集勾结太子，图谋造反，被太宗处死。后来太宗对李靖说："果然被你猜中了。"

由此可见，一个人的言谈举止，总能让人看出其内心的想法。比如侯君集，他跟李靖学到一些兵法后，想学更深层的，可见他有着着野心和贪婪的欲望。正因为这样，所以他不甘于人下。虽然他立下了战功，但是却不懂谋略，这一点就连太宗都知道，并劝慰他多读兵法。这说明侯君集根本就没有什么政治智慧和远见。如果他仕途顺利，就不会有什么过分的举止；一旦受挫，他一定会心存不满，图谋不轨。

李靖通过对侯君集的观察，发现他的内心深处藏着的诡计，于是自己也留了一手。可见，李靖这种见微知著真是令人佩服。

• 抓住皇帝，势焰熏天

朱厚照执政后，已经年近六十六岁的太监刘瑾被提拔做内宫监掌印太监。这个职位在当时可是一个肥缺，如同朝廷的吏部尚书。没过多久刘瑾又被任命为总管十二团营京量驻军的司令长官，并控制最厉害的火器兵种——神机营。这接二连三的升职让刘瑾暗自庆幸，自己忍辱负重大半生，终于可以在花甲之年掌握了大权。

明朝时期，司礼监是个权力很大的地方，所有朝中题奏的事情都要首先到司礼监，同时，它还控制着最大的特务机关东厂和西厂，可以说是集行政权和监察权于一身。但是有的人总是不知足，总希望得到更多。刘瑾就是如此，他根本就不喜欢小皇帝对自己发号施令，于是他就想到了两个制服皇帝的办法：一个是“快活”，一个是“烦恼”。

小皇帝从十几岁起，就被刘瑾看着长大，因此他对于小皇帝的喜好和性情都十分了解。少年的天子十分爱玩，刘瑾就极力讨他欢心，命令人修建太素殿，修建天鹅房小码头，还投资巨款在皇宫外修建了一座新式漂亮的宫院，起名叫“豹房”。小皇帝在这里面，与刘瑾选拔的许多漂亮的少数民族的女孩子淫乐，观看优伶演戏，走马乘舟，日夜都如此，根本就不管军政奏章和民间疾苦。这就是刘瑾送给小皇帝的“快活”。

就在小皇帝玩得十分开心的时候，刘瑾就故意拿来大批文件让他处理，并让官员在一旁慢慢地念。为此，皇上不耐烦了，有一天他大怒地叫道：“我用你是做什么的，为什么事事都来烦我？”刘瑾要的就是这句话，从此以后，刘瑾便可以堂而皇之地为皇帝裁决各种奏章了，这便是刘瑾送给小皇帝“烦恼”的开始。

刚开始，刘瑾还按着朝中的规定把拟定的旨意——其实只是他的意见，送到内阁起草圣旨。到后来，刘瑾根本就不再理睬内阁，而和张文冕、妹夫孙聪在家中研究拟旨。其实这三个人都没有什么文化，根本就弄不明白。他们叫焦芳提笔润色。但焦芳也“粗鄙无学识”，所以，那几年的圣旨多数都不通顺，让人哭笑不得。

但是刘瑾的权力早已超出了人臣的权力，成了真正的皇权拥有者。每天，五府六部长官都要到刘瑾的门前，等候召见汇报。凡是三品官以下，都要跪着请示。外出公干的京官离京回京时都要到刘瑾家告别和报告，而且逐渐成为制度。所有的奏章都要用红本呈给刘瑾，然后才用白本送通政司，呈报皇帝。

有一次，都察院的奏章上写着“刘瑾”的名字，刘瑾看见后十分恼怒，因为这几年人们都称他为“刘太监”，而没有人敢直呼他的大名的。于是，他就给都察院一点厉害，直到一向以整顿纲纪自诩的都察院御史们跪趴着谢罪刘瑾才罢休。由此可见，刘瑾的势焰是何等嚣张。

还有一个名叫邵宝的人，官至总督漕运副都御史，从来都没有给刘瑾送过礼。刘瑾便私下派人去暗示他，但是却依然不见他的诚意。于是刘瑾在召见他的时候十分生气，吓得邵宝倒在地上，撒尿于地。刘瑾觉得自己非常威风，便指着地上的湿处说：“这是邵宝撒的尿。”可以说，在刘瑾的眼里，公卿大臣什么都不是。他还曾怒骂祭酒（国立太学校长）王云风：“你算什么祭酒，一嘴猪毛。”络腮胡子的王云风吓得请他视察太学（太监为人士所不齿，只有唐朝鱼朝恩破例视察过太学）来取悦刘瑾。

明太祖朱元璋曾对子孙有遗训：“士大夫不为我们所用者，当杀身灭家。”刘瑾对此也心领神会，便残酷地将不为他所用的人杀害。

正德元年十月，大学士谢迁、刘健退休，形成了一系列冤狱。给事中御史刘玉、左都御史张敷华、工部尚书杨守随、十三道御史薄彦徽、戴铣等上书，请求“留用刘健、谢迁，把‘八虎’明正典刑”。刘瑾知道后十分愤怒，就派人把他们逮捕，进行惩罚。有的贬官流放，有的廷杖致死。南京兵部尚书见政局如此昏庸，便退休回乡。当时，颇有名气的理学大师王守仁（当时是兵部主事）上书替薄彦徽等争理，刘瑾则假传圣旨，将王守仁痛打五十廷杖，然后贬到贵州，随后又派人去谋杀。幸亏王守仁聪明，把草鞋、帽子扔在钱塘江边，写诗稿塞在鞋里，诗曰：“百年臣子悲何在，夜夜江涛泣子胥。”跟踪他的人误以为他投江自尽，才回京复命。从此王守仁逃入深山，他的父亲也被迫归隐。

没过多久，首倡公卿弹劾刘瑾的工部尚书韩文的库房里被发现有假银子，刘瑾便以韩不尽职务将他罢免官职，随后，韩文骑着一匹骡子连夜逃命。

正德二年，刘瑾又颁布出一份奸党的名单，其中包括王岳等三名内臣、两位大学士、三名尚书、两名都御史、一名郎中、四名主事检讨、十六名给事中、二十五名御史共五十六人，诬陷他们不分黑白，彼此勾结。同时，又命令“吏部查令致仕”。全体朝臣跪在金水桥南听读诏书。

正德三年，刘瑾又以“雍泰事件”消灭了一批人。雍泰也是陕西兴平人，是个很有才干的闲住都御史，大家都纷纷推崇他。当时刘瑾也觉得与他是同乡，一定会站在他这边来，于是就准备重用他。可是雍泰根本就看不惯刘瑾的作风，而且还扬言说：“进退在天，刘瑾能把我怎么样！”此话被刘瑾知道后，愤怒地把他仅任四天的南京户部尚书罢免。同时把先后推荐雍泰的前朝重臣马文升、刘大夏和尚书许进等都削职为民或者充军。当时刘大夏已经告老还乡，但刘瑾也没有放过，派兵逮捕他。当时刘大夏正在园中锄草，听到旨意后，就骑驴上路。刘大夏发配甘肃时，雇骡车出都门，百姓追送，父老涕泣，不少女子挎篮送果。如此得民心的人都会遭到迫害，可见刘瑾是个怎样的恶人。

刘瑾对人的打击面很大，只要不顺他心的他都不放过。御史涂帧因为不肯给刘瑾送礼，见面又不跪，被锦衣卫廷杖伤重死在大狱，还让他的儿子涂朴代父充军。三边都御史杨一清治边立下了汗马功劳，只因为与刘瑾之间有隔阂就被罢官。

当时，有一封攻击刘瑾的匿名信，被刘瑾发现后，为了追查出谁写的，他竟然让朝官跪在赤日炎炎的奉天门外。连太监李荣都看不过，偷着扔冰块给朝官解渴。结果晒昏的被拖走，中暑死了三人。当晚，三百名五品以下官员都被关进监狱。后来，刘瑾又把同情朝官的太监李荣、黄伟撵出北京。

刘瑾为了进一步迫害不顺从他的人，便设立了专政机构和刑法。还设立了外行厂和内行厂，亲自管理。加上东厂、西厂和锦衣卫，爪牙遍布京城内外。创立"一个犯法，四邻连逮"制度，连隔河而居的也算邻居。

自从刘瑾掌握大权后，一些犯官脱衣赤体受杖，血肉横飞，露筋见骨，打死人是常见的。南京给事中戴铣立毙杖下；蒋钦三次上书，三次被杖九十，死在狱中。刘瑾并开创制作一百五十斤巨枷，让犯官戴大枷立于街头示众，数日一月不等。因小事而受枷者也非常之多。因违规坐轿，因赴任迟到都会被套上重枷，在苦雨炎日或寒风大雪中受刑，不死也得吐血残废。厂卫为求得刘瑾欢心，搜罗侦缉，到处逞凶，连市井磨工、卖水的也被特务们赶出城外，无法为生，还命令寡妇都要嫁人，停柩没葬的都要烧掉，直闹得人人谈厂色变，惶惶不可终日。

正德四年一月，刘瑾又采纳了走狗李宪的建议，削夺了刘健、刘大夏等六百七十五人的诰敕。诰敕是皇帝给予功臣的殊荣或某种特权（如免死、免刑、免钱粮、准子孙继承官职），这就从根本上削夺并打击了他的反对派。刘瑾倒行逆施，草菅人命，使得天怒人怨。有一次他对一个心腹说："我摧折的仕人太多了，天下的仇怨都集中到我身上，我不知往何处退身？"那个心腹劝他乘皇上无子的机会，选一个"幼而弱者"将来为帝，可以使他"长保富贵而无忧"。其实刘瑾却是心想自己当皇帝。

刘瑾的野心越来越狂，他根本不满足这种一人之下、万人之上的局面，于是就费尽苦心实施了一系列的篡权窃国的措施：搁置弘治帝遗命书；保留了宦官监督京军的权力；自领内厂，控制锦衣卫，把京城的军、特（厂、卫）两大系统牢牢抓在手里，盘查天下军民府库，使郡县积蓄空匮，削弱了地方反抗力量；号令"全天下镇守太监得预刑名政事"，八个月后，又革天下巡抚，使直系爪牙参与政权进而控制地方军政两权；为排除障碍，屡兴大狱，又下令随时考核官员政绩，而不必拘泥六年一轮回的考核制度，这样，他就可以随时找借口铲除反对分子。

但让刘瑾感到棘手的是，翰林院还有一些不听话的人，随时都有可能挤入内阁，容易打破刘瑾的垄断格局，于是他就下令侍读徐穆、编修汪俊等调往南京补充各部，焦芳致仕，命曹元入阁顶岗。还有边军，陕西的最近，就用曹雄代替了杨一清。这样一来，内阁、七卿、厂卫军，以及宦官衙门，几天之内都统一了。

曾有个相士余子伦为刘瑾推测天命，说是朱氏王朝气数已尽，而刘氏则要“大贵”。于是，他就暗令手下太监孙和储备粮食、盔甲和衣甲，两广镇守太监潘午、蔡昭造弓弩五百，都运入自己家中收藏。同时，他还命令人暗自做了玉玺、玉带、龙袍等物。他还在豹皮包裹的团扇中安置蹦簧利刃两把，随时都可以杀掉小皇帝。

这个时期，刘瑾知道还有两个人物是阻碍他成功的绊脚石。一个是潜运总督平江伯陈熊。当时，运河是南北动脉，总督有保护运船的一支军队，进可以用兵，退可以切断北京粮道。于是，元德四年闰九月，刘瑾以陈熊多买田宅的罪名，把他谪降海南去了。另一个是“八虎”之一张永。张永总制神机营，这是火枪火炮兵种，以一可以当十。张永对刘瑾是心存不满的，这已经被刘瑾觉察到。正德五年春天，刘瑾乘机上奏报皇上：“派张永到南京去吧，那里很重要”。皇上便答应了。还没有等圣旨下，刘瑾就传令逐张出军。张永却捷足先登，跑到皇帝面前陈诉了利害：“神机营不可放弃。”刘瑾刚要说话，张永挥拳就打，皇帝一时间处于两难境地。从此，刘瑾走了一着败棋，种下一个祸根。

转眼间，皇帝已经二十岁了。眼见皇帝日渐成熟，刘瑾心中很是着急，他知道小皇帝是不可能总是任人摆布的，有一天一旦翻脸，他肯定没有好下场。而且河北好几个州县，“响马”贼越来越厉害。因为当年他恢复太祖时的屯田制，派官按明朝初年“鱼鳞圈地”追夺官田，加倍收租，逼得军民百姓无法为生。更糟糕的是安化王竟趁军民反查田的机会发布讨伐刘瑾文告，举兵叛乱。令他没想到的是研究讨伐安化叛军的统帅时，自己的意见竟没有被皇上采纳，张永当了监军，任用杨一清提督宫务。这让刘瑾陷入了一种危险之中。

于是，刘瑾开始思考自己该早些下手了。但是让他想不到的是，自己在思考的同时，对方也在谋划着。一天，杨一清与张永谈起国事，竟然禁不住哭了，感叹道：“藩宗乱易除，内乱却不好办哪！”张永明知故问：“我不明白你说的意思。”于是，杨一清把身子往前凑了凑，在桌面上写了个“瑾”字。这倒让张永想起三个月前刘瑾使的坏招，但他也十分为难，叹息说：“他日夜在皇上的身边，他的党羽也很多，很难办啊。”杨一清再次说道：“您也是天子重臣。皇上将讨伐大任交给了你，并亲自为您饯行，赐关防金瓜钢斧，这正说明了皇上对您的信任。您回京报告的时候，把讨伐刘瑾的文告交给皇上，指出刘瑾祸乱朝政和图谋不轨，告诉他如果不惩治刘瑾，天下必然会大乱。皇帝是个英明的人，一定会想明白，那么刘瑾必死无疑。”

杨一清接着用十分辉煌的前景诱导张永说：“刘瑾铲除了，皇上一定会让您掌握大权，那时您一定也会有所建树，可名垂青史了。”张永看着杨一清义愤填膺、泪坠双颊的样子，又听他策划得如此周全，于是也一副刚强的样子说道：“我难道舍不得余生报答皇上么！”

张永平息了叛乱后，连夜赶回北京。途中接到朝廷（实为刘瑾）的通知：“8月15日进城。”其实这是刘瑾正在进行谋反的计划，准备于8月16日趁皇帝之兄葬礼百官吊唁的机会，连同刚进京城立脚不稳的张永一网打尽。没想到刘瑾的这一计划早被张永的侦探所知道，这下激怒了张永，张永不顾阻止，率军于8月14日进城，分布各处，迅速控制了局势。刘瑾无奈，不得不停止了计划。

正逢中秋节，正德皇帝兴冲冲地登东华门，又在宫内设席招待张永，刘瑾赶来陪酒。到夜深，刘瑾为自己找了借口，告退回家了。刘瑾回到家，刚刚脱衣躺下不久，忽听兵甲咣然，院门撞开，衣物还没等穿就被关进了大狱。

原来，张永等刘瑾走后便呈上讨伐刘瑾的文告，皇帝越看眼睛越大，张永见状忙说：“刘瑾早有阴谋，他是想置陛下于死地的。”接着就把事先想好的弹劾说了一遍，正德帝听得心惊肉跳，于是下令予以逮捕。

第二天张永急忙劝谏六科十三道纷纷上书，请求诛杀刘瑾。皇帝看了众多大臣的参本，知道了刘瑾罪不可恕。其中有三大罪行就让他必死。于是立刻下令抄刘瑾的家。随后锦衣卫抄了刘瑾家，并将刘瑾家的财产清单呈报给皇上。皇上一看气得直发抖，上面写着：玉玺一枚，穿宫牌五百，衣甲四千，此外还有龙袍和玉带以及弓弩。至于五百万锭银元宝、二十四万锭金元宝和其他财宝足可支国家军费七八年。特别是刘瑾那把常用的饰貂皮团扇竟装置有弹簧刀，尤其令皇帝震怒，想想有多少个夜晚，刘瑾就在他身边。这让正德皇帝龙颜大怒，当即下令快审讯处置了。

可是刘瑾死到临头，还是一副强悍的嘴脸，五花大绑跪在午门外，还不倒架子，傲视三法司大臣，他的这种气焰吓得刑部尚书刘景不敢问话。后来，皇帝在半开的门内传旨：“杖四十”。锦衣卫官校应声：“打四十摆着棍”。这种打法厉害，刘瑾被剥光、揪发、嘴啃地、屁股朝天。五棍一换人，四十棍下来，血飞肉碎，刘瑾才知道自己创立的脱衣受杖实在是令人难以忍受。

过了好久，刘瑾才强抬起头来，环顾四周，有气无力地说道："你们百官都是我起用的，谁敢审我？"诸臣这时也很惶恐，没人搭腔。驸马蔡震拍桌喝道："掌他的嘴巴！我来审你！"执行官校揪住刘瑾的头发脚登后背，另有人一左一右打得刘瑾牙落骨碎。这时候，刘瑾却还问："你是谁？忘我恩！""我是驸马国戚！"刚开始刘瑾还强辩，直到各种违禁实物呈堂作证，才知道自己再怎么争辩也是徒劳的，便说"都有都有"。画供时，手仅能扶笔，勉强画了个十字。

后来，刘氏全家满门抄斩。刘瑾受凌迟碎剐之刑。凌迟是极其野蛮残酷的一种刑罚，先从左乳割起，每刀指甲大片肉，周身割遍总需三天，白天行刑晚上"睡觉"，直到割够三千三百五十七刀时，才最后一刀剜出心来。

罪恶滔天的刘瑾就是这样自食恶果。他死后，他的党羽死走逃亡，也散尽了。人们拍手称快，此后朝中一切也恢复了正常。

由此可见，古代宦官多数都是出身卑微，进入皇宫后，见闻十分狭隘，只知道讨好皇上，根本就不懂得民情。这些人每天都亲近皇上，一旦得到皇帝的信任就会不惧朝中大臣，甚至敢于与大臣争权，太监刘瑾就是典型的人物。但是刘瑾从一个一无所有的太监，逐渐掌握政权，正是因为他懂得观察皇帝的性情，而用什么样的方法去讨好他，才积财无数，一时间势焰熏天。但是再好的办法和周密的计谋都会被人识破的，因为人的性情显露总会被人洞察出来，而采取相应办法制止住，刘瑾的下场就是如此。

• 元帝不察，阉宦祸国

石显，字君房，济南（今属山东）人。少年时期，因触犯法律被处腐刑，成为阉人。所谓腐刑，又称宫刑，是一种阉割生殖器的极残酷的肉刑。对石显来说，遭受这种酷刑，当然是极大的不幸。然而这肉体与精神上的不幸，却给石显带来命运的转机。古代多用阉人在宫内侍奉皇帝及其亲族。汉宣帝时，受过腐刑的石显，按照当时的规定被送进皇宫服役。他趁机钻营，爬进尚书机构，成为尚书仆射、尚书令。

当时年少的石显，受刑之后远离家乡，进入禁城，举目无亲，失爱失倚，孤苦伶仃。恰遇沛（今江苏沛县）人弘恭，也因犯法遭刑，与之同时入宫服役，石显便与他结为至交，聊解孤独之苦。弘恭博通文史，熟知法令，处事老练，比石显成熟得多。二人患难相依，苦心钻营，终于由普通的服役阉人晋升为中黄门。这个职位虽然不高，但却可以接近皇帝。宣帝吸取昭帝时外戚霍氏专权的教训，特从宦官中选拔尚书，二人又升为中尚书，掌管文书奏章，在皇帝左右办事，职位不高，地位重要。不久宣帝选拔弘恭为中书令，成为尚书的长官，石显做了副职，被任为中书仆射。

汉武帝时，有中朝官和外朝官之分。由丞相统辖的正规机构各官为外朝官，诏令由此颁行。中朝官由近臣如侍中、常侍、给事中、尚书等组成。宦官所任的职位都属中朝官，所以在担任的职务前有“中”字。武帝为集中皇权削弱丞相权力，扩大了尚书的权限。宣帝史称“中兴之主”，能任用贤能之人担任重要官职，虽用弘恭、石显为中书令，直到临终也没有把朝政大权交给他们。但是这个职位却给这两个阴谋家窃取权柄创造了极有利的条件。汉武帝没有想到事情的另一面，即任用宦官担任尚书官职，扩大尚书的权限，给后代带来无穷的祸患。

宣帝临死前将朝政委托给外戚侍中乐陵侯史高、太子太傅萧望之、太子少傅周堪三位大臣。任史高为大司马车骑将军，掌管军事；萧望之为前将军光禄勋，负责保卫宫廷；周堪为光禄大夫，掌管朝政的顾问应对。并由此三人总领尚书事务。就是说石显、弘恭要在他们的管辖下办事。

汉元帝喜好儒学，主张任用儒生治国。萧、周二人都是当世名儒，又是元帝的老师，因此元帝对他们十分信任，经常召见二人议论朝政。萧望之又向元帝推荐博通经学的散骑大夫刘向与忠正耿直的金敞，元帝皆加重用。四人同心谋划朝政，用古代贤王以德治天下的道理劝导元帝，他们的意见多被元帝采纳。此时的石显已在宫中供事多年。元帝即位后，他继续施展先前的手腕，凭着灵活的头脑、乖巧的口舌，加上又精通朝务，善于探测和迎合君主的心意，很快就取得了元帝的信任。元帝患病时将朝政委托给石显，事无大小，皆由石显奏报、决断，满朝文武百官都敬畏石显，看着石显的脸色办事。

萧望之等朝中忠正耿直之臣，已看到石显等窃居中书之职的人是一股邪恶势力，不铲除将后患无穷。于是起草一个奏章，向元帝奏请革除中书中的宦官，改用士人担任。元帝宠信石显，当然不会接受这个建议，但对师傅的意见，又不便马上否决，只好搁置不决。萧望之的这个举动很快就被石显探知，便与萧结下深仇大恨。阴险狡诈的石显，时刻伺机陷害萧望之等人。

萧、周为了加强朝中正直的力量，多次荐举通晓经史的贤明之士，作为选拔谏官的后备人员。有一个会稽郡人郑朋，想要依附萧望之往上爬，写了一份奏章，言称车骑将军史高派遣手下的食客到郡国为非作歹，谋取私利；揭发许、史两家外戚的子弟犯法作乱的罪恶，并且申述自己的政治主张。萧望之看到奏章，召见了他，认为他有才能，让他待诏金马门。后来萧望之发现郑朋行为不正，就没有按时录用他。郑朋看到与他同时待诏的李宫已破录为黄门郎，因而他仇恨萧、周，转身投进弘、石怀中。他推托说，以前上奏章是周堪、刘向授意。侍中许章奏禀元帝，元帝便召见了郑朋。郑朋出来诬告萧、周，元帝见奏，派弘恭审查、核实。萧望之当着弘恭面直言不讳地说："外戚有权位，大多奢侈不法，我要治理好国家，不敢袒护宽容，并无歹意。"萧望之不知这是石显、弘恭的奸计，原来他们预谋用这种办法从萧望之口里得到构成罪过的"供词"。石、弘急忙写成奏章，上呈元帝。奏章中说："萧望之、周堪、刘向三人结党营私，相互抬举，多次诽谤大臣，离间贵戚，妄想独揽大权，作为臣子不忠心尽职，欺骗皇上大逆不道，请谒者招致廷尉。"

石、弘二人整日在皇帝身边，最了解元帝的底细，知道即位不久的元帝还不甚明白公文用语，不懂得"谒者招致廷尉"就是押入监狱的意思，足可以此小术骗取御笔朱批，使周、刘二人下狱遭辱。

不久，元帝有事要询问周堪、刘向。掌管传达的侍从回报说"二人已经入狱"。元帝大惊，问道："'谒者招致廷尉'不就是让廷尉审问审问吗？"他哪里晓得这是石、弘的阴谋诡计，元帝斥责石、弘一顿，下令立即放出二人，处理朝政。石、弘当面谢罪，暗中授意大司马史高迫使元帝将错就错而不让其改正错误。他们对元帝胡诌说什么"皇上刚即位，德化还没有传布天下，却先拿师傅做试验，如果不定什么罪，仍让他们出狱供职，可见皇上举动轻率，反而会生出许多议论，有损帝威。既然已经将他们关进监狱，就应该判罪免职，不应出尔反尔"。元帝本是优柔寡断之人，听了史高一番诡言也觉有理，只好将错就错，于是下诏收缴了萧望之前将军光禄勋印绶，而将周堪、刘向贬为庶人。

数月之后，元帝想起蒙冤的师傅，颁下诏书说："国家将兴，尊师而重傅。前将军萧望之教导我八年，用经书义理开导我，其功劳应当受到称颂。特赐爵关内侯，食邑六百户，加官给事中，准予朔望朝请，位次将军。"同时召回周堪、刘向，拟拜为谏大夫。石显、弘恭急向元帝面奏，还是那些老话，说再起用周堪、刘向，就等于自己表明有过失。结果二人只做了中郎。元帝准备拜萧望之为丞相，萧望之的儿子散骑中郎萧仍恰在这时呈表奏为其父前次入狱申冤。石、弘抓住这个机会，以萧望之支使儿子为自己申冤、归罪皇上之罪名，奏请逮捕萧望之入狱。元帝考虑良久说：

"老师禀性刚直，怎肯接受胥吏逮捕？"岂知石、弘正要利用萧望之的这一特性达到逼杀的目的。

石显进前说："人命至重！望之所犯法，不过是言语小罪，他不会放在心上。"元帝听他轻描淡写的一说，即批准了他们的奏请，以为这样不过教训教训师傅罢了。石、弘立即命令持御旨面交萧望之，以示非假。紧接着石、弘又急令督巡"二辅"治安的长官执金吾发兵前去围住萧府。萧望之启读御旨后，不肯受辱，就要自杀。其夫人劝说道："这不一定就是皇上的意思，不如冷静地等待皇上醒悟，再发来新的命令。"萧望之又见兵马已围住府第，就不再有什么希望，便仰天长叹道："我曾经充数做过宰相，而今已年过六十，还要再入牢狱苟且求生，那不很卑鄙吗！"说完，便饮鸩自尽。

元帝得知师傅死耗，大为悲伤。石、弘二奸只遭痛责，并未加罪。皇帝如此庸弱低能，奸佞的阴谋无不得逞，忠直之臣无不遭殃。这是两千多年封建专制时代留下的一条教训。

萧望之本是一位德高望重的老臣，又是当世名儒。他的死，朝野上下议论纷纷，都说是石显陷害致死。此时弘恭已病死，石显代任中书令。他听到这种议论，胆战心惊，担忧天下儒生群起而攻，就想出一个计策，前去结交一位名叫贡禹的经学名家。贡禹，字少翁，琅琊（今属山东诸城）人，以博通经义、品行高洁而闻名当世。宣帝时征为博士，做过凉州刺史、河南令。元帝初即位，征为谏大夫，多次向他询问政事，虚心听取他的意见。

贡禹见连年欠收，郡国贫困，朝政腐败，曾几次上书抨击朝廷奢侈，建议元帝选贤任能，诛奸邪，罢倡乐，修节俭，轻赋役，这些建议多被元帝采纳。朝臣多仰慕贡禹，乐于同他交往。石显要结交贡禹，不是因为贡禹提出的建议利国利民，而是要借助贡禹的盛名来掩盖自己的罪责。石显登门拜访，贡禹不便拒绝，只好虚与周旋。为了讨好贡禹，并标明自己为国荐贤，石显多次在元帝面前称赞贡禹的美德，又荐举贡禹为光禄大夫。后值御史大夫陈万年死，又荐举贡禹继任。这时，许多人都认为石显能如此荐贤举能，怎会嫉妒、谗毁萧望之呢？贡禹虽多次上书元帝建议诛除奸邪，但却无一次涉及宦官、外戚。这分明是贡禹以此表示对石显荐举自己位列三公的感激之情。这就是石显借荐举贡禹的美名给自己涂上一层脂粉，隐藏起凶相，装饰成善面，蒙蔽那些不知者或糊涂者的眼睛，以解脱害人的罪责。然而风头一过，石显仍专权横行，凶相毕露。

元帝是一个尊师重傅的人，他对萧望之的自尽十分痛惜。于是将师傅周堪晋升为光禄勋，周堪弟子张猛升为光禄大夫，加官给事中，准予出入宫禁，参与朝政，以此寄托对已离世的师傅的哀思。石显见元帝对周、张信任，又恨又怕，便不失时机地在元帝面前谗毁二人。

已被革职的刘向见周堪、张猛二人身居要职，担心他们日后遭到奸佞们的迫害，希望自己再得进用，助他们一臂之力，于是写成密章，引经据典，劝元帝铲除奸佞。密章呈入宫廷，经过中书时被石显发现。石显认为刘向无职无权，无须多虑，倒是在位的周堪、张猛是他专权的最大心腹之患，必须想办法除去他们。他先调动外戚子弟，大造舆论，迫使周、张向中书屈服。周、张师生刚正不屈，石显又生诡计。

汉代是一个天道神学迷信思想统治的时代。武帝时，董仲舒提出“天人感应”说，认为自然界出现灾害和异常现象与人世间的君主不明、忠良衔冤、奸佞当道等有直接关系。灾异的发生是天对人事的谴责与威慑。这些似是而非的理论谁都可以拿来为自己所用，因而并没有什么好处。刘向写给元帝的密章，就列举了历代灾异与人事的关系，以此劝谏元帝。永光元年（公元前43年）夏天，天气突然寒冷，太阳色青无光。石显借机，调动口舌，大造舆论，说天象异常是周堪、张猛在朝用事的结果。元帝虽然信任周堪、张猛，然而众口铄金，也不得不尊行“天命”，贬周堪为河东太守，张猛为槐里县令。石显实现了“清君侧”的目的。

石显掌握政权，十分蛮横，陷害忠良，误国误民，朝野上下的人都十分痛恨他。石显心中还是十分恐惧，怕皇上有一天采纳谏言，任用贤才而疏远自己。于是石显便开始玩弄自己的聪明，在权术上做文章，来欺骗皇上对他的信任。

有一天，石显要去宫外官府办理事情，在临走的时候他向皇上请求：“臣回来的时候可能已经深夜，宫门已经关闭，请允许我用皇上的诏令让守门的官吏给我开门。”皇帝听后，觉得这只是一件小事情，就随口答应了。石显办完事情后，就故意拖到了深夜才回去。到了宫门前，便声称是皇上诏命开门。守门的人听后，就放石显进去了。没过多久，就有人告发石显假传君命开门。假传皇上的命令，这在古代可是要犯死罪的。当奏章呈送到皇上手中后，皇上见后笑了笑，便将奏章交给石显看。石显看后立刻跪下，痛哭流涕地说：“陛下如此宠爱小臣，还把朝政委任给我，朝中的大臣没有一个不嫉妒我的，这是想要陷害我于死地啊。像这样的事情已经不止一次，幸亏是陛下英明，了解事情的真相。愚臣地位低下，但也不能使轻贱的身躯让万民快乐，而挡住天下的怨恨。臣愿意辞退机要的职位，到后宫当一名扫除的力役，就是死了也没有怨恨。希望陛下能够怜悯小臣的心，使小臣免遭别人的陷害。”石显这一痛哭，打动了心肠柔软的元帝，在他看来，石显说的话很有道理。从此以后，元帝更是宠幸他，对石显的任何非议都置若罔闻。

当时朝中有个郎官，名叫京房，字君明，东郡顿丘（今安徽）来东县附近人。他十分精通易学，擅长以自然灾变附会人事兴衰。鉴于石显专权，吏治腐败，他制定一套考功课吏法，约束各级官吏。元帝对这套方法也十分欣赏，便下令群臣与京房讨论，准备施行办法。但朝廷内外多是石显羽翼下的贪官污吏，考功课吏法其实就是要惩治和约束这些人，他们又怎么会同意推行呢？其实京房心里也十分清楚，如果不除掉石显，那么根本就不能改变腐败的吏治。于是，他便借着一次元帝召见的机会，向元帝一次提出了七个问题，还历数了事实，让元帝早些认清石显的真实面目，除掉身边的奸贼。但令人想不到的是，京房的一番苦心不但没有使元帝醒悟，而且丝毫都没有动摇元帝对石显的信任。

元帝见考功课吏法无法普遍推行，于是又命令京房推荐熟知此法的弟子做试点。于是，京房推荐了中郎任良、姚平二人去任刺史，自己要求留在朝中坐镇，代为奏事，以防石显中间使坏。而石显当然心中早已有数，也早就把京房视为眼中钉，正想办法寻找机会将他赶出朝廷。随后他趁机提出让京房做郡守，以便推行考功课吏法。

元帝因为根本不知石显的用心，便答应京房为魏郡太守，在那里试行考功课吏法。郡守的官阶虽然高于刺史，但没有回朝奏事的权力，还要接受刺史监察。京房便请求皇上给予不隶属刺史监察之下和回京奏事的特权，元帝也同意了。但京房还是不放心，在赴任途中再次上书，提醒元帝辨明忠奸，揭露石显等人的阴谋诡计，又一再请求回朝奏事。但元帝依旧是听不进京房的苦心忠谏。一个多月后，石显便开始诬告京房与他的岳父张博通谋，诽谤朝政，归恶天子，并牵连诸侯王无罪而被下狱处死。最后，京房的支持者御史大夫郑弘被贬为庶人。

石显就这样只玩弄了一个小小的权术，居然骗取了元帝的绝对信任，堵塞了忠谏之路，除掉了心腹大患，可见他奸谋的深远和诡诈。

京房死后，朝中能与石显抗衡的只有前御史大夫陈万年之子陈成。这时候，陈成为御史中远，总领州郡奏事，负责考核诸州官吏。他既是监察官，又是执法官。陈成年轻气盛，无所畏惧，才能超群，刚正不阿，曾多次上书揭露石显奸恶行为，石显及他的党羽都对他恨之入骨。于是，在石显指使下，处处寻找陈成的过失，乘机除掉他。

陈成的好友朱云是当世经学名流。有一次石显同党少府五鹿充宗设坛讲《易》，依仗着元帝的宠幸和尊显的地位，没有人敢与他抗衡。有人推荐朱云，朱云也因此出名，被元帝召见，拜为博士，没过多久，便出任杜陵令，后来又调任槐里令。当他看到朝中石显专权，陈成正势力薄弱，丞相韦玄成又阿谀逢迎，只求自保。朱云便上书弹劾韦玄成懦怯无能，不胜任丞相之职。石显知道后，就将这件事情告诉了韦玄成，从此韦玄成就与朱云结下了仇恨。后来官吏在考察朱云时，有人告发他讥讽官吏、妄杀无辜。元帝询问丞相韦玄成，他也昧着良心说朱云为政暴虐，毫无治绩。此时陈成也在旁边听知，便密告朱云，并代替他写好奏章让朱云自己上书申诉，请求呈交御史中丞查办。

然而，石显及他的党羽早已控制中书机构，朱云奏章被仇家五鹿充宗看见后，就将奏书交给石显，石显批交丞相查办。丞相管辖的官吏定朱云杀人罪，并派官缉捕。陈成闻知，又密告朱云。朱云便立刻逃到京师陈成家中，与他商议脱险之计。石显密探听后，就报告丞相。韦玄成以执法犯法等罪名上奏元帝，终将陈成、朱云两人拘捕入狱，判处服苦役修城墙的刑罚。石显借韦玄成之手，一箭双雕，铲除了两个贤能之臣，真是阴险狠毒到了极点。

从元帝即位开始，石显便开始施展各种阴谋手段，欺蒙君主，擅权用事，飞扬跋扈，阴险狡诈，网罗党羽，权势内外，无恶不作，构织罪名，陷害贤能，罪恶昭著，天下切齿，专权长达十六年之久。

由此可见，这就是佞谀之人和谗邪之人。他们靠的都是嘴上的功夫。但是唯一不同的是，谗邪之人是想办法致他人于死地，专门陷害别人；佞谀之人则不是以毁人为目的，只是为了自己的利益才做，如果是妨碍自己的利益，则就会铲掉这样的人。如果不妨碍，他则不会如此狠毒。佞谀之人的手段是不断地奉承主子，使他忘掉危险，从而使他处于危亡之境。这就是说，他们是隐藏内心真实的想法来获得成功。谗邪之人则是以直接毁人为目的，这便导致了被毁害之人也反过来毁害他，这样就会众叛亲离。两者比较而言，佞谀之人比谗邪之人危害更大。而石显就是佞谀之人。

所以说，要想分辨出生活中的佞谀之人和谗邪之人，不仅要了解他的表现形式和形态，还要把握他们善于隐藏的阴谋手段，从而分辨出什么样的人是奸邪之人，什么样的人是贤能之士。两种人一对比，就比较容易分辨出来。

• 慧眼识人的魏先生

当一个人说话显得很愉快的时候，脸上却没有快乐的表情，这说明他的话是言不由衷；当一个人说话表达得不恳切，但他的神色可信，那么说明他只是不善于表达；当一个人还没有开口说话，脸上就露出愤怒的神色，这说明他的内心充满了怒火；当一个人言语吞吐，但愤怒的神色已经显露出来，这说明他是强忍耐。这些表现都会从一个人的外在特征中显露出来，是无法掩饰住的。即使是刻意的掩饰，也能从他的神情中看出来。人的情感变化虽然不同，但是依旧可以被人感知，所以观察人的情感和神色的变化，我们就一定能看出一个人的为人。

魏先生是个多才多艺的人，而且还善于识人。隋朝末年，战事兴起，当他看到天下处于一片混乱的局面时，就一再拒绝为官而隐居在家乡。他每天的生活，除了读书就是喝酒、弹琴，日子过得非常自在。当地的人都知道他是个知识渊博的高人，所以从不直呼他的名字，而是叫他魏先生。

有一天，家乡来了一个陌生人。这个人气度不凡，但是神色沮丧，说自己是因为躲避士兵的追杀才来到这里的。还说自己以前也读过书，希望能够在这里讨个生计。

后来，他就在这里安顿了下来，一些有钱的人就将自己的孩子送到他那里去读书。他教书很认真，每天除了给孩子上课就是一个人躲在屋子里待着，从不与外人来往，显得十分的神秘。

一次，教书的先生外出散步，正好路过魏先生的房间，恰巧魏先生正在弹琴，于是就停住了脚步，站在门外听他弹奏。突然间琴声断了，只听到魏先生在里面说："老朽不知道贵客来临，失敬失敬。"只见魏先生穿着一身白衣出来迎接。教书先生有些慌乱，忙说："我只是路过，听见你弹奏的琴声十分美妙，就停了下来，打扰你了。"魏先生则说："没有，看来你我果然是知音。"于是就请教书先生到屋里一坐。

教书先生见魏先生如此有礼，就跟随他进了屋子。两人开始闲聊起来。魏先生说："这个村庄很偏僻，不知道先生从哪里而来？"教书先生神色有些紧张，但随口说道："我只是逃避战乱，想在这里混口饭吃。"这时候，只见魏先生大笑，说道："我看先生不只是想混口饭那么简单吧。"教书先生顿时神情大变，问道："您这话是什么意思？"魏先生说："虽然我每天都足不出户，但是对外面的事情我还是了解的。听说不久前杨玄感起兵反隋，结果打了败仗，而他的军事谋臣李密也变了心，一个人逃到了雁门。我想先生一定也是杨玄感的余党吧。”这时候教书先生的神情更加紧张起来，故作严肃地说：“先生这玩笑开得有些大了。”这时候，魏先生也严肃地说道：“我不仅知道你是杨玄感的余党，还知道你就是李密。”教书先生听后，立刻站了起来，问道：“您是怎么知道我的底细的？”魏先生说：“先生不要慌，我是没有恶意的。我观察先生面色沮丧，目光涣散，心神不定，说话支吾，一定是怕别人知道你的底细，而现在朝廷正抓杨玄感手下的人，因此我断定你就是跑到这里藏身的。”

“那你又是如何知道我就是李密的？”教书先生疑惑地问道。魏先生回道：“我知道杨玄感的身边有个谋臣叫做李密。我看你满腹学问，又不像武士，所以猜想你一定就是李密。”

教书先生听魏先生这么一说，便由衷地夸他真是个神人，于是便说：“既然先生已经知道我的身份，我也无须隐瞒，你说的没错，我的确就是李密。如今天下大乱，正是夺取天下的好机会，我真希望先生能助我一臂之力，一起共成大事。”

这时候，魏先生笑着摇头说：“在我看来，你没有帝王之相，也没有将帅的才智，只是一个草莽英雄而已，何谈大事？”李密听后，心中很不服气，说道：“你何以如此推断？”

魏先生说：“一个能够成大事的人，有着宽广的心胸，能够包罗天地，威严震慑古今，根本就不会理会生活中的琐碎事情，只知道推动时代的发展和巩固自己的政权。汉朝时期，刘邦任用了张良、萧何、韩信这样的英杰，采纳了他们的意见，将项羽消灭，这是因为皇上的无私。只有像这样能够掌握命运、顺应时代潮流的人，才有着帝王的气概。一个真正的将帅，是能够掌握兵权，担负责任，爱护军队，操纵控制战争形式，就好比虎啸风起、龙行云起一样，没有人能抵抗和夺取他的威风和气势，同时，还要忠诚无私，这样的人才能成为将才。而一个自私的人，只能成为叛逆和强盗。”

李密听后，冷笑道：“隋炀帝杀死父亲而取得天下，我以德行做人们的表率，人们必然会与我同心，带兵征伐，有什么攻不下的城池？取得了成功，就能得到天下，不成功也能割据一方称王。”最终两人不欢而散。

没过多久，因为李密在墙上题诗被人发现，无奈只好再次逃走。随后他在瓦岗寨占山为王，后来想起魏先生的话，便归顺了唐朝。但他的野心又驱使他开始叛乱，结果战败而死。

由此可见，魏先生之所以能够识别出李密，不外乎有两点：首先，对他的神情细致观察；其次是对他言谈行为的缜密思考，最后得出的结论。其实这就是从一个人的内心活动在面部的表现着眼，再通过面部所表现出的细微表情而觉察得出结论的。

二、人常出现的四种形态

【原文】

有弱态，有狂态，有疏懒态，有周旋态。飞鸟依人，情致婉转，此弱态也。不衫不履，旁若无人，此狂志也。坐止自如，问答随意，此疏懒态也。饰其中机，不苟言笑，察言观色，趋吉避凶，则周旋态也。皆根其情，不由矫枉。弱而不媚，狂而不哗，疏懒而真诚，周旋而健举，皆能成器；反之，败类也。大概亦得二三矣。

【译文】

常见的恒态有以下几种：委婉柔弱的弱态，狂放不羁的狂态，怠慢懒散的疏懒态，圆滑变通的周旋态。如小鸟依人，情致婉转，娇柔可爱，这是弱态；衣冠不整，不修边幅，恃才放旷，目空一切，一副唯我独尊的样子，这是狂态；做事随心所欲，不分场合对象，不忌讳时机，这是疏懒态；把心机掩藏，暗中不露声色，处处察言观色，事事趋吉避凶，与人交往圆滑机敏，这是周旋态。以上这些情态，都是出自内心的真情反映，来不得半点的矫揉造作。委婉柔弱而不曲意谄媚，狂放不羁而不哗众取宠，懒散轻慢但坦诚纯真，交际圆润却强干豪雄，这样的人将来一定成为有用人才；相反，委婉含蓄又溜须拍马，狂放不羁又自以为是，懒散轻慢又虚情假意，交际圆滑又无所作为，这样的人将来一定是无能之辈。情态的变化不定是难以把握的，但只要把握大致情形，将来就能分辨出谁是有用之才，谁是无能的人，只要细心观察，也就能看出个二三成。

【解读】

恒态，可以理解为恒定时的情态，具体指人的形体相貌、精神气质、言谈举止等在恒定状态时的表现，在这儿主要讲的是言谈举止的表现形态。

曾国藩在本章中指出了四种形态：弱态、狂态、疏懒态、周旋态，并给它们下了定义，作了对比和定性分析。文字不多，但微言大义，言近与远，值得借鉴。

• 弱态之人，优柔寡断

“弱态”的人，其特征是个“弱”字，性情温柔，多愁善感，心地善良，很容易接近人。但缺点是优柔寡断，信心不足，缺少独立的气质，不能坚持自己的意见，对人言听计从，没有主心骨。

还有一种弱态，多是女儿情致，作小鸟依人状，情致婉转，娇柔亲切，艳丽方物，使人心生疼爱之心。如《红楼梦》中描写的林黛玉，她是一个没落贵族的女儿，美丽而博学，看淡了功名富贵，是一个高洁美好的才女。在贾府一年三百六十日，风刀霜剑相逼的环境里，形成了她孤傲清高而又敏感多疑的性格特色，加上体弱多病，于是终日“以泪洗面”，是个孤独多病的弱女子。还有四大美女之一的西施也是这样。如果说前一种弱态以工于心计为特征，而这一种弱态则以美为名。

在古代，一些读书的男子，人们都给他们定义为“文弱书生”，这就是因为他们身上缺乏刚阳果敢之气，具有优柔寡断的性情。但这些人多数都是精明能干、心思缜密之人，做事周全，让人放心，而且在许多事情上处理得都十分巧妙。

曾国藩组建湘军的时候，大多数都用的是书生。因为在他看来，书生不是因为他们文章写得好，或者品德高尚有古君子之风，遂令十数万农夫乐于受其驱遣，放下锄头，抓起枪杆，出生忘死，保家卫国。而是因为，他们是读书人，是学而优则仕且仕途很不错的读书人。在传统中国，只有他们这样身处官僚系统的人才有机会去接触去使用国家资源，包括人力资源、财政资源以及政治资源。他们能够整合这些资源，对于筹饷自然有莫大的帮助。而能筹到饷，甚至能源源不断筹到饷，那么，这样的人去统领一支军队，就再也合适不过了。这就是书生领兵的本质所在。但书生一般都是豪气不足，不适合做独当一面的开创性工作。如果让这种人从事文学艺术事业或宗教慈善事业，也许会做出一定的成就来。

南北朝时期，有个叫做颜之推的人，最讨厌那些极端的言行，而是谨守自身分寸，崇尚中庸的理论。在他看来，人性分为三等，即上智之人、下愚之人和中庸之人。他说：“上智不教而成，下愚虽教无益，中庸之人，不教不知也。”他认为上智之人是无须教育的，因为上智是天赋的英才，不学自知、不教自晓；其次，下愚之人“虽教无益”，怎样教他都是无效果的，因为“下愚”是无法改变的。颜之推强调中庸之人必须受教育，因为不受教育就会无知识，陷于“不知”的愚昧状态。后来，他为了用儒家思想教育子孙，以保持自己家庭的传统与地位，写出一部系统完整的家庭教育教科书——《颜氏家训》。这是他一生关于士大夫立身、治家、处事、为学的经验总结，在封建家庭教育发展史上有重要的影响。后世称此书为“家教规范”。

在《颜氏家训》中，他用的都是一些智慧的语言，丝毫没有偏激的言语。如他说：“《礼记》上说：‘不可以放纵欲望，不可以志得意满。’宇宙那么大还有边缘呢，但是人的情性则没有个尽头。只有使自己减少欲望，知道满足，并加以限制。先祖靖侯告诫子侄说：‘你家是书生门户，世世代代都没有出现过大富大贵，今后做官不可超过二千石，子女婚配不能贪图权势显赫之家。’我衷心信服并将其牢记在心，认为这是至理名言。”

又说：“世人都喜欢做高官，但从来都不想到那些随之而来的嫉妒之灾和逸乐之祸。多数人都喜欢追逐地位、名利，其欲望越深，所招来的危险就越大，而且都是在不知不觉中就会被你所贪图的虚名和钱财而埋葬。”这种现象尤其是在乱世中最为明显，因此颜之推告诫自己的子孙，不要贪图高官厚禄，位于中层是最好的。

这种淡泊富贵的心态，也是源于颜之推的祖先靖侯。靖侯是东晋时期的官员，因为屡建奇功而攀升到最高的官职，由此也就引来了桓温试图结盟的事件。而桓温当时是朝中权势最大的官员。当他看到靖侯军权节节高升，他为了稳固自己的权位，就以结缔亲戚为借口而想要同他结合两人的权力。但令他想不到的是，靖侯却一口拒绝了他，这如果换了别人，一定是巴结还来不及的事情，谁不想高攀枝头，保障自己的权益。但是靖侯却不这么想，他担心勾结权势，建立帮派，只会让自己引火上身。在他认为，树大招风，权势过高的家族总会招惹别人的嫉妒，如果碰到心地狭隘的人，存心想陷害，那么他的家族也不会长久。如果就这样轻易地与这样权高位重的人结交，那么将来一旦出了事情，说不定还会受到牵累，或者有诛灭九族之灾，那样家系的命脉就从此中断无继。由于这些多重的考虑，所以他坚决地拒绝了，同时还告诉自己的子侄也要谨记。

颜之推因此推崇祖训，凡事都抱着适可而止的心态。而且在他看来，正常人的生活应该是：二十口之家，其奴婢最多不可超出二十人，良田不要超过十顷，堂室只求遮挡风雨，车马足够驾驶以代替步行。再积蓄上几万钱财来应对不时之需，就可以了。超过这个标准的，就拿出来行善救济别人；还没有达到这个标准的，也千万不要用不正当的办法去寻求。

由此，我们可以得出颜之推想要的是一种物质丰富的生活。其实不然，在古代社会中，颜家是个贵族家庭，如果从贵族生活的角度去要求，那么颜之推所要求的只是一种普通人的生活，而不是那种追求富裕的物质生活。在仕途方面，颜之推也同样是不奢求高官，因此他说："做官做得不能太过分，最妥当的是处在中品，前面可见五十个人，后面可以望见五十个人，这样足以避免耻辱，同时也不会有什么风险。高于中品这个等级的，应该谢绝，回家里享清闲。"

这种生活的态度，或许在别人看来是消极的。但如果换个角度来说，处于那种动荡不安的社会中，时刻都会因为权力而遭到贬谪，所以颜之推所希望的这种生活，只是保护自己的一种方式，更是一种不随波逐流，不以物喜、不以己悲的处世原则。

在古代处世智慧里，颜之推的这种生活态度其实就是一种自我保全的方法。要想保全自己不受伤害和攻击，最好的办法就是以退为进，隐于无形，这也就是说将自己放在一个弱小的位置，不引人注意，就自然不会遭到小人的嫉妒，更不会遭到别人的陷害。古代多数人都用这种办法来明哲保身。譬如战国时期，孙子的后代孙膑被同学庞涓陷害之后，为了活命装成发疯，当庞涓以美食与大便试探他的心智是否健全的时候，孙膑则选择了大便。这才使庞涓放松了警惕，而孙膑才得以逃出了庞涓的掌心，回到了齐国。回国后的他，便开始图谋策划，最后将庞涓万箭穿心于树下。还有三国时期的司马懿也是如此，在曹丕死后与曹爽的争权中，先是假装自己年老智昏，甚至连穿衣吃饭的时候都犹如患了老年痴呆症一样，还得让别人伺候，这让见到他的宾客都信以为真。就这样也蒙骗了曹爽，使他放松了戒备。而就在这个时候，司马懿则是突然发起进攻，最后一举成功。这为后来的司马昭、司马炎夺取魏权、开晋朝铺下了道路。由此可见，这种弱态并非是真心，而是人的精心策划，为达到自己的目的而表现出的假象。实际上是一种大勇气、大智慧，这同本书所说的一个人具有的弱态则是有着本质区别的。

要想区分两种弱态的真假，就要考察两者的一贯行为。刘备的儿子刘禅的弱，是一种懦弱，在他没继位前就是这种性格。还有林黛玉的弱，也是一种自然的身体所显示出来的娇弱。而孙膑、司马懿之弱，包括周文王在商纣王的监禁中忍辱负重，都是暂时的权宜之计。如果仔细观察，就能够看出这些人的假弱之相，但是庞涓和曹爽、商纣王都没有察觉出来，这或许是因为这三人遇事不够冷静，又刚愎自用。

所以说，生活中我们要想分辨出真假弱态，就需要我们仔细去观察，因为人的自身气质是会显现出来的。同时我们也要学会运用这种弱态来明哲保身，这样才能在激烈的社会中游刃有余。

• 狂态之人，桀骜不驯

“狂态”的人，大多数都是因为对现实的不满，爱愤世嫉俗，对社会存在的一些问题总是喜欢痛斥不足。一个人的品行清高孤傲，自成一格，很难融入社会的交际圈子中去，人脉关系也不好。但是这种人却很有钻劲，又十分聪明，肯吃苦，持之以恒，最终会取得一番事业。譬如，郑板桥就是这种类型的人，但又因为过于狂傲，失去分寸，因此给自己带来不少的麻烦。再如三国时期的杨修，他恃才傲物，又不肯遵守军纪，最后被砍了头。这些都是狂傲所导致的下场。

狂傲的人，多数都是有足够信心的，常常都是一副唯我独尊、天下我最大的样子，而且总是以为天下的人都不如自己，这种自信可以说是一件好事，因为他能将自身的才能淋漓尽致地发挥出来。但是如果任何事情都不知分寸，肆意行事，那么就会坏大事，而难得善果。

此外，还有一种狂傲是用来掩饰真心的。这种狂傲分两种，一种是胸怀绝技，有傲的资本；一种是狂妄，也就是志大才疏，自命不凡，眼高手低的人。譬如说“观气识人”中提到的何晏，视孔子的“六经”为糟粕，并以神的“不疾而速、不行而至”的仙姿自誉，就是这样的人。通常情况下，一个有能力的人，都有些自以为是，这便是骄，而因此看不起人的，就是傲。其实骄和傲是狂的两种状态，而在人的修养中，往往是一骄傲就会导致失败。

清代道光年间，有个怪人名叫龚定庵（即龚自珍），以狂而出名。康有为、梁启超倡导的革新思想，就是因为受到他的影响。龚定庵这个人才气高，写得一手好文章，在当时他就留意中国的国防，如蒙古、满洲边疆他都去过，而且还总结出中国的问题就在于边疆的问题。因为边疆这个地方有漏洞，西北有俄罗斯，东边又是日本，这样将来战争一旦爆发，受害的肯定是中国。于是他便很狂傲地作了一篇文章，讲“才难”，说天下之所以大乱，就是因为缺乏人才的缘故。同时，文章还严厉地批评说：“朝无才臣，巷无才偷，泽无才盗”，连有才的偷盗者都没有了。因此他感叹当时是个人才没落时代，过不了多少年天下就会大乱。果然不出半个世纪，内忧外患接连而来。虽然有曾国藩这个旷世英才挺身而出，但天下仍是病重，根本无法从根治愈。

要说龚定庵怪，他的儿子更怪，别人给他起个绰号叫“龚半伦”，这是说他在五伦孝亲里不认父亲。有一次，他在读父亲的文章时候，便把父亲的神主牌放在一边，手里拿着一根棍子，读到他认为不对的地方，他就敲打一下神主牌，训斥道：“你又错了！”可见他的怪和狂不同寻常。

因此，我们也可以得出，一个人的狂态，宁可是有名有实的傲，也不要有名无实的骄。用人的时候，也是同样的道理。

东汉名士祢衡，是个有才学的人，而且十分狂傲不羁，在当时文人学者中有着一定的影响。就连大文学家孔子的后人孔融也对他敬重有佳。他曾说：“我的朋友祢衡是当世的奇才，他的才学要比我强十倍！”

当祢衡的大名名扬魏国境内的时候，被曹操听到，他就对这个人十分不满，其实也是一种嫉妒之情，在他看来在魏国的境内竟然有人超过他，即使只是在一部分文人中享有盛名，他也是很难容忍。于是曹操就派人将祢衡叫过来，想当面羞辱他一番，打压他如此狂傲的气焰。

祢衡被叫到后，只见曹操一副自以为是的样子坐在座位上，没有起身，也不给祢衡看座，把他当成个值得看重和尊敬的属下、奴仆，以此来羞辱他，而提高自己的地位。

但令曹操想不到的是，祢衡根本都不看他一眼，却突然仰天长叹：“天地间如此宽广，可我怎么看不到一个人呢！”曹操听后十分不悦，责问道：“你这话什么意思，我手下有几十个人，都是当代的英雄，你怎么说没有一个人？”

祢衡这时笑了，说道：“那请你说说看。”

曹操昂起头说道：“荀彧、荀攸、郭嘉、程昱，这四人智谋深远，就是萧何、陈平这两位汉初名臣也比不上他们；张辽、许褚、李典、乐进勇不可挡，即使是岑彭、马武之类的猛士也不及他们；其他的如吕虔、满宠、于禁、徐晃、夏侯惇、曹子孝，都可谓天下奇才、人间英烈，你怎么能说我这里没有人！”

祢衡冷笑道：“你说的这些人，我对他们都十分了解。你那几个谋士文官，诸如荀彧、荀攸、郭嘉、程昱之流，不过只能干点儿吊丧看坟、关门闭户的杂役；而张辽、许褚、乐进、李典之辈，也只配放马送信、磨刀铸剑、砌墙杀狗；至于其他人，更是酒囊饭袋、衣服架子而已！根本就没一个算正经人物！”

曹操顿时大怒，吼道：“那你又有什么本事？”

祢衡镇静地说道：“我上知天文，下晓地理，三教九流无所不晓，故典史籍无所不通。心怀大志，能拯救天下。岂是和你们这帮俗人相提并论的！”当时武将张辽也站在曹操的身边，听到祢衡如此狂傲，也十分愤怒，拔剑就想要杀祢衡，但被曹操制止住了，只是冷冷地说：“你这个狂傲的匹夫，虽然没有真正治世救国的本事，但却在文人中骗得了一个虚名，现在如果我杀了你，那么天下读书人肯定笑我没有容人的胸怀，你不是自以为是天下第一人吗？好，我就让你去当一名鼓手，看你还会不会如此狂傲不羁，会不会知道羞耻！”

祢衡并没有拒绝，而是立刻就答应了充当近于仆役的鼓手。

第二天，曹操大宴宾客，命令祢衡站在厅前打鼓助兴。当天祢衡穿着一身破烂的衣服来到雍容华贵的宴会厅。左右众人喝道：“你为什么不换衣服？”

祢衡于是就当着众宾客的面，在大厅之上脱光了所有衣服，赤条条一丝不挂，昂然而立。

曹操看见后十分大怒：“你怎敢朝堂之上赤身裸体地污辱大臣，失礼天下？”

祢衡则是哈哈大笑：“欺君犯上才是失礼。我暴露出父母给我的本来面目，有什么不光彩的？你敢把你的里里外外全不掩遮地暴露在众人眼前吗？”接着不容曹操答话，就一面击鼓，一面历数曹操的罪过丑行，痛快淋漓地骂了起来。

曹操气得七窍生烟，面目青紫，咬牙切齿。当时孔融也在座中，担心曹操会一怒之下杀死祢衡，忙起身对曹操说：“祢衡本来就是个狂妄的人，您就把他看成一个狂妄的仆人就是，何必降低自己的身份和他一般见识而生气呢。”

曹操怒视祢衡许久，忽然笑了笑：“我现在立刻派你到刘表那里去，作为我的专使说服他来投降。如果你真有才华，我曹操也是个爱才之人。等你完成这个任务回来，我就让你做公卿，以表示我求贤若渴的诚意。”

祢衡没有道谢，只是接受命令，转身而去。

祢衡走后，众人都十分不解，纷纷问曹操：“祢衡这个狂妄之徒，如此骂主公，你为什么还要对他委以重任，而且还要给他封官爵？”曹操笑而不答。

祢衡到了荆州刘表处，依旧是一派名士风度，狂妄自大，对刘表也是讽讥、责骂，毫无一点收敛。

但是，刘表早就听说过祢衡的名气，对他十分尊重，尤其喜欢他的文采和学问，凡是荆州的文书信件，都要请他过目审定。有一回，刘表和荆州的才子们一起商讨奏章，花了好多心思才写完一封。正好祢衡回来，他随便扫了几眼，就把奏章撕掉，扔在地上，说写得太烂了，气坏了刘表及众人。随后，祢衡找来纸和笔，自己亲自重写，不一会就写完了。刘表等人读了，觉得写得很好，才转怒为喜。此后对祢衡更加器重。但是祢衡的脾气实在是太狂妄，常常不给刘表面子，不尊重刘表。有一次气得刘表真想杀了他，但是却没有动手，只是派他去了另一个地方军阀黄祖处。刘表部下问："他这样侮辱嘲弄您。为什么不杀了他？"刘表笑道："侮辱曹操而没遭杀害，是由于曹操怕影响士人的好感，失去自己成就大业的重要支持。所以想借我之刀杀这狂妄的家伙，让我承担杀贤人、害名士的罪名，而为他出气解恨。我为什么干这傻事呢！"

部下们听罢，十分佩服刘表的明智。

祢衡到了黄祖那里后，也受到了黄祖的尊重，便让祢衡做自己的秘书，起草所有的文件。祢衡不愧为才学渊博之人，他所起草的文件总是写得很具体，有时候写出的话正是黄祖想说又说不出的。有一次，黄祖激动地拉着祢衡的手说："你写的正合我心意，真像我肚子里想说的话一样。"当时黄祖的大儿子黄射担任章陵太守，和祢衡的关系十分好。有一次两人一起出游，途中看到了蔡邕写的一块碑文，想要抄下来，但是没有纸笔，无法抄。回来后，黄射觉得很遗憾。祢衡则说："我看过一遍就记住了，只有两个字磨损了，看不清晰，不知道是什么字。"说完，就动笔给黄射抄了一份。黄射还不相信祢衡有这样过目不忘的能力，就派人带纸笔去抄碑文，回来一对照，果然和祢衡默写的一样，这让他十分敬佩和服气。

但是越是具有才能的人，越遭到人的嫉妒。黄祖手下有位主薄，也是个文人，但是个平庸之辈，由于嫉妒和对祢衡的不满，在黄祖跟前说了许多祢衡的坏话。有一次，黄祖在蒙冲大船上摆酒请客，大家都喝多了，祢衡说话放肆，冲撞了黄祖，而黄祖也有着坏脾气，便张口大骂祢衡，于是两人对骂起来。再加上主薄的从中挑拨，从中火上加油，黄祖一怒之下就叫人将祢衡捆绑起来，但是祢衡依旧在骂，后来经过主薄的再次挑拨，黄祖便下令杀了祢衡。而祢衡死的时候，才不到二十六岁。

由此可见，祢衡文采颇高，桀骜不驯，虽有一技之长，但是却没有因为他的一技之长而流芳百世。相反，他却骄傲自满，蔑视他人，不善舍小取大，所以导致人际关系不合，最后招惹杀身之祸。

• 疏懒之人，怀淡然心态

具有"疏懒态"的人，多数都是有才可恃，对世俗公认的行为准则和伦理规范都不以为然，满不在乎，因此引发为怠慢懒散，玩世不恭。这种人一般思维敏捷，可从不愿自己亲自动手，如果给他配一个合适的助手，去协助他实现心中的理想，那么一定会大有所成。

但需要有所区别的是，生活中也有一种没有才能的人，有着疏懒的表现。这样的人心智平平，思维迟钝，游手好闲。这同疏懒状态完全是两个概念，从一个人的言语交流中就能发现两者的区别。

疏懒态主要表现在一个人不感兴趣的事上，而对于有兴趣的事，他会做得很好。所以对于这样的人，我们一般都不能强迫他去做事，而是应引导他到其他的兴趣上，这样就会成就另一番事业，否则就会事倍功半。如晋代大诗人陶渊明，对做官是没有多大兴趣的，但诗写得好，做了四十几天小官之后，挂冠弃印而去，宁可“带月荷锄归”，过种田写诗的日子。

还有，晋孝武帝时期的宗炳，多次拒绝为官，而游历山水中。

宗炳出生于宁康三年（公元 375 年），字少文，祖父是“宜都太守”，父亲是“湘乡令”。由于他家庭经济条件比较不错，父母教子有方，加上他又聪明，青年时期他就能写会画，因此在当时颇有些名气。

北府将领刘毅、刘道怜等先后征召他，都被他拒绝。因为在他看来，当世是个争夺皇权、战争频繁的年代，认为“佛国最伟”。他崇尚佛教，仰慕佛学大师慧远。后来拜慧远为师傅，开始学习佛学。而慧远作为一个佛教领袖，游庐山时常常是门徒成群，浩浩荡荡。而宗炳却只喜欢一个人远游，天马行空，独来独往，犹如老庄式的，这样最能释放他个人的潜能。他多次沿长江东下去庐山，往西去荆山、长江三峡里的巫山，南往洞庭湖、衡山，北往嵩山、华山，游历了许多名山大川。他还曾在衡山建别墅，“欲怀尚平之志”。

义熙七年（公元411 年），宗炳三十六岁了。那个时期，刘毅兼任荆州刺史。执掌朝权的太尉、中书监刘裕，心中深知刘毅对他是不服气的，他的存在有可能就是独掌政权的隐患，或许不久就会背叛他。于是在属下的建议下，想要召宗炳去任荆州主薄，以此来辅佐刘毅。实际上，是让宗炳去做“卧底”监视刘毅，这也是对宗炳的一种信任。但是宗炳却一口拒绝了，刘裕问他什么原因，宗炳则说：“自己在大山自由自在地活到了三十多岁了，情愿就这么在山野里生活。”

刘裕听到宗炳如此坦然的生活态度，也觉得他的志向是对的，也就不再勉强他，也更没有因为宗炳的拒绝而使他的政治权威以及面子受到嘲弄而怪罪他。刘裕是个爱才的人，虽然宗炳不能为他所用，但他依然派西征长史王敬弘关照他的生活。宗炳因为有官府的接待与经济支撑，更可以放荡于山水之中，“每游山水，往辄忘归”。王敬弘本身是个很有官架的人，但他对于宗炳总是很随他的性情，任由宗炳想怎么样都行，每一次都让宗炳游个尽兴。

由此我们也可以看出，宗炳是个很有自知之明的人，他对政治对当官根本就不感兴趣，他也从来没有把自己当成一个政治的附属品。在当时的社会，能够得到官职是许多人梦寐以求的事情，但是宗炳却是如此淡然，可见他的那种疏懒之态。后来，宗炳又跑到庐山去了，隐居于东林寺。

第二年，刘裕先发制人，亲自率兵攻打刘毅，迅速猛攻江陵。刘毅在逃亡中自缢。试想如果宗炳接受了刘裕的任命，去荆州当了主薄。刘毅也是聪明之人，一定也会知道刘裕的真正目的。那么刘裕在发动进攻的时候，他会首先杀了宗炳，而宗炳的拒绝，可以说是个明智之举。

义熙八年（公元412年）秋，太尉刘裕由荆州东征经过庐山，又来找宗炳了，要宗炳出山做他的高参。宗炳出于对他有几度“知遇之恩”的回报，献给刘裕一幅人物画，这画为“一笔画一百事”。作为还礼，刘裕也送给他“犀柄尘尾”（犀牛骨作长柄的宗教用具“拂尘”）。刘裕并没有勉强宗炳出山。这年，宗炳才三十七岁，又回到江陵故宅，好年华用在耕作、漫游、作画、操琴、撰文的逍遥自在之中。

在宗炳看来，一旦卷入了政治斗争，就会无法决定自己的命运，毁灭于政治斗争之中。然而，做官毕竟是古代获取优越生活的捷径，在残酷的生存现实面前，他又不得不考虑物质的获取。于是，仍然是隐士的宗炳，乐于接受民间的捐赠。

义熙十一年（公元415年）春，太尉刘裕又率军东征，讨伐刘毅的余部荆州刺史司马休之、雍州刺史兼江州刺史鲁宗之。三月，刘裕军到达江陵，杀败了司马休之。当战争硝烟开始熄灭的时候，刘裕又想起来在此地隐居、才华出众的宗炳，便再次征召他以及在庐山隐居的周续之，均任命他们为“太尉掾”，即太尉刘裕身边的佐官。可见刘裕对他们两人的器重，但是依然被两人拒绝了。宗炳依旧是隐居在江陵，画他的画儿，写他的书。

公元420年，刘裕称帝，建国号“宋”。这年宗炳四十五岁了。而宋武帝刘裕依旧不曾忘记宗炳，多次征召他，给他的官职为“太尉”（这是刘裕当皇帝前的职务，国家最高武官，正一品，朝廷最显赫的宰相大臣“八公”之首）并兼“行参军”、“骠骑将军”。刘裕给予一个从未做过官的文人这么高的职务，这可是第一回，但是依然被宗炳拒绝。

宋文帝元嘉四年（公元427年），宗炳这时候已经五十二岁了，朝廷还是频频征召他，他仍然不去。他做官的机会太多了，然而，他就是不肯进入权力圈，甚至像逃难那样，“好山水爱远游”。这就是他的本性。

还有，宗炳的《明佛论》及他对慧琳的论争文章，都得到宋文帝的称赞。宋文帝说：“宗少文之难《白黑》，论明佛法汪汪，尤为名理并足，开奖人意。若使率土之滨皆淳此化，则吾坐致太平，夫复何事？”他下旨恭请已六十岁的宗炳进京，出任“太子中舍人”，既教皇太子，又掌朝廷文翰，纯化民心。可宗炳就是不去。

对此，《南史》说：“妻罗氏亦有高情，与少文协趣。”他能够视仕途如粪土，与他有个情怀高尚、志趣和谐的妻子有关。宗炳丧妻之后，衡阳王刘义季为荆州刺史，亲自来到乡间，设宴请他出山，任命他为“咨议参军”。他谢绝了。

由此可见，宗炳的一生一直有人请他做官，但是他也一辈子拒绝做官。他要的只是一种自由的生活，让这种自由的精神在山山水水之中畅游。在他年过花甲的时候，曾自叹：“老、疾俱至，名山恐难遍睹，唯当澄怀观道，卧以游之。”他把所游过的名山画出来，挂在墙上，或者就直接画在白墙上，半躺在床上，边喝着酒边弹着琴观看，边细细品赏着画里大山、险峰、瀑布、丛林。他喜滋滋地称之为“卧游”，并且享受一种在幻觉世界里遨游的舒畅。在他的感觉世界里，那画上的千山万壑，直到真实的万壑千山，都回荡着他灵魂畅游时弹奏的动人的旋律。

这便是有才能的一种疏懒之态。这类人不愿涉足当世的纷争，总想着游山玩水、吟诗作画，而其乐自得。即使做了高官的人，也是希望有此心态，如王维，每天退朝之后，就以诵经念佛为常事。

如今，我们面对着激烈的竞争，不免有些感叹生活压力太大、节奏太快，导致精神崩溃，内心太累。其实这都和人选择什么样的一种生活方式有关系，如果我们让自己的心处于淡泊之中，就会知足知乐；反之则会被现实所拖累，甚至抛弃。因为有的时候，与世无争才会让你得到更多。

三国时期的曹操是个很注重人才的人。他的长子虽然立为太子，但是他的次子曹植更有才华，而且扬名天下，为此深受曹操的喜欢，从而也就使曹操产生换太子的想法。

曹丕知道这个消息后，十分恐慌，为了保住自己的职位，就向大臣贾诩讨教。贾诩说：“希望您有德性和度量，像个寒士一样做事，兢兢业业，不要违背做儿子的礼数，这样就可以了。”曹丕从此记住大臣贾诩的话，事事都不争辩计较，保持一颗平常心。有一次，曹操亲征，曹植又在高声朗诵自己做的歌颂功德的文章，来讨父亲的欢心，以此来表示自己的才能。而曹丕却是伏地而哭泣，跪拜不起，一句话也说不出。曹操问他为何如此悲伤，曹丕便哽咽着说：“如今父王已经年高，还要挂帅亲征，作为儿子心里又担忧又难过，所以说不出话来。”

一言既出，满朝的官员都肃然起敬，为太子的这份孝心而感动。相反，大家倒觉得曹植只知道为自己扬名，未免有些华而不实，有悖人子孝道，如果作为一国之君恐怕是难以胜任，写出好文章并不能代替道德和治国的才能。于是还是按原来的计划，曹丕还是原来的太子。曹操死后，曹丕顺利地登上了魏国皇帝的位置。

在得知曹操将要换太子的时候，曹丕还担心太子的位置会被弟弟抢走，想要拼死一争，但是明知自己的才能不及弟弟，一时束手无策。但他是个聪明人，在贾诩的点化下，他知道了“争是不争，不争是争”的道理。与其争不赢，不如不争，只须恪守太子的本分，就一定能赢。最后，兄弟夺嫡之争以不争者胜而告终。

这个故事告诉我们“不争者胜天下”的道理。其实此节所讲的这种疏懒之态，也就是一种不争、淡泊的心态。这一道理，更适用我们当今的社会，在激烈的竞争中，与其与人争夺名利，不如拥有一颗淡泊心，这样才会登上成功的彼岸。

• 周旋之人，锋芒不露

具有“周旋态”的人，有着聪明的智慧和机警的心机，待人处事能够应付自如，处理事物也能游刃有余，可以说在交际圈中是应酬的高手和行家。这种人适合做外交官。因为他的办事能力强，能够独当一面。在与人周旋中，有着一种强悍之气，所以这样的人往往都能够成就一番事业。正如古人所说：“会盟之际，一言兴邦；使于四方，不辱廷命。”

善于周旋的人，多数都是能屈能伸的人，因为他们都懂得锋芒不露的处世原则。对此，曾国藩对“藏锋”也有过精辟的论述：“言多招祸，行多有辱；傲者人之殃，慕者退邪兵；为君藏锋，可以及远；为臣藏锋，可以及大；讷于言，慎于行，乃吉凶安危之关，成败存亡之键也！”

这正是俗语所说的：“枪打出头鸟，出头的椽子容易烂。”在人面前滔滔不绝，自显才能，人们难免会将你看做狂妄自大的人。当面会“洗耳恭听”，转身就会嗤之以鼻。

而且一个过于显示自己才华的人，只会给自己带来灾祸。古人云："鹤立鸡群，可谓超然无侣矣，然进而观于大海之鹏，则渺然自小，又进而求之九霄之凤，则巍乎莫及。"所以说，人在处世的过程中，万不可凡事都要将自己的锋芒表现出来，而咄咄逼人，应该适当地显示出自己的弱点，这样有利于消除别人对你的嫉妒，从而使人心理平衡。同时还能给人一种实事求是的感觉，拉近与人相处的距离，从而消除你前进道路上的绊脚石，避免因才华过露而被人陷害的下场。

人一旦出头了，发达了，就容易成为众人注目的焦点，被人品评。因此，越是位居显要处，就越是要经常反躬自省，越是要讲究低调做人，融入大众之中。唯此才能做到更有效地保护自己。正所谓："灵芝与众草为伍，不闻其香而益香，凤凰偕群鸟并飞，不见其高而益高。善藏者，方能立于不败之地！"

曾国藩在这一方面就吸取过深刻的教训。曾国藩在他的母亲病逝以后，便居家守丧，但在这同时他又响应咸丰帝的号召，开始组建湘军。在儒家看来，不为母亲守孝三年，就不能好好尽儿的孝道，这是不孝顺的。因为当时的局势紧迫，曾国藩又听了好友郭嵩焘的劝说，"移孝作忠"，于是就出山为清王朝效力。

正是因为他的这种锋芒太露，引起了别人的嫉妒，最后遭到别人的算计，就连咸丰帝也不信任他。1857 年 2 月，曾国藩的父亲曾麟书病逝，清朝给了他三个月的假，命令他假满后立刻回到江西带兵作战。这时候，曾国藩便希望得到军权，于是就上书试探咸丰帝说："回到家乡后，日夜都惶恐不安。自认为自己不是一个有能力的人才，所处的地方又是个危险的境地。如果想要守制，则无以报九重之鸿恩；欲夺情，则无以谢万节之清议。"

咸丰皇帝十分明了曾国藩的意图，当他见到江西军务已经有所好转的时候，便觉得曾国藩效命可以，但是要授权给他是不可能的。于是，咸丰皇帝朱批道："江西军务已经渐有起色，也就是说楚南已经肃清，你可以暂守礼庐，仍应候旨。"

曾国藩见咸丰帝假戏已经真做，心中哭笑不得。与此同时，曾国藩又承受来自各方面的舆论压力。说他离军奔丧已经是不忠，后来又要求实权，这与他平时所称的理学家的面孔是大相径庭，所以，他受到了各种的指责和非议。

朋友的规劝、指责，曾国藩倒可以接受，可是说他本应在家守孝却出山，是"有为而为"，而且还说他给朝廷的奏折有时不写自己的官衔，这是存心"要权"，这是不能接受的。在内外交困的情况下，曾国藩对此忧心忡忡，夜不能寐。

自从湘军东征以来，曾国藩也是四处碰壁，这都是因为没有得到清政府信任而没有授予地方实权所导致的。遭受到如此打击的曾国藩也深知自己在修养方面也有很多的弱点，为人处世固执己见，自命不凡，一味蛮干。后来他将自己的这一深刻认识写信给弟弟说：“兄自问近年得力唯有一悔字诀。兄昔年自负本领甚大，可屈可伸，可行可藏，又每见得人家不是。自从丁巳、戊午大悔大悟之后，乃知自己全无本领，凡事都见得人家有几分是处，故自戊午至今九载，与四十岁以前遇不相同，大约以能立能达为体，以不怨不尤为用。立者，发愤自强，站得住也；达者，办事圆融，行得通也。”这是告诫弟弟要以此为戒。

从前，曾国藩对官场上的奉承、献媚十分厌恶，从不愿意为伍，因此常常与人发生矛盾，从而也受到了许多人的排挤，常常成为舆论中的人物。如有人言：“国藩从官有年，饱历京洛风尘，达官贵人，优容养望，与在下者渐疏和同之气，盖已稔知之。而惯尝积不能平，乃变而为慷慨激烈，轩爽肮脏之一途，思欲稍易三四十年不白不黑、不痛不痒、牢不可破之习，而矫枉过正，或不免流于意气之偏，以是屡蹈愆尤，丛讥取戾。”

后来，曾国藩在自己处处碰壁和失败后，逐渐认识到仅仅凭借他一个人的力量是根本不能改变现状的，如果要想继续做官，就必须要戒除锋芒毕露，去适应当今的局势，做到可屈可伸。同时他还总结出三个规律：

首先，身居高位，要做到不参与，就如同自己没有丝毫的交涉；其次是一天比一天谨慎，唯恐高位不长久；三是不胜任，唯恐自己不能胜任。这正如《周易·鼎》上说：鼎折断足，鼎中的食物便倾倒出来，这种情形很可怕。说的就是不胜其任。方苞说：“汉文帝做皇帝，时时谦让，像有不能居其位的意思，难道不是在不胜任这方面有体会吗？孟子说周公有与自己不合的人，仰天而思虑事情的原委，以致夜以继日，难道不是在唯恐没有结局的道理上有体会吗？”

在曾国藩看来，越走向高位，失败可能性越大，所谓高处不胜寒。所以，他每一次升迁后，都十分谨慎处理各种事物。

他还说：“国君把生杀予夺之权授给督抚将帅，如东家把银钱货物授给店中众位伙计。如果保举太滥，对国君的名器不甚爱惜，好比低价出售浪费财物，对东家的货财不甚爱惜一样。同样的道理，偷人家的钱财，还说成是盗，何况是贪天之功以为是自己的力量。”曾国藩认为利用职权牟取私利，这就是违背了不干预之道，是注定要自食恶果的。一事想贪，则可能事事想贪；一时想贪，则可能时时想贪。从而陷自己于不利之地。

至于不终、不胜，曾国藩则更是深有体会，他说：“陆游说能长寿就像得到富贵一样。开始我不知道他的意思，就挤进老年人的行列中了。我近来混了个虚浮的名誉，也不清楚是什么原因就得到了这个美好的声名了。古代的人获得大的名声的时候正是艰苦卓绝的时候，通常不能顺利地度过晚年！想到这些不禁害怕。想要准备写奏折把这些权力辞掉，不要再管辖这四省吧，害怕背上不胜其任、以小人居君子的罪名。”

由此看来，曾国藩虽然身居高位，但他时刻都是谨慎处事，唯恐自己再锋芒毕露，如蹈危局。正如古人云：“毁或无妨，誉则可怕。”如果不能正确对待名和利，则是相当危险的，尤其是对于那些人生观尚不太牢靠、在事业上浅尝辄止的人而言，很容易走入死角。

曾国藩在对待名利上，真无愧是一面“人镜”。他可以识人、识事，尤其可以恰到好处地修行自己，坦然应对不利的局面，化不利为有利。

而那些根本不懂处世原则、过于暴露自己的人，下场终究会是悲惨的。太平天国中的将领洪秀全就是一个很好的例证。

清朝咸丰年间，自从太平天国起义后，其发展极其迅猛，横扫清军大部，转眼间就占据了半壁江山，与清朝南北相对峙。

当洪秀全在南京建立政权后，便自认为可以坐拥天下、享受称霸的滋味了，同时还认为跟自己出生入死的兄弟，也应该给他们封个王侯将相，一起来享受得来的江山。开始过于自信，乱封王位，今天给他封王，明天给他封爵，直到太平天国失陷前，他所封的王就有二千七百多人。要知道，“一山不容二虎”，“多王”的并立最终使太平天国不太平，出现各自领兵的涣散局面，严重削弱了太平军的战斗力。同时，有多少个王，就有多少个王府，而每个王府都会有许多人员，这些人员全靠搜刮老百姓的钱财为生。时间久了，便引起了百姓们的愤怒，所以最终太平天国失去了民心，也加速了它的灭亡。最终，如此宏大的势力，只经历了短短的十几年便化为虚有。

所以说，在变化莫测的世界以及激烈的社会竞争中，要想长久立足，做事就必须谨慎。切不可目中无人，高高在上，处处争强好胜，为达目的用过分的手段去谋取，那样即使你取得了一时的“荣耀”，最终也会被“荣耀”所害。

• 情态之真假辨别

弱态、狂态、疏懒、周旋这四种情态，从成才的角度来看各有所长。弱态的人，不媚俗迎众；狂态之人，不哗众取宠；疏懒态的出于真性情；周旋态的举止圆滑中不失中正刚健。都可以有所作为，成就一番大事业。反之，则就是败器之人，根本就不值得人们去评论。

“弱态”之人，如果带着“媚”，则变为奉迎谄媚之流，摇尾乞怜之辈，这是一种贱相。譬如宋高宗就是个有名无实的“中兴之主”，父兄被掳的奇耻大辱都无法激起他对金人的仇恨，他的“恐金症”不可救药。宋高宗在位期间，无论抗金战场上的胜负如何，他都是一味地投降求和，在金人面前极尽卑躬屈膝、摇尾乞怜的丑态。这样的一个谈“金”色变的君主来承担抗金御侮的使命，无疑就是一种失败，是很难有所成就的。

我们生活中，有时候这种媚态也必须是有的，因为有些事情也正是因这种情态而取得成功的。

南宋宁宗时期，宰相韩侂胄在都城临安吴山修建了一座别墅，取名叫做“南园”。有一天，宰相在臣僚的陪同下来到了南园，当他看到园中的竹篱茅舍小桥流水，就好像农家小院的气象时，心中顿时心旷神怡，十分开心。在畅游的过程中流连忘返，久久不愿离去。但是在高兴的同时，面色突然有种遗憾之色。他对左右的人说：“这南园特别像农家的田园。可是真正的农家田园是有鸡鸣犬吠的声音，这里却是缺少这种声音。”说完，他就到别的地方去了。刚没走多远，突然他听到园内传来了“汪汪汪”的狗叫声。这让宰相十分惊奇，于是就派人去查看，结果令他吃惊的是临安知府赵师在学狗叫！宰相知道后哈哈大笑，从此对他特别宠爱和重用。

由此可见，赵师表现的就是十足的谄媚的弱态，也就是媚态，但也正是这种媚态让他赢得了宰相的宠幸。当然我们并不完全主张都要学习这种媚态，但可以把这种媚态当做一种低调做人的手段来使用。

“狂态”如果带着“哗”，则为喧嚷跳叫、无理取闹之流，暴戾粗野、卑俗下流之辈，这是一种妄相。

晚清名臣左宗棠个性十分刚直果断，疾恶如仇。虽然是才华横溢，但多次进京赶考都未考中，因此他变得特别敏感。有一次曾国藩在给他的信札中，因为出于谦让，便用了“右仰”这样的客套话。左宗棠看后十分不高兴，于是他便给曾国藩回信说："你写了'右仰'难道要我'左俯'不成！"从此两人之间开始有了隔阂。在做曾国藩幕僚的时候，左宗棠称呼他人都直接叫人家名字，但只有对曾国藩还是很客气的，他叫曾国藩"涤生"（曾国藩的字）。当时曾国藩同太平军作战十分不顺，左宗棠就对他的朋友说曾国藩的才短，帐下没有人才，曾国藩知道后特别恼火。曾国荃攻陷天京后，大掠财物，引起了朝廷的不满。曾国藩为了表功避祸，上奏称幼天王死于乱军中。其实，幼天王逃出并没有死，于是左宗棠幸灾乐祸地告知朝廷。曾国藩对他的这种小人行为再次愤怒，从此两人矛盾加深。

"疏懒态"如果没有"真诚"，就会一味狂妄自大，此实为招祸致灾之态，殊不足取。譬如汉桓帝永康元年（公元167年），董卓担任羽林郎，统管元郡（汉阳、陇西、安定、北地、上郡、西河）羽林军。没过多久，他就升为军司马，跟从中郎将张奂征讨并州反叛的羌人。征战中，董卓极力表现自己，充分发挥他勇猛强悍的优势，纵横冲杀，左右开弓。由于战绩突出，因功迁升为郎中，后来又因功升迁为广武（今山西省代县）令、郡守北部都尉（统治四川省汶川县西南大部分地区的官名）、西域戊已校尉（掌管西部各民族事务的官名），一直征拜至并州刺史、河东刺史。至此，董卓可谓平步青云。但是，在当时特殊的社会政治环境下，董卓独特的性格和狂妄的野心决定了他不会甘于失败和寂寞。最后中貂蝉之计，与义子吕布产生矛盾，死于自己器重的吕布手中。

"周旋态"如果没有"健举"，会变得城府极深，几近狡诈、阴险和歹毒，这是一种险相。对这种人，倒是应该时时警惕，处处提防的，不能因一人之险恶而乱了自己的阵脚，甚至败坏了自己的事业。譬如在《郑伯克段于鄢》中记载着郑庄公的形象：庄公早已察觉其母和叔段的用心，他一面不露声色地表面顺从，托词"母命难违"，一面故意纵容其弟野心恣肆，"多行不义"，以便将其置于死地。这可以看出，庄公是一个阴险狡诈、城府极深的人物，通过描写母子在隧道相见的情景，可以看出庄公虚伪的丑恶面目。这便是一种没有"健举"的形态。

刘邵在《人物志》中明确提出一个"七似之流"的概念，这是指社会上有这样一类人物，表面看起来博学多识，能力十分强，但是其实是囊中羞涩的匹夫，也就是所谓的表里不一。所以我们在看人的时候，就要仔细去分辨，大体上有七种情况可属于这样的人。

一似：伶牙俐齿，说话滔滔不绝，能够制造气氛，哗众取宠。表面上看起来好像很能言善辩，但是关键的场合，他却是闭口不言，犹如藏头乌龟，所以说这样的人如果真正观察肚子里的知识，其实是一肚子草包，根本上没有什么知识。例如社会中有些演说家、推销者，都是这样的人物。

二似：胸中确实有些才华，但是因为缺乏高等教育，肚子里知识还是很有限的。虽然在政治、历史方面他能说得头头是道，但是在外交和法律上略知皮毛，如果深究，他根本就不知所以。所以这样的人看起来博学多才，其实是样样稀松，无论什么事情都不是很精通。这样的人以御用学者居多。

三似：有的人因为自己的知识少，对于别人的言论根本就无法理解和不懂，但却要故用点头等动作来迎合对方，装出一副听懂的样子。这样的人一般都是那些在领导面前阿谀奉承、善于拍马屁的人。

四似：有的人本身学问就少，每当遇到问题大家讨论的时候，他总是先沉默不语，等到别人发表完自己意见的时候，他再跟从别人的想法和赞同一起随声附和，运用别人的语言来胡乱阐述一番。有许多不学无术的学者就是这样类型的人。

五似：有的人面对别人的提问或者质问的时候，根本没有能力去回答这个问题，但却故作高深精妙的样子避而不答，其实是一窍不通。

六似：有的人听到别人深刻的语言就表示佩服，其实他是似懂非懂，心中对此观点根本就不懂。

七似：有的人当自己心中的道理说得山穷水尽的时候，但仍然牵强附会，不愿服输，而是一味地强词夺理。这种人一般在讨论的场合可以看见，多为理不直气不壮的人。

综上所述，人的情态各有所长，各有所短，无论是与人交际还是一个用人的管理者，我们都应该取其长避其短。在看人的时候从细小处着手，辨别真假。

• 戒除疏懒之态

曾国藩不喜欢疏懒之人，他在家书中说："各位弟弟不好收拾洁净，这是败家之象。一代疏懒，二代淫佚，则必有昼睡夜坐、吸食鸦片之渐矣。"如果不以小见大，防微杜渐，防患于未然，就必然会引来祸患。

曾国藩在安庆任两江总督时，江庆才前来投奔，见到做大官的表哥痛哭不已，说父亲临终时一再要他来找表哥谋一分差使，免得再在乡里受苦。表弟的能力，曾国藩大致知道一些，看在五舅的份上没有一口回绝，心中也有三分成全之意。曾国藩有意识考察了江庆才半个月，交给他几件事，都没有办好。江庆才性格疏懒，而且总是以总督表弟自居。尤其是有一次吃饭时，曾国藩亲眼见江庆才把饭碗里的谷一粒粒挑出来，丢到脚下，曾国藩心里很不舒服，他从未把米扔掉过。一个贫苦出身的人，才过了几天好日子便忘了本，曾国藩从这件小事看出江庆才不堪造就，通过一夜思考，他终于下了决心。尽管五舅有恩于前（曾国藩当年苦读寒窗时，如没有五舅的资助，或许就没有曾国藩后来的金榜题名），尽管江庆才是至亲，也决计打发他回家。因此，曾国藩给表弟好说歹说了一个时辰，从积蓄中拿出一百两银子，又亲自写了“世事多因忙里错，好人半从苦中来”的对联勉励他，总算把表弟说通了。

由此可见，曾国藩十分注重一个人的“勤”字。他在创办湘军的时候，那些疏懒和疲沓的人首先是他淘汰的对象。他自己更是以身作则，每天都早早就起，进行亲自训练。他这种做事勤奋的表现在任直隶总督的时候就十分突出。1869年初，他进京见陛下，当时直隶是北京的重地，官员们都比较懒惰贪玩，所有民诉的案子堆积如山，却从不去一一审问，引起民众的哀声怨道。曾国藩一上任，就开始拿这些官员开刀，如吴桥知县王恩照、曲阳知县万方泰、武强知县王庶曾、迁官知县周培锦、翼州知州宋炳文等人性情疏懒，不理讼狱，曾国藩一律都奏请革职，吏治民风为之一振。

此外曾国藩对他手下的人才也是要求十分严格。如他的学生李鸿章出身富豪家庭，他本身就有着不习惯拘束的文人习气，疏懒无恒是他的一大缺点。他办团兵败后投到曾国藩的门下，可曾国藩却借口说军务繁忙，不出来与他相见，甚至在别人面前对李鸿章出言相讥，其实这是曾国藩想故意挫一下他的锐气和棱角。

曾国藩所训练的军营日课包括黎明议论事情，一起吃早饭。李鸿章是江淮人，不习惯湘菜口味，也不愿意早起。有一天，他以头痛为借口不愿意起来吃早餐，曾国藩就派人不断地去催他，自己则是坐到桌子旁边，不动筷子，等待着他，说他不起来就不吃饭。李鸿章无奈只好起来，匆匆来到军营。当他入座后，曾国藩才开始下令吃饭。饭后，曾国藩把他留下，十分严肃地告诉他：“在此处，所崇尚的是个诚字。”从此，李鸿章便改掉了睡懒觉的毛病。

李鸿章是个有文采的人，曾国藩便让他掌管文书事务，而且还让他帮忙阅下属公文，撰写奏折。他每件事情处理得都井井有条，这让曾国藩十分欣赏。对此，李鸿章也心存感激，常对人说：“以前我比较疏懒，都是曾帅的严格培养，他就如同我的指南针一样，让我找到了前进的方向。”后来，李鸿章成为了晚清时期的擎天一柱。

由此可见，要想成就一番事业，必须戒除疏懒之态，这样我们才会有充分的精力去奋斗，有足够的冲劲去向前迈进，最终达到成功的灯塔。否则就会被疏懒之态所拖累，而迈不动前进的步伐，终生一无所成。

三、不常出现的几种时态

【原文】

前者恒态，又有时态。方有对谈，神忽他往；众方称言，此独冷笑；深险难近，不足与论情。言不必当，极口称是；未交此人，故意诋毁；卑庸可耻，不足与论事。漫无可否，临事迟回；不甚关情，亦为堕泪。妇人之仁，不足与谈心。三者不必定人终身，反此以求，可以交天下士。

【译文】

前一章所说的，是人们生活中恒常出现的情态，又称为“恒态”。除此之外，还有一些不常出现、短暂的情态，称之为“时态”。如正与人交谈的时候，却忽然把目光和思路转向其他地方去了，这表示这种人毫无诚意；在众人言笑正欢的时候，却在一旁漠然冷笑，足见这种人冷峻寡情。这类人城府深沉，居心险恶，不能跟他们建立友情；别人发表的意见未必完全妥当，但是却随声附和，足见这个人胸无定见；还没有同一个人打交道，却在背后恶意诽谤和诬蔑，足见这个人信口开河，不负责任。这类人庸俗下流，卑鄙可耻，是不能同他们合作共事。遇到事情不置可否，一旦事到临头却迟疑不决，犹豫不前，足见这个人优柔寡断；遇到一件根本就不值得大动感情的事情，就伤心落泪，唉声叹气，表明这个人的仁慈纯属“妇人之仁”，不能和这样的人推心置腹地交心。以上三种情态不能决定一个人的终身命运，如果能够以上述三种情态为原则与他人交往，一定能够遍交天下之士了。

【解读】

• 由时态察人

时态同恒态相对，可以理解为运动时的形态。因为时态与人的社会属性和社会环境是密切相关的。人生存在社会中，就必然要活动，而活动就必须要依附于环境和所处的时代，脱离时代和环境而单独生活的人是不可能存在的。因此说，通过人所处的环境和时代，就能充分体察出人的内心活动。

公元前221年，秦始皇取得了天下，统一六国。登位后的秦始皇骄横自大，目空一切，认为自己的历史功绩自古以来没有人能比。他蔑视三皇五帝，改尊号为皇帝，除谥法。他还蔑视鬼神。这些表现都是为了证明自己的伟大，树立自己的权威。

首先，他迫不及待地出巡全国，其目的为立石颂德，树立自己的权威；其次就是开始追求长生不老，企图享有永久权势。这种表现随着他年龄的增大、身体逐渐不佳更加迫切，他想方设法地寻求长生不老的方法。

早在战国时期，齐、燕一带就出现了一批方士，即“方术”、“方技”之士，他们宣扬人可以长生不死，得道求仙，并说这些仙人中有宋毋忌、正伯桥、羡门子高等可以“为方仙道，形解销化，依于鬼神之事”，可以使人的灵魂升天。以后，齐地又逐步形成了“蓬莱、方丈、瀛州三神山”的说法，这样，所谓的“三神山”就成为一种令人向往的极乐境界，上面的不死药就成为历代君王追求的目标。于是，各国历代君王就纷纷派人到海中寻求长生不老之药。

秦始皇对于这些也早有耳闻，于是为了寻找三神山和长生不老药，他派遣徐福、卢生、侯生等诸多方士出海。

其实大家都知道长生不老药根本就是个传说，世上是不存在的。但是没有人敢违抗命令，否则就会遭杀身之祸。在出海寻求神仙和不死药的准备工作上，卢生等诸方士抓住了秦始皇性格中的某些弱点，以求仙为名骗取了大量的钱财，然后大肆挥霍，丝毫没有考虑找不到神仙和不死之药将会导致的后果，更没有为自己准备一条可行的退路。

但徐福就与这些人不同，他在一开始就为自己准备了种种条件，发挥自己的聪明才智，给自己铺设了一条切实可行的后路。

徐福紧紧地抓住了秦始皇的心理，对秦始皇的性格十分了解。他清楚地知道秦始皇追求长生不老药的迫切心情，于是他便给秦始皇留下了一个存在的美好希望。为了满足秦始皇内心那种“千古一人”的伟大形象，徐福于是就告诉他古代君王从来没有得到过长生不老药，但是他却是可以得到的。每次他总是用几句花言巧语反复强调只是客观条件还不成熟。另外，徐福还看准了秦始皇刚愎自用、行必欲求其成的性格特征，认识到秦始皇既然投入巨大的力量寻找仙药，一定不会轻轻松松地放弃努力，所以他就一拖再拖，趁机向秦始皇敲诈财物，为他自己后来“得平原广泽，止王不来”取得了大量的人力、物力资源和出海定居所需要的一切条件。

后来，侯生同卢生也知道两人如此欺骗秦始皇，最终会被他砍头的，况且他一向以刑杀为威，为了保全性命，莫不如早些脱身。于是两人就一起逃跑了。

不久后，秦始皇知道被侯生和卢生这两人欺骗后，龙颜大怒，立刻下令：“凡在咸阳的方士、儒生等，一律进行审问，审查他们是否有妖言惑众的行为，一旦发现立即处死。”

这样一来人人自危，互相揭发，拼命为自己开脱。结果导致了有四百六十多人犯禁，最后被活埋，以此来警戒所有人，以后不得再诽谤皇上，否则还要重罚。

面对这样残酷的局势，秦始皇的长子公子扶苏看不过眼了，便站出来说：“天下刚刚稳定，远方还没有全部依附，这些人都读孔子之书，诵孔子之法，皇上今天加倍处罚他们，恐怕天下会不安，恳请皇上明鉴。”

秦始皇听后更是不悦，就把他流放到边疆去，与蒙恬搭档一起管理北部边防，作为整个边防部分的监军。直到去世，秦始皇最终也没有得到所谓的长生不老药。

由此可见，秦始皇的内心险恶，没有人敢接近他，没有人说出实话，因此属下的人都欺骗他。而他焚书坑儒更是残忍，在活埋的四百六十多人中，难免会有被冤枉的人，但是秦始皇不察，可谓是一个昏君，他的短命也是罪有应得。这也正如曾国藩所言，像秦始皇这样内心阴险的人，根本不能跟他推诚交心。

• 于纯朴中识别人才

曾国藩指出，“深险难近”的人不值得去结交和任用。在他看来，如果此人心中不是有什么事情导致他失常的表情，多半都是内心城府深的人，和这种人交往十分有压力，时刻得提防，否则就会被算计，遭到杀身之祸。

曾国藩是农村出身，生性纯朴，非常厌恶官场中运用心机、投机取巧的风气，他在京师十多年中，一直恪守自身修养，勤奋读书，培养出“以澄清天下为己任”的浩然大气，并改名为“国藩”，表示“国家藩篱”的意思。

同时，他在选用人才的时候也强调“在纯朴中选拔人才”，这样，才能使自己的事业蒸蒸日上。所谓的“纯朴”就是指为人朴实，没有官气，不虚夸，不在语言上巧言献媚，而是脚踏实地、埋头苦干的作风。他将人才分为两种类型：一种是官气多的人，另一种是乡气多人。官气多的人，一般都好摆官架子，讲资格，装样子，办起事情来四平八稳，说起话来句句是理。实际上是一种比较严肃的作风，毫无生气；而乡气多的人，好逞能，出花样，办起事情来不顾别人的看法，自以为是，说起话来不讲求避讳，过于直言。因此往往都是做不成一件事情，就招来别人的非议。

由此看来，这两种人都具有各自的缺点，但是在曾国藩看来，他最厌恶的就是有官气的人，认为这类人都是不实干的官僚，所以他在家书中说：“有操守而无官气，多条理而少大言的明白朴实之人才可任用。”因而他在衡阳办团练时，所募湘勇全是农家子弟。攻破天京的时候，他麾下的嫡系部队发展到二十万大军，除五千人马是鲍超率四川勇士来投外，其余基本是陆续从湘乡、长沙、衡阳、平江一带招募的农民，其中以湘乡的农民为主。因为在曾国藩看来，农民具有忠实、厚道、勤劳、俭朴，能吃苦，不怕死，能守纪律，服从指挥的品德。而考察人才的优劣，就应当看他是否具备朴实、忠厚、廉洁的品质。如果具有这样品质的人，就是难能可贵的，否则是靠不住的，很容易沾染恶习。所以他对那些“心眼多，好说大话”的人都是十分讨厌的，从不会任用这样的人才。

譬如，曾国藩在祁门的时候，有个名叫许荫武的人十分有名气，他的武艺特别好，能飞檐走壁，一百多兵卒将他围住，他都能从容自如地杀进杀出。但曾国藩并没有收留这名武侠，并向他手下谋士解释说：“这种剑侠多数都是无赖流氓，邪多正少，不遵法度，留之则坏军纪。”

还有，长洲的王韬当时是出了名的才子。他的外语说得非常好，在上海墨海书馆工作多年，翻译了不少外国书籍。有一天，他投奔到曾国藩帐下献策。但曾国藩听谋士说这个人比较贪杯，可谓唐伯虎、祝枝山式的人。曾国藩便对此人产生了三分反感。等到见到王韬真实面貌后，看他长得矮胖臃肿，眉毛粗黑，两只鱼泡眼松松垮垮的，没有神采，猜想一定是个酒色之徒，更加生出厌恶之情。后来，王韬又开始鼓动曾国藩，说道：“大人精通典籍，熟读史册，当知蒯通劝韩信之事。而今日之事正与当年同。清廷、太平天国、湘军好比当年的刘、项、韩。湘军助清廷，则清廷强；助太平天国，则太平天国兴。大人何苦要为满人出力？不如既不帮清廷，也不为太平天国，让他们两虎相争，最后由大人收拾残局，这可是大人的最好选择！”

要知道，曾国藩可是对朝廷忠心耿耿的人，当他听到此人竟然出口狂言，顿时十分恼怒，面色铁青地说：“鄙人宁可遭到韩信的下场，也决不会背叛朝廷。”说完就将王韬轰了出去。这时候谋士杨国栋劝曾国藩说：“王韬还有一技之长，今后我军请洋匠传授军火技艺，他可以当翻译。”曾国藩则叹气地说道：“王韬本是可以留下来的，他虽然不注意细节，但必定是有点名声，况且又懂洋文。可是他太不安分，而且野心也不小，思维还很怪诞，如果我将他留在身边，一定会带来大患。”谋士听曾国藩如此说来，又劝谏道：“看来王韬并非等闲之辈，既然不能任用，就将他杀掉，免得他投靠了长毛，为虎作伥。”

曾国藩则不以为然地说道：“王韬并没有那么多的本事，你可能高看他了，其实他就是一个比较狂妄的人而已，是成不了大事情的。如果我杀掉了投奔于我的人，那么今后谁还敢投靠我？”

其实，曾国藩最瞧不起好说大话的文人，他曾派李元度守徽州约法三章时，第一便是告诫李元度：“你身边有不少书读得好但无打仗经验的文人，对其中那些好说大话者，决不可重用。”

由此可以得出，对“心眼太多，好说大话”的浮滑之辈，曾国藩是深恶痛绝的。在他看来，好轻易谈论用兵之道的人，他的阅历肯定很浅；好攻击人家短处的人，他的自我修养一定很差。因此他一直强调“崇尚朴实，杜绝浮华”，厌恶油嘴滑舌的夸夸其谈。他认为湘军的优点全在于没有官气而有血性，如果官气增加一分，那么血性就必然要减掉一分。湘军一向不喜欢用花言巧语的将领，凡是不经过深入的思索就信口开河的，从来不跟他们说长短。

总之，不足与论情者，需要判断他当时情态下的真实想法，这样才不会看错人，冤枉好人。如果仅仅是以情态中的时态论人，而不问他平素的表现，就很容易使自己的判断出现错误。

• 平庸小人需提防

曾国藩在前面谈到，要想观察人的“神忽他往”、“此独冷笑”这两种情态，就必须要从细微处看，否则是不容易看出来的。

文中提出：“言不必当，极口称是”。这是说，别人的言论并不完全正确，却在一边连声附和，高声称对。这便是一种存心的作为，是个小人，心中没有远见，意志薄弱，只知道奉承、投机取巧，这种人是不值得我们结交的。在生活中，我们常见有一种人完全靠自己的能力去吃饭，只要见到比自己强的人，他就会极力地巴结称是；如果是比自己弱的，他就十分瞧不起，态度也十分傲慢，这便是一种十足的小人。这种小人心眼并不那么恶毒，只是利用心机趋炎附势而已。

如乾隆时期，在他身边侍奉的和珅就是一个小人形象。乾隆很喜欢吟诗作赋，和珅便花费精力去为乾隆收集各种诗作，并对他用的典、诗（词）风、喜欢用的词句了解得一清二楚，在空闲的时候还能唱和两句，这让皇帝对和珅刮目相看。而和珅作为一个满人，能够在诗赋上有所成绩，很是了不起。对此，清朝大文学家袁枚就曾夸奖和珅说："少小温诗礼，通侯及冠军。弯弓朱雁落，健笔李摩云。"另据朝鲜使臣记载：乾隆皇帝每问和珅的一件事，和珅都能回答得有条不紊，并且将事情的缘由说得清清楚楚，令皇上十分满意。

乾隆母亲去世后，和珅的表现更是到位。他并不像其他皇亲国戚、宦官一样一直劝诫皇上要节哀，说一些不关痛痒的话语。和珅只是在一旁默默地陪着乾隆落泪，不思寝食，几天下来弄得人面无血色，面容枯槁。这让皇帝深受感动，感觉满朝文武，能够与皇帝同感共情的也只有和珅一人，因此更加宠信和珅。

和珅长期伴驾左右，还特别会揣测乾隆的心思，想乾隆之所想，思乾隆之所思，所以每次在关键的时刻都能使乾隆称心如意。

据史书记载，有一次乾隆出游，途中突然让属下停下轿子，众人都不知道为何，十分着急。和珅知道后，就立即找到一个瓦盆递到轿子中去，结果正合皇帝的心意。皇帝溺毕继续起驾。一路上，人们都十分佩服和珅脑子灵，能够取悦龙心。另据史书记载："高宗（指乾隆）如果有咳唾，和珅以溺器进之。"

清人笔记中也有关于和珅猜中皇帝命题的记载：按照惯例，顺天（指北京）乡试《四书》考题，一概都是由皇上钦命，由内阁先期呈进《四书》一部，命题完毕，书再返回内阁。有一次，皇帝命题后，内监捧着《四书》送还内阁。正好和珅这天当值，便问起皇上命题的情况，内监们都不敢多言，只说皇上手批《论语》第一本，当他快要批完的时候，便开始欣然微笑，针笔直书。和珅思考了片刻，立刻猜想皇上批字一定是"乙醢"一章。因为乙醢两字包含"乙酉"二字，而那年乡试就是在乾隆乙酉年举行。乡试考题果然是"乙醢"一章。可见，和珅"以帝心为心"，功夫非同一般。

还有，乾隆做太上皇时，有一次召见嘉庆帝与和珅。两人进入密室，见乾隆坐在龙座上闭着眼睛，仿佛入睡，但口中却念念有词，也不知说着什么。过了许久，乾隆才突然睁眼问道："这些人都叫什么姓名？"嘉庆见状，根本不知道乾隆在说什么，无以对答，但和珅却是高声应答："高天德、苟文明（此二人为白莲教的起义领袖）。"嘉庆听后觉得莫名其妙，可乾隆却缓缓地点点头，继续闭目默语。过了几天，嘉庆又密召和珅问他："我们前几天到太上皇那里去，太上皇口中说的是什么意思啊？你又是如何对上太上皇的话语的？"和珅则说："太上皇所诵的是西域秘密咒。被诵的都是一些做尽坏事的恶人，虽然远在数千里外，即使没有病也会死去或者是有奇祸。奴才听到皇上念的就是此咒语，而知道这个咒语的人一定是教匪悍酋，因此以这两个人的姓名对也。"嘉庆自愧不如。

此外，乾隆是一个非常幽默的人，常常喜欢和臣子开玩笑。因此和珅就经常给乾隆讲一些市井俚俗的笑话，让皇上十分开心，这在当时是没有一个大臣能够像和珅一样做到的。

从中可见，和珅之所以能够将皇帝伺候得如此欢心，正是他平常对皇帝的脾气、爱好、生活习惯、思考方法细致观察，才可以猜测到皇帝的内心，想他所想，急他所急。这与一般的曲意迎奉、阿谀献媚是有所区别的。可以说和珅的许多迎奉行为都具有深厚的情感基础，这些也都是将心比心的结果，因而没有那么的低俗和赤裸裸，而是显得别具匠心。

同时，晚年的乾隆最欣赏和珅的一点就是他"巧于迎合，而工于显勤"。但是和珅如此的"巧于迎合"，也为他后来的倒台留下了祸根，因为他的"以帝心为心"表现，只对太上皇，不对皇上，这让嘉庆皇帝忍无可忍。所以太上皇刚驾崩，嘉庆就立刻收拾了和珅及他的同党。而和珅也是"机关算尽太聪明，反算了卿卿性命"！

日常生活当中，善解人意就是善察言观色，揣摩人的心思，但这种善解人意的人必须是善接话茬，也就是说别人说的一句话，你能猜想到下句他将要说什么，而且是可以准确无误地说出下半句话，使人有着"你中有我，我中有你"的惊叹。这种善解人意的人还善于替对方着想，甚至连对方想不到的地方也能想到，使人感受到"心有灵犀一点通"。和珅原本是可以成为君臣中善解人意的楷模，只是由于他太贪心了，做尽了坏事，因此嘉庆皇帝才对他进行一网打尽，不仅是为自己出气，同时也是在为民除害。

所以说，小人内心所隐藏的伎俩终究会被人识破的，不仅引来别人的愤恨，更会给自身带来祸患，作为今天的我们可以学会和珅的办事圆通，但却不能利用这种圆通而去做各种坏事，这是我们必须引以为戒的。

书中又说："未交此人，故意诋毁"，其意思是说，从来都没有与人交往过，对别人也不是十分了解，只是道听途说，再加上自己的主观想象，于是就在背后开始论人是非，说人长短，故意诋毁他们，诬陷别人的清白。这种人多数都是没有德行的小人，没有学识，缺乏修养，可谓是俗不可耐，没有自知之明。

春秋战国时期，公元527年，楚国的楚平王打算为儿子娶媳妇，于是便昭告天下，经过一番筛选之后，终于选中一位貌美如花的秦国姑娘。随后，楚平王便派大夫费无极前往秦国迎娶。费无极虽然贵为大夫，但一直不被楚平王所宠幸，他也一直苦于没有机会表现自己对大王的一片忠心，如今总算有了这个大好机会，他便决心一定要好好表现一番。

费无极临行的时候，对楚平王信誓旦旦地说："大王尽管放心，微臣一定会将太子夫人毫发无损地接回来！"

几天后，费无极便来到了秦国，顺利地找到了这位秦国姑娘。当他见到这位姑娘的时候，被她那种沉鱼落雁、闭月羞花的美貌所惊住，全然忘记了临行前对楚平王保证的话。这时他在想："楚平王一向是贪恋美色之人，他的后宫里虽然有着众多的佳丽，但是哪一个也无法与这个秦国姑娘相媲美。假如将秦国姑娘献给楚平王，说不定他一高兴，还会给我加官封爵呢！"想到这里，费无极便快马加鞭地赶回了楚国王宫。

见到了楚平王后，费无极就将秦国姑娘的美貌夸大描述了一番，让楚平王听得心里十分痒痒。这时候，费无极见楚平王颇有动心，就又立刻说道："大王您如今正当壮年，这样美若天仙的姑娘本该是大王拥有啊！而太子还尚且年幼，娶亲的事情可以暂且延缓一些日子，倒不如大王先娶了这位姑娘，以后再为太子找门好亲事。"楚平王被费无极这么一说，本来就有点动心，这时候更是拿不定主意了。就这样，在费无极的一番巧舌如簧的劝说下，楚平王终于动了心，他把这件事情交给费无极一手操办，并叮嘱他此事关系到江山社稷和国家形象，一定要小心行事。

费无极是一个诡计多端的人，而且办事的效率也十分高。在他巧妙周旋下，虽然太子娶亲的事情已经被楚国人民知道，而且传得沸沸扬扬，同时迎娶的车队已经接近楚国都城，楚国王宫里的婚礼仪式已经准备妥当，但费无极硬是将这位原本可以成为太子夫人的秦国姑娘，变成了楚平王的妃子！

一切都办成之后，楚平王见这位秦国姑娘果然是个倾国倾城的佳人，这让他更是欣慰，从此对“大功臣”费无极更加赏识了。转眼间费无极就成了大王身边的红人，这让费无极有一种前所未有的满足感。但是每当他静下心的时候，总是惶惶不安。因为他知道，在娶亲的这件事情上深深受害的是太子，本来是属于太子的美人，却又投入了自己亲生父亲的怀抱。虽然太子嘴上不说，但是心里一定非常气愤。要知道太子早晚是要登上王位的，到那天，费无极一定会遭到杀身之祸的。

为了能够让自己躲过这一祸患，费无极便在一天时机成熟的时候，对太子说：“娶亲这件事情，本来是大王的意思，我是想阻止的，但是却被大王骂了一顿，无奈我只好从命。”之后，他就开始劝慰太子，天下的美女多的是，日后找个更好的。装出一番为太子打抱不平的样子。

但回头，他就对楚平王暗地说：“自从大王娶亲之后，太子对我是恨之入骨，处处找我的麻烦，我作为一个臣子忍忍就算了，可如今他居然对大王您怨恨起来。太子本来就掌握兵权，外有诸侯们的支持，内有他的老师伍奢出谋划策。而且微臣还打听到，太子最近整天和几位将军待在一起，似乎有谋反的迹象，大王一定要小心行事啊！”

楚平王自从娶亲后，本来就觉得太子对自己心存芥蒂，如今又听费无极这么说，这让他倒觉得太子是个祸患。于是在费无极不断挑拨和谗言下，决定下令追杀太子和他的同党。最后逼得太子不得不逃往宋国，而他的老师伍奢却惨遭杀害。费无极弄成如此的局面，仍不死心，又怂恿楚平王追查伍奢的两个儿子。最后，伍奢的大儿子伍尚也被杀害了，二儿子则有幸逃到了吴国，他就是大名鼎鼎的政治天才——伍子胥。

太子虽然逃往宋国，但手中依旧掌握兵权，所以他不会就此罢休，再加上伍子胥也同时发誓要为父兄报仇，于是，一连串对楚国的战争便开始了。当大家都意识到这一切的后果都是因为费无极这个小人所造成的时候，楚国早已山河破碎，满目疮痍了。

就这样，只因为费无极这个小人，而断送了一个国家。

在我们日常生活中也有这样的人存在。因此，我们一定要对这样的人敬而远之。一旦与这样的人交往，不但事情办不成，而且还会让人陷入危险的境地。

• 根据时态识别谎言

古人说，人之操履无若诚实。其意思是说诚实是人的最高品德。可见，古代人对说谎者是十分厌恶的。如果当政者说谎成风，那将是国家的灾难。

如周幽王得到褒姒后，喜欢得不得了。可是褒姒却总是皱着眉头，连笑都没有笑过一回。为此，周幽王想尽办法让她发笑，她却怎么也笑不出来。这让周幽王很是烦恼。一天周幽王正为此事烦恼的时候，有个叫虢石父的人对周幽王说："从前为了防备西戎侵犯我们的京城，在翻山一带建造了二十多座烽火台。一旦敌人打进来，就一连串地放起烽火来，让邻近的诸侯看见，好出兵来救。如今天下太平，烽火台早没用了。莫不如把烽火点着，叫诸侯们上个大当。娘娘见了这些兵马一会儿跑过来，一会儿跑过去，一定就会笑的。"

于是周幽王听信了虢石父的话，点燃了烽火台，半夜里满天全是火光。邻近的诸侯看见了烽火，立刻带着兵马跑到京城。听说大王在细山，又急忙赶到细山。没想到一个敌人也没看见，根本不像打仗的样子，只听见奏乐和唱歌的声音。大家我看你，你看我，都不知道是怎么回事。这时候，周幽王叫人去对他们说："辛苦了，各位，没有敌人，你们回去吧！"诸侯们这才知道上了大王的当，十分愤怒，各自带兵回去了。而褒姒以瞧见这么多兵马忙来忙去，于是笑了。周幽王十分高兴，赏赐了虢石父。没过多久，西戎真的打到京城来了。周幽王于是赶紧把烽火点了起来。因为这些诸侯上了一次当，这回又当是在开玩笑，全都不理他。烽火点着，却没有一个救兵来，京城里的兵马本来就不多，只有一个郑伯友出去抵挡了一阵。可是他的人马太少，最后给敌人围住，乱箭射死了。最后，周幽王和虢石父都被西戎杀害，褒姒也被掳走。

这便是说谎的下场。可见谎言关系到个人的存危，国家的存亡，小到个人，大到国家，因此古代人们都力戒不要说谎，以诚实为本。

如今，在我们社会交往中，人们说谎或被谎言欺骗的现象很多。那么我们应该如何通过人的时态来辨别说谎的人呢？根据心理学家研究表明发现，一个经常说谎的人，当他的大脑转换成假装模式的时候，会有下意识的信号可以被抓住，普通人可以像测谎仪一样，抓住说谎者的口实。以下是几种说谎人的反应：

第一种人，说谎时候表情言语不自然。这种人在说谎的时候，表情会很不自然，在说话中便有意识地把自己从他所说的谎言中剔除出去，不提及自身及姓名。比如说，你问他昨天约好了要去某个地方的，怎么你没有来呀。他则会很抱怨地说他的车子路途坏了，不得不中途去修车。这时说谎者会用“车坏了”代替“我的车坏了”。所以说，如果一个人在回答你的问题时候，反复地省略“我”，这表明他一定是在撒谎或者另有隐情。有时候他们也会很少使用他们在谎言中牵扯到的人的姓名。如，你问昨天他是否和玛丽在一起，而说谎者的人一般都会拒绝说“玛丽”，而是说我没和她在一起。

第二种人，是重复回答一个答案。回答一个人的提问的时候，说谎者会说出自己想好的答案，但当别人再问相同的问题时候，他依旧是如此回答。当第二次和第三次之间留一段空隙的时候，说谎者就会稍微平静下来，心想：“我总算蒙混过关了。”因此当所有的生理反应消退后，身体放松成为正常状态。这时候，你再趁他们不注意再次问这个问题时，他们已经不在说谎的状态中了，他们就会十分不耐烦地说：“我不是已经和你说过了吗？”或者是恼羞成怒，有些倾向坦白。这多半都是有欺骗包含在其中。

第三种人，说谎从不看你的眼睛。高明的说谎者还会专注地盯着你的眼睛，瞳孔膨胀。这种时态是每个人普遍的反应，因为如果看别人的眼睛，就会心慌，因为看人的注意力太集中，就会使眼球太干燥，而使眼睛过多地眨眼，这样就会泄露许多信息。另外，大部分人眼球正常的运动方向是右上方。如果人们在试图记起确实发生的事情，他们会向左上方看。这种“眼动”是一种反射动作，除非受过严格训练，否则是假装不来的。

第四种人，对于说谎从不忘记。如，你在问一个人一件事情的经过时候，他在叙述事情时，早就将假定的情景构思好，可当脱口而出的时候，因为思绪没有理顺，会出现前不答言、后不答语的情况，于是他便开始解释说：“不是这样的，我说错了。”其实，他们在说话的时候，就已经暴露了自己在说谎。

第五种人是声量和声调突变。说谎者在对人说谎的时候，声音还会不自觉地拔高。如当一个亲密朋友打来电话，两人正说些秘密的时候，恰巧你的同事走过来，问道是谁打来的电话时，说谎者就会突然提高自己的声音，让对方警惕，不要再说下去。其实这正是说谎者心虚的表现。

第六种人，真假笑容说明一切。这种人往往容易用笑容来掩饰自己的谎言。因此就有真笑和假笑的区分。通常情况下，真正的微笑是均匀的，在面部两边是对称的，它来得快，消失得慢，它牵扯到鼻子到嘴角的皱纹，以及你眼睛周围的笑纹；而假笑一般都是皮笑肉不笑，脸部的表情很僵硬，而且伪装的笑容来得比较慢，有些轻微的不均衡。当一侧不是太真实时，另一侧想做出积极的反应，眼部肌肉没有被充分调动。这样的笑就是说明一个人内心在说谎，显示出了不安。

总之，生活中只要你仔细观察人的时态，就能从中发现对方的蛛丝马迹。所以说，为人最好还是以诚恳为本，不要轻易去欺骗别人，这样才不会被人揭穿谎言或者看透心思，而受到训斥和责骂，因此而陷入尴尬的境地。

• 凡事不度，必有其故

生活中，人们往往都会将自己的真实情感隐藏起来。如果要了解一个人，就必须注意他说话中蕴含的意思，还要注意观察他赞同什么样的观点，话中包含的是善意还是恶意，对各种事物的评价持有什么样的标准。这样就可以通过他的言行举止对他有初步的认识。

古语说："凡事不度，必有其故。"其意思是说，凡是情绪不正常的一定有他内心的原因。通常情况下，人高兴的时候，脸上会显示出快乐的表情；愤怒的时候，脸上会显示扭曲的表情；嫉妒别人的时候，脸上会出现喜怒无常的表情。但一个人的表情尽显在脸上的时候，那么他所想要说的话也会随后脱口，可以说表情的显现是最开始观察人的晴雨表。

如果一个人说话的时候，语气显示的是愉快的，但是脸上却是没有任何表情，这说明此人的话是言不由衷的违心的话语；如果一个人说话语无伦次，但是他的脸上却露出诚恳可信的神色，那么说明这个人是不善于表达；如果一个人还没等开口说话，就已经开始面带愤怒的表情，这表示他心中已经充满了愤怒之情；如果一个人说话吞吞吐吐，但脸上依旧带着愤怒，这表明这个人是在强压着自己的怒火。

由以上几种情况，我们得知，人的内心想法一般是能从神色中看出来的。如果我们要看一个人的内心感情，那么不管他外表如何变化，我们都能够从他的一个情态中观察出来。因此说，人的言语情态与内心世界属表里的关系。

譬如，隋文帝杨坚在南北朝的北周做官的时候，他的女儿是皇后，因为她的性情柔婉，又不妒忌他人，所以宫里的其他嫔妃都非常敬仰她。而周宣帝则是个昏君，常常是喜怒无常，没事找事，给杨皇后莫名加上各种罪名。但杨皇后却十分镇定，也不哭闹。周宣帝开始发怒，便要赐死杨皇后。杨皇后的母亲知道后，就一直给周宣帝叩头求情，头都叩破了才免了杨皇后一死。后来，周宣帝又怀疑杨坚位高权重有反叛之心，而十分惧怕他，便愤愤地扬言说要诛杀杨坚的全家。每当杨坚进宫的时候，他都会对左右说："如果杨坚神色变化不定，就说明他心怀不轨，立刻杀了他。"而每次杨坚进宫的时候，神色都非常自然，因此周宣帝才没杀害他。而杨坚对于周宣帝这种反复无常的性情，十分害怕，便找到自己的心腹诉说了自己的心里话。为了能够保住性命，所以他找个理由去外地驻防，以免遭到灾祸。

从中可以看出，杨坚是一代英雄，虽然他能一时掩盖自己的神色，让自己故作镇静，但是内心的害怕却不能长久掩饰，所以他才请求到外地做官，来避免灾祸的发生。如果换作我们平常人，要做到如此的镇定自若，想必是不容易的。

• 一举一动，心之反映

行为，是一个人特定的品德修养、道德情操支配下表现出来的，通过一个人的行为，就能知道此人的性情。孔子曰："观其言，更要察其行。"因为人的行为有高尚和卑劣之分，看一个人不能仅仅听信他所说的言语，要知道人的行为是在他特有的思想意识所支配下进行的活动，所以说人的行为更能显示出人的内心。

清王朝的开国元勋范文程是个著名的谋略家，是宋朝名臣范仲淹的后代。他是明朝落第的秀才，满腹才华，有远见，有智谋。努尔哈赤兴起后，范文程在抚顺拜见了他，在闲聊中，两人谈论学术，纵横古今，十分投机。此后，努尔哈赤就十分器重范文程。

范文程处于清初复杂、动荡的时代，他也历经了努尔哈赤、皇太极、顺治三朝的统治者。他是个十分爱惜人才的人，尤其是在皇太极执政时期，笼络了不少汉族人才。因此在汉人心目中树立了一个良好的形象，非常善于劝降明朝将官。

明崇德七年，即公元1642年，明朝大将洪承畴在松山战败被俘，皇太极极力劝他主动投降，但是洪承畴誓死不降，而且还骂不绝口，表示只求速死。皇太极毫无办法，于是就让范文程前往劝降。范文程见到洪承畴后，且不谈劝降的事情，只是同他天南海北、说古论今地随便闲谈，从中察言观色。说话中，突然，房顶上的积土落了下来，正好掉在了洪承畴衣襟上，而洪承畴这个决意将死的人，却几次轻轻将落尘拂去，这个下意识的动作让范文程判断出洪承畴一定可以说降。

从洪承畴那出来后，范文程就对皇太极说："洪承畴是不会死的，他连自己的衣服都那么爱惜，更何况自己的性命呢！"皇太极听后，十分高兴。只要洪承畴不死，这对于他统一中原可是十分有利的。后来事情果然如范文程所料，经过孝庄皇后美人计和巧妙耐心的劝降活动，一向自视为明朝最后一位忠臣的洪承畴最终也是伏首投降了。

由此我们可以得出，通过一个人的一个不经意的动作就能判断一个人的内心真实的想法。可见观察人的动作行为是不容忽视的环节。

对此，《大戴礼记·曾子力事篇》也曾有对判断人行为的论述："使人面临危险，而观察他是否恐惧；激怒他以观察他是否糊涂；让他欢喜观察他是否不欺骗人；以女色接近他是否不越礼；给他酒饭来观察他的常态；面对利益看他是否谦让。"通过人们不同境遇的表现，而去"管中窥豹"，只有行动中去发现，才能得出最正确的结论。

春秋时期，群侯争霸，各国诸侯都分别寻找能人异士，为己所用。齐桓公在齐国大夫鲍叔牙的引荐下，重用了有着经天纬地之才的管仲。管仲不仅能够为他出谋划策，还具有识人的本领。

周襄王七年，管仲患了重病，齐桓公想要选一个人为相。于是就来到管仲的住处，顺便看看他的近况如何，再征求下他的意见。

齐桓公说："我现在想选一人为相，不知仲卿是否可以接受相位。"管仲则回道："国君你应该是最了解微臣的。"齐桓公见他委婉拒绝，就不再劝说。随后，又对他说："那鲍叔牙怎样？"管仲诚恳地说："鲍叔牙是个君子，他善恶分明，对于恶的人，他是一生都深恶痛绝的，这样的人是不可以为政的。"

齐桓公又说："那易牙怎样？"管仲说：""易牙为了满足国君的要求，不惜煮熟自己的儿子以讨好国君，这人没有人性，不可为相。"

最后，齐桓公又问："那启方如何？"管仲又回答说："卫公子启方舍弃了做千乘之国太子的机会，屈奉于国君十五年，父亲去世都不回去奔丧，这样没有父子情意的人，是个无情无义的人，又怎么能够效忠国君呢？况且千乘之封地是许多人梦寐以求的，但他放弃千乘之封地俯就于国君，他心中所求的必定过于千乘之封。国君应该疏远这种小人，他不能为相。"

这时候，齐桓公脸上有些惆怅，说道："既然易牙、启方都不行，那么竖刁应该可以吧，这个人宁可自残身肢来侍奉寡人，这样的人难道还会对我不忠吗？"管仲摇摇头说："连自己身体都不爱惜的人，是违背人情的，这样的人又如何能够好好效忠于您呢？国君说的这三个人，一定要疏远他们，否则一旦重用他们，国家就必乱。"

说完，管仲便向他推荐了为人忠厚、不耻下问、居家不忘公事的隰朋，说他可以帮助国君管理国政。

然而，齐桓公觉得管仲看人有些偏激，根本就不信，便在管仲死后重用了易牙等三人。结果给他酿成了一场悲剧。两年后，齐桓公患了重病，易牙、竖刁见齐桓公不久就要离开人世，便开始堵塞宫门，假传君命，不许任何人进去。有个宫女趁人不注意的时候，溜进去见齐桓公，只见恒公饿得发慌，几天都没进食物。于是宫女将易牙、竖刁堵塞宫门，假传君命，不许任何人进去的情况告知他。齐桓公这才醒悟，后悔不听管仲的告诫，于是仰天长叹，懊悔地说："如死者有知，我有什么面目去见仲父？"说完，用衣襟遮住脸。后来活活饿死了。

由此可见，观察一个人首先要看他做的什么事情，其次看他做事的动机，再次看做事的目的是什么。从这三点上去考察一个人，就能辨别人才的好坏。管仲识人的高明也正是因为他能够看出易牙等人的行为动机，所以才判断他们是不可用之人。

• 洞察反常情态

俗话说："事若反常必有异，若反常必有因。"现实生活中，人的反常现象很多，只要处处留心观察，就能发现许多事情的真相。

曾国藩之所以能够飞黄腾达，离不开他的恩师军机大臣穆彰阿的提拔。穆彰阿不仅是个慧眼识别人才的人，更是一个善于观察人情态的人，所以一般他所预料的事情都是很准确的。

道光末年，曾国藩中进士，成为了军机大臣穆彰阿的得意门生。由此他被授予"检讨"的官职。有一天，穆彰阿对曾国藩说："明天我要上朝，决定正式向皇帝举荐你，你要做好准备。首先要把四书五经背熟，皇上或许会考你的才学。"曾国藩听后，喜出望外，忙躬身作揖说："多谢恩师的培养，晚生一定会珍惜这个机遇，不辜负恩师对我的厚望。"

第二天，穆彰阿上朝便向咸丰皇帝保奏了他的得意门生曾国藩。咸丰帝听后，便问道："你说的这个得意门生不知道有什么过人的才能啊？"这一问，倒把穆彰阿问住了，惶急中他脱口而出："曾国藩善于留神，过目不忘。"咸丰帝听后，没有多说，穆彰阿便告退了。

穆彰阿回到府中，心中有些懊悔，怪自己刚才不该只说了几句泛泛而谈的话语，而没有把曾国藩的才能张扬一番，因此错过了大好机会。

但令人想不到的是，咸丰帝从穆彰阿走后，就一直在琢磨他说的那两句话，猜想曾国藩要是真有那样的超人能力，一定是可重用的人才，于是便想先试试曾国藩的才华。

两天过后，咸丰皇帝命太监传旨给穆彰阿，让曾国藩初一卯时在中和殿候见。

穆彰阿喜出望外，急忙把曾国藩叫来，告诉他这个消息，并千叮咛万叮嘱说："一定要好好准备，应付皇上的测试。"曾国藩也信誓旦旦，再次表示不会让恩师失望。

初一这一天，天还没有亮，曾国藩就去洗澡更衣，穿戴整齐去了皇宫。当他见到宫殿上金碧辉煌，气氛十分肃穆，不敢乱坐，直挺着身子站在那里，竖着耳朵聆听门外的动静。可是过了些时辰了，仍旧不见太监来，他心里有些恐慌，不知道是凶还是吉。又过了一会，他站得腰酸背痛了，就在宫殿上左走右踱，这让他发现大殿四壁都挂着大清历代先皇的圣训，由于心神不定，他也没有仔细观看。这时候，太监过来了，他急忙行礼，但太监对他说："皇上今天没空，让你明天再来。"曾国藩十分沮丧，怏怏不乐地走出皇宫。这才发现，太阳已经正午，他便匆忙跑到了军机大臣府，将情况告诉了恩师穆彰阿。

穆彰阿听后，沉思了片刻，抬头突然问道："你说大殿上挂着历代先皇的圣训，那么你记住了多少？"曾国藩说："当时我心里十分发慌，只一心留意外面的动静，没有心思去细看字幅。"这时，只听穆彰阿喊道："糟糕，这一定是咸丰帝要试探你善于留神、过目不忘的才能而刻意安排的。皇上肯定会立刻再次召见你。这可如何是好？"听恩师这么一说，曾国藩更慌了，连忙跪倒在地说："恩师救我。"穆彰阿命他起来，说："让我想想。"这时候，一个家丁便进来禀报说："皇宫总管太监王公公前来求见。"穆彰阿十分不高兴地说："就说我今日谁都不见，请他日再来。"家丁刚要回报，穆彰阿又突然叫回了他。告诉他请王公公在正厅相见。

转身，穆彰阿就对曾国藩说："你的救星来了，你且回避一下。"随后，穆彰阿在正厅热情接待了皇宫总管太监王公公，请他坐上座，这让王公公受宠若惊。当两人坐下后，王公公不好意思地说："小的前来，是想询问下前日我求大人帮我外甥谋个知县的差使的事情，是否有些眉目？"穆彰阿说："这是件小事，何必劳驾王公公亲自前来，我早已经为你办妥，过几日就可以到任。"王公公听后十分感激不尽，说道："大人如果有需要我效劳的事情，尽管吩咐，我一定效犬马之劳。"穆彰阿便说："我正要撰写一份大清历代先皇功绩录，想麻烦你将中和殿上所挂历代先皇的圣训，今日抄好送来，晚上我撰写时要用，你能办得到吗？”

王公公笑道：“这点小事，哪有办不到的。”果然，王公公在天黑前再次登门，送来了中和殿上所挂的大清历代先皇圣训的抄录。

穆彰阿便立刻叫来曾国藩，命令他今晚务必要把这些圣训全部背熟，并告诫他说：“你的前途，全在于你这一举了。”于是曾国藩便彻夜诵读，直到背得滚瓜烂熟。

次日，圣旨到，传曾国藩再次晋见皇上。这天，皇上在保和殿召见了曾国藩。咸丰帝问道：“昨天你在中和殿上，一定看见了所挂的大清历代先皇的圣训，你可曾留意先皇的圣训都说了些什么？”曾国藩立刻跪奏，将早已背得熟悉的圣训说了出来。这让咸丰帝十分惊喜，心想：“此人果然是个善于留神、过目不忘的奇人，理当重用。”

没过几天，圣旨下来，将曾国藩擢升为吏部侍郎。从此，曾国藩青云直上，最终成为朝廷中举足轻重的风云人物。

由此可见，如果按常态来讲，皇帝是不会轻易变卦自己所要做的事情的，正是因为咸丰帝的反常之态，才使穆彰阿洞察出皇上内心的想法。所以说，人的反常，必定有因，而能够深刻分析其中的原因，就一定能够知道此人反常的真实想法。

• 鉴人不带有色眼光

曾国藩在识才的过程中，从不感情用事，不以个人喜恶判断人才的好坏。在他看来，是不能带着有色眼光来看人的。所谓带着有色眼光看人，就是带着感情色彩，带着成见看人。

刘邦一统天下后，首先封萧何、曹参等二十多人为侯，其他很多功臣都没得到奖赏，于是就出现了许多人的日夜争功不休。一天，刘邦在洛阳南宫复道，远远就看见一些人坐于沙中窃窃私语，这让他十分吃惊，就问身边的谋臣张良：“他们坐在一起，都说些什么呢？”张良回答道：“陛下不知道吗？他们聚在一起，是想谋反啊！”刘邦再次惊愕道：“如今天下已定，他们为什么还想谋反呢？”张良说：“陛下论功行赏，只封了自己喜欢的几个臣子，所杀的也都是自己不喜欢的人。这些人害怕皇帝不能封赏他们，又担心因为从前的过失而遭杀身之祸，所以他们想谋反。”刘邦听后，十分惶恐，就问张良，那该如何是好？张良问道：“陛下平日最憎恨而为众人所知的是谁呢？”刘邦反问道：“你问这有什么用啊。朕素日里最憎恨的当然是雍齿了。他曾反叛过，还数次数落侮辱寡人，朕多次都想杀他，可因他功劳多，所以不忍下手。”于是，张良就建议：“陛下如果先封雍齿一人，那么众心自安了。”

次日，刘邦就下旨封雍齿为尚为侯，并催促丞相、御史迅速备好材料为其他各将评功行赏。果然如张良所料，众将见雍齿封侯，都皆大欢喜，并高兴地说道：“雍齿都封侯了，我辈无忧了。”就这样，一场隐藏于评功封侯中可能激发出来的巨大风波，转眼间消弭于无形之中了。

所以说，我们一定要吸取刘邦凭借喜好论功的教训，做到用人不凭主观喜恶。在这方面，曾国藩做得就非常到位，他从来都不会带着有色眼光去看人，不论人相貌的丑俊、身份的尊卑，他都能够识别出该人的真才实学，而重用这些人才。

罗泽南其貌不扬，还是近视眼；骆秉章长得就像乡下的老先生，一副没有本事的样子。但曾国藩只见到他们的第一面，都看出他们身怀奇才。

罗泽南穷困潦倒，他的家在十年里就连遭了多次不幸。有一次他参加考试，晚上步行回到家时才发现，家里人已经揭不开锅了，他的妻子也因为连续死了三个孩子连眼睛都哭瞎了。但罗泽南并没有沮丧，而是更加刻苦，和他的学生们一起求学问，表现出了极强的意志力。曾国藩通过这件事情便判断出罗泽南的为人，对他十分敬重，认为他是一个可以倚重的人。

1852年，曾国藩接到母亲去世的消息后，就奏请皇上批准，回到了分别多年的家乡湘乡荷叶塘奔丧守孝。回家的路途中，他住在了岳阳的一家小店。尽管内心十分悲痛，归心似箭，但是他收徒的神经丝毫没有放松。岳阳是个十分热闹的地方，由于离上船的时间还早，他就在岳阳闲逛起来。来到了岳阳楼，突然看见有位二十多岁的小伙子，穿着褴褛的衣衫，但是骨子里却表现得气度非凡，地下摆着一幅很精致的围棋，看来是以对弈赚钱。

于是，曾国藩便与他闲聊了起来。闲聊中，他知道这名小伙子叫做康福，是沅江人，家乡被洪水淹了，房子也被淹了，便出来对弈为生。谈吐之间，曾国藩发现这个小伙子不仅是个读书人，而是还是个大智大勇、大忠大义的文武奇才，是个难得的人才。这让非常爱才的曾国藩十分高兴，就把他拉起来一起到小馆子里吃喝了一顿，饭后又赠送给他一百两银子，并介绍了自己的情况，嘱咐他日后一定要到京城找他去。康福十分感激曾国藩的知遇之恩，就决定终生相报，万死不辞。

于是，曾国藩把康福收为左右。康福成为曾国藩的心腹、幕僚兼贴身保镖，多次在生命危急的时刻救了曾国藩的性命。特别是曾国藩被罗大纲抓到，经审讯识破了身份，决定第二天公开处斩时，康福更是深入虎穴，凭他的轻功和飞镖绝招，将曾国藩背出六十多里地，脱离险境。后来康福还多次为曾国藩献妙策脱困境、解难题，多次执行重要任务，立下了赫赫战功。

康福的种种行为便说明了曾国藩当初的选择是没有错的，当初曾国藩通过康福的一番言语和行为举止便判断出他是个人才，可见曾国藩识人的高明，而这种高明正是因为他从不带着有色眼光去看人。

• 揣摩人心思，要知进退

明朝人周文襄任江南巡抚期间，正值宦官王振当权，周文襄害怕王振借机刁难他，就在王振兴建宅第的时候，事先让人暗中测量厅堂的大小宽窄，然后命人到松江按尺寸定做地毯送给王振作为贺礼。

王振收到贺礼后，由于尺寸大小丝毫不差，心中十分高兴。从此，凡是周文襄所呈报的公文，都在王振的赞同下顺利通过，江南的百姓也因此蒙受福泽。

同样，秦桧修建格天阁的时候，有个任职江南的官员为了巴结秦桧，也想别出心裁，于是就使用了以上类似的方法。然而令他想不到的是，由于绒毯的尺寸大小恰到好处，这使秦桧认为他是在打探他府中隐私，因此十分愤怒，经常借这件事斥责这名官员。

由此可见，同样是呈献绒毯，结果却一喜一怒，究其原因就是江南这个官员对秦桧的品行不够了解。王振虽然骄横暴虐，但并不深沉，秦桧则阴险狡诈心机重；王振喜欢招抚君子获致名声，秦桧却是怕遭谋刺，以小人之心严防众人。

所以说，人的心思变化莫测，能够揣摩出人的心思，是一种能力，也是一种智慧。但如果在揣摩人心思的同时不知进退，则会给自己带来灾祸。

再如，三国时期，曹操手下的谋臣杨修就善于揣摩曹操的心思。曹操看完刚修建的花园的时候，眉头紧皱，而且在门上写了一个“活”字，什么话也没说就走了。杨修便想门中加“活”字是一个“阔”字，而曹操说的意思是门太宽阔了，应做窄一点。于是，工匠们按杨修说的把门改得窄了一些。曹操看后，十分满意，于是冲杨修神秘地一笑。又有一次，有人送给曹操一盒酥糖。曹操在盒上写了“一盒酥”三个字，放在桌子上让大家看。别人都不知道他是什么意思，只有杨修看了以后，把酥糖盒打开，将酥糖分给大家吃了。有人为此担心杨修这样做会得罪丞相，正好，曹操从室内出来，见杨修分酥糖给大家吃，就说："为什么把我的糖吃光了？"大家都为杨修捏了一把汗，只见杨修不慌不忙地说："丞相亲笔写了'一盒酥'，拆开就是'一人一口酥'的意思，我正是在执行您的命令呀。"曹操听了后，就再也没有说什么了，只是哈哈一笑。

曹操虽然是表面笑，但心中却十分厌恶他。曹操说喜好在梦中杀人，后杀了个近侍，曹操假装十分痛心后悔。杨修知道后就说："丞相非在梦中尔，君乃在梦中尔。"曹操听说后更生气，觉得杨修就像自己肚子里的蛔虫，自己的想法他都能够知晓。如果长久下去，必定会坏他大事，于是就以"鸡肋"的事件给他定了个扰乱军心的罪名，最后将他杀害。

可见，杨修的可悲下场就在于他虽然具有揣摩人心思的能力，但是最终却不知进退，更没有猜测到曹操要杀害他的动机，以致自己丢掉了性命。

而同样能够揣摩人心思的齐人隰斯弥却知道如何进退，从而保全自己的性命，免遭杀害。

战国时期，齐人隰斯弥去拜见田成子。田成子邀请他一起登台远望。田成子脸有沛然之色。再看到三面视野辽阔，只有南面被隰斯弥家的树林子挡住了，田成子没有说话。

隰斯弥回到家后，便立刻派人去砍树，但刚要动斧头，又传命停止。他的家人都很奇怪他的举止。这时候他便说："俗话讲：'知渊中之鱼者不祥。'田成子将有所行动，如果事情重大，而我却表现出预知的征兆，那就危险加身了。不砍树，还没有罪，一砍，那么他就明白我知道他心中所想，那罪就大了，所以不砍树。"

由此可见，隰斯弥这种善于揣摩人心思的功夫十分高明，他能够前后想到事情发展的情况，并能根据事情的发展而作出相应的措施，用他的话说就是"知渊中之鱼者不祥"。因此，他决定假装不知，以此来保全自身。

作为现代人的我们，也应该学习隰斯弥这种处世的高明，在激烈竞争的社会中，做到见什么人说什么话，看什么事作什么决策。这样才会立于不败境地，减少祸端的发生。

第五篇

须眉鉴：少年观两眉，临老察胡须

胡须和眉毛是表示“大丈夫气概”的重要标志，也是男子的代名词，“少年两道眉，临老一付须”。年轻时能否发达显贵，要看眉毛之相，晚年运气好坏，就要以胡须为主。

一、总论须眉

【原文】

“须眉男子”，未有须眉不具可称男子者。“少年两道眉，临老一付须。”此言眉主早成，须主晚运也。然而紫面无须自贵，暴腮缺须亦荣：郭令公半部不全，霍骠骑一副寡脸。此等间逢，毕竟有须眉者，十之九也。

【译文】

人们常说“须眉男子”，其实是将须眉作为男子的代名词。的确如此，还没有见过既无胡须又无眉毛而能称为男子的。人们还常说：“少年两道眉，临老一付须。”这是说一个人少年时的命运好坏要看眉毛，晚年运气的好坏要看胡须。但也有例外，面部呈现紫气，就算没有胡须也能发达显贵；两腮突露的人，胡须虽少也能声名远播；郭子仪胡须稀少，但却位列公侯，名扬天下；霍去病没有胡须，只是一副寡脸相，但骁勇善战，功高盖世。但这种情况都属于偶然现象，毕竟有胡须眉毛的人占了90%以上。

【解读】

• 少年两道眉，临老一付须

“少年两道眉”是说从一个人少年时期的眉毛，可以看出这个人是否有所成就，是愚昧还是聪明。如果一个人眉毛好，就会彰显人的英俊挺拔，聪明能干，往往也容易给人留下深刻的印象，而且会有很多施展自己才能和实现自我的机会，有可能就会少年得志。所以说，文章才得出“眉主早成”的结论。

大清帝国建国之初曾有“留发不留头，留头不留发”的要求，这是一条主要针对汉族男子的精神统治的硬性条规。可见须发对于男子来说有着不可忽视的重要意义。在晚清叱咤风云的曾国藩，在识人方面重神兼行，就神论人，就相取人，更是在静态容貌中观察人的本质。须眉尽显男儿本色，是自身神采和作为男性力量的重要象征。于是鉴须眉在《冰鉴》中占了一席重要之地。

少年气血足，精气旺，毛发浓密，面相之上眉的印象则不可或缺了。从眼中可看人之神，眉是两眼的华盖，通过眉目传达神采。少年的才气运程之势，是否少年得志则可见一二了。

小小年纪位极人臣而又名垂史册的就要数战国甘罗了。甘罗祖父甘茂是秦武王的左丞相，虽有建树但遭排挤逃亡，生活贫困的小甘罗立志要如祖父般封侯拜相。一日秦相吕不韦乘车回府，偶见甘罗划地戏剖各国之势，遂下车攀谈。见小儿言谈不俗，胸有鸿鹄志，就收甘罗为门客。甘罗在“张唐使燕”事件中表现突出，备受秦王赏识，封为上卿（战国的最高官衔，与宰相相当），此时甘罗据传十二岁。在史书及小说家对这个史上最年轻的宰相的容貌为数不多的描述中则提及了此少年眉清目秀。

道光十八年，二十七岁的曾国藩中了进士，皇帝钦点翰林，受翰林院庶吉士，而这是个多少士子从秀才开始，熬也熬不到的头衔。有的人考了十年也就是个秀才。仪表威严的曾国藩算是少年得志了，近代中国留学第一人容闳曾这样描述曾国藩：“文正已年逾花甲，神采奕然，两颊平直髭髯甚多，直连颏下，披覆于宽阔之胸前，乃益曾威严之态度”。可见少年得志的曾国藩，在花甲之年的一付胡须还是有威仪的。而苏洵则是大器晚成、临老转运的代表。苏洵二十七岁才发愤读书，经过十多年的苦读，学业有所成就，在他五十多岁那年，带二子拜谒翰林学士欧阳修，得到欧阳修的赏识，从此名声大振。

由此看来，人的眉毛和胡须都是人体毛发中的一部分。所以就应该互相衬托，均衡和谐。眉虽主早成，但胡须也要根大丰美，否则是难以为继，不能善始善终，即使是有所成就，也不能坚持很久。此外，眉强须弱，两者互失协调，就会使面相看起来不对称，看起来其貌不扬。从人的胡须可以看出一个人的老来运气，但是还必须有眉毛的照应。否则，就像干旱的秧苗，没有雨露的浇灌和滋润，成长出来的果实也不会饱满。总之，正所谓阴阳须和谐，那么须眉也是如此。在古代相诀中所谓“五三、六三、七三，水星罗计要相参”，就是这个意思。

“紫面无须自贵，暴腮缺须亦荣”。这里的“紫面”是指金形人，带有火相。因为金的颜色是白的，火的颜色是红的，而紫色则是火炼之金，这是宝色。这在《刚柔篇》也有所体现，“金而合火，属逆而合，其贵非常”。所以说，“紫面无须自贵”。再从现实生活中以及生理角度上来看，拥有“紫面”的人，一般都是气血充沛，性情十分刚烈，从事某项事业往往都会取得成功，所以说这样面相的人属“贵”。

文中又说，腮为口的外辅，口为水星，那么腮也属水，这样凡是暴腮之人，水必有余，而水多者“贵”。因此可以得出，暴腮之人即使胡须稀少不全，也当富贵。

譬如，苏东坡有一脸胡须，以至于宋神宗有时会称他“苏大胡子”。其他有“美髯公”之称的人也不少，如三国时期的关羽和《水浒传》里的朱仝。因此，古人以留长须为美事，胡须和眉毛是古人“丈夫气概”的标志，以须眉观人气概，无须眉不足以称男子。

• 须眉男子之眉

“须眉男子”是强调说明须眉是表现男子汉大丈夫气概的重要标志。一个男子如果没有胡须和眉毛是不能称为男子的。

从古代医学上看，“眉”属胆，胆属火，性阳刚而近火，所以上升而宜昂。对于眉毛的形状和分法，在古代书中描述很多，如柳叶眉、吊梢眉、月牙眉、扫帚眉等。古人认为，如果从人的面貌上来看，眉是“两目之华盖，一面之仪表”。生理学的解释是眉毛具有遮挡灰尘的功能，防止其落入眼睛中。

从审美来看，古人认为，眉须要“宽广清长，双分入鬓，或如悬犀，新月之样。首尾丰盈，亮居额中，万保寿宫成”。这是说，眉就像日月之华彩、山峦之花木一样，是一个人健康状况、性格气质、贵贱聪愚的表面特征。而眉毛以疏朗、细平、秀美、修长、滋润为佳，犹如一弯新月。倘若眉毛细软、平直、宽长，象征着一个人聪明、长寿、尊贵。而眉毛粗硬、浓密、逆生、散乱、短促、攒缩，象征着愚蠢、凶顽、横死之相。由此可见，眉在审美中具有很重要的意义。

《黄帝内经》也有眉毛与身体状况相关的描写，内容是：“美眉者，足太阳之脉血气多，恶眉者，血气少也。”由此可见，眉毛长短、粗细、疏密与人的气血精气神是有关联的。眉毛是人容貌的重要组成部分，同时也准确传达着人的内心活动。

古人曾归纳出眉毛形状与所代表的命运的好坏的规律：翠眉入鬓，位至公卿；眉如弯弓，衣食不穷；眉高耸起，威权禄厚；眉毛长垂，高寿无疑；眉毛润泽，求官易得；

眉如初月，聪明超越；眉长过目，忠直有禄；眉毛细起，不贤则贵；眉角入鬓，为人聪俊；眉如弯弓，性善不雄；眉如高直，身当清职；眉清高长，四海名扬，眉清有彩，孤腾清高；眉交不分，早岁归坟；眉如扫帚，恩情不久；眉短于目，心性孤独；眉如新月，如善贞洁；眉不盖眼，财离人散；眉骨棱高，长受波涛；眉散浓低，一世孤贫；眉毛相连，寿命难全；眉毛生毫，寿命坚牢；眉头纹破，坎坷多难；眉毛过目，兄弟和睦；眉毛中断，兄弟分散；短促不足，分散孤独；眉毛逆生，兄弟不和。

• 须眉男子之须

“须”严格来说是专指男子下巴的胡须，但一般情况下则统指胡须，是成年男子的重要特征，是男子雄性、力量的标志。辛亥革命后中国男性的发式、服饰、社交礼仪风俗有了很大变化，男人理发和剃须成了日常生活的一部分。但在我国古代则以留发留须为美。如上文提到的关羽号美髯公，在戏曲塑造中有演关羽时专用的大髯口，称为“五绺”或“关公髯”。

而《汉乐府》中《陌上桑》里，美丽聪明的罗敷为拒绝使君而夸耀丈夫的时候答道：“为人洁白皙，鬑鬑颇有须。盈盈公府步，冉冉府中趋。坐中数千人，皆言夫婿殊。”在描述丈夫的容貌中特意提到了须。

在隋末传说中，风尘三侠之一的张仲坚与红拂女的美丽故事流传于世。而他的真名其实没几个人记得，倒是他因赤髯如虬故号称“虬髯客”让人记忆犹新。

由此可见，人的胡须好像是山上的松柏，象征着人的生命力，也显示出人的强弱。胡须光洁，一尘不染，说明此人生命力旺盛；如果枯黄稀落，昏暗晦滞，说明此人生命力虚弱。在古代医学中认为：“须属于肾”，性阴柔而接近于水，所以才长而下垂。大多数人之所以胡须丰满，都是因为肾水旺、肾功能强。而肾旺又是一个人精力旺盛的不可缺少的条件。一个人如果精力旺盛，工作起来得心应手，随着年龄的增长，一定会成就一番事业。此外，肾水旺、肾功能强，很容易多子孙，是富贵之命。

• 眉型与性格

一对眉毛的形状，能够影响自身的面貌。根据不同的眉毛形状可以来分析人物的性格特征。《红楼梦》中王熙凤是个内心丰富的人，同时有着复杂的性格特征，她有温柔的一面，也有心狠手辣的一面，而她上挑的眉毛更接近人物性格，是王熙凤内心的外向化。《三国演义》的猛张飞、《水浒传》中的黑旋风李逵也具有这样的特点，观察他们的眉就能知道他们各自的性格特点。由此可见，眉毛无形中透露了很多关于人物性格的信息，对于破解人的性格，掌握人的心态，具有很大的意义。

根据《麻衣神相》记载，就不同眉形的不同特征对应个人性格如下：

1. 八字眉

即眉毛的形状犹如八字，一般而言，此眉之人给人的感觉是：个性精明而和蔼可亲，为人精明能干，大智若愚，人缘较好，即使遇上困境，也能得到贵人的帮助。

2. 龙虎眉

眉毛的起始端向下低垂，好像龙头，末尾端向上翘起，犹如虎尾，具有此眉相的人，疾恶如仇，个性坚毅，拥有霸气。

3. 一字眉

眉毛呈一条直线，长得比较清秀，形似一字之状。一般而言，具有这种眉形的人大都是少年优良且气概不凡，志气远大之人。说明自身比较主观固执，道德观念强，对人忠心，夫妻为此眉则比较容易白头到老。

4. 两眉紧贴

人左右两眉都是分开的，也有两眉中间会断断续续地连在一起，说明这个人心胸狭窄，器量较小，事业上难有大成就，而且青年运势多阻滞。

5. 双眉压目

即眉毛与眼睛的距离很近，好像压住眼睛一般，倘若眼睛再小点，就说明这种人的运势起伏不稳，而且事业不易成功。眉毛粗硬又过低压眼睛，通常又称为“鬼眉”。这样的人常虚情假意，运势不妙，财运不通，常以偷窃为生。

6. 尖刀眉

眉头起始部位尖小，越往眉尾的位置越宽，眉尾的眉毛较散，具有这类眉毛的人说明自身脾气较大，容易冲动。

7. 散财眉

接近眉尾的部分比较散乱，这样眉相的人缺乏理财的智慧，如果眉毛较短，则表现更加严重。

8. 剑眉

双眉偏浓，同时眉形直线上扬，眉毛也顺势而上，不杂乱卷曲，像两把剑一般地立在眼的上方，剑眉的人一般行事光明磊落，而且有威严，也有“铁面剑眉，兵权万里”之说。

9. 长眉

面目慈祥，宽宏大量，性温和。

10. 聪明眉

如果一个人具有细软、平直、宽长、清秀的眉毛，说明此人聪慧伶俐。

11. 豪迈眉

如果一个人眉毛浓厚、较粗，眉毛竖起，说明此人性情刚烈，豪爽待人。

12. 逆生眉

即眉毛逆着生长，不顺，说明这个人运气平平，年轻时多为贫穷，中年后会有改变。

13. 短眉毛

眉毛短粗，遮盖不了眼睛，那么说明财运一般。短眉之人，性格倔强。

14. 下垂眉

如果一个人的眉毛下垂，说明此人性格怯懦。

15. 凶恶眉

如果一个人眉毛粗硬、浓密、逆生、散乱、短粗、卷缩，说明此人将是凶煞之人，常会招惹是非。

16. 罗汉眉

酷似罗汉之眉，通常前半生举步维艰，成家较晚，不轻易得子，婚姻不是很完美。

17. 扫帚眉

凡眉头小但是清秀、眉毛疏散不浓者，个性强烈，容易众叛亲离，晚年运气不妙。

18. 高相眉

眉毛生得很高，离开眼睛距离比常人远，那么此人将前程远大，非常有抱负，能成大事，但是经常会“高处不胜寒”。

19. 狮子眉

即眉毛粗厚、略高于眼者，喜欢奉承他人，早年运势平平，但是晚年来福，甚至荣华富贵，但是通常朋友和亲人少。

20. 柳叶眉

眉形弯曲的幅度相当大，眉粗如柳叶者，同时呈现弧形的这种眉毛，且从眼头长长地到达眼尾的后方。这种柳叶眉的女子，都是善良无比、心肠柔软的温柔佳人，往往疏于沟通亲朋好友，婚姻感情波折多，得子较晚。易得贵人相助，最终会事业有成。

21. 似虎眉

眉毛粗而威严，具有此眉相的人有胆有识，智勇双全，抱负远大，能成大事，长命百岁。

22. 旋枣眉

眉毛似枣旋者，命运不济，坎坷，疑心很重。具有此眉相的人，适合经商，往往能险中取胜。

23. 勇士眉

即三角眉，也俗称勇士眉，一般的杀手或武士都有这种眉，这种人刚毅果决，不怕遭遇挫折，常以自我为中心。

24. 间歇眉

眉毛长得很不均匀，远远看上去，断断续续，很不顺畅。生有这种眉的人，自我意识相当强，喜怒无常又工于心计。

25. 上扬眉

上扬眉，眉尾上扬的人比较有杀气和霸气，杀手都有此眉，这种人好强不服输，霸道不讲理，非常有自尊心。

26. 眉粗且眉心窄

眉毛粗而且眉心窄的女孩，为人缺乏温柔，喜欢粗暴，并拥有强烈的占有欲、支配欲。时常觉得对方对自己不够好，要求对方加倍付出，诸多苛求又专制，喜欢管束对方行为，最好完全跟从自己的思想而行。几近无理取闹，给人十分野蛮的感觉。

• 胡须与性格

胡须，能够显示出男性的魅力。不同的人有不同类型的胡须，有的男人胡须浓密，有的男人胡须稀疏，有的人是络腮胡子，有的人是山羊胡子。胡须多与少，有胡无胡，都会彰显出不同的个性，影响一个男人的成就和性格。

如马克思的大胡子显露了他非凡的才智和宽阔的胸襟，列宁的胡子闪烁着机敏和幽默，而斯大林的胡子则显露军人式的威武。

胡须的颜色不同，个性也不同

黑色：黑色胡须的人，表现为勇敢，富有行动力。

褐色：褐色胡须的人，表现聪明，才艺超群，且情感丰富。

金色：金胡子是一种呈黄色的胡子，这种形象一般很少见，多在童话、小说中出现。中国古人曹操就长有金胡子。

红色：红胡子是指长有红色的胡子。有红胡子的人往往在电影、小说中被赋予强盗、海盗、国王的形象。

银色：有银胡子的人，往往被视为道德高尚、智慧过人。这种形象也经常出现在中国的历史传说中，太上老君就有很长的银胡子。

胡须的形态

八字胡：胡须在中间断开，分向两边各自略下垂，其形状好似“八”字。

山羊胡：长在下巴上的胡须好像山羊的胡须。

络腮胡：从鬓角一直连接到嘴下面的胡子。

髯：长在两腮，蜷曲叫虬髯。

从胡须看人的性格

浓密的络腮胡子表现粗犷和健壮；细巧恭正的小胡子表现英俊和精明；下垂式的胡子表现冷静和严肃；上翘式的胡子表现活跃和开朗；长胡子给人一种亲切的长者的感觉。如果细分又可分为以下几种：

1. 多胡：胡多粗野

如果一个人长有长胡须，就应该是清新明快，疏朗有致，不直不硬，并且长短相得益彰。如果胡子长得多，说明此人性情积极，个性热情好动，喜欢招呼朋友，有点粗野的味道，大大咧咧，有话直说，忠诚有义。

2. 少胡：胡少清秀

如果一个人胡须少，就要求清新润泽，刚劲康健。气韵生动，并与其他部位相互照顾呼应。也就是说，胡须少，双眉也要秀致而淡雅，否则是很不对称的，也会影响整个脸型的比例。胡子少而头发浓的人，说明此人性情较为消极，待人处事有种爱理不理的味道，给人感觉好像什么事也不在乎。

3. 卷胡：胡卷开朗

胡须如果是像螺丝一样的弯曲的形状，而且根根见底，浓疏分明，说明这个人头脑聪明，主意多，适合于有创意的工作或成为组织活动者；眼光远大，不会只看眼前，不看将来，或是只看个别，不看总体，可以成为一位很好的策划者或领导。同时此人又豁达开朗，胸襟宽大，是值得信赖的朋友。

4. 长胡: 胡长倜傥

胡须如果细长的, 像磨损的绳子一样到处是细弯小曲, 说明这人个性风流倜傥却不淫乱, 为人多情, 对感情专一。这种人从小在良好的环境下长大, 所以良好的修养以及优良的教育会令他将来地位高贵, 声名荣耀。

5. 劲胡: 胡劲得禄

胡须刚劲有力, 如一把张开的利戟, 这种人野心较大, 做事也很有计划性, 有些粗鲁, 属于领导级的人物, 很有大将之风。如果学有所成后加以自身的努力和运气, 将来一定当大官, 掌重权。

6. 亮胡: 胡亮少成

胡须清新明朗, 像闪闪发光的银条。这也是一种少年得志的好相。这种人会在少年时就有所成就, 或者成为政坛中的重要人物。

7. 紫胡: 胡紫声亮则大贵

胡须是黑色透红呈现紫色的, 眉毛如利剑, 声音洪亮粗壮, 是金形得金局, 具有此胡须的人说明命运显贵。

8. 乱胡: 胡乱官重

胡须像虬一样蓬松劲挺又散乱, 并且有时还长在耳朵后面, 这样的人多数都是具有清爽的精神和奇特的骨骼, 有诸侯、宰相之面相, 是政坛中的重要人物。

9. 辅须长胡: 辅颠倒下犯上

辅须(生于下巴、两腮边的胡须)如果先长, 是秩序颠倒, 为本末倒置之象征。这种人没有孝心, 六亲的缘分都很低, 对于上司及长辈都会冒犯顶嘴, 最后导致失败。

10. 无胡: 惹是非

如果一个人没有长胡须, 说明此人没有权威, 前程也平庸, 而且中年运势低, 小人多, 是非多, 甚至会有牢狱之灾或财物损失。

11. 鼻毛接须胡: 接鼻毛运渺茫

如果鼻毛连接胡须, 这在相术中称为土克水, 说明此人命运不顺, 前途渺茫, 是不吉面相。

12. 短须: 短胡遮嘴受穷挨饿

如果一个人的短髭遮住了嘴, 在相术中称做"垂帘之格主无禄", 其意思就是说此人一辈子都会受穷挨饿。

总之，具有不同胡须的人，或许性格也不同，而俗话说："性格决定命运"，但也并不是绝对的，命运只掌握自己的手中，只要你认识到自身的不足，而改过自新，就一定也会成为人上人。所以说，我们不应该过多地相信相学上的东西，而是以此为参照物，来指导自己的生活，这样才会在事业上有所突破。

• 胡须稀少的郭子仪

据说，李白在哥舒翰家做客，当时郭子仪也在座，那时期他只是一个下级官员。李白看见后，便说："这位壮士的眉长长的，直入鬓角，目光闪烁，神采洋溢，两颊、下颚都极其丰厚，声如洪钟，这些都是精、气、神的体现，将来一定是高官厚禄，位极人臣。"后来，郭子仪平定安史之乱，爵封汾阳王，在首都长安的亲仁里建立了王府。

对此，《神相水镜集全编》中也记载郭子仪的相貌："眉长入鬓，目光射人，面起重城，音响隔山，配五合之局。"眉长入鬓即眉毛清秀宽广，长过目，连接鬓角，古代相术曾说："翠眉入鬓，位于公卿。"曾国藩常以郭子仪自比，甚至两人的有些传说也惊人相似。曾国藩的曾祖父曾竟希在曾国藩出生时梦到一条巨蟒入门，并安慰惊恐的家人说："郭子仪的祖父在郭子仪出生时也曾梦到大蟒临门，最后郭子仪功勋卓著，成为名扬天下的名将，这次分明是郭子仪再生啊。"于是曾国藩为巨蟒转世传颂至今。曾国藩是乐意效仿郭子仪的，两人同是平定国之"乱党"，郭子仪平定安史之乱，一战成名，肃宗曾感激地说："虽吾之家国，实卿之再造。"安史之乱后，大唐国力由强转弱，外族入侵。郭子仪正确决策，艰苦作战，游说回纥，大败吐蕃，身系天下安危近三十年，"权倾天下而朝不忌，功盖一世而上不疑，侈穷人欲而议者不之贬"，甚至曾与他作战的敌人也对他敬佩有加。相比之下曾国藩艰辛组建湘军镇压太平天国却处处掣肘，不被咸丰帝信任。曾国藩的理想怕也就是做一个"功盖一世而上不疑"的名臣吧。

• 巾帼不让须眉

巾帼是指女子，须眉是指男子。在封建社会，女人的地位比较低下，人们都歧视女性，所以当一个女人很有作为时，就叫巾帼不让须眉，是说女人不比男人差。

"巾帼不让须眉"源于和宋朝名将岳飞同时期的一位女子，即韩世忠的夫人梁红玉。梁红玉出生在淮安，从小热爱劳动，习文练武。当时金兵侵犯到淮河流域的时候，为躲避兵祸，梁红玉随同母亲来到镇江，遇到了作为下级官员的韩世忠，两人一见钟情，结为了夫妻。婚后，韩世忠在梁红玉的辅佐下，屡立战功，官升到浙西制置使。

北宋灭亡后，康王赵构逃到临安，建立南宋王朝，改国号为建炎，史称赵构为宋高宗。

公元1130年上半年，金兀术（完颜宗弼）大破杭州城后，率领十万大军，满载劫得的金银珠宝，途经现在的嘉兴、苏州，沿着大运河来到镇江，想要通过镇江北撤。当时韩世忠已经四十三岁，他和夫人梁红玉率领八千水军守卫镇江。面对敌众我寡的局面，韩世忠急忙与夫人梁红玉商量计策。于是，梁红玉提出用埋伏之计御敌，这让韩世忠十分欣喜。

这天，韩世忠带领夫人梁红玉到金山察看地形，寻找埋伏的地点。可当他看到白茫茫的江面后，说道："夫人，你看江面这么宽阔，敌众我寡，要想攻破实在是不容易，还不如把人马撤到下江，等待增援的将士到后再进行交战吧。"梁红玉则坚决地说："你看那西面的鲇鱼套，那是一望无际的芦苇荡，如果我们先把伏兵藏在鲇鱼套的芦荡里，然后把金兵蒙骗进来，打他个措手不及，一定可以大获全胜。"

韩世忠听了后，连声喊妙计，随后就说："那好，那我立刻前去引诱敌人。"梁红玉则说："那我就在山顶上给将军击鼓助威。"

两个人定下了策略后，就有人来报说："金兀术带兵来了。"

韩世忠站在楼船上望去，只见江面上来了黑压压一片船只。那是金兀术率领的五百多艘战船。他们耀武扬威，横冲直撞，由焦山朝金山方向驶了过来。梁红玉在金山顶上看得清清楚楚，这时她英姿飒爽，猛然击起战鼓。

一通战鼓，韩世忠立刻指挥水军，扯帆驶出鲇鱼套的芦苇荡，迎战金军。

二通战鼓，韩世忠假装失利，且战且退，转眼间隐进了茫茫芦荡。金兀术以为他们与以前遇到的宋军一样，贪生怕死，不堪一击。于是急令紧紧追赶，一路追进了埋伏圈。

这时候，梁红玉擂响了第三通鼓声。随着震天动地的鼓声，埋伏在芦荡里的战船脱掉伪装，快速地驶向敌军。而守军多数都是习惯水性的，由于平时的训练，使他们一个顶十个。只见这些人有的钻进深水，用凿子凿金兵的船；有的用火炮、火箭猛击金兵。江面上烟雾腾腾，杀声冲天。而金兵多数都不通水性，自入侵以来又从没有遇到过这样猛烈的打击，不一会就死伤过半，溃不成军。于是，金兀术急令回撤，一直逃到现在句容附近的黄天荡。

而韩世忠指挥宋军乘胜追击，把金兵包围在长江南侧的黄天荡里，使他们进退无路。这一围就是四十八天。金兀术急于逃跑，便在阵前哀求韩世忠"成全"，愿以掠得的全部财宝求他让出道路。韩世忠义正辞严地提出："还我两宫，复我疆土，方可饶你性命！"金兀术处于了无奈的境地。接着，金兀术派出了许多探子向老百姓问路，才知道黄天荡西端有一条原来通江的河道，由于这条河道的淤塞才使得黄天荡成为死荡，于是急令士兵星夜凿渠，挖通老鹳河（即今天句容市的大道河、便民河）进入长江，往南京方面逃走。

逃到南京后，金兵还是惊魂未定，不幸的是又遇到了岳飞率领的"岳家军"打击。金兵不敢停留，便带着残兵败将绕道逃到瓜洲。这一战役，韩世忠以八千水军，打得号称十万的金兵丢盔弃甲，元气大伤。从此后，金兵再也没敢侵犯江南，为南宋王朝的建立和稳定奠定了基础。

后来，梁红玉独领一军与韩世忠转战各地，多次击败金军。梁红玉则在三十三岁的时候战死沙场，金人感到她十分忠勇，便将她的遗体示众后送回，朝廷闻讯大加吊唁。自此人们以巾帼不让须眉来赞扬梁红玉。

• 眉钝眼拙，自误误人

有诗曰："不畏浮云遮望眼，只缘身在最高层。"这是我国北宋政治家王安石的著名诗句。其意思是说，只有站得高了，才不会被浮云遮眼，看的东西也清晰透彻。用在我们识人上，也是同样的道理，要想清晰透彻地发现和鉴别人才，就要善于观察和思考。也就是说，站在大的范围内和较高的层次来看问题和想问题，这样就不会导致眉钝眼拙，失去人才。而袁绍就犯下了这样的错误，因为自己的眉钝眼拙，失去了许多本能鼎力帮助他的将才。

袁绍是东汉末年的一个诸侯，最初他因为能够礼贤下士，而成为了一个据地四州、拥兵数十万的强大诸侯。在当时动荡纷乱的年代里，袁绍可以说是一个扭转乾坤的英雄，也是对当时政局发生过重大影响的风云人物。只是，到了后来，袁绍因为在用人上良莠不分，任人唯亲，最后走向了灭亡。

在袁绍的手下有个名叫沮授的将领，是个足智多谋的人。袁绍能在当年据地四州、拥兵数十万，很大程度上都是因为沮授的功劳。沮授有个令人佩服、可贵的品质，就是敢于据理直谏。一开始，袁绍对于沮授的计策和劝谏没有一样不听从的，但是慢慢地，袁绍越来越反感沮授，最后对他的许多正确主张一概不听。甚至有一次还将沮授的兵权剥夺了过来。尽管他如此对沮授，但是沮授依然非常忠诚于袁绍。据《三国志》记载，袁绍和曹操在官渡交战之中被曹操打败，曹军俘虏了沮授，他被押见曹操时大呼："授不降也，为军所机耳！若蒙公灵，速死为福。"曹操见状十分感叹地说道："孤早相见，天下不足虑。"曹操不忍杀沮授，反而厚待于他，但是沮授丝毫不动心，只想着回到袁绍身边，最后被曹操杀死。

在袁绍帐下，还有一个谋士叫做田丰，这个人才华出众。袁绍曾经听从田丰的计策消灭了公孙瓒。后来，当袁绍决定攻打曹操的时候，田丰极力反对。在他看来，曹操善于用兵，变化无常，虽然兵少，但是也不能掉以轻心，可以采取据险固守，分兵抄掠的疲敌策略。但是如果放弃了这一策略，而是与曹操正面交战下去，那么一旦失败，悔之晚矣。实践证明，田丰的分析和意见也是非常正确的。可是袁绍根本不理会，田丰再三举谏，袁绍便十分恼怒，认为田丰是在动摇军心，便罚以械刑，将他关押起来。结果，官渡一战，袁绍被曹军打败。袁绍逃回后，觉得很没有脸面，怕被田丰耻笑，就杀死了田丰。还有张郃这个人，勇猛无比，有计谋，才智过人。但是，袁绍不但不重用他，而且听信郭图等人的谗言，对他不信任。最后，张郃被逼得投奔了曹操，成了曹操的得力战将，为曹魏天下立下了汗马功劳。

袁绍不用良才，只用一些奸佞的蠢才。对于阿谀奉承、没有真才实学的人，他是言听计从，十分信任，还授予他们大权。比如郭图、逢纪、审配等人，他们的主张多次都被证明是错误的。但是袁绍却从来都不给予追究和处罚，反而是屡屡委以重任。这样一来，袁绍身边的人才多数都弃他而去。再如本来是来投靠他的荀彧，经过一段时间的观察，发现袁绍根本就是个布衣之雄，于是便投奔曹操，被任为司马。还有郭嘉也是先投奔于袁绍帐下，后来因为袁绍不会用人，便弃袁而投奔于曹操，受到曹操的重用，任为司空府军师祭酒。

由此可见，袁绍本来是个兵多将广、独霸一方的诸侯，但是只因为他眉钝眼拙，不会识人、用人，最后导致被当时势力弱小的曹操打败。因此，曹操曾耻笑袁绍说："此乃外强中干之辈，关键之时举棋不定，优柔寡断，也不足一顾。"这足以说明袁绍这一历史人物，他的所作所为可谓庸人之举。对于他的评价，郭嘉说："绍外宽内忌，所任多亲戚。”陈寿在《三国志·袁绍本传》中也说：“好谋无决，有才而不能用，闻善而不能纳。”

作为今人，我们一定要吸取袁绍的教训，在识人方面一定要善于观察，不能凭借主观意识而随便淘汰人才，这样才能使你拥有更多的人才，助你在社会之中立于不败之地。

二、论眉

【原文】

眉尚彩，彩者，梢处反光也。贵人有三层彩，有一二层者。所谓“文明气象”，宜疏爽不宜凝滞。一望有乘风翔舞之势，上也；如泼墨者，最下。倒竖者，上也；下垂者，最下。长有起伏，短有神气；浓忌浮光，淡忌枯索。如剑者掌兵权，如帚者赴法场。个中亦有征范，不可不辨。但如压眼不利，散乱多忧，细而带媚，粗而无文，是最下乘。

【译文】

眉崇尚光彩，而所谓的光彩，就是指眉毛梢部闪现的亮光。富贵的人，眉毛的根处、中处、梢处共有三层光彩，也有一层、两层的。平常所说的“文明气象”就是指眉毛要疏密有致、清秀润朗，不要厚重呆板，又浓又密。远远望去，好像两只凤在乘风翱翔，如一对龙在乘风飞舞，这是上等的眉相。如果像一团散浸的墨汁，就属于下等的眉相。双眉倒立，呈倒八字，这是好的眉相。眉下垂，呈正八字，是下等的眉相。眉毛如果很长，就要有起有伏，如果比较短，就应该昂然有神。眉毛如果浓密，不该有虚浮之光，眉毛如果淡，形状不能像一条干枯的绳子。双眉好像锋利的宝剑一样，这样的人将来一定能成为三军统帅，双眉像破旧的扫帚，这样的人一定会招来杀身之祸。此外，眉相还有其他的一些征兆，不可不认真辨别。如果眉毛过长，压迫着眼睛，使目光显得迟滞不利；眉毛杂乱无章，显得疲惫不堪；或是眉形纤细并带有媚态，眉形过于粗阔，使其没有文秀之气，这些都属于最下等的眉相。

【解读】

• 相眉有四点

古人对于眉毛的论述有多种，但归纳起来总共有四条要求：第一，有光，是说“秀润有光”；第二，有气，是说“舒爽有气”；第三，有势，是指“弯长有势”；第四，有神，是说“昂扬有神”。如果一个人的眉毛符合以上的四种要求，就一定是好的眉相。这样的眉相不仅说明一个人有健康身体，而且五官看上去也很漂亮。

下面我们分别介绍这四种眉毛的特征：

1. 秀润有光之眉

在四种要求中“有光”是最重要的。倘若一个人的眉毛有光彩，犹如珠宝熠熠生辉，而不是黯然无色，则说明此人的眉毛是上等的眉相。这里所说的光彩是指眉毛稍部闪现出的亮光。一个富贵的人，他的根处、中处、梢处三层光彩。有的也有一两层，这是强调富贵的等级之分。也就是说，最高贵的人，他的眉毛共有三层彩，有二层彩和一层彩的分别为中贵和小贵。这就好比人的毛发一样，如果一个人的毛发光润明亮，则表明生命力的旺盛。一般年轻人都具有这样的毛发，而老年人则多数都是干枯无光。原因就是因为年轻人的生命力要比老年人的生命力旺盛得多。

2. 舒爽有气之眉

人体毛发的蜕变，由多变少，由浊变清，这是人类由茹毛饮血的野蛮时代进化到文明阶段的标志，也是所谓文明气象最显著的特征之一。眉毛应该是“宜疏爽不宜凝滞”，这里的“疏爽”就是“清秀”的表征，而“凝滞”则是“俗浊”的表征。也就是说，人的相(无论是眉相还是面相、体相)贵“清”而忌“浊”。因此，人的眉毛要有文明气象，首先，就要“疏爽”。

而疏爽和凝滞有两种情况，一是，眉自身或为疏爽或为凝滞；二是，两眉之间的关系或为疏爽或为凝滞。前者比如龙眉、轻清眉、柳叶眉、卧蚕眉、新月眉、清秀眉等，为疏爽；而扫帚眉、小扫帚眉、鬼眉等则为凝滞。后者如龙眉、剑眉、轻清眉、清秀眉等为两眉之间关系疏爽；而交加眉、八字眉等，则是两眉之间关系凝滞。

3. 弯长有势之眉

这种眉毛，远远望去，如龙凤在乘风翱翔飞舞。是势、光、神、气四美兼具之眉。疏爽之至，清秀之极。即便不能富贵福寿俱全，也能占其中一二。即使不能“立德，立功，立言”，也能据其一项，这种眉毛是上佳的眉相。所以，具有此眉相的人大富大贵，禄厚寿长。如龙眉、剑眉、新月眉就属于此上等眉相。鬼眉、尖刀眉、扫帚眉都是形如倒在地上的墨迹一样，长得乱七八糟，看起来缓漫散乱，丑陋不堪。而这些眉的本质是血旺贪淫，生性凶狠、愚昧、鲁莽，并有着杀身之祸，这样的眉是下等的眉毛。

眉相成倒八字的人，性格坚毅，有理想、有抱负，勇于进取，具备了成就大业的所有心理品质，也属于上等眉毛。但是如果眉毛过于飞扬无度，就会使眼睛显得低陷无气，人也容易好高骛远，心比天高。小事不愿做，大事又做不了，最终一事无成。

眉相形同下八字，这种人性格懦弱，为人卑劣，多数行为猥琐、贫贱低下。这也是下等眉毛。

4. 昂扬有神之眉

眉粗清秀有起伏，这样的人性格稳健，清贵高雅。既能享受富贵，而且寿命也长。但是如果眉毛过长却没有起伏，像箭一样，多数为人脾气火爆、逞强斗狠，具有有这种眉相的人，最后不会有好的下场。

“短有神气”，这“短”是指眉毛相对于面部显得较短，前面的“长”也是指眉毛相对于面部显得较长。眉毛短又缺乏神气，就使眉相显得急促又露肉，丑陋又单薄，是一副孤寒贫穷之相，具有此相的人说明主人过早夭折。相反，如果“短而有神气”，那么，眉毛短的缺陷就可以由神气来补救，这就是常说的以神补形。

总之，看眉识人，一看浓淡，二看清杂，三看眉形。一般来说，眉毛清秀疏淡，是福禄尊贵；眉毛浓厚粗杂，是低贱贫苦。

值得注意的是，“秀润有光、舒爽有气、弯长有势、昂扬有神”这是看一个人眉毛好坏的标准，其中的秀润、弯长、舒爽、昂扬都是因为主体的不同而提出的具体要求。也就是说，眉毛长就要“弯长”，眉毛短要“昂扬”，眉毛浓密要“舒爽”，眉毛淡要“秀润”。而有势、有神、有气、有光则是对人各种眉毛的共同要求和标准。

• 眉毛传递信息

眉毛是识人过程中往往被忽视的部分。多数人都知道，人的眉毛主要是为了防止汗水和灰尘进入眼里，起到保护作用的。其实，眉毛还有一个重要的功能，就是与人的表情有关，当我们心情改变的时候，眉毛的形状也会随着改变，而产生不同的信号。在古代，人们都善于通过观察人的眉毛变化来了解人的情绪的。如李白曾说：“美人卷珠帘，深坐蹙蛾眉”，还有周邦彦的“一段伤春，都在眉间”，都说明了眉毛是一个人瞬间情绪的反映。

还有一个报道说，日本有一群为配角的团体，其中有一名演员，他以剃光眉毛为特征而做出表情，颇受观众欢迎。可见，眉毛对于一个人的表情是何等的重要。因为他那一张没有眉毛的脸部能给人一种强烈的刺激而使观众印象深刻。

所以说，我们在识别人才的时候，一定要注重眉毛传递的信息。此外，关于眉毛所表现的身体言语，还有五种形态：第一是表现恐惧、惊吓的眉毛上耸型；第二是表现愤怒的眉角拉下型；第三是困窘、不愉快时，表现不赞成意思的眉毛并拢型；第四为做出询问表情的斜弯型；第五则系充满亲切，表示同意时的迅速上下动作型。将这些形态加以组合，做出变化时，其表现很多。心理学家曾经请一位著名演员进行实验，发现单凭眉毛动作，便能演出四十种以上的表情。因此相学上称“看眉毛见人心”。

其中重要的信号有以下几种：

1. 眉毛低垂

这种眉毛是人在厌烦、愤怒、害怕的时候显现出的一种情绪。它分为进攻性和防卫性两种。在进攻的状况下，低眉表示十分厌烦对方或者是对对方的行为表示十分愤怒；在防卫性的情况下，这表示处于危险的境地，低眉则表示十分恐惧、害怕。

2. 眉毛抬高

这种眉毛一般是人轻浮、骄傲、狂妄、惊愕、诧异、怀疑、否定、无知、傲慢、希望、疑惑的反映。一个人如果十分傲慢，那么他在说话中眉毛会高高扬起，这说明此人希望从周边粗俗的环境中摆脱出去，其实这种人有些不切实际，过于轻狂。

3. 眉毛斜飞

这是低眉和扬眉同时反映的表情。一边眉毛下垂的时候，另一边的眉毛开始扬起。一般人是很少出现这种表情的。眉毛斜飞通常是表现怀疑，向上扬起的眉毛与瞪大的眼睛，他们位置关系就好像在人的面部写上一个大问号一样。

4. 挤眉毛

这是说两条眉毛一条降低，一条上扬。它所传达的信息一般介于扬眉与低眉之间，一边脸显得有激情，一边脸显得恐惧。而挤眉毛的动作说明此人极度焦虑或者过度忧伤。或者眼睛突然见到强光照射时也会这样，或者当人们有强烈的情绪反应，如大哭大笑或感到极度恶心时，也会在脸上产生这种情状。

5. 眉毛跳动

眉毛在很短的时间内先是扬起，然后又回落到平常的位置。这个短促跳动的动作表示欢迎，或者是认出对方的一个友好的信号。此外，这种表情，还在人们的谈话中出现，具有强调的作用，告诉对方他所说的话都是重点。

6. 眉毛耸动

眉毛扬起来后，就会有个短暂的停顿，然后立刻回到正常的位置上。它的发生往往都会伴随着嘴、头、肩膀、胳膊或者手的特殊动作。最典型的眉毛耸动动作是"哀伤的嘴"，一般是指生活中总是埋怨命运的人，觉得自己生不逢时。

由此可见，眉毛的变化是丰富多彩的，所以心理学家指出，眉毛的动态就表现人物的心态，与眉毛相关的动作还有：双眉上扬，表示非常欣喜或极度惊讶；单眉上扬，表示不理解、有疑问；皱起眉头，要么是对方陷入困境，要么是拒绝、不赞成；眉毛迅速上下活动，说明对方的心情愉快，内心赞同或对你表示亲切；眉毛倒竖、眉角不拉，说明对方极端愤怒或异常气恼；眉毛的完全抬高表示"难以置信"；半抬高表示"大吃一惊"；正常表示"不作评论"；半放低表示"大惑不解"；全部降下表示"怒不可遏"；眉头紧锁，表示这是个内心忧虑或犹豫不决的人；眉梢上扬，表示是个喜形于色的人；眉心舒展，表明其人心情坦然、愉快。

总之，通过观察一个人眉毛所呈现的状态，可以知道这个人的心理活动。这也是有助于识人的一种手段，有时候人们可以不用言语来传达彼此的心意，只要学会观察眉毛的六种形态，你就会了解这些表情所传达的意思了。

• 眉毛可以传神

人可以通过眉毛形状的不同来辨别人的性格特点，从而区分人的奸佞或忠诚。如京剧中的脸谱，一般都是以勾画人物眉毛的形态来区分人的性情。如《空城计》的马谡、《霸王别姬》中的项伯等，虽然都不是阴险的坏人，但是也是一种刚愎自用的人物。这种脸谱除了对色彩的描绘外，最重要的还是对眉毛以及眼睛的勾画，粗细、浓淡都要显示出人物的奸佞或忠诚的性格来。比如，严嵩的儿子严世藩是个奸佞的人，就勾画出半白粉脸，而眉毛依旧是露出肉色。

人物的眉毛可以根据环境的变化而转变，不同的环境眉相也有所不同，有的人还会利用这种眉相而改变自己的命运。如《明史》中说严嵩"长身戊削，疏眉目，大声音”，即粗眉毛、大嗓门、脚长体高、消瘦。严嵩本是词章和书法都非常出色的人，刚进入官场的时候还十分正派。后来，嘉靖皇帝坚持要称自己的生父兴献王为“献皇帝”，要称宗入太庙，命令礼部集议。而严嵩却一直持有“骑墙”的态度。这便引起了嘉靖皇帝的不满，亲书《明堂或问》，警示廷臣，言语犀利。而严嵩是个聪明的人，他立刻低眉顺目，为“献皇帝”太庙配享，安排隆重的礼仪，又写下了大量拍马屁的诗赋，博得了嘉靖皇帝的赏识，从此踏上了媚上邀宠、弄权谋私的道路。可见，“眉目”的前后不同，人的命运也不同。

三、论须

【原文】

须有多寡，取其与眉相称。多者，宜清、宜疏、宜缩、宜参差不齐；少者，宜光、宜健、宜圆、宜有情照顾。卷如螺纹，聪明豁达；长如解索，风流荣显；劲如张戟，位高权重；亮若银条，早登廊庙，皆官途大器。紫须剑眉，声音洪壮；篷然虬乱，尝见耳后，配以神骨清奇，不千里封侯，亦十年拜相。他如"辅须先长终不利"、"人中不见一世穷"、"鼻毛接须多晦滞"、"短髭遮口饿终身"，此其显而可见者耳。

【译文】

胡须，有的人多，有的人少，无论是多还是少，都要与眉毛相和谐，相匹配。胡须多的，要清秀流畅，疏爽明朗，不直不硬，并且长短分明。胡须少的，要润泽光亮，刚健挺直，气韵十足，并与其他部位相照应。胡须如果好像螺丝一样弯曲，就说明这个人一定是头脑聪明，目光高远，心胸豁达开朗。胡须细长的，就好像磨损的绳子一样到处是细弯小曲，这样的人多数都风流倜傥，却没有淫乱之心，将来一定能荣华显贵。胡须刚劲有力，好像张开的利戟，这样的人一定位居高官，手握大权。胡须清新明朗，好像闪闪发光的银条，这样的人就能早日金榜题名，位居朝中重臣。以上这几种须相都是在仕途上能成大器的人。如果人的胡须呈现紫色，眉毛好像利剑，声音亮如洪钟，胡须好像虬般蓬松散乱，而且有时长到了耳朵后边，这样的胡须，如果再配有一副神奇的骨骼与清爽的精神，即使当不了千里之侯，也能做十年的宰相。另外也有一些须相，如辅须先长出来，终究是没有好处的。如果人没有胡须，要注定受苦一生。鼻毛连接胡须，命运多灾多难，前景黯然。短髭长大了遮住了嘴巴，就会忍饥挨饿。这些胡须的凶象都是显而易见的。

【解读】

• 胡须是雄壮力量的象征

古代男人的胡须，一般作为男性雄壮力量的象征，而且是受早期人类崇拜的。秦汉时期，胡须是男性身份的象征。如果一个人剃了胡须，都是一种犯罪，还会被惩罚。秦汉的宫刑便说明胡须的重要性。倘若一个人犯了法，就会进行宫刑的处罚，不但将此人胡须剃掉，还要将眉毛去掉，成为宦官。

在古代，人们都称男子为眉汉，并且把胡须作为男子壮美形象的标志。或许英雄的概念与男人的外在形貌以及胡须没有必然的联系，但是中国人总是有种胡须的情结，这也就是说喜欢把胡须作为英雄的外在形象的共同特征。史书上也记载皇帝的相貌比较注重写他们的胡须，特别是那些开国皇帝，如刘邦是“龙颜美须”，孙权是“紫髯”，李世民是“虬髯”，都具备了英雄的特征。另外在形象上对胡须的描写不同，在一定程度上表达了作者的好恶，也就是对其道德的善恶作了判断。司马懿有狼顾相，周瑜则是没有胡须，诸葛亮却是一派道貌仙骨，都是胡须上的区别，其他人物的性格特性多有在胡须上反映。

还有，在戏剧小说中，也存在没有胡须的男人仍是奶油小生的特有形象。他们所表现出的都是十分女性化，多愁善感，弱不禁风，让人爱之不能，恨之不得。像《白蛇传》里的许仙，《天仙配》里的董永，《西厢记》里的张生。这些人根本不可能成为英雄人物，也不会成为侠客。而他们多数扮演的都是女子援助对象，穷书生迭遭厄运，然后女子挺身而出相救。也正是这种无胡须，而造成了一个弱势群体，而胡须无形中象征着男性在社会中所能拥有的力量和权力。

因此，对于胡须的崇尚一直是不变的，胡须的地位在魏晋之后，随着社会风云的变化也有所改变，有些男子则以女性的媚态为一时美的标准，这就有了“何郎敷粉，荀令熏香”的病态风气。譬如，当时出现的潘安上街，妇女则对他都是十分爱慕。那时人们认为留胡须的人就十分不美观，反而给人一种莽汉和粗人的象征，没有文化和没有品味。到了唐宋以后，在一些传奇的小说中，所描述的大胡须的人不是侠客就是莽夫，而有胡须的人，根本就谈不上美男子的标志了。再如《水浒传》里的鲁智深，受戒就不愿意剃须，说“留下这些儿还洒家也好”就是留须表丈夫之意。

总之，历史无论怎么变，胡须依旧是男人的一种象征，更是一种雄壮力量的象征，而作为今人的我们可以根据个人对美的不同观点而选择留须或不留须。

• 胡须与命运的密切关系

在相学中，人的胡须与命运有着密切的关系。如“须有多寡，取其与眉相称。多者，宜清、宜疏、宜缩、宜参差不齐；少者，宜光、宜健、宜圆、宜有情照顾。卷如螺纹，聪明豁达；长如解索，风流荣显；劲如张戟，位高权重；亮若银条，早登廊庙，皆官途大器。紫须剑眉，声音洪壮；籛然虬乱，尝见耳后，配以神骨清奇，不千里封侯，亦十年拜相”。这种以“须眉”论“命相”的看法，其实属于相术中的一种偏见。

胡须有多有少，与须相的好坏是没有因果关系的，也没有正反比例的关系。胡须不管有多少都要与眉毛对称才美观。也就是说眉毛多，胡须也要多；眉毛少，胡须也少，这样才能称得佳相。之所以说胡须与眉毛要对称，是因为眉毛和胡须对于人来说，是属于毛发之类，二者都位于人的脸部，是男人面部重要的组成部分。

而胡须多少，也是有一定的标准，不是多得满脸都是，少得一根不长。对“多者”和“少者”有“四宜”要求，其依据和标准就是相称原则。

通常来讲，胡须多，首先要“清”。这里的“清”是指清秀、清朗、清雅、清爽，也就是不浊、不乱、不俗、不丑；其次是“疏”，就是疏落、疏散、疏朗，就是不丛杂，不淤塞；第三是“缩”，“缩”就是弯曲得当，不直，不硬；最后要“参差不齐”，就是说有长有短，长短配合得当，错杂有致，不要整齐划一，截如板刷。这种多而清、疏、缩、参差不齐的须相，不管眉毛的多或少，都能和眉毛相称。如果眉毛多，这种须相可与之形成一定的反差；如果眉毛少，这种须相则可从“神”上与之协调一致。所以，本节说“多者，宜清、宜疏、宜缩、宜参差不齐”。

胡须少的人，首先要“光”，“光”就是指不枯、不涩，就是润泽、光亮；要“健”，“健”就是不萎、不弱、不寒、不薄，就是要刚劲、康健、坚挺。三国时末期司马懿的儿子司马昭，有夺曹魏政权为己的野心。司马昭这个人非常厉害，识人也有一手。他有一个得力内助，叫魏舒。魏舒年少时，迟钝质朴，不爱讲话，乡里人都不喜欢他。他叔叔魏衡闻名当世，也不喜欢他，就让他去守水磨房。魏舒一句话也没说，不以为意，也没因此自弃或报复，心怀别念。到四十岁，仍不得显扬才华，只为别人做点参谋工作。后因机缘，他以凑数的身份参加一个会议，魏舒容范闲雅，娓娓而论，在座无不惊奇。当时，就有人推荐他到司马昭处，经过交谈，司马昭发现他果然是个人才，便很器重他，拜为相国参军。里外小事，并不能看出他的才华。只要有兴废大事，众人都不能解决的，魏舒却能理得清清楚楚，断得明明白白，见解多出众人之上。于是人们都非常佩服他。据传，魏舒的胡须就不多，但是有"光、健"的特点。在他四十岁开外时，还给人当参谋，如不是大气在胸中，大器晚成，也许早已心灰意冷、聊度一生了。

其次，还要"圆"，"圆"就是不呆、不滞、不死板，就是要圆润、生动、飘然。再次是要"有情照顾"，"有情照顾"就是与眉毛、头发相称，与"五岳四渎"相称就是有照应，不孤独。

• 四种上佳的胡须

人的胡须千姿百态，那么哪种胡须才是最上佳的，曾国藩在这里向我们总结了四种胡须的参照标准。

1. 卷如螺纹

这是指人的胡须好像大江大河奔腾之势，在转弯或汇合处时激起漩涡，而胡须就像这种气势。具有这样须相的人高瞻远瞩，心胸宽大，胆识过人，聪明豁达。

2. 长如解索

这是指人的须相好像江河之水源远流长，涛涛起伏，又犹如破挽之绳索，身多小曲。具有这样胡须的人十分爱美好色，风流倜傥却不淫乱，不乱性，可谓风流显贵。

3. 劲如张戟

这是指须相好像两军对阵时的剑拔戟张之气势，有这种须相的人有魄力、有胆识、有作为，一定能成大器，所以说这样的人一般都"位高权重"。

4. 亮若银条

这是指须相如此的人，一般生命力旺盛，气色润朗，一片生机。拥有此须相的人，一般都是文秀多才，超凡脱俗，所以说其人"早登廊庙"。

当然，这四种须相不一定能决定人的"聪明豁达"、"风流显荣"、"权重位高"、"早登廊庙"，但这四种须相都是身体健康的表现。究其原因，是因为在医学中认为这四种须相都表明精力充沛。

如果一个人是"紫须剑眉，声音洪壮"，这样的配合叫金形得金局。"蓬然虬乱，尝见耳后"，是气宇轩昂、威德兼具之相。具有这样面相的人为佳相，如果能够配清奇的神和骨，那么可谓是一个英雄的人物，即使是乱世中也可成霸才，治世也能为良将。但是并非所有人都有这副佳相，要想成大事者，还需要有真才实学，这样才能令人佩服。

第六篇

声音鉴：以声观人　以音辨才

声音如同人的心性气质，不同的声音能表现出一个人的不同性情，古人有“闻其声如见其人”的说法，从中可知通过声音来鉴别人的重要性。

一、总论声音

【原文】

人之声音，犹天地之气，轻清上浮，重浊下坠。始于丹田，发于喉，转于舌，辨于齿，出于唇，实与五音相配。取其自成一家，不必一一合调，闻声相思，其人斯在，宁必一见决英雄哉！

【译文】

人的声音，就如同天地间的阴阳五行之气一样，有清浊之分，清者轻而上扬，浊者重而下坠。声音起始于丹田，在喉部发出声响，到舌尖转化，在牙齿那里发生清浊之辨，最后由嘴唇发出，这一切都与宫、商、角、徵、羽五音相互配合。看相识人时，听人的声音，要去辨识其独具一格之处，而不一定非要按五音之律为标准，但是只要听到声音就要想到这个人，这样就能做到闻其声而知其人了，所以不一定见到他的庐山真面目才能看出他究竟是个英才还是庸才。

【解读】

• 声音的规律

人从出生的那刻起，声音各有不同，有的洪亮，有的沙哑，有的尖细，有的粗重。有的薄如金属的声音，有的厚重如同皮鼓的声音，有的清脆如玉珠落盘，字正腔圆。有的人虽然身材矮小，但是声音确实很洪亮，有的人长得高大威武，但说起话来却细声细气，有气无力。在不同场合，人们说话的声音也会有所不同：

在正式场合发言或者演讲的人，在演讲的开始，多数人总是会先清喉咙，这大都是因为紧张和不安。如果说话时不断清喉咙，说明这个人总是变声调，或许也是存在着某种焦虑。有的人清嗓子，也是因为他对于问题持有着疑虑的态度，需要继续考虑。通常情况下，男人要比女人多，成人比儿童多。儿童在紧张的时候也总是结巴，或者吞吞吐吐，还总喜欢习惯性反复说着话语。或者是故意清理嗓子对别人进行警示，表示一种不满的情绪，其表示的意思是说："你要是再不听我说话，我可要生气了。"口哨声有时候是潇洒和泰然处之的一种表现，也有人用来虚张声势，掩饰内心的惴惴不安。

《礼记》中也谈到内心与声音的关系，曰："凡音之起由人心生也。人心之动，物使之然也。感于物而动，故形于声，声相应，故生变。"其意思就是，对于一种事物由感而生，必然表现在声音上。人外在的声音随着内心世界的变化而变化，又因外物使它所表现出各种样子，所以说，"心气之征，则声变是也"。不但声音与气能结合，也和音乐相呼应。因为声音会随内心变化而变化。如一个人如果内心平静的时候，声音就会变得舒缓和顺；如果一个人内心情顺畅达的时候，声音就会变得清亮和畅；如果一个人内心处于激动兴奋状态的时候，声音就会变得有些偏激热烈。了解了声音和内心情感的关系就可以从一个人的声音判断一个人的内心世界。

关于声音变化和内心情态之间的关系，古代有许多相关的论述，在《逸周书·视听篇》中，有四点论述：首先，一个内心伪善的人说话的时候，声音会紧张结巴，这是因为他心虚的缘故；其次，一个内心诚信的人说话的时候，声音清脆而明朗，这是坦然的表现；第三，内心卑鄙的人说话的时候，声音阴阳怪气，听起来很刺耳；第四，一个内心宽宏柔和的人说话的时候，声音和缓，犹如细水长流，不紧不慢。

《大戴礼记·少间篇》中记载：商汤通过声音选取人。商汤是殷朝的创始人，他讨伐了夏朝最后一个君王夏桀。他之所以能够取得成功，就是因为他得到一个人才——伊尹。伊尹是商汤家的一个陪嫁的厨师。他利用给商汤上菜上汤的机会，给商汤讲解帝王之道，商汤通过他的一番言谈，得知他的心声，并料定这个人是个非常优秀的人才。于是商汤决定重用他，结果不负商汤所望，在伊尹的辅佐下，他顺利地建立了殷朝天下。后来商汤死后，他又接着辅佐商汤的儿子和商汤的孙子。伊尹被人们称为中国贤相的鼻祖，受到历代丞相的敬仰，他们都以伊尹为榜样标榜自己，并历代传颂他的美德。

《文王官人篇》中有"六征观人法"，其中"听声处气"是一种好的方法。文中认为，天地最开始产生的元气都是来自于万物，万物产生后才有了各种声音，而声音有刚烈、柔和、浑浊、清脆之分，而且人还可以通过声音辨别人的丑恶、刚柔、清浊、俊美。一个心性华丽爱吹牛的人，所发出的声音是漉宕发散；心性柔顺的人，发出的声音就柔顺而有节制；心性卑鄙乖戾的人，发出的声音就嘶哑而丑恶；心性宽缓柔顺的人，发出的声音温和而又美好；贞信之气中正简易，仁义之气舒缓和悦，智能之气简练悉备，勇武之气雄壮直率。因此要聆听他发出的声音，判断其气质的类型。

刘邵《人物志·九征篇》也曾经涉及过声音取人之法。文中认为，容貌颜色的变化是由于心气所产生的作用，而心气的外在表现则是声音的变化了。人的气息结合则形成声音，声音和旋律节奏相适应，有的声音听起来有中和平缓的气象，有的声音听起来清雅流畅，有的声音听起来回旋荡漾。

这也就是说，人的声音，就像人的心性气质一样。通过人的声音来判断人的心性气质，就能分辨出人的聪慧愚笨、贤能奸邪，而且还能通过声音辨别成年人的道德品行，即使婴儿小孩，虽然精血没有充实完备，但是他所显示出来的才气，性情的美好丑恶，也很容易被有识之士看破。

在古代，人们都比较重视人的声音，认为声音是考察人物的一个重要部分。所以他们在此基础上，按着阴阳五行的原理，将声音划分为以下几个部分：

金声：它所显示的特点是和润悦耳；

木声：它所显示的特点是高畅响亮；

水声：它所显示的特点是时缓时急；

火声：它所显示的特点是焦浊暴烈；

土声：它所显示的特点是厚实高重。

一个人说话的时候，如果气从丹田而发，经过胸部直冲声带再经过喉咙、舌头、牙齿、嘴唇，最后发出的声音是不一样的，气度和节奏都有所区别，其效果也有悦耳和沙哑的区分。如果一个人的声带结构不好，那么发出的声音也不会动听，但如果是经过专门的发声练习，也是可以从很大程度上改变声音效果的。

由此，我们得出两个结论：首先，如果丹田的气充沛，那么声音也沉雄厚重，韵致远响，这是肾水充沛的征象，从中能够知道这个人身体健壮，能胜福贵。同时，丹田之气冲击声带而来的声音洪亮悦耳，柔致有情，甜润婉转，能够给人舒服浑厚的美感；其次，如果是发于喉头、止于舌齿之间的根基浅薄的声音，就会给人虚弱衰颓之感，显得中气不足，这也表明这个人精神不足、身体虚弱、自信心不足。

总之，以声音来判断人的心性才能，并没有科学依据。但是，从生理学和物理学的角度看，声音是气流冲击声带，声带所受到振动引起空气震动而产生的，这既是一种生理现象，又是一种物理现象。但人的社会属性又使人的声音有着精神和气质两方面的特性。声音的产生依靠自然之气（空气），也与内在的“性”密不可分。声音又与说话者当下的心理活动密切相关，大小、轻重、缓急、长短、清浊都有变化，这与人的特性也是息息相关的，这便是闻声辨人的基础。

• 内心所示，声气为先

在与人交流的过程中，语言是传达情意的一个重要手段，所表达的意义是通过人们对其发音器官的有意识控制和使用而表现出来的。这种控制和使用直接所对应的就是说话的声和气。

对于人的声音，现代生理学和物理学都已经证明，声音的生理基础是由肺、气管、喉头、声带、口腔、鼻腔这几部分构成的。声音所发生的动力是肺，肺决定流量的大小，音量的大小主要由喉头和声带构成的颤动体系所决定，音色主要取决于由口腔和鼻腔所构成的共鸣系统。声音是物体震动空气而形成的，是听觉器官，也就是耳的感觉。声音音量有大小之分，音色有美异之别，另外有音高和音长的区别。

据《三国典略》记载，五代后魏末期，江苏一带有位盲人能听声气识人。有一天，他被人带到北方，当时的渤海王高澄想证实一下这个盲人识人能力的虚实。于是他召集了高洋、赵道德、刘桃枝等几位手下，自己也混迹其中，让盲人分辨。听了赵道德的声音，盲人说：“此人当为人主。”听了刘桃枝的声音，盲人说：“当代王侯将相皆死于其手。但此人只是一个鹰犬，不过是受人指使而已。”听了高澄的声音，盲人无动于衷，有人私下用手指掐他，提醒他注意，盲人没有办法，撒了个谎，说高澄几年后也应当为国王。高澄听了，顿时狂傲地说：“我这一帮家奴都大富大贵，何况我呢！”后来，由于刘桃枝诬告朝廷有人谋反，后齐诸王大臣多被赐死，高澄竟被其厨房伙夫所杀，其弟高洋受禅，为北齐文宣王。盲人仅靠声音就能断人吉凶福祸，并且这般应验，不能不令人在惊奇之余产生深深的怀疑。

由此可见，由于年龄的不同，健康状态的不同，生存环境的不同，先天禀性不同，以及后天的修养等因素，所表现出的声音也不同。可以说，在一定程度上，声音体现出了一个人的文化品格、人格修养。所以说，听音可以辨人。

• 考其声情，而推其征

人的声音是气流通过声带振动时发出的声波。人的听觉器官所能感受到的是频率二千赫兹到二十赫兹之间的声波，低于二十赫兹和高于二千赫兹的声波人是无法感受到的。

声音可细分为“声”与“音”两个概念，既可由声来识人，又能由音来识人，但在生活的实际运用中，多数都是由声、音这两者同时来识别人。因为声音可以帮助我们观察人、了解人，这就好比那些被人调弄演奏的乐器一样，能反映出演奏者的心理状态。声音从人的喉舌发出，而乐器的声音则由人的手弹拨、打击乐器而产生，人的喉舌虽然与乐器有很大的区别，但是产生声音的原始的、内在的动力则是一样的。

通过人声音的粗细，可以看出人的气度；通过人声音的质美，可以察出人的性情本质；通过声音的长短，可以看出人的气力；通过声音的感情，可以察出人内心的喜怒哀乐。科学家也经过研究证明，人的声音具有浓厚的感情色彩，能够引起复杂的心理效应。声音的强弱、快慢、高低、纯浊，都能显示出复杂的情感。

春秋时期，郑国大臣子产有一次外出巡察，突然听到山那边传来妇女的悲恸哭声。随从便开始看着子产，听候他的命令，准备前去救助。但是想不到的是子产却下令随从赶紧把那名女子抓起来。随从心中疑惑，但又不敢多说，只好遵令行事，将那个痛哭的女子抓了起来。那时，这个女子正在她丈夫的新坟前哀伤亡夫。俗话说人生有三大悲：一是少年丧父，二是中年丧夫，三是老年丧子。可见这位丧失夫君的女人十分可怜。按郑子产的个性，本来是不该对女子动粗，但是他却有着闻声辨人之术。郑子产对随从解释说，那个妇人的哭声没有哀恸之情，反而掺杂着恐惧的声音，因而我觉得这其中一定有隐情。最后，一番审问后，才知道妇女与别人通奸，将自己的丈夫谋害而死。可见子产闻声辨人的技巧的高明。

与此相比，孔子深谙此道，似乎技艺比子产还高出一筹。虽然孔子讲过“以貌取人，失之子羽；以言取人，失之宰予”，但他凭外貌声色取人的功夫也十分了得。

《孔子家语》中记载了这样一段故事：孔子去往齐国的路途中，突然听到了一阵十分悲恸的哭声，于是他对弟子说：“这个哭声听起来特别悲伤，但却不是悼念死人的哀声。”于是，孔子迅速向前走，看见了那个哀哭的人，便询问了他的姓名，得知他叫丘吾子。又开始问道：“这里不是哀伤的地方，你为什么哭得这么悲伤啊？”丘吾子长叹一声说：“我一生有三大过错，到现在年老了才深深感悟到，真是追悔莫及，所以才悲伤起来。”孔子不明白他话中的意思，便一再追问，丘吾子才说：“我少年的时候，喜欢学习，周游世界，等我回到家乡的时候，发现我的父母都不在人世了。而作为一个儿子我竟然不能为父母养老送终，这真是一大过失啊；我为齐国臣子多年，齐君现在骄奢骄横，我多次劝谏，他都不肯听，这是我的第二过失；我一生交了不少朋友，没想到到后来都绝交了，这是我的第三大损失。我为人子不孝，为人臣不忠，为人友不诚，我是个失败者，还有什么脸面活在这个世上呢？”说完，丘吾子便投水而死。

由此可见，孔子能听音辨人心事，有着非同寻常的天赋。

郑子产和孔子两人同样都是采用以识别声音的方法来观察人物内心世界的，同时还结合考察人物的眼神、面色、说话态度的变化，这样使所判断的事物真实度更高。所以，辨别声音必须从人的喜怒哀乐中去考察。

总之，声音辨人术就是指通过人声音来识别人才。简单地说，也就是听到一个人声音，包括说话的声音、脚步声音、笑声，都能知道这个人是谁。当然前提是在比较熟悉中的人中，可以辨别。亲朋好友的身份应早就知道，还需听他们的声音？此外，由声音还能听出一个人的心性品德、职业爱好等。要做到这种识别就需要我们在与对方交谈中，认真听对方的言语，这样才能对人有一定的了解。

• 声深雄厚重，能胜福贵

曾国藩认为，最悦耳的声音是从丹田中发出的。这种声音深雄厚重、韵致远响。一般我们都用高声大气来形容人声音的气势。其中这种“高大气势”是用来召唤、鼓动、说理、强调和表达自己激动心情的声和气。它通常所表现的是说话者的激情和粗犷豪放的性格，或者是用来表示人物特别欢喜和慷慨的情绪。

一个心胸宽广、志向远大的人，他所发出的声音具有平和广远的志向，而且声清气壮，有着浑厚之势。身体矮小但声音雄厚的人，也不能小看。因为从身高来看，身高的由于丹田距声带、共鸣腔远，气息冲击的距离加长，力量弱化，所以声音会显得清细弱，振荡轻；身子矮的一般都是声气十足，因为距离丹田短，气息冲击力大，声带、共鸣腔容易打开。

譬如，三国时期著名的将军张飞。他就是因为粗豪、勇猛、爽直和坚贞的品质给人们留下了深刻的印象。而且他说话声音响如洪钟，身上具有浓厚的草莽英雄的气概。再从他的外表来看，他“身长八尺，豹头环眼，燕颔胡须，声若巨雷，势如奔马”。在长坂坡一战中，曹操率领众军追赶张飞。张飞立马桥头，圆睁环眼，厉声大喝：“我乃燕人张翼德也，谁敢与我决一死战！”吼声如雷，将曹军的部将夏侯杰吓得惊慌失措，从马上跌下，曹操也掉头往回走。

由此可见，张飞这种以声夺人的表现，突出了他粗犷的草莽英雄的气质。但他最后死于小人的手下，根本就没有享受到所谓的荣华富贵。而他的声深雄厚重，却在历史上留下了不朽的诗篇。

所以说，文中所说的声深雄厚重，能胜于福贵，这是一种片面的说法。人的声音或许是和命运有关系，但是却不能决定人的命运。想成为一个成功的歌唱家，不仅需要先天的嗓音天赋，还要经过专业的训练和刻苦的努力。所以说声音对人的命运是不能起着决定性的作用的，我们应该具体问题具体分析。

• 容之动作，发乎心气

曾国藩说，人的容色发生变动，都是由于心田之气所引发的，心田之气的征兆，即声音的变化。当气息相合的时候，就成为了声音。声音又与说话的节奏相应和，有和谐平淡之音，有清新流畅之音，有迂徐悠长之音。

生活中我们都知道，一个优秀的播音员之所以能够被人们喜欢，并不是因为他的容貌长得美，而是他的声音富有磁性，给人一种美的感受。

其实，单纯地听对方的声音或者是听对方的话语可以辨别人的性格，不同的声音给人不同的感受。心理学家经过研究表明，大致形成有以下几种类型：

第一，音低沉而粗野。这种人在生活中一般变现为性格成熟潇洒，对环境有一定的适应能力。

第二，声音洪亮。这种人在生活中表现为精力充沛，一般具有艺术家的气质，有荣誉感、有品位，十分热情。

第三，讲话的速度快。这种人在生活中多表现为朝气蓬勃，活力十足，性格属于外向。

第四，外带语尾音。这种人在生活中表现为精神高昂，有些女性的气质，彰显艺术家的气质。

以上四种声音，不论在与人交易中，还是说服别人，都起着重要的作用。如果一个人说话带着鼻音，那么这种声音是让人厌恶的，给人一种听起来不舒服的感觉；如果一个人语音平板，这是一种比较沉默、内向、冷漠的表现，给人一种不热情、冷的感觉；如果一个人所发出的声音，给人一种紧张压迫的感觉，那说明这个人非常自傲，喜欢用武力来解决事情，通常人们对这样的人都会敬而远之。

综上所述，我们可以得出，一个人声音的好坏直接影响到你给别人留下的印象，并能影响你事业的前途。所以在日常生活中我们一定要注意自己在与人沟通时候的言语声音，尽量做到：音粗而低，说话速度适中，尾音明亮。这样的声音才能够给人一种信任、积极、洒脱、豪爽的感觉。

• 音乃心声，闻声辨认

人的精气，如果是内在的，就一定会通过说话而表现出来。通常情况下，心气粗糙的人，他的声音会沉重而散漫；心气周详细腻的人，他的声音会平和有节制；心气鄙陋乖戾的人，他的声音则粗犷；心气宽广柔顺的人，他的声音温和圆润。

由此可知，通过人们发出的不同声音，说出不同的言语，可以来辨别人的心思。

曾国藩也认为："通过人声音的清浊来判断人的心性气质，这样就能辨别出人的贤能和奸邪。成年人可以通过声音来判断人的道德品行，即使是小孩，他的才气、性情的美好丑恶，也能分辨出个大概。"

在《晋书·石勒传》中记载：石勒是十六国时期后赵的建立者，字世龙。先祖是匈奴支系羌渠的后代，祖父耶奕于，父亲周曷朱，又名乞翼加，都做过部落的将领。据说石勒出生的时候，满屋赤光，一束白气从天空直射他的院中。他们部落里的族长和看到的人都不约而同地说："这个孩子相貌奇特，气度非凡，将来一定是有所作为之人。"

然而石勒小的时候正逢"八王之乱"之际，这场争战给各族人们带来了深重的灾难。为了生存，石勒便在七岁的时候就跟随父母到村外的田野中劳作。

到了十四岁那年，石勒的生活依旧不见好转，为了解决生计的问题，他便同乡里的人一起到洛阳做生意。当时的洛阳城是政治和军事的必争之地，是商贾云集的地方，因此经济十分繁荣。石勒看到西晋王朝的官员们各种鱼肉百姓后，在他幼小的心灵上就产生了一种对朝廷统治者的憎恨之情。一气之下，他登上西晋皇宫的东门，仰天长啸，没想到他这一喊被朝廷太尉王衍听见了。这让他觉得十分奇怪，便吩咐随从，立刻出去看看是什么人在喊，并将他抓起来。幸运的是，在随从出去的同时，石勒已经离开了西晋的东门。后来，当他听说朝廷王衍在捉拿他，于是他就逃出了洛阳城，回到了家乡。

几年过后，石勒已经二十岁了，他被卖到了山东做奴隶。当时，晋王室内乱，北方群雄争起，随后爆发了农民起义和少数民族的起义。受这些起义的影响，石勒也同几个伙伴揭竿而起。后来，石勒却成了一位很有影响力的起义军领导者，周围的起义军都闻名而投奔他。他的队伍越来越强大，最终取得了十六国时期的开国皇帝宝座。

这便再次说明，从人的声音可以判断人的心性气质。王衍之所以抓石勒，就是因为他从石勒的长啸中听出了内心的情感，料定这个人日后一定会与朝廷作对。所以说，只要是一个有识人士，都能通过人的声音而知道他的心声的。

再如，《春秋左氏传》中记载：鲁昭公二十八年，伯石刚生下来，子容的母亲就去告诉婆母说："大伯母生下一个男婴。"这让婆母喜出望外，急忙去看望，当她走到厅堂的时候，就听见婴儿的一声啼哭，这让她停住了脚步，说道："这声音犹如豺狼的声音，狼子野心昭然若揭，这恐怕要亡掉羊舌氏家族了！"于是，没有去看望伯石，而是转身回去了。后来，果然如婆母所说，伯石帮助祁盈覆灭了羊舌氏宗族。

同伯石一样，楚国司马子良生下一儿子，名叫越椒，子文看了后说："这孩子长得虎背熊腰，发出的声音如同豺狼一般，如果不杀掉他，将来若敖氏家族一定被他毁掉。"结果证明，子文的预测是正确的。

《晋书·桓温传》也记载，桓温生下来不到一周岁的时候，太原人温峤看见桓温就说："这孩子骨相奇特，容貌特别，再让他哭一声看看。"等听到桓温的哭声，温峤便说道："这真是一个英雄人物。"后来桓温果然以雄武之才专擅东晋朝政。

• 声音的清浊之分

曾国藩指出，每个人的声音同天地间的阴阳五行之气一样，也有清浊之分。清者轻而上扬，浊者重而下坠。清者声音从丹田发出，在喉头发出声响，到舌头那里发生转化，在牙齿那里发生清浊之变，最后经由嘴唇发出去，这一切都与宫、商、角、徵、羽五音密切配合。

通常情况下，人们根据声音去辨识人才，不一定就与五音吻合。只要听到这个人的声音，就能够想到这个人。所以说不一定非得要见到本人，才能看出此人是个英才还是个庸才。然而这种识人的本领并不是任何人都能做得到，而是相对于认人经验丰富的人来说的。东汉思想家王充在《论衡》中说："下工相形，中工相神，上工相声。"其中的意思是告诉我们，普通的相师是从人的外形来看人的命运，而稍微高一点的相师是从人的神态看其命运，水平较高的相师则是从人的声音中看出人命运的好坏。

其实，人的声音包含着各种要素，比如声调、音质、语速都会影响声音的清浊，所以我们要想分辨出声音的清浊，就要了解以下几种要素：

第一，声调。声调是最重要的元素之一，人声音大小直接显示其威力。

发出很大的声音，可以让别人沉默下来。当然，在某种状况之下，有时候小的声音更能发挥效果，因为人们会注意去听。值得注意的是，声大声小都需要人姿势的辅助，效果才更好。

第二，发声。发声对音质有着很大的影响。人们以身体的一个部分当做共鸣板，音质将会有所改变。如果以鼻子产生共鸣，声音好像是如泣如诉，或者也可能给人傲慢的印象。但是，如果是以胸腔来产生共鸣的话，发声法也会随之改变，变得丰富，有力。

第三，讲话的速度。人说话语速的快慢，也影响人发音吐字的清晰度，而且还会影响人的形象。如速度太快，容易给人好像有某种急事，会让对方感觉焦躁、混乱，以及有些粗鲁。说话缓慢的人，虽然所说言语清晰，给人深思熟虑、诚实的印象，但如果太慢了的话，就会变成犹豫不决或漫不经心，呈现出消极的意思。

因此，我们要想分辨出声音的清浊，就要注意人说话的声音、速度以及由此构成的神态。它可以增加你的魅力，加强你的权威，也能起到相反的作用。这就要看你的声音和神态给听众是什么印象了。因为人们会根据声音来判断一个人。

• 若要看条理，全在言语

曾国藩认为：若要看条理，全在言语中。这是说人的言语是内心世界的自然流露。从发音的清浊中，我们可以听到人的胸襟大小、性格缓急；从声音的铿锵轻重中，可以感知人的果断优柔、气魄胆识；从人的言辞中，可以听出人的条理紊乱、能力手段。

曾国藩一般看人的长短，如果"言过其实，不可大用"。他认为诚信是做人的根本。尤其是一个军队，更要有诚字贯穿中间，作为维系，才能使军中齐心，亲如兄弟，否则就会像盘散沙，不战自毁。因此说，不被一个人的浮华所迷惑，不被一个人的夸夸其谈所打动，一定要考察他的真才实学。在现代生活中，存在着许多这样浮华的人，他们只知道夸夸其谈，搬弄是非，这样的人终究是成不了大气候的，和这种人交往，也是我们要谨慎的，否则就会被他所害。

曾国藩一般选取人才，通常都是以有节操而没有官气、条理清晰而又不说大话为关键。同时看人做事的方法，是否做到“五到”，即身到、心到、眼到、手到、口到。所谓身到，就是作为官吏对命案、盗案必须亲自勘验，并亲自到乡村巡视。作为将官就必须亲自巡视营地，亲自察看敌情；心到，就是凡事都要仔细分析它的大条理、小条理、起初时的条理、结束时的条理，分析它的头绪，又综合它的类别；眼到，就是要专心地观察人，认真地读公文；手到，就是对人的才能长短、事情的关键所在，勤做笔记，以防止遗忘；口到，就是在命令人做事时虽然已有公文，仍要苦口叮嘱。

古代有许多圣贤之人，同曾国藩持有同样观点的。如春秋时期，齐宣王曾问孟子：“应该如何识别那些有才能的人呢？”孟子则说：“如果左右亲近的人都说某人好，那么此人不可轻信；如果众位大夫都说某人好，也不可轻信；全国的人都说某人好，然后你再去了解，发现他真有才干，再任用他。反之，左右亲近的人都说某人不好，你不要听信；众位大夫都说某人不好，也不要听信；全国的人都说某人不好，然后去了解，发现他真不好，再罢免他。左右亲近的人都说某人可杀，不要听信；众位大夫都说某人可杀也不要听信；全国的人都说某人可杀，然后去了解，发现他该杀，再杀他。这样，才可以做百姓的父母。”

韩非子对于这一问题也有自己独特的见解，他说：如果炼铜造剑的时候，只看见所掺和的锡和火色，即使是欧冶子也无法辨认剑的好坏。如果用这把剑砍死水上的鹄雁，斩断陆上驹马，那么仆隶也不会怀疑它是钝还是锋利了。倘若只看马的牙齿和外形，即使是伯乐也不能辨别马的好坏。但如果让马套上了车，看它跑到终点的样子，即使是仆隶也不会怀疑马的优劣了。看一个人也是同样道理，如果只看人的相貌、服装，只听他说话论事，就即使孔丘也不能肯定这个人能力怎么样。可有给他一个官职，看看他的工作成绩，就是普通人也不会怀疑他是聪明还是愚蠢了。因此说，一个明智君主所任用的官吏大多是从地方官中选拔上来的，猛将多数是从下层军官中挑选出来的。凡是有功劳的人一定给予奖赏，那么俸禄越优厚他们越能勉励自己；不断地升官晋级，那么官级越高他们越能尽力办事。用高官厚禄去勉励官吏把事情办好，这是建立强盛统一事业的有力措施。而凡是奸臣都会对君主阿谀奉承，顺从君主的心意，来取得君主亲幸的权势。君主所喜欢的东西，他就加以吹捧；君主所憎恶的东西，他就加以诋毁。一般来讲，人们都取舍相同的就互相肯定，取舍不同的就互相反对。而现在臣子所赞美的东西，就是君主所肯定的东西，这就叫做相同的择取；臣子所诋毁的东西，就是君主所反对的东西，这就叫做相同的舍弃；择取、舍弃一致而相互对立的没听说过。这就是臣子所用来取得信任和宠爱的途径。

由此看来，人的言语有真假存在。有的人善于言谈，有多人不善于言谈，而善于言谈的人，未必是务实之人，而沉默寡言之分，未必就是愚蠢笨拙之人。所以说我们在识人的过程中，不要轻易听信他人之言，而要从人的言语中去考察，分别人的真实本质后再为之所用。这样才能使你不至于陷入小人的陷害中，更有利于你的事业发展。

二、论声

【原文】

声与音不同。声主“张”，寻发处见；音主“敛”，寻歇处见。辨声之法，必辨喜怒哀乐。喜如折竹，怒如阴雷起地，哀如击薄冰，乐如雪舞风前，大概以“轻清”为上。声雄者，如钟则贵，如锣则贱；声雌者，如雉鸣则贵，如蛙鸣则贱。远听声雄，近听悠扬，起若乘风，止如拍琴，上上。“大言不张唇，细言不露齿”，上也。出而不返，荒郊牛鸣；急而不达，深夜鼠嚼；或字句相连，喋喋利口；或齿喉隔断，喈喈混谈：市井之夫，何足比数？

【译文】

声和音似乎是密不可分，实际上差别不小，是两种不同的物质。声是由发音器官启动时产生的，是空气震动之初的状态，可以在发音器官启动的时候听到；音产生于发音器官闭合时，是声在空气中传播的浑响状态，可以在发音器官闭合时感觉到。辨别声音的优劣与高下的方法很多，但是一定要从人情的喜怒哀乐中去认真鉴别。欣喜之声，宛如翠竹折断，其情致清脆悦耳；愤怒之声，宛如平地一声雷，其情致悲愤而强烈；悲哀之声，宛如击破薄冰，其情致破碎而凄切；欢乐之声，宛如雪花在空中飘飘飞舞，其情致宁静轻婉。以上之声有一个共同特点——轻扬而清朗。如果是刚健激昂的阳刚之声，就好像洪钟般浑厚，可称为高贵之声；如锣声般轻薄浮泛，可称为卑贱之声；如是温润文秀的阴柔之声，就如鸡鸣般清朗悠扬，这就是高贵之声；如蛙鸣般喧嚣空洞，这就是卑贱之声。远听刚健激越，充满阳刚之气；近听温润悠扬，充满阴柔之气；高扬时如乘风悄动，悦耳愉心；止息时如琴师拍琴，雍容自如，这便是声中最佳。古语云：“畅所欲言却不大张其口，低声细语不露牙齿”，这就是声中较佳者。发声后散漫虚浮，缺少韵味，如荒郊野外的孤牛之鸣；急急切切，咯咯吱吱，就好像黑夜中的老鼠偷吃东西一般；说话的时候，一句紧接一句，语无伦次，没完没了，而且嘴快立促；或是说话时口齿不清、吞吞吐吐、含含糊糊，这几种说话声，都属于市井之人的粗鄙之声，有什么值得跟以上各种声相比的地方呢？

【解读】

• 声相优劣高下

曾国藩认为，人开口的时候所发出来的空气震动产生“声”，闭口之后，余下来的仍在空气中震动而产生的是“音”，这是“声”传递的结果，为“声”之余韵，也就是人们常说的“余音绕梁”。

声音的强弱、快慢、高低、纯浊，都显示出异常复杂的情感。三国时期刘邵在《人物志》中说，外表的动作，是出于人的心气，而心气又象征着合于声音的变化。气流震动成为声音，声音又合乎音律。有和平之音，有清畅之音，有回荡之音。

相学名著《灵山秘叶》说：“察其声气，而测其度；视其声华，而别其质；听其声势，而观其力；考其声情，而推其征。”这其中的意思是说，通过听声辨音，可测心胸宽广和狭隘，贵贱和贫富。其中的声音，同声学中的音量有些相似，通过声气粗细，察看人的气度；声势相当于声学中的音长，声势壮者，声力一定很大；声华相当于声学中的音色，声华质美，则说明这个人性善品高；声情相当于感情的声音。

曾国藩指出，人有四种表现为声情并茂，淳朴自然，清脆明朗，至情至性。

第一种，“喜如折竹”。这是指竹子因为它本身的韧脆质地特点，“折竹”具有哗然之势，既清脆悦耳，又自然大方，不俗不媚，有雍容之态。

第二种，“怒如阴雷起地”。这是指阴雷起地之势，豪壮气迈，强劲有力，不暴不躁，有容涵大度之态。

第三种，“哀如击薄冰”。这是指薄冰易碎，但破碎之音都不散不乱，也不惊扰人耳，有悲凄不堪之像，但不峻不急，有“发乎情，止乎礼”之态。

第四种，“乐如雪舞风前”。这是指风飘雪舞，如同女子之临舞池而衣带飘飘，不胜美态，雪花飞舞之时轻而不狂不野，柔美而不淫不荡，具有轻灵飘逸的潇洒之态。

可以说这四种表现是人的上佳声音，更是人们所喜欢的类型。

而钟响与锣鸣的表现则属于雄声，一般指男子，即阳刚之声。如果一个男子说话声音粗壮，气势宏大，那么这声就像钟声洪亮沉雄，远响四方，余韵不绝，悦耳愉心，被人们认为是富贵之人。而如果一个人说话嘶哑，犹如锣声声裂音薄，荒漫沙嘶，余韵了无，刺耳扎心，这样的人被人们认为很贫贱。

雉鸣与蛙鸣，是雌声即阴柔之声，一般指女子的声音。如果一个女子声音轻细，好像在旷野中听到的笛声，而且雉声清越悠长，声随气动，有顿有挫，抑抑扬扬，十分悦耳动听，则说明此人为贵；而蛙声则是聒聒噪噪，喧嚣嚎叫，声气争出，外强内竭，让人听后刺耳扎心，具有此声的人被人称为贱。

由此看来，无论人是雄声还是雌声，都有着贵贱的区分。在相书中，一般是以雄生为贵，而以雌声为贱，这样的论断没有清浊精细的区分，实际上是不正确的。

曾国藩根据人发出声的特征，而将人的声音总结归纳出几个层次，供人参考借鉴：

上上声相

"远听声雄"，这是说其声有山谷呼应，表明它气魄雄伟，赋情豪放。

"近听悠扬"，是说其声如笙管之婉转，表明这个人一定是神采飞扬，功名大就。

"止如拍琴"，是说其声如孔雀之典雅，表明这个人必闲雅冲淡，雍容自如。

上佳声相

"大言不张唇"，这是说一个人说话的时候，不过大张开嘴唇，表明谨慎稳重，学识深厚。

"细言若无齿"，说明这个人在说话的时候不露牙齿，表明此人温文尔雅，精爽简当，成熟干练。

下等声相

"沉闷散漫，有声无韵"，一个人说话的声音，好像一个牛在荒郊野外孤鸣一样，沉闷散漫，有声没有韵味。

"声急口利，咯咯吱吱"，这是说一个人说话的声音，就像夜晚中偷食物的老鼠一样，声急口利，咯咯吱吱，是尖头小脸之人。

"字句相连，喋喋利口"，这是说一个人说话的时候，语无伦次，声无抑扬，说明此人幼稚浅薄，无所作为。

"齿喉隔断，喈喈混谈"，这是说一个人说话吞吞吐吐，不知所云，这样的人一定是怯懦软弱，一事无成。

• 巧妙运用声音的张和弛

古人认为“声”是发声器官启动和紧张工作时的声响，而“音”是发声器官停止工作和松弛时的余音。声主张开，音主收敛，这是紧和松、张和弛的辩证关系。有张有弛，才是正道。曾国藩将张和弛相结合的战略巧妙运用到了平时的治军从政当中，从而取得了一生辉煌的成就。张和弛是同时出现的，所谓一张一弛，二者不可偏废。最主要的还是要审时度势，根据情况而采取得当的措施。曾国藩在治军的时候，就讲究“文武之道，一张一弛”。

在军事中，不论是“将欲歙之，必故张之”，还是欲擒故纵、以退为进，都是为了取得最后的成功，所以说这就需要注意时机和环境的因素。曾国藩刚出山的时候，白手起家创办团练，但是当时的局面并没有打开，手中又没有权势，投奔他的人也是寥寥无几，就连他的好友郭嵩焘、冯卓怀都不肯跟随他，左宗棠更是不肯加入他幕下，却投到了湖南巡抚骆秉章的幕府中。

无奈的曾国藩只能努力寻找机会去求“张”。在创办湘勇的开始，他屡战屡败，四处碰壁。而且，湘军刚获得胜利，又被朝廷对他手握湘军军权起了疑心。而且咸丰皇帝根本就不想让曾国藩扩张兵权，反而是坚决地削弱了他的兵权。曾国藩最终逼得退后收敛的“弛”。这样一来，他所得到的是湘军官兵的同情，从而获得空前的威望，于是他便趁着在家为父守制的时间韬光养晦。

湘军陷入了窘迫的境地后，胡林翼便在这个时候不断上书给朝廷，想促成曾国藩的重新起用。胡林翼指出湘军在“心力不齐”的情况下“终必危殆”的危险性，还明确分析了曾国藩在关系错综复杂的湘军中起的指挥作用。最后终于得到了识才爱才的肃顺发出了重用湘系官员的呼声。后来，面对太平天国的重重威逼，清政府最终授予曾国藩两江总督和钦差大臣之职，江南军务都交到了曾国藩手上。这是“张”扬战略的胜利。

曾国藩重新掌握军权后，湘军斗志更是激昂，从而在多次的战役中都取得了成功。得到实权的曾国藩也趁机开始保举身边的一些精英，慢慢地便形成了一个“群雄蔚起，云合景从，如龙得雨，如鱼得水”的局面。从此，他对政事的影响力就更大了。这个时期的“张”，自然是为了取得政治抱负的实现。到了该“弛”的时候，他就“弛”了。

同治三年（1864年），湘军攻克天京，这时候的湘军已经发展到了三十多万人，其中由曾国藩直接管辖的就有十二万。而曾国藩历经几年的战事，清楚地知道："用事太久，兵柄过重，利权过广，远者震惊，近者疑忌"。于是在攻下天京仅十几天后就上奏以"统军太多"为借口，准备对湘军进行裁撤。随后，曾国藩又请自己的弟弟曾国荃开缺回籍调养，一面着手遣撤曾国荃所部五万湘军，命令一部分回老家，剩余的留守金陵。

曾国藩曾对曾国荃说："处大位大权而兼享大名，自古曾有几人能善其末路者？总须设法将权位二字推让少许，减去几成，则晚节则渐渐可以收场耳。"其意思是说，懂得在官高权重的时候，赶紧收敛，松弛下来，是明哲保身的官场之道，否则就会落得"兔死狗烹"的下场。这正如《道德经》所说："生之，蓄之，生而不有，为而不恃，长而不宰，是谓玄德"。

其实同曾国藩一样懂得张弛之道的人还有左宗棠。他在名落孙山后，入赘名门周家，在周家耕读了十三年，这就是"弛"。后来加入骆秉章门下，才开始了"张"。他是一边加强自己的学识修养，一边开始保持外部的联系，最后建立了自己的人脉资源，最后才成就了封疆大吏的军功。

由此，我们便可以知道，声音有张有弛，才能发出动听悦耳的声音，同样为人处世也要像声音有张有弛，才能成就一番事业，走向成功的道路。

三、论音

【原文】

音者，声之余也，与声相去不远，此则从细处曲中见直。贫贱者有声无音，尖巧者有音无声，所谓“禽无声，兽无音”是也。凡人说话是声，其散在左右前后者是音。开谈多含情，话终有余响，不唯雅人，兼称国士；口阔无溢出，舌尖无窕音，不唯实厚，兼获名高。

【译文】

音，是声在空中传播的余波、余韵，音跟声的差别并不大，但要从细微的地方才可以分辨得出来。贫穷卑贱的人说话只有声而无音，显得粗野不文；圆滑奸诈的人说话有音无声，显得矫揉造作。俗话“鸟鸣无声，兽叫无音”说的就是这种情形。一般人说话，是一种声响散布在空中而已，无音可言。如果说话时，一开口就情动于中，而音中饱含情感，到话说完了声音还在空中回响，则是温文尔雅的人，这样的人可称得上社会名流。如果说话时口阔嘴大，但声气不乱发乱出，口齿伶俐，却又不矫造轻佻，这说明这个人自身内在素养深厚，其人一定会获得盛名隆誉。

【解读】

• 鸟鸣无声，兽叫无音

音是声的余响，只要是细心去观察区分，就能找到二者的区分。这就好比一口大钟一样，你用木棒去敲击它，它便发出嗡嗡作响的声，而在空中传播出来的就是音。

而完整无缺的钟和有缺口的钟所发出的声音是有所区别的，钟的裂纹越小，差别越小。此外，两口质地不一样的钟，发出的声音也不同。

生活中，我们一般都会用声音来识别人物的心性，就是因为掌握声与音其中的真谛，然后才得出人心性的好坏。关于这一点，心理学家伯特认为，声音总是能多少地反映人的一些信息来，只要能够善于观察，就能洞悉到人内心的真实世界。

此外，声的振频、强度也有所区别。音在空中传播的余响效果也有一定程度的差异，这就是音色的表现。学习过音乐的人都知道，音有音高、音长、音强、音色、音质的差别，这也是声乐上研究的一个重要问题。

贫贱者有声没音，尖巧者有音没声

贫贱者有声没音，尖巧者有音没声。这是说人的气息冲击声带，就发出响声，但是在空中没有余响，只是枯燥单调的声音，这就是有声无音。而有音无声是说气息冲击声带，却没发什么声音，只是在空中有余响。这种论断，从物理声学现象中是不符合逻辑原理的。因为，仅仅凭借声音的高低与语气、语势、讲话内容相背离，是无法正确鉴别人才的。而声音只是个参数，不能单列出来，只有结合在说语内容中才能判断人的才性。

禽无声，兽无音，这是拿动物做比较，补充说明有声无音者贫贱，有音无声者尖巧。从自然规律来看，一般在阳春三月的时候，草长莺飞，百鸟争鸣，莺语间关，燕声呢喃，春雨婉柔，这都是春天到来的景象。尤其是百鸟齐鸣，嘤嘤畹畹，啁啁啾啾，这都是悦耳动听的声音。但是如果对于一个行事立功的人来说，就会感觉是绵漫之气有余、豪迈雄壮之气不足，这就是有音无声的原因。再如，荒山旷野，大漠草原，朔风劲草，丛林万千，狮吼狼嗷，野兽出没，森气弥漫，惊骇突兀，虽然豪气入云，威猛肃杀，刚健铁尺，但却是刚猛有余、曲折婉转之意不足，这是兽无音的原因。用在人身上，有音无声的傲气不足，骨气不足，刚气不足，因此多为贫贱所困；有声无音的婉转不足，柔情不足，血性不足，因此多属尖巧无情残忍之辈。

譬如，楚国贤相尹子文，为人公正，执法廉正，颇受人民的敬仰和爱戴。他有个兄弟叫做子良，在楚国当司马，生了一个儿子叫做越淑。有一天，是越淑的满月，司马府为了给孩子庆贺，就宴请宾客，府内上下一番热闹，显得十分喜气。子文也被邀请到了司马府。当子文看到侄子后，先是脸上欢喜，但当听到孩子哭声后，脸上表情顿时僵硬起来，很是震惊。于是急忙找来子良，对他说："这孩子千万不能留，他的啼哭好像狼嚎，长大后一定是我们族的祸害。俗话说：'狼崽虽小，却有凶恶的本性。'这孩子具有狼的本性，所以你千万不能善待他，赶紧将孩子杀掉以防后患啊。”

子良听到子文说的一番话后，胆战心惊。过了好一会才说道：“可是，我是他的亲生父亲，我又如何忍心下得了手啊？”子文再次劝说，但是子良最终是不肯听从。就这样，事情只能暂时搁置。

过了几年，子文病重，临死的时候，他把自己的亲信都叫到跟前说：“你们一定要记住，千万不能要越淑掌权，如果他一旦得权，你们就赶紧去逃命吧，否则就会招来杀身之祸。”

子文死后，而他的儿子斗般当了令尹，越淑也接替了父亲做个司马。公元626年，越淑为了夺取令尹职位，千方百计地讨好楚穆王，从中说斗般的坏话。楚穆王听信了他的谗言，就罢免了斗般的职位，由越淑来担任。后来，楚穆王死后，越淑便趁机开始作乱，掌权后便杀了斗般和子文生前的亲信。

没过多久，越淑又开始想要篡夺王位，楚庄王先是让文王、成王、穆王三族的子弟做人质同他讲和，但是越淑就是不同意，后来双方开始交战起来。最后，越淑死在了乱军中，他的儿子逃到了晋国。

口阔无溢出，舌尖无窕音

人在讲话的过程中，声音都会随着空气的震荡而向四方传播，尔后再弥散在前后左右。如一个人在前面讲话，刚说的时候，说话的声总是有着余响，这种语气一般都有着高人国士的风范。因为这种人能够以情为主，任何事情都能兼顾情理，又不违背事理，所以在为人处世之中，都能得到别人的称赞和尊重。所谓“晓之以理，动之以情”就是这个意思。

一个当过老师的人，都会有过这样的感受，在课堂上为学生讲课时候，如果是声情并茂，那么他的情绪就会感染所有学生，从而赢得学生们的喜欢。

所以说，如果一个人讲完话后，余音绕梁，荡气回肠，那么作为一个听众，就会久久感受到那种声音的牵引，这种深入人心的效果是情绪感染力的极致状态。有这样号召力的人，可以称得上高人国士。

“口阔无溢出”，其意思是说，一个人在讲话的时候，并不漏风，即先有声，后传音，声气相投，不散不乱，这是一个很有修养的人讲话的状态。倘若是粗声大气，粗俗不堪，那么这样的人一定是个莽夫，不能登大雅之堂。譬如，古代一些英雄，虽然在他们身上有着粗野之气，但是他们依旧能彰显出英雄的本色。这种草莽的英雄多数都能够在事业的发展中，随着接触人的增多而将草莽之气渐渐收敛，转变成一种文明的修养之气，这样又使英雄身上多了一种才气。刘邦、赵匡胤、朱元璋都是这样的人。而《水浒传》中的梁山好汉草莽气太重，没能随事业的拓展在文治上下工夫，又一心想着招安，最终不成气候，可以说是一场历史的悲剧。

“舌尖无窕音”，虽激情昂扬，但不是口沫横飞；虽流利灵巧，但不轻浮张狂。其意思是说，这种人才智敏捷，有着过人的智慧，多数是修养务实，厚重端庄，在事业上会赢得许多人的相助，而且还会赢得良好的名声。

总之，开谈多含情，话终有余响，口阔无溢出，舌尖无窕音，这是对国士高人讲话状态的一种描述，可以说，雅量充沛又不粗俗，是天下人共仰的楷模。所以作为今人，无论是领导者，还是正在奋斗的人，都应该注意在与人谈话时自己的声音，这样会有利于你更好地与人沟通，还会给人留下深刻的印象。

• 听其言知其心

俗话说，“言既可听”。那么该如何听信其言呢？首先，兼听则明，偏听则暗，这是说不能偏听一个人的语言，而要多听众人的语言，多方征求意见，从中观察人的话语真实虚假；其次，听话听音。这是说听人言语不可仅听其表面，也不可前耳进，后耳出，一听而过，而应听其实质，听其含意，从中加以具体分析。这样的话，无论真话、假话，直话、绕话，还是旁敲侧击的话，还是含沙射影的话，都能听出一些味道而了解其真意；再次，就是听其言，而观察其人。语言无论如何表达，都在一定程度上反映了一个人的性格和品质。

所以说，经常说真话的人不一定就为人忠诚；经常说假话的人不一定是巧伪奸诈的人；经常说话直的人，不一定是性格直爽的人；说话词意不明的人，一定是碌碌无为的人；说话朴实无华而富有哲理的人，一定是很有思想，很有见地的人。由此看来，说话实际上是一个人品性、才智的外露，只要我们认真聆听和分析，就会从一个人的言谈中认识到他的真实想法和品质。

譬如，三国时期，陈琳在一篇檄文中把曹操骂得狗血喷头，曹操非但没有生气，反而从中发现陈琳是位很有才华的人，后来予以重用。还有张辽被曹操抓获后，对曹操也是破口大骂，曹操又从中发现张辽是位性格直爽的忠义之士，于是立即为他松绑，释放了他，而且还委以重任。与之相比吕布虽然武艺超群，但一见到曹操就跪地求饶，其声十分恳切。当曹操看到吕布的如此举止，又听到他所说的言语，便料定他是个反复无常、贪生怕死的人，应当立即处死。可见，“言为心声”，只要慎听，就一定能够听出一个人发自内心的声音。

知其心，而听其言，这里所强调的是察人，而察言是察人的一个方面。但是察言又同信其言有所区别，信其言是有条件的，“事莫贵乎有验，言莫弃乎无证，如其心而听其言，有证之言，知其心。”

在听言观行中，还要注意以下几点：

1. 众人观察。这就是说，要多听众人的言论。正如孟子所说：“左右皆曰贤，未可也；诸大夫皆曰贤，未可也；国人皆曰贤，然后察之，见贤焉，然后用之。左右皆曰不可，勿听；诸大夫皆曰不可，勿听；国人皆曰不可，然后察之，见不可焉，然后去之。”其意思是说，人们对贤者判断的时候，一定不能只凭借一个人的意见，而要听群众的意见，此外，还要察之，看这个人是否真的如言语中所说。千万不要因为被别人的闲言碎语或恶意中伤所迷惑了心智。在《金史·世宗本纪》中金世宗完颜雍曾说过：“朕之取人，众所与者用之，不以独见为是也。”即我选用人才时，大家都推荐的才使用，我并不认为个人的看法都是对的。

2. 长期观察。在《李觏集·安民策》中，李觏认为对于一个有德才的人，不能只凭一时的表现，而要经过长期的考察，即“日观其德，月课其艺。贤邪非一时之贤，久居而不变，乃其贤也。能邪非一时之能，历试而如一，乃其能也”。

3. 全面观察。西汉邹阳认为，识别评价人才要“公听并观”(《西汉文·邹阳狱中上梁王书》)，从各方面进行观察，德才资全面衡量，观其主旨，不求微功细过。

4. 责求实效。在《苏东坡全集·议学校贡举状》中，苏轼认为，根据实绩判断能力的强弱才是正确的知人之法。得人之道，在于知人；知人之法，在于责实。

总之，识别人才，或者是判断一个人忠诚奸佞时候，察言是重要的因素，所以我们一定要从中多听，多了解，多观察，然后再下结论，这样就不会错识人才。

• 会“听话”的纪晓岚

人们都说，说话是门艺术，其实“听话”更是一门重要的艺术。尤其是在古代那至高无上的皇帝身上，他根本就不会将自己心里的想法告诉你，那么作为臣子只能认真听，仔细思考，才能知道话中的含义。所以说，作为朝廷的臣子，如果没有“听话”的能力，那么在官场上或许就会遭到不测。在这方面，纪晓岚就有这个本领，而且是个大行家。

乾隆三十三年二月，纪晓岚由左春坊左庶子升职为贵州都匀知府，加四品衔。然而乾隆帝并没有将他外放，让他依旧任原职，留在自己的身边。聪明的纪晓岚将皇帝的这一决定看在了眼里，心里清楚地知道乾隆的用心：无非就是想要利用他手中的那支笔。

那个时期，满清统治者都看不起明朝的降臣、降将，乾隆更是如此。乾隆四十年十一月，他命令四库馆臣修纂《明朝殉节诸臣录》，就在这封上谕中，他极度轻蔑地指斥钱谦益等降臣："乃既不能舍命，而犹假语言文字以图自饰其偷生，是必当明斥其进退无据之非。"

钱谦益是江苏常熟人，具有"江南第一才子"的称号，明万历三十八年考中进士，官升到侍郎。南明福王的时候，马士英担任礼部尚书。顺治三年，清兵大举南下，他的爱妾——秦淮八艳之一的柳如是劝他自尽殉国，但是他始终不肯，最终投降于清朝，被任命为南京礼部尚书。后来他郁郁不得志，同顾炎武等人开始密谋反清活动，但都没有取得成功，晚年后，因为家中失火，由于只有佛像没有被烧毁，所以最后皈依佛门。

对于皇帝的这张谕，以及真实的用心，纪晓岚经过仔细琢磨后，终于明白皇上表彰明朝殉节的各位大臣是虚，而鼓励臣子效忠本朝才是他真正的目的。于是，他便在《阅微草堂笔记》中对降清的明臣、明将极尽挖苦讽刺之事。同时纪晓岚在《滦阳消夏录》中，还编成了一个故事：说有个人在明朝当谏官，曾经求仙询问自己的寿数。仙人便说他当于某年某月某日死。结果，到了这一天，他却没有死。后来此人降清。一天，那个仙人又来了。这个人便责问仙人，你的判断怎么不准确啊？没想到仙人答道："你不死，我又能如何？"这个人俯仰沉思，才记起当年仙人所判的死日，正是崇祯帝在李自成攻破北京被迫上吊的那天。按道理来说，作为臣子，应该为国尽忠，但这个人不死而投降于清朝，实在有违臣子之道。

就这样，纪晓岚不露痕迹地责备了那个不肯为国殉节的官员。

纪晓岚说话从来都不会直言不讳、尖刻地批评他人，而是语言委婉，不露声色，所以他用这样的方式揭露了当时许多人的恶性。

在《姑妄听之》中，纪晓岚又说了一个故事：黄叶道人潘班曾同某林下臣公闲坐着聊天，多次称臣公为兄。臣公十分不满但是却笑着说："现在我都七十多岁了，你还这么年轻，怎么能同我称兄道弟呢？"这个时候，潘班已经半醉，便昂头说道："兄是前朝人的年岁，应该同前朝人去比，不应该带入本朝。如果按着本朝的年岁相比，兄是顺治元年五月投降大清，我是顺治二年九月出生，我们仅仅相差了十几个月，所以理当称你为兄了。”最后，纪晓岚在文章的末尾评价潘班说：“不能谓其无理也。”

通过纪晓岚讲的这些故事，我们可以知道，纪晓岚的所做，都是因为看出了乾隆的心思，一方面是顺应了乾隆心里所想，辛辣讽刺那些不忠不孝的封建臣子；另一方面是借着这个机会向皇帝表明自己同那些乱臣贼子势不两立，是个忠臣。可见纪晓岚的善于“听话”的本领有多高了。

• 赵括善辩未必贤

言为心声，通常情况下，观察一个人说话的习惯、语气、声调、节奏等，能看出他的性格。一个性情柔顺温柔的人，说话是比较平缓；性情急躁的人，说话直接爽快。言语又是人思想的表现，是人与人之间沟通交流的常见工具，更是识别人才能的一个重要方面。

一个能言善辩的人，固然是交际中的佼佼者，甚至会是成功者，但并不一定是个贤能的人。从古至今，善于夸夸其谈、能说会道的人大有人在，但是如果在关键的时候，这些人只能是退缩在后，其实他们肚子里根本就没有真才实学，有的只是些歪门邪道。

战国时期，赵王错用赵括而引来的灾祸，就是不辨口利与实才关系而自食其果的典型事例。赵孝王七年（公元前 260 年），秦军同赵军开始交战，最后峙于长平。这个时候，赵国的名将赵奢，即赵括的父亲已经死了，而国中的将相蔺相如又病重，老将廉颇率军前去抗秦。面对凶猛的敌人，廉颇采取了坚壁清野的疲敌战略，固守不战。秦军也是没有办法，只能使用反间计说：“秦军之所以恶，只是畏惧马服君赵奢的儿子赵括为将耳。”赵王听到这话，竟然信以为真，于是便拜赵括为将，代替廉颇统率赵军。蔺相如知道后，就极力劝说赵王说：“王以名使用赵括，就如同胶柱而鼓瑟耳。赵括从来都没有读过他父亲的书，也不知道纵横变化。”赵王根本就不听此言。

蔺相如之所以说出这样的话，就是因为赵括从小学兵法，言兵事，以天下莫能当。常同父亲一起讨论兵事，奢不能难，然不谓善。赵括的母亲问赵奢其中的原因，奢曰：“兵，死地也，而括易言之。使赵王不将括而已，若必将之，破赵军者必括也。”

这正所谓知子莫如父，赵奢从赵括夸夸其谈的背后，看出赵括并没有真才实学，只是纸上谈兵。遗憾的是，赵王却没有知人的圣明，又不肯听蔺相如的苦苦劝谏。最后，赵括为将，由于改变了廉颇全部的作战方针，又中了敌方的调虎离山计，首尾不能顾，赵军大败，从此一蹶不振。

在这里，我们所说的善辩者未必贤，就是指那些能言善辩但又没有真才实学的人。这也不是说所有善辩者都不贤，因为善辩本身就是一种才能，但是善辩的基础是渊博的知识，最重要的是将理论和实践结合起来，做到学以致用，才能算是真正有才能的人。

• 晋文公善听

晋文公是春秋时期晋国国君（公元前 636 年至公元前 628 年在位），名重耳，又叫晋侯重耳。晋文公为次子，是献公妃狐姬所生。献公宠爱骊姬，杀太子申生，重耳被迫在外流亡十九年，后来借秦穆公之力回了国，被立为晋国的国君，为晋文公。他即位后，重用了狐偃、赵衰、贾佗、先轸等人，协力修明内政，整顿法纪，加强战备。同时又尊重东周王室，平定了周王室王子带之乱，迎周襄王复位，几次出师救宋国，并同楚军在城濮交战，采取诱敌深入之法大败楚军。尔后在践土会盟诸侯，成为继齐桓公之后为春秋诸侯霸主。

重耳当上国君不久，有一天，大夫狐偃领来一个叫勃镊的人，向晋文公禀报说有重要的机密事情要报告。当晋文公听到是勃镊这个人，顿时大发脾气。原来，晋惠公在位的时候，十分担心自己的王位被重耳夺去。因此，他就派了勃镊去刺杀重耳。而勃镊遵从命令，认真地执行晋惠公的命令，甚至是比计划提前找到了重耳，并且一刀砍断了他的衣袖。要不是重耳机灵跑得快，早就被勃镊杀掉了。因此，晋文公想到就是因为勃镊，自己以前险些丧命，就十分生气。他就对侍从说："你们去对勃镊说，我没有去抓他，就已经很宽宏大量了，他还有什么脸面来见我呢？"那个侍从便向勃镊传达了晋文公所说的话。勃镊听后，笑道："我还以为主公在外奔波了十九年，早该熟透了世间的情态，没想到还是这个样子。我看照这样下去，弄不好还会发生不幸呢！如今他做了国君，我想来效忠于他，可他却不肯见我，这对于我来说没有任何损失，只怕我走了，他的麻烦就大了。"侍从听到勃镊这么一说，赶快回去报告了晋文公。这时候狐偃也在一旁劝谏晋文公一定要接见勃镊。晋文公也是个聪明人，对政治很敏感，他听到勃鞮的一番话，仔细考虑，倒觉得自己不该为往日的仇恨而意气用事，耽误大事，于是立刻召见了勃鞮。

原来，勃鞮真的掌握了一件机密的大事，准备向晋文公报告。在晋文公回国做君主前，原来晋惠公重用的宠臣吕省和郤芮两位大夫一直紧随着晋惠公，而且他们一直都想将晋文公除掉。后来因为晋文公重耳有秦穆公的大军护送回国，吕省、郤芮二人知道自己力量薄弱，根本无法与秦军抗衡，于是不得已投降了重耳。但是，他们两个人曾经是晋惠公的心腹，在他们看来晋文公做了国君，是对他们的极大的威胁，所以就联络勃鞮图谋发动叛乱，杀死晋文公另立新君。而勃鞮认为，过去谋杀重耳是为国君办事，如今重耳已经做上了国君，如果再叛乱，杀君另立，那么是不利于国家的，于是就决定向晋文公汇报这件事情。

晋文公听到勃鞮的一番相告，为自己的不计前嫌而觉得英明。晋文公知道吕省、郤芮密谋叛乱的事情后，就在他们还没有叛乱前，他便以生病为理由不去朝中，暗暗逃到了秦国躲避。临走的时候，晋文公已经安排好自己的心腹大臣布置好对付吕省、郤芮两人的计策，最后吕省、郤芮的叛乱很快就得到了平息，他们两人的谋划破灭，被抓获。

晋文公虽然将主谋吕省、郤芮二人绳之以法，平息了叛乱，但是他们手下还是有许多的党羽还没有消除。随后，晋文公就准备将所有的党羽全部杀害。看到一大批人死去，他的大臣赵衰劝他说："乱党的头目已经被除掉，国君应该宽宏大量，如果再杀掉一批人的话，恐怕会失去人心的，甚至会激发出更大的变故。"晋文公听了赵衰的话后，觉得十分在理，就采纳了他的建议，下令大赦，不再追究吕省、郤芮余党的罪行。但是，面对晋文公的大赦，吕省、郤芮的余党都不肯相信。于是，就有很多谣言流行于朝野上下，人心惶惶，形势十分不稳定。

面对如此的局面，晋文公十分担心。一天，他正在宫内洗头，守门的卫兵进来向他报告说有一名叫头须的人求见。晋文公听后，十分生气地对卫兵说："这个头须真可恨，当年把我可害苦了，现在还有什么脸面见我。告诉他，我不杀他已经够便宜他了，让他快点滚开。"原来，晋文公当年流亡在外的时候，头须是晋文公手下的一个小吏。在晋文公最困难的时候，他竟然把晋文公当时所有的金帛全部偷走逃跑了，结果害得文公和他的侍从们一度只能靠讨饭活命。所以，晋文公对他十分憎恨。

随后，卫兵就把文公的话传达给了头须，可头须依然不肯离去。他说："主公因为宽恕了勃鞮，才没有遭到吕省、郤芮的陷害。为什么就不能宽恕我呢？今天既然我来求见他，也必然有我见他的道理！”卫兵就立刻将头须的话转告了晋文公。晋文公听后，自言自语地说：“看来是我的气量太小了。”于是立刻召见了头须。

头须见到晋文公后，先是认错赔罪，然后又向晋文公说：“吕省、郤芮的余党太多了，杀不胜杀，他们都感到自己的罪孽深重，所以根本都不相信你的赦免，如果你不尽快想办法，恐怕会出问题的！”晋文公听到头须的话后，马上意识到了问题的严重性，所以便请教头须有什么办法可以解决。头须告诉晋文公说：“当初，我偷你的钱财，害你受苦挨饿，这件事情晋国上下的人都知道。现在你为了让吕省、郤芮的余党相信你的大赦，可以从我身上做起，让他们知道你是个不计前嫌的人。”

晋文公听了头须的话，觉得说得十分有道理，就赦免了他的过失，而让他做了自己的车夫，还特意让他驾车，自己坐着车子连续几次到处游玩。这样一来，吕省、郤芮的余党都私下议论，说像头须这样的人，晋文公都赦免了他，还重用他，看来他的大赦是真的了。于是他们都纷纷效忠于晋文公，很快晋国的政局也得到了稳定，经济、文化等事业得到了迅猛的发展。

由此可见，晋文公是个明智的君主，他善于听从别人的意见，并能从别人的言语中分析轻重，所以他才得到更多人的效忠，而走向了成功。

• 曾国藩重用罗萱

古人常说：“事之至难，莫如知人。”其意思是说，世上的事情没有比识人更难的了。每个人的相貌不同，声音不同，内心的真实禀性也不同。从外貌上分辨一个人的才能、品质是很难的。

而清朝时期，曾国藩识人就有一套本领，他所看中的人，无一不是有智、有才的人。曾国藩凭借听一个人的声音，也能鉴别这个人有没有才能。罗萱就是他听声鉴别的一个难得人才。

罗萱，字伯宜，湘潭人。父亲汝怀，道光十七年(1837年)拔贡，曾担任过芷江学训导，候选内阁中书，以学行闻于时，著有《湖南褒忠录》。罗萱生有夙慧，工诗文书法，能传其父学。为诸生，屡列优等。倡导经世之学，领湖南诗坛风骚数百年。著名的封疆大吏贺长龄，以“家风不可及”闻名遐迩的邓显鹤、沈道宽对他都很器重。

曾国藩奉命办团练的时候，广招天下人才，湘乡有才人士为了得到功名，都纷纷而来。罗萱是第一个投奔曾国藩府上的人，当时每天都有一百多人到营中报名，曾国藩每接见一个人，都会与他们交流，通过言谈看人，只要是稍微有才能的人都留了下来。

这天，曾国藩已经召见了很多人，非常累，便拒绝再见客。当他似睡非睡的时候，突然听到外面有吵闹声音，起身寻声望去，只见有位身材不高、只穿着一件单衣的青年人被守门人拦住。青年人声音很清朗，气质非凡，不论他怎么说，守门人就是不肯放他进去。青年人也不气馁，有着不见曾国藩誓不罢休的气势。正在两人僵持的时候，曾国藩推门出来，并喊住守门人，对罗萱说："听君的声音爽朗圆润，一定是内沉中气、才质非凡之人。"于是，他将罗萱引入上宾的位置，两人开始聊了起来。闲聊中，曾国藩发现此人真的是可用之人。

随后，曾国藩就决定让罗萱掌管书记，日常文牍往还也一同交给了他。

曾国藩率湘军东下的时候，罗萱以自己年老为由想要辞别。于是曾国藩写信让他进府，并说："今专足走省，敬迓文旆，望即日戒涂，惠然遄臻，无为曲礼臆说所误。蟾蜍裹沙而不行，於菟腾风而万里。士各有志，不相及也。千万千万！祷切祷切！"咸丰五年（1855年），曾国藩进入南昌，重整水师，随后进屯南康，设置楚师三局，制造弹药武器，又设船厂，建内湖水师。四月，罗萱随曾国藩经吴城南康。六月，在青山营次与塔齐布会商军务。七月，随曾国藩吊唁湘军著名将领塔齐布。

咸丰五年至六年（1855～1856年）间，曾国藩正处于最困难的时期。他军马倥偬，而客居江西，兵饷都不宽足，又受太平军石达开不时攻袭，经常是停泊船上，不得安生休息，性命也危在旦夕。但为了取得朝廷的信任，他还必须经常奏报军中缓急。这时候，罗萱都始终跟随曾国藩，上马操剑，下马走笔，兼具文武，两人形影不离，不离不弃。

曾国藩每次上书，罗萱都操笔如流。有时"警报骤逼，势危甚"，罗萱也"甘心同命"。又时常调节诸将之间的矛盾，使各当其意以去。咸丰六年，翼王石达开进军江西，攻陷瑞、临、袁、吉、抚、建诸郡，省城孤悬。罗萱便领湘军三千人攻建昌，城眼看就要攻破，但太平军援军忽至，都司黄虎臣战死，结果城没有攻下。于是曾国藩又令他攻打抚州，这时候，又得知曾国华、刘腾鸿等自鄂援江攻瑞州，曾国藩又令他自抚州赴瑞合攻。在瑞州，罗萱与刘腾鸿等与太平军展开了殊死战，最后取得了瑞州战役的胜利。后来，曾国藩坐视瑞州，罗萱以久在军中为由，遂向曾国藩告假归湘中。

但没过多久，巡抚骆秉章召罗萱治湘潭团练，刘培元招罗萱至衢州与谋军事。罗萱稍规大计，大批不肯久留，也自以文士不欲竞弃科举，屡应省试，终不第。同治元年(1862年)，拜曾国藩于安庆，又至其从兄记名提督罗逢元于当涂，也不欲久居。家居后更加专心学问。同治二年，郭嵩焘升任广东巡抚，屡召罗萱到广州，委托他创立水师，罗又谢归。又同刘德谦领威信军防郴，不久，霆军叛勇溃入粤，罗萱进屯乐昌。地方官命增募威震军，乱平而归。

从此，罗萱不再关注兵事。

罗萱是喜欢贡献才智又不愿进仕的人，回到家乡后本想专心读书，以写作终其生。可是，地方大员及同乡亲朋不断召其入幕，他都婉言谢绝。同治七年(1869年)十一月，既是同乡挚友平生又很钦佩的黄润昌奉命入黔，与记名布政使席宝田会同镇压起义。经黄润昌再三请求，罗萱入军营掌管文案，兼理营务处。每天白天出外领队作战，夜晚笔削奏牍。

由此可见，罗萱貌温雅，文翰流美，而性极恬适，从军十余年，不趋便营利，亦不图仕进，至死还是个知府。曾国藩通过他圆朗的声音及雄心壮志的气魄，断定他必是个良才，可见观察极其细微。一个优秀的人才，无论做什么都会信心十足，即使遇到再大的困难，都会有种不达目的不罢休的心态。而领导者也尤其欣赏这样的人，并会委以重任。因此，领导者在选人的时候，可以通过声音来知晓这个人的雄心、胆量、气魄，把声音作为一种识人的辅助手段，这样你会很快找到所需要的人才。

第七篇

气色鉴：以色察人　以气观志

俗话说："大运靠天生，小运因气定。"人的命运主要是与生俱来造就的，但人生某一阶段的小运则要看气色的好坏了。

一、总论气色

【原文】

面部如命，气色如运。大命固宜整齐，小运亦当亨泰。是故光焰不发，珠玉与瓦砾同观；藻绘未扬，明光与布葛齐价。大者主一生祸福，小者亦三月吉凶。

【译文】

如果说面部象征并体现着人的大命，那么气色则象征着并体现着人的小运。大命是由先天生成的，但仍应该与后天的遭遇保持均衡，小运也应该一直保持顺利。所以如果光辉不能焕发出来，那么即使珍珠宝玉，也和破砖烂瓦没什么区别；如果色彩不能呈现出来，即使绫罗绸缎，也同粗布糙衣没什么两样。大命能决定人一生的祸福，小运也能决定一个人一段时间的吉凶。

【解读】

• “气色”有两种概念

“色”是对人的身体来说的，它指的是人面部的肤色。在古代，人们认为“气色”有两种概念：第一，主色和客色。主色是指人的先天之色，也就是自然之色。先天之色是随着五行形相生发出现的，这是人一生都无法改变的。

五行之色与五行形相是对应的关系，金为白色，木为青色，水为黑色，土为黄色，火为赤色。这五种颜色都是皮肤的基本颜色，只要与五行形相对应起来，就是正色，也是吉祥的颜色。

客色，是指后天的颜色，随着时间的变化，季节的不断变化，人所呈现出的面色也不同。以客色来推断吉凶，也就是随时间、方式、部位而定，没有什么一成不变的规律。

第二，吉色和凶色。吉凶祸福是古代预测学所预知的重要内容，是阴阳学的价值指向。吉色与凶色又被称作正色和邪色，吉色表示吉祥顺利，凶色表示凶险恶祸。与五行相应的为吉，不合的是凶。这主要都是根据五行肤色而定的。客色则是依据十二地支所在的部位而定的。

古人还说："大命固宜整齐"，其意思是说人的智慧福泽都应该是比例均衡，不得失调。如果失调，不平衡，那么人就会过早夭折，有福的人就会庸愚，这种状态一般命运都不好。而"小运亦当亨泰"，《周易》中有"元亨利贞"之说，泰有"天交地泰"之名，亨泰就是吉利顺畅之义，其意思是说小运流年如应顺和通泰，这才是好。如果小运偏枯晦滞，也容易早夭，或元气不足，难当福贵。就像有钱却不会花的人，守着巨大财富，却享受不到人生富足的乐趣一样。

如今，我们现实生活中也有这种现象：一个聪明的人过早夭折了，一个多福的人往往却很平庸。譬如唐代诗人王勃曾在《滕王阁序》中说"时运不济，命途多舛"，而他死时才二十七岁。如果说他能"大命整齐"，"小运亨泰"，那么他就可福寿双全、名声高重了。

气色旺，自然有光泽闪烁。作者打了两个比方来说明这个问题：珠玉与瓦砾相比珍贵百倍，因为它有闪烁悦目之光，可是它一旦失去了美丽的光泽，就与瓦砾没有什么区别了；丝绸锦织，倘若失去它明艳光滑的色泽，那么与平常的布葛又有多少区别呢。人之气色旺，就会有光泽。失去光泽，还能说气色旺吗，那么这个人的命运也称不上好了。

• 气色是一个人状态的外在表现

气色是一个人状态的外在表现。气是指生命体内循环流转的物质，是生命的原动力或者称为生命力。它没有形没有质，没有色没有味，在体内如同血液一样流动不息。气旺，则说明生命力旺盛，气衰则说明生命力衰弱。

气是自然界中最容易感染、影响人和物的东西，这就好比说一个人有风度、有威仪，也可以影响他人的，这就是气象。

《近思录》中说：孔子是天地之间的元气，而颜回就像春天一样和煦温暖，而孟子身上有一种肃秋的杀气。孔子的气象无所不包，而颜回遵从了孔子的教诲，就好像愚笨似的，但确是一种自然和谐的气象，可以做到不说一句空话就感人无穷。孟子则是才气毕露，这是时代的使然。孔子就像天地一样，颜回就像风一样，孟子则有如泰山一样威严的气象。由此看来，一个人的性格则会在相貌和气色上有所流露。

而“色”则是“气”的外在表现形式之一，主要是指人的面色。通常来讲，“夫声畅于气，则实存貌色。故诚仁，必有温柔之色；诚勇，必有矜奋之色；诚智，必有明达之色。”其中意思是说，仁厚的人必有温柔的貌色；勇敢的人必有激奋的气色；智慧的人必有明朗豁达的面色。就人体而言，就是肤色。生活中，我们常说某个人面部发黑，表明有不顺心的事情，就是指色而说的。

“气”与“色”是密不可分的，二者有着紧密的联系。“气”为“色”之根，“色”为“气”之苗。“色”表现着“气”，“气”决定着“色”。此外，“气”又分为两种，一种是先天所禀的“气”，一种是后天所养的“气”。这种“气”也就是孟子所说的“吾善养吾浩然之气”。

“色”和“气”一样有着先天所禀的“色”，这与后天所养的“色”有着很本质的区别。在古代，人们依据“气”和“色”来判断人的好坏、优劣。

所以说，气色也有后天的所养者。他们是不断运动变化的，所谓“行年气色”、“生命在于运动”，就是说的这个道理。

在古代相学家看来，人禀“气”而生，而“气”有清浊、昏明、贤鄙之分，人有寿夭、善恶、贫富、贵贱、尊卑的不同，这些都能由“气”反映出来。气运生化，人就有各种不同的命运和造化。

气旺，人的生命力就旺盛，反之，气衰人的生命力就衰弱。同时，人的生命力是否旺盛，还决定着人行为的成败。生命力旺盛，人就能够有足够的精力投入事业中去，而取得成功的必备条件是身体健康。但如果人生命力衰弱，就没有精力去努力拼搏，无论怎么努力，只能是让自己的身体更加憔悴不堪。

值得注意的是，这里气的旺盛和衰弱，同人的好动或者好静是有所区别的。好动或好静是人的一种性格，与气是没有关系的。有的人气躁，说明这个人好动，有的人气沉，说明这个人喜欢静。

• 各色主司

色分青、赤、黄、白、黑、红、紫、朦。观气之原则少淡、长明、壮艳、老素。辨色容易观气难，因此先学辨色再学观气，最后自可见人、物形象浮现于部位。以下是对色的论述：

青：主担忧、惊吓、烦怒、疲劳，筋骨、脾脏病症。

赤：主破财、火厄、官司、血光、灾离，心脏、血液循环病症。

黄：主进财、增福、升迁，肝脏病症。

白：主丧服、刑克、破耗，肺脏病症。

黑：主失窃、水厄、灾病、破败，肾脏病症。

红：主喜庆、进财、创业、情欲。

紫：主进贵。

朦：主停滞、耗损。

四季气色

春：东、青、木、目、肝、胆。

夏：南、赤、火、舌、心、小肠。

四季：中、黄、口、脾、胃。

秋：西、白、鼻、肺、大肠。

冬：北、黑、耳、肾、膀胱。

春：青色在边地、赤色在两颧微润、黄色在口四周无润色、黑色在田宅子女宫。

夏：青色在上停无润色、赤色在妻妾命门微色、黄色在地阁地库、黑色在口角四周微色。

秋：青色在地阁地库、赤色在眼中白睛处、黄色在鼻两旁、黑色在命门。

冬：青色在两眼面左侧明显润色、赤色在颧骨鼻润色、黄色在左右额头润色、黑色在上停微润色。

• 以面部色泽的变化判断病情

在中医里，人们都强调面部的色诊，根据五行主色的理论，以面部色泽的变化来判断一个人的病情轻重。譬如《医宗金鉴·四诊心法要诀》中说："天有五气，食气入鼻，藏于五脏，上华面颐。肝青心赤，脾脏色黄，肺白肾黑，五脏之常。脏色为主，时色为客。春青夏赤，秋白冬黑，长夏四季，色黄常则。”

五脏的正常颜色为“主色”，应时之色为“客色”。客色胜主色，为顺，病较轻浅；主色胜（克）客色，为逆，病较深重。如果脾病若见其应时之色为黄色，为顺，因脾脏之主色为黄色，与客色一致；若其应时之色为青色，亦为顺，因此为木克土的“客胜主”；如果其应时之色为黑色，则为逆，因此为土克水的“主胜客”，其他以此类推。

此外，还用“色脉合参”来预测疾病。这也就是说通过色诊和脉诊所收集的资料进行综合分析，来判断病情的轻重。简而言之，也就是观察人的面色，客观地把握疾病的变化和预测。

如果面见青色，并见弦脉，为色脉相符，那么就是健康的迹象；如果面色见到浮脉，因为浮脉属金，青色属木，金克木，说明身体处于亚健康态；如果此时兼见沉脉，沉脉属水，青色属木，水生木，所以看到的面相是健康的身体。

如果面部缺乏光泽，那就表明体内有严重的疾病，已经损耗了人体的精气，这种疾病很重，中医将这种没有光泽的病色叫做“恶色”。内经中对于这种恶色也有论述：青如草兹，这其中的草兹指死草，它的颜色是青而枯暗无光泽；赤如衃血，这其中的衃血指死血，凝固的血液，颜色往往呈暗红带黑，毫无生机；黄如枳实，这里的枳实是指黑黄不泽；白如枯骨，是指白而枯槁。以上四种，都是人体恶色的一种体现，我们可以判断体内脏腑精气的盛衰情况，从而了解疾病的轻重。

• 通过五行诊断疾病

人的身体五脏与五行成对应关系，同时又能通过五行与五色、五音、五味构成一定的关系，这样我们就能通过察色、音、味的变化来了解内在脏腑的病变。

譬如，如果一个人面色呈现青色，那么表明这个人喜欢吃酸味的东西，脉见弦象，就能判断出是此人患有肝病；如果人的面色呈现赤色，口觉得苦，脉洪数，可推断为心火亢盛。

我们还可以根据主色和客色的五行关系来推断病情。如果主色胜客色，这表明病情不乐观；如果客色胜主色，表明病情并无大碍。如夏季客色为黄，那么人的面部呈现青色就是主色，主色胜客色，使肝虚容易遭到反侮，因此故病逆；夏季客色为赤，其人面部呈现白色，客色胜主色，肺气虚，逢阳热相助容易愈，因此这样的病为顺。

此外，根据色脉合参，我们能够从客观上推断人疾病的状况。如，肝病色青脉弦为色脉相符，如得浮脉，克色之脉，为逆；得沉脉，生色之脉，为顺。对此，在《医宗金鉴·四诊心法》中也有精辟的论述："色脉相合，青弦赤洪，黄缓白浮，黑沉乃平，已见其色，不得其脉，得克则死，得生则生。"

综上所述，只要我们掌握了五脏与五色、五音、五味的关系，就能够对自己的面部气色进行推断，从而知道自己的身体状况是否健康。

• 面部五色诊法

所谓五色，是指赤、青、黄、白、黑。这五种颜色也是人面部常出现的气色。它同五脏、五时、五方、五脉等都有着密不可分的关系。

譬如，按五方来观其地方气候。东方色青，说明这个地方是春气；南方色赤，说明这个地方是夏气；中央色黄，说明这个地方是土气；西方色白，说明这个地方是秋气；北方色黑，说明这个地方是冬气。

按五行的规律，用金、木、水、火、土代表五色的属性来说明病情。通常表现为：青色，为风，多为肝病；赤色，为热，多为心病；黄色，为湿，多为脾病；白色，为寒，多为肺病；黑色，为劳，多为肾病。

此外，五色性五脏，一般是脏居于内，象见于外，因此五色则有善恶之分。五色明亮、含蓄，这叫做"善色"；晦暗、暴露，这是"恶色"。如《素问·五脏生成篇》中说："青如草兹者死，黄如枳实者死，黑如炱者死，赤如衃血者死，白如枯骨者死，此五色之见于死也。青如翠羽者生，赤如鸡冠者生，黄如蟹腹者生，白如豕膏者生，黑如乌鸦者生，此五色之见于生也"。

还有一种情况，就是病色交错。这是说病与色之暗的顺逆相克。如：一个患有肝病的人，如果肝病色青，说明是正病正色，如果反见其他色彩，便是病危交错。如果见到黑色，为母乘子，相生之顺；如果见赤色，为子乘母，相生之逆。如果见黄争，为病克色，说明此病不佳，为凶中顺；如果见白色，为色克病，说明此病很严重，为我中逆。相克为凶，凶中顺尚可，凶中逆，则必凶；相生为吉，子乘母为吉中小逆，母乘子为吉中大顺。以此类推，其余四脏也是这样的观察方法。

其实，在五色诊法中，还有一种最高级的方法，就是五色生克。它的形成也是古代人们经验的积累。如果能够认识到一种疾病相互间条件的有利与否，就能够转化成它的发展趋势而控制病情。

如肾病而肺健者，患有这样肾病的人常可治（金生水）；肝病而健者，其肝病常可治（水生木）；心病而肝不旺者，其心病常可治（木生火，肝火不旺，心火自平）；脾病而心不病者，其脾病常可治（火生土）；肺病而脾健者，其肺病常可治（土生金）。反之，如肾病而脾气弱乾（土不制火），脾病而肝阳盛者（水克土），肺病而心阴虚者（火刑金），则其病皆逆。

总之，以五色配合五脏、五时、五方等来观察人的气色变化，能从中了解人的病情，探索预测病症的趋势，是我们保证健康体魄的关键因素，还是人们预防疾病的报警器。

• 脸上有五种病色

生活中，我们通常都会观察一个人的脸色来而来判定一个人的精神好坏。比如一个人脸色苍白或者脸色发红，都说明气色的不好，身体的部位出了问题。在这里，曾国藩向我们指出，通常人脸色的有白、黄、黑、青、红五种颜色的征兆，所对应的也是不同的疾病。

白：是指人脸色的苍白、煞白、惨白。这些白色没有光泽，不掺杂一丝血色。在中医里，人们把这种白色定义为多同气虚和血虚有关系。如果一个人的血液不能充足供应，那么面部就会因为供血不足而出现苍白色。同时，血液的运行和生成又靠气的支持，气能生血，气虚了，生血的功能也就自然减退了，那么脸部也会出现苍白色。

黄：这是指人面部出现蜡黄、焦黄的颜色。中医认为，这往往是因为脾虚或者是体内有湿气。因为脾胃是先天之本，是营养物质的来源，如果脾胃虚弱，营养物质就不能被很好的吸收，营养物质也就不能滋润到人的面部，这时候面部因为缺乏营养就会出现黄色。此外，脾除了消化营养物质，还代谢水湿，如果湿邪不能正常代谢，营养物质异常积聚，也会造成面色出现不正常的黄。

红：这里是指人面部通红和潮红。而健康的红是由内而外散发的，不健康的潮红就好比潮水一样。譬如有的人通常都会在下午的时候面色发红。这种潮红，一般是因为阴虚或者上火，或者是无心烦热的表现，也就是说心情烦躁，两手心、两脚心发热。如果一个人上火属于内在的实火，表现出来的就是满面通红，如果是阴虚引发的上火，一般都是在颧骨发红。

黑：这里是指人面部枯萎、憔悴的样子。一般人面部发黑，就会让人觉得人看起来很枯萎，好像老了好几岁。在中医中认为，脸色发黑一般和肾有关系，肾虚的病人多见面色黑，五色对应五脏，脸色发黑和肾虚的人一般都面色发黑。比如黑眼圈，也是属于面色发黑，它就是因为肾虚导致水代谢异常造成的。

青：这里是指铁青色。青属于肝的一种色，脸色发青一般是因为气滞血淤引起的。或者是因为受寒，生活中我们常说的“冻得发青”，就是因为气滞影响了气血的运行。

二、气色的类型

【原文】

人以气为主，于内为精神，于外为气色。有终身之气色，“少淡、长明、壮艳、老素”是也。有一年之气色，“春青、夏红、秋黄、冬白”是也。有一月之气色，“朔后森发，望后隐跃”是也。有一日之气色，“早青、昼满、晚停、暮静”是也。

【译文】

气是一个人自身生存和发展的主要之神，在人体内部表现为精神，在人体外部表现为气色。气色有多种形态：其中有贯穿人一生的气色，即通常所说：“少年时期气色为淡，所谓的淡，是指气稚色薄；青年时期气色宜明，所谓明，就是气勃色明；壮年时期气色宜艳，所谓艳，即气丰色艳；老年时期气色为素，所谓的素，即气实色朴”，就是这种气色。另外，还有贯穿一年四季的气色，这就是俗话说的：“春季气色为青色——木色、春色；夏季气色为红色——火色、夏色；秋季气色为白色——金色、秋色；冬季气色为黑色——水色、冬色”，就是这种气色。同时还有贯穿一月的气色，这就是俗话说的：“每月初一之后如枝叶盛发，十五日之后就会时隐时现”，就是这种气色。有贯穿一天的气色，这就是俗话说的“早晨是复苏的时刻，白天是充盈的时刻，傍晚是隐伏的时刻，夜间是安静的时刻”，就是这种气色。

【解读】

• 人生四时之变

“人以气为主”，这是说“气”对人体着关键性的作用，处于主宰地位。正所谓

“于内为精神，于外为气色”。气有内外两种形式，内在的形式是“精神”，外在形式是“气色”。通常观察一个人的气，要先观察他的内心“精神”，还要观察他的外在“气色”。

人生有四个时期：幼年时期、青年时期、壮年时期、老年时期。而每个时期，人的生理和心理的变化都不一样，甚至有的方面还十分显著。而人脸上的肤色也是明暗不同，发生着各种变化。就好像是一棵树，刚生长的时候，色薄气雅，十分稚气；逐渐生长的时候，色明气勃；长到茂盛的时候，色丰而艳；到老了的时候，色朴而实。

人同这草木一样，都是天地之物，而人更秉天地的灵气，少年的时候，色纯而雅；青年的时候，色光而洁；壮年的时候，色丰而盛；老年的时候，色朴而实。

这就是人的一生四个阶段的气色变化。要知道人不可能有恒定不变的气色，以这四时的变化为准绳，就能辨认出人气色的不同变化。总之，以“少淡、长明、壮艳、老素”为参照，就会避免因为机械看人而导致的错误。

• 气候四时的区别

季节不同、气候变化，人的气色也会随之改变。其实这也就是说，人的生理状态和情绪会随着季节和气候的不同发生变化，这种内在的变化就会引起起色的变化。正如俗话说：“春青、夏红、秋黄、冬白”，这种说法就是针对于四时的气候相对应所作的比拟。

春季，草长莺飞，百花盛开，绿色遍野，春情萌发，是人们寄托希望的开始。在这个季节，人们满怀希望地播下了种子。按照五行的说法，春属木，木色青，而这个时期，人体的肝气最旺，所以说于色者为青，青色是生机勃勃的颜色。

夏季，赤阳高照，天地为炉，这时期人的情绪很容易激动。五行上夏属于火，火色红，人容易心动，而心动则气发，气发于皮肤呈红色。

秋季，风清气爽，天高云轻，万木黄凋，这时候人很容易受到这种肃杀之气的影响，往往会有种触景伤情的悲凉。秋属金，金色白，“金”为兵器，“白”为凶色，虽然得正，却非所宜。宜黄者，以土生金，不失其正，而脾属土，养脾以移气，所以说“秋黄”。

冬季，朔风凛冽，砭人肌骨，秋收冬藏，这时候人比较趋向安逸，冬属于水，水色黑，人在这时期，肾亏则色黑。不过虽然色得正，却非所宜。宜白者，以金生水，不失其正，而固肾以养元。

古人常说，“一月之气色”，这是说随着月亮的隐现而发。初一过后，气色就好像枝叶的生发，清盛可见。过了十五，气色就会若隐若现，就好像是月圆之后，渐渐侵蚀消失一样。

还有“一日之气色”的说法，这是说早、中、晚会有小范围的变化，早晨气色复苏，中午气色饱满充盈，好像树木在夏天里茂盛，傍晚气色渐隐渐伏，夜晚的气色十分平静安宁，这正如“秋收冬藏之义”。

对此，《洞微玉鉴》中云：“气者，一而已矣。别而论之，则有三焉：曰自然之气，曰所养之气，曰所袭之气。自然之气者，五行之秀气也，吾秉受之，其清常存。所养之气，是集而生之气也，吾能自安，物不能扰。所袭之气者，乃邪气也。若所存不厚，所养不完，则为邪气所袭矣。”

由此可见，气候四时是不断变化的，而人所显示的气色也是有所变化的，只要根据四时来看人的气色，肝主春、心主夏、脾主长夏、肺主秋、肾主冬。就大致能判断人的身体健康与否。

• 李国用知赵孟頫

一个人的外形和身份是可以通过一定的外部条件有所改变的，但是本质上的东西往往是不能轻易改变的。正如人们常说：“江山易改，本性难移。”此外，还有“某人不怒自威，天生一股慑人的气势”的说法，都属于这种性质。

在这方面，李国用就有着一双慧眼，能够通过人的气色而识别出人才。对此，《辍耕录》中记载：元朝初年，有个名叫李国用的人，从北方来到杭州。当时，人们都说他是个神人，能望气看人。而且还说他望气的本领很大，大到一个城市、一片森林，小到一个人。他能见到上面发出的各种颜色的气，这种气是黄灿灿的，有的是红红的，有的七彩交加，非常美丽。还说，这种气一般凡人是看不到的，只有经过特别训练的相士才能看到，并且从中分辨出人的吉凶祸福。

李国用来到杭州后，恰逢北方的元朝和南方的南宋王朝交战时期，双方战火连绵。而此时北方的蒙古可汗忽必烈也正雄心勃勃，想要扫荡杭州，统一中国。迫于这种局势，南宋的王孙十分恐慌，个个都像热锅上的蚂蚁，不知所措。李国用一来到杭州，就看到整个城市笼罩着一片黑气，料定这个城市不久后就会有着血光之灾，最终会城破换主。当时，有些巨商大贾、达官贵人也十分惶恐，都不知道自己的命运怎样，当得知李国用来到杭州后，就不约而同地请李国用为他们来望望气。

有一天，南宋谢皇后的孙子谢退乐早早准备好了早餐，请李国用一起吃。李国用应邀来到后，就大摇大摆地坐到了桌子中间十分显耀的位置上，而那些平日里趾高气扬的显贵们都坐在了下位。席间，达官贵人们都纷纷请求李国用为自己预言吉凶祸福，但是李国用看了看他们，并不发一言。这个时候，刚好有一个下级的官吏从外面走过来，大家都知道他就是赵孟頫。这个人脸上生满风疮，一副倒霉的样子。但是让人吃惊的是，李国用看到他后，便从座位上站起来迎了上去，将他引荐到席间，对诸座的宾客说："我从北方过长江后，看过的人有千万，但是却没有一个人的福分能比得上他。等他脸上的风疮好了之后，就会得到帝王的召见。你们一定要记住，他将来一定会官至一品，名闻四海。"后来事实证明，这个赵孟頫果真成了元朝忽必烈皇帝手下极其有名的大臣，官至翰林学士承旨，名声显赫。而且他的书法也非常出色有名，直至今天他的书法还被人竞相传颂。

由此可见，从一个人的气质判断人物的前途，并不是荒谬无稽之谈。但是我们不能过于迷信而完全相信人的预测，要想了解一个人，还是要听人的言谈，观人举止，再进行判断才是最可靠的。

三、气色与文人的关系

【原文】

科名中人，以黄为主，此正色也。黄云盖顶，必掇大魁；黄翅入鬓，进身不远；印堂黄色，富贵逼人；明堂素净，明年及第。他如眼角霞鲜，决利小考；印堂垂紫，动获小利；红晕中分，定产佳儿；两颧红润，骨肉发迹。由此推之，足见一斑矣。

【译文】

对于追求科举功名的文人来说，面部气色应以黄为主，因为黄色是正色，吉色。如果有一道黄色的彩云覆盖在头顶，那么这个人一定会金榜题名，高中状元；如果两颧部位各有一片黄色向外扩展，如两只翅膀直插双鬓，那么可以肯定，这位士子登科升官或封爵受禄已经为期不远；如果印堂呈黄色，那么可以肯定，这位士子一定很快就会获得既能够致富又能够做官的机会；如明堂部位（即鼻子）白润洁净，那么可以肯定，这位士子一定能科考中第。另外还有一些其他面部气色，如眼角部位呈现红紫二色，形状如绚丽的云彩，那么可以肯定这位童子参加小考一定能顺利得中；命官印堂有一片紫色发动，向上延伸到山根间，那么可以肯定这个人时常获得钱财之利；如两眼下方各有一片红晕，而且被鼻梁分开不相连接，那么可以肯定这个人一定会喜得贵子；如两颧部位红润光泽，那么可以肯定这个人的亲戚如父子、叔侄、兄弟等等，一定能够立功显名并发家致富。以此类推，足可以窥见面部气色与人命运的关系情形。

【解读】

• 黄色主贵

在古代，黄色一直被人们称为正色，皇帝为九五之尊，衣物器具，全都是以黄色为主，一般大臣都不能穿黄色的衣袍。黄色在五行中表示土。而在五行的方位中，上居中，金为西，火为南，水为北，木为东。阴阳五行的发源地是黄河流域，也是以黄为主。土地能养生万物，所以说黄色被人们称之为正色。

曾国藩二十四岁进京赶考，二十六岁中举，此后十年内连升十级，可谓是官运亨通，飞黄腾达。曾国藩是从农村走出来的，他生长在一个农民的家庭，而自己的飞黄腾达是因为靠考中科举而一举成名的，因而他特别提倡文人的正色。

在那个时期，在科举考试中考中第一名的叫做“状元”。如果一个人有着“黄云盖顶”之气象，那么这个人就会被祥云笼罩，一生必然辉煌。黄色是由天中、天庭而起的，气势森然勃发，上达顶心，旁边连鬓角的边地都一片光华灿烂。这样的人，一定会在科举考试中获得功名。

• 察细微，识人才

人们常说某个人的印堂亮，是表示此人聪明有为，一定会有好运气相伴，或者是成就一番大事业。曾国藩识别人才，一定会看人的印堂，曾国藩认为，如果一个人的印堂黄色灿烂，鲜润夺目，那么这个人就一定会取得功名和财富。

明堂素净，明年及第

明堂是说一个人的鼻子，鼻子是肺之窍，属于疾厄财帛宫，能够看出主人是否有财富。明堂素净，就是说鼻子白润光洁，这说明这个人一定能科举考中。于时则属秋。素净者，言其白润不染尘垢。必秋季有此，始称得令，否则先忧后吉，个中尚有征范，不可不察。“及第”是科举时代之名词，即解元、会元、状元，俗称所谓“三元及第”。旧制乡试在秋，会试在春，所以说“明年及第”。具有此气色的人，无论是什么样的人，都会有着好运气的征兆。如商贾得之，明春必获厚利，视其所趋而断之，余可类推。

眼角霞鲜，决利小考

眼角即鱼尾部位，有红紫二色鲜明如霞彩的人，则表示此人定有喜庆的事情。在古代，童生应府县官及学政的考试中，有一考试叫做“小考”，又称做“童子试”，童子是指没有成年的称谓，十九岁以下都是。眼角霞鲜之色，只有少年才有这样的气色。盖此一时期中，身心均有极显著之发育，以智力言，想象力最强，推理力亦渐发达。以感情言，尤富浓郁热烈之爱情。眼角有霞鲜之气色，则智强神清之象，故必然利于考试，不愁名落孙山。而又乃婚姻已近成熟之征，盖心动始色现，霞鲜乃正色，鱼尾正当妻妾之宫，现此色为“红鸾星动”，因此说也有利于结婚。

印堂垂紫，动获小利

印堂部位有紫色光气由两眉之间发动，向下注于山根之间，叫做垂紫。具有此面相的人是吉祥的征兆。但这必须是人的眼神澄清，年寿光明，始为相应。因为紫色不同于赤色，它的色红中带青，并且有白色的光气衬托，也是正色。“动获小利”是说鼻子乃是财帛宫，如果一个人的人印堂出现此色，这表明患病的人会很快痊愈，有职位的人会受到嘉奖，总之都会获得一些小利小财，是一种吉祥好运的征兆。

红晕中分，定产佳儿

在古代，有着“不孝有三，无后为大”的说法。如果一个人的两眼下卧蚕部位，各有红色如晕，晕者光气模糊，不见边际之谓，而中有鼻梁为之间隔，红晕不能相连，则证明这个人会喜得贵子。

• 依据态色取人

《大戴礼记·少间篇》中记载：尧是通过人的相貌取人，而舜则是依据人的态色取人。关于人根据人态色来判断人，在古代有许多论述。如《说文解字》中阐述说：颜就是指眉目中间的地方，色就是眉目中间的气色。从前郗雍能辨别出盗贼，就是因为他善于观察出一个人的眉目，而往往眉目之间可以得到隐藏的情形。如晋国国君让他观察成百上千的盗贼而没有一个差错。《韩诗外传》也有这样的记载：如果有温顺善良之意在心中，可以通过眉目之间看得到，如果心中有邪恶污秽之意，而眉目也不能掩盖住。这是对颜色的一种解释，但是颜色是整个面部的总称，眉目之间的地方是人的一个重要显耀的地方。而人们往往就是通过观察人的颜色，而识别人的。

在《大戴礼记·文王官人篇》中，有着精辟的论述：欢喜的颜色是油然而生，愤怒的颜色是拂然而生，有欲望的颜色是偶然而生，恐惧的颜色是薄然出现，忧愁悲痛的颜色是垒然而生。真正智能之士的颜色必然难以穷尽，真正仁德之士的颜色必然受人尊敬，真正勇敢之士的颜色必然难以震慑威吓，真正忠心之士的颜色必然可亲可敬，真正廉洁之士必然有难以污染的颜色，真正宁静之士必然有可以信赖的颜色。本质纯正的颜色明朗皓白，安定镇静，本质欺伪的颜色烦乱不堪，使人厌倦，人虽然想居中不偏，但颜色却不能尽如人意！

刘劭所撰《人物志·八观篇》也有论述："所以忧惧害怕的颜色大都是疲乏而放纵，热燥上火的颜色大都是迷乱而污秽；喜悦欢欣的颜色都是温润而愉快，愤怒生气的颜色都是严厉而明显，嫉妒迷惑的颜色一般是冒昧而无常；所以一个人，当其说话特别高兴而颜色和语言不符时，肯定是心中有事；如果其口气严厉但颜色可以信赖时，肯定是这个人语言表达不是十分畅敏；如果一句话未发便已怒容满面时，肯定是心中十分气愤；将要说话而怒气冲冲时，是控制不了的表现。所有上述这些现象，都是心理现象的外在表现，根本不可能掩饰的了，虽然企图掩饰遮盖，无奈人的颜色不听话啊！"

《帝王世纪》中也记载，商容和殷商百姓观看周朝军队进入商都朝歌的时候，看见毕公来到，殷商的百姓便说："这真是我们的新君主啊？"但是商容却十分不满地说："可能是吧，看他的相貌颜色，面露急躁，一般君子遇到大事情都会呈现诚恐的颜色。"当殷商百姓看到太公姜尚到来，又说："这大概是我们的新君主了！"商容也不同意："这也不是！你看他的颜色相貌，像虎一样威武雄壮，像鹰一样果敢勇武。这样的人要是率领军队，自然能够增强军队的勇气，情况有利时勇往直前，奋不顾身，情况不利时，就不知道如何处理。独有勇猛是不行的，所以这个人不可能是我们的新君主。"当看到周公旦来到的时候，殷商百姓又说："这应该是我们的新君主了！"商容还是不赞同地说："他也不是，看他的容颜气色，脸上充满着欢欣喜悦之气。他的志向是消灭贼人，这不是天子，大概是周朝的相国。"最后，周武王出现了，殷商百姓说："这肯定是我们的新君主了！"商容说："这回你们猜对了，这一位正是我们的新君主，他作为圣德之人为海内百姓讨伐昏乱不道的恶君，但是见恶不露怒色，见善不现喜气，颜貌气色十分和谐，所以我知道他是我们的新君主。"

由此可见，人的脸色就像一张晴雨表，能够看出人的气质以及未来的前程。但是这种准确的预测推断，并不是所有人都能够看出来，只有经常观察人的喜怒哀乐，观察人的行为举止，所显示出的气色才能作出结论。对此，古人为我们总结出观人气色的几条规律，我们可以以此借鉴：

首先，喜怒不形于色，宠辱不惊于身。处危难之际而仍然能够性情闲适畅朗，听到赞誉或诋毁时能够颜色不变，以天下之兴衰治乱为己任，先天下之忧而忧，后天下之乐而乐，这样的人是位居高位的君子。

其次，愤怒而不至于放肆，得意而不至于忘形。从不猜测将来人生、事业的得失取舍，更不因此而忽喜忽怒，不揣度未来己身的荣宠和耻辱，更不因之欢欣忧戚，这样的人是身居下位的君子。

第三，喜怒哀乐都由感情，恩人仇人界线分明。喜欢玩弄权术欺上瞒下，固执迂腐，骄傲放纵，喜欢同类，排斥异己，患得患失，色厉而内荏，羞于谈及自己微贱时的小事，害怕别人提及自己未发达时的经历，这样的是在高位的小人。

第四，一有风吹草动就惊慌失措，遇到事情就慌里慌张，风风火火。喜欢卖弄自己的长处，害怕提及自己的缺点，附和自己就十分欢喜，反对自己就愤怒非常，想到自己可能荣华富贵就神采飞扬，将要升至高位时便颜色大变，这样的人是身居下位的小人。

• 文人的气色

一个人的气质和他的行为有着密切的联系，气质往往会决定一个人行为方式，而行为能表现一个人的气质，两者相辅相成，互相影响。刘劭说：“诚仁，必有温柔之色；诚勇，必有矜奋之色；诚智，必有明达之色。”这就是说，一个人具有什么样的性格他所显示出的气色也是之相对应的。

生活中，我们常说一个人气质高雅，那么这样的人在众人的面前，举止绝对是令人无法挑剔的。在古代，人们在用人的时候总会先看人的气质，然后再选择是否重用。可见，人的气质，对于合理调配人的行为是非常有重要影响的，也是我们看人不可忽视的因素。那么我们该如何看出一个人的气质呢？

古代医学家根据人的好动或者好静的程度，分析总结出六种类型。即好动的太阳型，少阳型；喜静的太阴型，少阴型；动静适中的阴阳和平型，不稳定型。而这六类气质的人，会担任着不同的角色。

1. 太阳分高型：这种人傲慢、主观、冲动、自负、有野心，不顾是非，容易暴怒，不怕打击，勇敢激昂，有进取心，坚持自己的观点，敢顶撞。适合做冲锋队长。

2. 少阳分高型：这种人好为外交而不内附、敏捷，乐观、机智、随和，轻浮易变，动作多，漫不经心，喜欢动，善交际，喜文娱乐活动，缺点是做事不易坚持。适合做公关工作。

3. 太阴分高型：这种人谦虚，好顾忌，胆小，阴柔寡断，考虑多，悲观失望，与人保持一定距离，内省孤独，不愿接触人，不喜欢兴奋的事，不务于时，保守动而后之。适合做会计、保管员。

4. 少阴分高型：这种人冷淡沉静，深思重不多露，警惕性高，善别是非，有节制，柔弱。做事有计划，不轻举妄动，很谨慎、稳健。适合做政客。

5. 阴阳和平分高型：这种人态度从容，有条不紊，有尊严，谦虚谨慎，喜怒不形于色，居处安静，不患得患失，无私无畏，不沾沾自喜、忘乎所以，能顺应事物发展规律，是一种有高度适应能力的性格。适合做全面工作。

6. 不稳定分高型：这种人情绪不稳定，容易冲动，忽而野心勃勃，时而胆小怕事，突然又悲观失望。持续的时间与是否交替出现都是不一定，所以任何事情都无法取得成功。

四、青色与白色

【原文】

色忌青，忌白。青常见于眼底，白常见于眉端。然亦不同：心事忧劳，青如凝墨；祸生不测，青如浮烟；酒色惫倦，白如卧羊；灾晦催人，白如傅粉。又有青而带紫，金形遇之而飞扬，白而有光，土庚相当亦富贵，又不在此论也。最不佳者："太白夹日月，乌鸟集天庭，桃花散面颊，赪尾守地阁。"有一于此，前程退落，祸患再三矣。

【译文】

面部的气色忌讳青色，也忌白色。青色经常出现在眼睛下边，白色经常出现在眉梢部位。但是，它们的具体情形也不一样：如果由于心事忧愁困苦而呈青色，那么这种青色既浓又厚，如同凝墨；如果是由于突如其来的横祸面部气色也容易呈现青色，这种青色轻重不均，就像浮动之烟；如果由于嗜酒好色导致疲惫不堪面部容易呈白色，这种白色好像卧羊，很容易消散；如果由于遭遇大的灾难面部呈白色，那么这种的色惨如枯骨，充满死气。另外，还有青中带紫之色，金形人遇到这种气色就能飞黄腾达，如果是白润光泽，土形兼金形人面呈这种气色，就会获得富贵，这些都属特殊情况，不在以上所论之列。最不好的气色是以下四种："白色围绕着眼圈，此相主丧乱；黑气凝聚额头，此主参革；赤斑布满两颊，此相主刑狱；浅赤聚集地阁，此相主凶亡。"如果有了这四种气色之一，则前途就会黯淡无光，祸患无穷。

【解读】

• 青白两色为不健康之色

青色常见于眼底，是一种不健康的征兆，这种色同春天草木新生的青色有所不同，是气血淤积滞涨而形成的。比如“鼻青脸肿、脸色发青”，这里所指的青是一种紫黑色。由于眼部受到打击，或者是因为长期的疲劳得不到正常的休息，那么体内的新陈代谢就会不顺畅，而形成青色。此外，肌体发生病变，也会形成青色。而这种青色的出现，就是身体所发出的一种警示征兆。

白色，是指人面部没有血色，如同枯骨白粉一样的白色，这是一种血亏损不足的表现。常见于人的眉端。如果一个人具有此气色，则说明此人身体处于亚健康的状态。

但是，人面部所出现的青白两色，也并不是绝对地说是不健康的特征。有时候，或许是因为工作劳累所致，休息不好，心情郁闷，而出现眼部发青。如果连续下去，就会面部发青，所以这时候就应该即时调整休息时间，否则就会导致病患。

那么什么样的青白色才是人身体不健康的主要征兆呢，曾国藩在这里总结如下：

首先，“青如浮烟”。这是说人的气色如烟而袅袅不定，没有丝毫的光泽，这种气色已经是种死相，根本就无药可医，过不几日就会失去性命。如扁鹊看蔡桓公，前两次还劝诫他即时治疗，但是最后一次看到蔡桓公露出了死相，也就不再说什么，因为他知道蔡桓公的病已经无法治愈，于是就逃到了其他的国家。

其次，“白如枯骨白粉”。这种气色也为死色，一旦形成，就表示这个人的肾内功能已经衰弱，精力也十分颓废到回光返照的程度，这样的人必定也逃不过死亡的命运。但有一种“白如卧羊”的气色，这种白色并没什么大事，只要休养节欲，就能富贵。如人通常喝了大量的酒后，就会出现这种白色，这说明因为过量的饮酒而使肾虚肺衰，所以也出现面部白色。

由此可见，青白二色是有许多变化的情形，所以我们在看一个人的气色的时候不能一概而论，而要具体情况具体分析。如以下几种情形：

“青而带紫，金形遇之而飞扬”，这里的青属于木，紫属于火，金克木，但木能生火炼金，而转变成生合之象，为逆合，金形的人遇到就会十分富贵，一生飞黄腾达。

“白而有光，土庚相当亦富贵”，这种白色是不吉利的气色，但如果金土得当，土之黄色能孕育出金的白色，土金相生，反而有利，这属于顺合，也说明主人富贵。这是白而有光而不是白若骨粉。

气色一般是从五脏六腑发出，暗合于五行之理，又由于四季晨昏的阴阳变化，会产生许多的差异，所以我们看人的气色应从多方面去看，而不应钻牛角尖。

以上论述，我们可以得出，气色与人的健康有着一定的联系，一般人通过气色的显现就能知道身体是否健康。

曾国藩在晚年的时候，就是因为心血积亏太过致死的。而导致他身体不健康的因素就是“心事忧劳”。还有战国时期的信陵君，是因为晚年贪恋酒色，最后醉死了，就是文中所说的“酒色惫倦”。

• 曾国藩观气色选妾

在镇压太平天国运动的时候，曾国藩因为戎马倥偬，他的身边缺少个照应的人，他手下的人为他找了好几个年轻美貌的女子服侍他，但都被他拒绝了。可是一天，当彭玉麟给他带来一个叫做陈春燕的女子时候，他却一口答应了下来。究其原因，并不是因为陈春燕长得美，而是因为曾国藩看到她的眉宇之间有着平和之气。

对此，唐浩明在写《曾国藩》的时候，对这个情节有着细致的描述：

一天午后，曾国藩拖着疲惫的身躯，强打着精神在批阅文书，忽然眼前一亮，彭玉麟带着一位女子走了进来。

只听彭玉麟说：“涤丈，你看这个女子如何？”在这之前，彭玉麟已经为曾国藩引荐了三个女子，而曾国藩都不满意，不是嫌弃人粗俗，就是嫌弃人丑陋。而这个女子一进来，就给他一种好感，她身材匀称，步履端庄，那副羞答答的样子显得十分安详，又有着几分迷人。

曾国藩看了她一眼，便说：“请把头抬起来。”于是这女子抬起了头，当她的视线与曾国藩相对的时候，她觉得眼前这个人眼光尖锐，于是很快又低下了头。曾国藩见她并不是十分美丽，但是五官端正，尤其是她眉眼之间透漏着那股平和之气，让他十分满意。

于是问道：“你叫什么名字？”

女子回答道：“我叫陈春燕。”

她的回答十分清晰，嗓音很清亮，这让曾国藩听着十分舒服。

接着问道："你今年多大了？"

女子回道："二十二岁。"

"听你的口音，像是湖北人？"

"小女子家住湖北咸宁。"陈春燕大大方方，口齿清楚，完全不像以前那几个，要么是吓得手足失措，要么是扭扭捏捏，半天答不出一句话。曾国藩心中欢喜。

"家中还有哪些人？"

"有母亲、哥嫂和一个小妹妹。"

"父亲呢？"

"父亲前几年病死了。"陈春燕的语调中明显地带着悲伤。

曾国藩心里想："是个有孝心的女子。"于是又问："你父亲生前是做什么的？"

"是个穷困的读书人，一生教书糊口。"

听说是读书人的女儿，曾国藩更高兴。

"那你认识字吗？"

"小女子也稍稍识得几个字。"

曾国藩一听，更加满意了。于是转过身来对彭玉麟说："玉麟，谢谢你了，这个女子，涤丈收下了！"彭玉麟一听，也十分高兴，如释重负，欢喜地说："那我明天可要带大家向涤丈讨喜酒喝。"曾国藩则马上说道："慢着，慢着，百日国制未满吧？"

彭玉麟听后，笑道说："今天刚好百日，您老就放心让陈春燕侍候吧！"边说边出了门。曾国藩伸出指头算了一下，正如彭玉麟所说，便将陈春燕这个女子留在了身边。

由此可见，一个好气色的人，总是能给人一种健康活泼、精神焕发的感觉，这种人让人看了总会赏心悦目，无论走到哪里都会受到人们的喜欢；而气色不好的人，总是给人一种没有精神、身心憔悴的样子，让人看了不但不舒服，反而会影响心情，这样的人在社会中还会时常碰壁。这都是因为人的气色通过脸部表情的体现。你是否有着健康的身体，还是快乐的心情，气色都会为你显示出来。

所以说，如果你要想给人留下良好的印象，要想受到多人的欢迎，就要时刻保持良好的气色。此外如果要想保证自己的身体健康，还要时刻注意气色的保养。这样你才会成为一个既健康又美丽的人。

第八篇

活学活用曾国藩识人法

用人首先要知人、识人。读万卷书，不如行万里路；行万里路，不如阅人无数。古人有言曰：“知人者智”。尤其是在如今这个竞争激烈的商业社会，更需要借重人才的能力去经营和发展事业，一个企业的经营者或创业者必须要掌握识人的技巧。

一、企业的识人之道

古人常说，人各有才，唯才是用。但是人才各异，有的人用起来就如同买彩票一样，让人总是担忧，但是又充满着希望；有些人如同牛耕田，虽然笨拙，但是他一样可以将你所要耕的田地认真地去耕完。

人才对于一个企业来说是关键的因素，用好了人才，企业就会走向辉煌，甚至还会使破产的企业一夜之间起死回生；而人才用不好，就会使企业的辉煌转眼成为浮云，走向失败的边缘。所以说，企业用人非常重要，作为领导者一定要识别人才，为我所用。那么如何才能识别出更好的人才呢？一定要注意以下几方面的内容。

• 消除对人的偏好和偏见

识人对于企业用人来说是最难的一步，作为识人者首先就要消除对人的偏好和偏见。比如说只任用学历高的人，而将学历低的人拒之门外，这其实就是一种偏见；其次，要建立多个角度的识人习惯。比如说观察一个人才要从他的品德、兴趣、言谈、行为等方面综合评价，而不是听一个人的一面之词；再次，就是要了解识人的目的，判断识人的职业发展趋势。

我们都知道，识人是为了用人，而企业用人一般都分为专业型人才、管理型人才，基础级员工、主管级人才、经理级人才、高管级人才。那么对于不同级别的人才，所采用的识别因素和侧重点也不同。其主要识人元素是：学历、经历、环境、性格、习惯、意识、信念、价值取向、思维方向，以及心理、心态、心力、心能。领导者根据这些元素，来识别出各色的人才。

总之，企业领导者无论对哪一种类型的人才进行考察，都不要对人怀有偏好和偏见，否则就会犯“孔子失之子羽”的错误，失去好的人才，而应全面考察人才，做到量才使用。

• 听“言”、知“意”、得“象”的思维

企业识人的前提还要清楚岗位目标、责任、工作内容、用人原则。根据岗位的需求来识别人才。大致的思路是：从“言、意、象”来洞察人，分析人。做到知言、知意、知象。但值得注意的是，识人者不要犯“知言不知意，知意不知象”的思维错误。还要从人的“头、心、手”来洞察人，分析人。区分人的定位与偏好，获得人的显性和隐性信息。

所谓“言”是指人的言谈，看一个人是在阐述自己的观点意见，还是在重复说别人的观点和意见。通过分析他的话来得出他的“意”。而“意”的产生，又必须通过“象”的观察来得出。这里的“象”是说一个人的本质。

“头”在这里是指一个人的理性，而“心”是说一个人的感性，“手”是指一个人的动手能力。而将这三者结合起来观察，分析它们的特点，就能得出结论。如果这三者之间产生矛盾，不能组合一条主线，那么这个人的思维肯定也是十分混乱的，我们就可以判断为此人是在说谎话或编故事。

在企业中，存在着基础员工、经理人才、高级人才三个类型。通常，基础员工在企业中是占大多数人，这样的人只要是有自己的专业知识，掌握本职工作的内容，有敬业精神，能够按时完成本职工作，就是一个合格的员工。他们都很朴实，对于他们领导者不应有过高的要求。

在基础员工中，还有一些积极向上、好学好问、勇于表达自己见解意见的人，而且还善于管理的人。这些人是企业未来的主管级别的人才。作为领导者应该发现这样的人才后，尽力引导和帮助他们形成良好的企业意识和习惯，加强他们学习企业需要的各种技能，这样才能将来成为企业的管理人才。

企业的骨架人才，就是经理级别的人才。他们属于中层的管理人员。这样的人才在专业和管理上都有一定的优势，但是他们也存在着管理上的不足。如他们往往会有专业方面的执著，而欠缺管理上的变通，很容易陷入机械管理中。所以对这样的人才，领导者要培养他们技术型思维和管理思维的协调统一。这也就是说思

维的灵活性。对经理级人才的观察要点是能力、心态、思维方向、管理思维和管理模式。

高管级人才是企业高层管理人员，这样的人才影响到企业的决策和企业目标的成败。他们的能力、作风、思想、高度直接影响到企业的风气、文化、管理和效益。所以对高管级人才的观察要点是心态、心力、心能、信念，以及思维方向、变通能力、管理的全局观和思想高度。

总之，识别人才是件很复杂的事情，作为企业的领导者，要用听“言”、知“意”、得“象”的思维，才能真实、正确地看到他们的特征和品性。

• 用人以长、用人不疑、人尽其才、才尽其用的用人理念

多数企业家都明白，企业的发展应当以人为本，都知道用人以长、用人不疑、人尽其才、才尽其用的用人理念。但是现实生活中，很多企业家在相人、识人、用人方面都缺乏系统的认识，从而导致人才流失、人才缺位、人才投入低等现象，甚至因用人不当而出现恶劣后果。

清代学者魏源曾说：“不知人之短，不知人之长，不知人长中之短，不知人短之长，则不可以用人。”作为一个企业的管理者首先就要知道每个员工的长处和短处，并且识长中之短、短中之长，这样才能做到知人善任。要做到知人长短，就要用辩证的眼光看问题。既要看人的长和短相互储存和渗透，又要看到下属所从事的工作，做出的贡献是否被社会所认可，如果被认可，就说明发挥了他的“长”处了。反之，如果他的属下长期激发不起工作热情，表现得十分平庸，那么就说明他的“短”处掩盖了他的“长”处。此外，还要用发展的眼光去看人。古人说：“士别三日，当刮目相看。”作为企业领导者就应该识人的长短，意识到每个人的“长”与“短”不是一成不变的，它们不仅发展变化，而且在一定条件下，两者还互相转化。这正如清代一位诗人所说：“骏马能历险，犁田莫如牛；坚车能载重，渡河不如舟。”其意思是说，每个人都是可用之才，只看是否用得适当，是否用其所长，扬其所长。

总之，人无完人，即使是我们生活中所说的“全才”也是相对的。因为任何人都不是孤立存在的，他离不开群体的整体效应。将不同类型的人才进行合理的搭配，并把他们放在最合适的地方，互补互足，相互启发形成一个有机的整体，相互协作，通过这样合理的组织结构来弥补人才的不足，以求达到人才的最佳效能。

所以说，对于企业用人之道，就是凭借用人以长、用人不疑、人尽其才、人尽其用的用人理念，才能识别出更好的人才，为之所用。

• 识人五步：观体貌、察神态、探言辞、辨志向、考智能

对于企业识人，人们总结出五个步骤：观体貌、察神态、探言辞、辨志向、考智能。也正是这五个步骤成就了企业的辉煌。

第一，观人的体貌。企业用人，首先考虑的是人的健康状况。因为只有健康体魄的员工才能持续地为企业创造价值。而一个人身体的健康与否，从他的体型和相貌方面就可知大概。就身材来说，以整体均衡匀称为佳。如果一个人拥有均衡、匀称的身材，则说明这个人身体是健康的。对此，曾国藩在选人方面，对人才的身材要求是："人的个子可以矮，但不要矮得像一头蹲着的猪；个子也可以高，但绝不能像一棵孤单的茅草那样耸立着。从体形来看，体态可以胖，但又不能胖得像一头贪吃的熊一样的臃肿；体态瘦也无妨，但又不能瘦得如同一只寒鸦那样单薄。"

就相貌来说，人的五官以匹配、对称、协调为佳。因为拥有这样面貌的人，多数都给人一种惊艳的感觉。现实生活中很多企业选人的过程中都会优先录取那些长相漂亮的人，这也无可非议。因为一个人的美貌能够给人愉悦和美的享受，让人愿意去接受。但是作为一个人才，所注重的不是美丽的外表，而是内在的深厚修养和本身具有的能力。比如，营销大师原一平就是凭其深厚的内在修为来弥补容貌的不足，从而成就伟业的。

第二，察人的神态。这是说从一个人的精神状态，可以知道他的生活态度、工作作风、自信与否等。同样情况下，从人的两只眼睛中就能观察出人的精神状态。曾国藩在前面提到过，两眼处于静态的时候，目光有如萤火虫之光，微弱而闪烁不定；处于动态的时候，目光有如流动之水，虽然澄清却游移不定。以上两种目光，一是善于伪饰的神情，一是奸。两眼处于静态的时候，目光似睡非睡，似醒非醒；处于动态的时候，目光总是像惊鹿一样惶惶不安。以上两种目光，一则是有智有能而不循正道的神情，一则是深谋图巧又怕别人窥见他的内心的神情。具有前两种神情者多是有瑕疵之辈，具有后两种神情者则是合而不发之人，都属于奸邪神情。拥有这样神态的人大多不可用，即使其有独特技能，用之也当谨慎。所以作为企业的领导者在识别一个人才的时候，也一定要借鉴这种方法。

第三，观察人的言谈。从一个人的言谈，可以知道他的理性、执行力、思维能力等方面的状况。一个人说话时主旨清楚、简明扼要、观点鲜明、有理有据，并能积极与对方互动，则说明这个人是思维敏捷、逻辑严密、执行力很强的人，这样的人是可用的。而那些语言表达能力非常强且有充分准备的人，要出其不意突破其准备的内容，来考察其语言风格的真实性及随机应变能力。而说话吞吞吐吐、主次不明、不能完整表达自己的意愿者，要么学识不足、经验欠缺，要么就是不善交际、缺乏自信，这样的人则是不能重用的。

通常情况下，人的说话方式可分为四种类型：

1. 直爽简明型。这是指一个人说话直率，心直口快，想到什么说什么。这种类型的人多半坦诚、直接，胸无城府，说话不会拐弯抹角。这样的人值得信任、容易交往，精神饱满，做事热情冲动，对朋友仗义豪爽。但任何事物必然有其两面性，这种语言风格也很容易出口伤人，说话太直接、太真实，不顾及对方的感受，有时候难免会伤人自尊。

2. 婉转含蓄型。具有这种语言风格的人属于感情细腻、敏感多疑型。他们不愿让别人了解自己内心真正的想法，时刻注意别人内心对自己的看法和感受，属于非常理性谨慎型的人，说一句话前会不断权衡，懂得怎样拿捏分寸。但常常会给人不真实、不坦率的感觉。这种人内心想法颇多，又不愿对旁人随便倾诉，容易给自己造成较大压力，比较抑郁。

3. 幽默风趣型。一个人的语言往往蕴含着智慧。诙谐、幽默的语言不仅仅能逗人开心，也是智慧的体现。拥有这种语言风格的人多乐观开朗、聪明活跃。他们往往会成为人群中的焦点，有他们在，就能够避免冷场的尴尬，起到调节气氛的作用。

4. 一板一眼型。这是指说话做事循规蹈矩、按部就班。这样的人大体而言比较保守，谨小慎微，性格比较沉稳，稍显内向。这样的人不会乱开玩笑，说话极有分寸，该说的就说，不该说的绝对不说。但有时候过分规矩，反而会显得呆板、固执、“较真儿”，给人以不通情达理的感觉。

此外，还要观察人在说话时候的神态、动作、声音等。如果一个在说话的时候，表情十分僵硬，没有任何肢体语言，更缺乏眼神交流，这是说明此人缺乏自信，是在强作镇定。这样的人即使怎样组合自己的言语，都是很难有所成就的，所以企业应注意这样的人是不可大用之人。

第四，辨人的志向。一个人的理想与追求往往决定一个人的工作态度、状态和方向。而对于人的志向的把握，则需要问询、试探、反证来获得。譬如，企业在面试人才的时候，通常都会问到应聘者的三年到五年的人生规划和职业生涯规划。这样企业领导者就会通过人才的阐述而知道此人的志向如何，再决定是否录用。

第五，考智能。我们在选人的时候，都要考察其智能，因为对于企业来说，员工的智力与能力在很大程度上决定他将来能对企业做出贡献的大小。因此，很多企业在选人时会采用出题的方式，有的是出智力题，有的是出专业题，有的甚至是出一些心理测验题。在考试方式方面，有的采用口试，有的采用笔试，甚至有的企业在招聘时还架起摄像机对应聘者智能方面测评进行全程录影。其实，从实践来看，无论企业管理者用什么样的考试，都很难真正地了解人才。所以我们在面试的时候应该设定相应的工作令其在适当的时间内完成。然后，视其完成情况对其作出品评，这样得到的结果才比较接近应聘者的真实智能。

总之，企业识人的五步骤是识别人才、了解人才的一个过程。所以说一个企业的兴衰存亡，全在于领导者是否能够识别出更多的人才，为之所用。而成功的企业，往往都会有自己的识人之道，那么以上所讲的企业识人方法便是一个好的借鉴。

二、借鉴古人识别人才的绝招

对于如何识别人才，古人为我们留下了至理真言：穷之以辞，以辨其智；远使之而观其忠；近使之而观其敬；烦使之而观其能；卒然问焉而观其知；急与之期而观其信；委之以财而观其仁；告之以危而观其节。通过对人才的八方面考察，突出了人才的智、忠、能、诚、勇、信、廉等核心内容。

此外，这八种识人的绝招，必须是在人工作的情景中才能识别出。一般来讲，领导者识别人才，主要是在于会用多少时间、精力、兴趣去观察、发现、考察、总结其在实施工作任务和绩效目标所表现出来的行为、能力、兴趣、价值取向和人格特质。而一个优秀的领导者不会将识才的重任依赖于人力资源部门的招聘和选拔，而是通过对人的使用和考察来挖掘识别人才。

• 穷之以辞，以辨其智

这是说，要了解一个人是否具有智慧，就要“穷之以辞”，也就是进行“漏斗型问话”：对人的每一次回答都再次提问，追根究底到一个特定的原因。譬如，问一个人对职业的规划，当对方说出了自己哪方面的规划后，再对他的规划提问具体的方案是什么，这样就能更具体地知道这个人的志向和智慧。但是作为一个领导者，需要注意的是与下属讨论问题时要冷静、深入地对问题进行追问，不能顺着部属的回答思路走，以此来观察、训练部属的智慧。此外还应在适当时候做到点到为止，不能问个不停。

• 远使之而观其忠

“远使之而观其忠”，这是对识人的总结和理论上的升华。也就是说把部属调到离自己远的地方来观察人才的能力，是否能够独当一面，也可以借此观察他对企业的忠诚度。

《北史·古弼传》中记载：魏太武帝拓跋焘到西河地区打猎，下诏给尚书令古弼，命令他选肥壮的马匹给骑士。而古弼送来马的时候，却发现是弱马。这让拓跋焘十分恼怒地说：“尖头奴敢裁量朕也！朕还台，先斩此奴！”因为古弼头尖，拓跋焘常叫他“笔头”，人们也称他“笔公”。

古弼的属官知道魏太帝大怒后，都十分害怕被杀，而古弼却泰然处之，安慰属官说：“吾谓事君使田猎不适盘游，其罪小也。不备不虞，使戎寇恣逸，其罪大也。今北狄孔炽，南虏未灭，狡焉之志，窥伺边境，是吾忧也。选备肥马务军实，为不虞之远虑。苟使国家有利，吾宁避死乎？明主可以理干，引自吾罪。”这其中的意思是说，使君游逸不舒畅，是小罪；而当前北有柔然、南有刘宋正在伺机侵扰，好马要留下以抗敌，这是为国家计。宁死不避，主上英明是可以理论清楚的。

拓跋焘听到古弼的一番话后，觉得古弼是一片忠心为国，于是怒意渐渐消了。而且还十分赞叹说：“国家有这样的臣子，乃国家的宝贝也。”于是赐给古弼衣一套，马二匹，鹿十头。

后来，拓跋焘又到山北打猎，获麋鹿数十头，又诏要古弼派五十辆牛车来运载，诏书刚发出，他对侍臣说：“笔公必不与我，汝辈不如马运之速。”于是便用马运回。行了百余里，接到古弼上表说：“今秋谷悬费，麻菽布野，猪鹿窃食，鸟雁侵费，风波所耗，朝夕参倍，乞赐矜缓，使得收载。”拓跋焘看古弼的奏表后对左右说：“笔公果如朕卜，可谓社稷之臣。”

其实，古弼之所以被称为“笔公”，最主要的原因是因为他的忠直如“笔”，他一向以国事民生为重，敢于训斥邪恶。古弼听说魏太帝拓跋焘的花园和养动物的园子占地面积很大，而广大贫农根本没有农田可耕种，应裁减园地大半，分给无地可耕的贫农，于是他便想将此事奏请魏太武帝。但是他却碰到拓跋焘跟给事刘树下棋，根本就无心听他的话。古弼在一旁坐了好久，突然心头火起，站起身来，就将刘树拖下床，打了他两个耳光，还拳击他的背，说：“朝政不理，实尔之罪！”拓跋焘见到此状，为之失色，忙放下棋说：“不听奏事，是朕的过错，刘树有何罪？置之！”于是，古弼便再次奏事，拓跋焘敬其公直，不仅不罪，还准其所奏，将园地分给无地少地的贫农耕种。之后，古弼免冠赤脚向司法部门自劾其不敬君之罪。拓跋焘叫他穿戴好说：“卿有何罪？自今以后，苟利社稷，益国便人者，虽复颠沛造次，卿则为之，无所顾也。”

由此可见，一个人能够做到忠直，是因为他有英明的君主。面对古弼的直言和冲动的举止，拓跋焘不仅不治他的不敬之罪，反而大为赞誉，鼓励他今后只要是利国便民之事，要大胆去做，不要有所顾虑。由此可见拓跋焘的英明。试想，如果遇到那些迷于私欲的昏君暴君，古弼的脑袋早就掉了。

再如，《旧唐书·李绛传》中记载：本司郎中李绛为人十分忠直，以匡讳为己任。他在浴堂北廊奏对的时候，极力上奏宦官的纵恣、方镇进献等不好的行为，唐宪宗听后大怒，厉声说：“卿所论奏的事情，是不是太夸大了？”而李绛坚持己见，申辩说：“臣所阐述的言论，于臣无利，是国家之利，陛下不以臣愚，使处腹心之地，岂可见事亏圣德，致损清时，而惜身不言？仰屋窃叹，是臣负陛下也。若不顾患祸，尽诚奏论，旁忤幸臣，上犯圣旨，以此获罪，是陛下负臣也。且臣与中官，素不相识，又无嫌隙，只是威福太盛，上损圣朝，臣所以不敢不论耳。使臣缄默，非社稷之福也。”宪宗见他一片肺腑直言，可见忠直情切，十分感动。于是便慰喻他说：“卿尽节于朕，人所难言者，卿悉言之，使朕闻所不闻，真忠正诚节之臣也。他日南面，亦须如此。”后来，唐宪宗随即任命李绛为中书舍人、御前翰林学士。次日，面赐金紫，并亲为选良笏赠之。

可见，唐宪宗也是个英明的君主。因为他能够听言纳谏。虽然对于李绛的陈述，觉得有些夸大其词，而心生不满，但是当他看到李绛言语恳切，流露出一种忠诚之心，便由怒转为赏识，因此对李绛升官赏赐。也正是由于他任用忠臣，在其统治期间，唐朝一度中兴。

• 近使之而观其敬

“近使之而观其敬”，这是说将要识别的人才派到自己的身边工作，通过日常的交往和沟通考察其人才的行为如何。也就是说将部属调到身边做特别助理一类的工作，使他接近权力中心，来考验他是否能够继续保持对于领导者的尊敬，把握好不同场合应注意的分寸，私下能够提出逆耳忠言，而在公共场合则能保持与领导者的步调一致。

古人常说:“行己莫如恭,自责莫如厚。”其意思是说为人处世要恭敬,对自己要要求严格,做事谨慎,坚守自己的志向。一个说话谨慎的人,一般也会具有高尚的德行。作为一个领导者,在与员工接触的过程中,就要观察他的言行举止是否统一,做事情是否认真,对人是否恭敬等等问题。如果放松对这样人才的考察,那么就如同在身边放了一颗“定时炸弹”,随时都有可能爆炸,而使你处于危险的境地。

当然,现实中也存在这样的一种人:行为谨慎,却不胆怯;性情勇敢,却不莽撞;性格直率,却不急切。这是对待人处世的行为、性情的要求。所以说,谦逊谨慎,人们就会心悦诚服;诚恳老实,事情就会成功。同时也说明为人必须谦逊诚实,这样才会赢得人们的尊敬,也才会把事情办好。

常言道,你敬人一尺,人敬你一丈。尤其在领导身边工作的人员,应该做到自律、自重、自爱、自尊、自励,严格要求自己,树立好的形象,不做任何损人利己的事情,这样,才能经受住“近使之而观其敬”的考验。

• 烦使之而观其能

“烦使之而观其能”,这是说派人才到复杂的情况中工作,看他解决问题的能力如何。一个人的能力有大有小、有高有底,要想从中分辨出能力的大小、高低,就得在实际工作中,各种复杂情况出现的时候,看人才是否能够独立去处理完成,这样才能看出人的真正能力。

对于考察人才,应当本着以下几个标准去做:当他仕途顺利时就看他所尊敬的是什么人,当他显贵时就看他所任用的是什么人,当他富有时就看他所养的是什么人。听了他的言论就看他怎么做,当他空闲时就看他的爱好是什么,当和他熟悉了之后就看他的语言是否端正。当他失意时就看他是否有所不受,当他贫贱时就看他是否有所不为。要使他欢喜以考验他是否不失常态,使他快乐以考验他是否放纵,使他发怒以考验他是否能够自我约束,使他恐惧以考验他是否能够自持,使他悲哀以考验他是否能够自制,使他困苦以考验他是否不变其志。

这同战场选用将帅有所区别,选用将帅,要先看他的品德才能,然后再向他交代方略任务。让他自己估量能否胜任,进而让他谈自己的设想。包括要哪一种盔甲兵器,需什么人做参谋、副手,要多少兵马,用多少钱粮,哪里置营,何时成功,自始至终的重要事项都让他们自己筹划安排。正所谓“察能而授官者，成功之君也”。

此外，领导者还应该多给人才布置任务，让人才在进行任务的时候，看他们对事情处理的方式、方法以及个人的毅力。一般磨炼人才的方法是，将潜在性、未来性的问题作为议题与之探讨，让其写出解决这一问题的书面计划，并对计划不断地进行追问，督促其重新完善，最后将计划书归档，以备后用。这样，人才才能得到充分的磨炼，锻炼出自己解决问题的能力，同时也开拓他们的视野，更好地为企业效命。

• 卒然问焉而观其知

“卒然问焉而观其知”，这是说，在仓促之间看人的智慧如何。生活中，我们往往会遇到突发的状况，让人措手不及，不知如何处理。面对这样的情况，有的人只能低头认命，有的人是怨天尤人，有的人则是举棋不定，这都是没有智慧的表现。真正有智慧的人，有着遇事变通的能力，他能够做到遇事不慌，冷静思考，然后根据思考分析，找出可行的办法，最终走出困境。

纵观现代社会，又有几人有这样的智慧，多数都是以为自己天资聪慧，反应灵敏，可是关键的时候却是成为了束手无策的笨拙之人。所以说，要识别这样的人才，就必须要给人才一个非常棘手的问题，看他是如何表现的，这样就能辨别出此人是真有智慧还是一个表里不一、故作聪明的人。

• 急与之期而观其信

“急与之期而观其信”，这是说在紧迫的情况下和他相约，看一个人是否守信。“信”是为人之道。俗话说，“言必行，行必果”。如果一个人如果缺乏诚信，那么他就很难在社会上立足。

古代历史上，关于守信的事例有很多。如春秋时期的五霸之一晋文公，当他率兵攻打原国的时候，事先与部众约好：十天之内，如果攻不下，就撤兵回国。结果约定的十天到了，可是原没有降服。这时，探子来报：敌人快要投降了。众部下也劝文公再等一等。而文公说：“信是国家之本，庇民之所。如果得到了原，而失去了信，民无所庇，就会弃之而去。”于是，晋文公果断地下达了解除包围、撤兵回国的命令。

如今，人们对于“信”的概念早已模糊，甚至对于自己的亲戚、朋友许下的诺言，也会转身就忘记。殊不知，这样的人是很难成就事业的。没有人愿意同一个不守信用的人打交道，尤其是在这个竞争激烈的社会中，如果失信于人，就会失去很多成功的机会。因此我们在观察一个人的时候，一定要先看这个人是否具有诚信的本质，如果具有，则说明这个人可能是非常难得的人才。

• 委之以财而观其仁

"委之以财而观其仁"，这是说以钱财而观察他的廉洁情况。一个视财如命的人，绝对不是个廉洁奉公的人。相反，一个廉洁的人则是从不与人争夺不义之财。正如古人所说："志士仁人，无求生以害人，有杀身以成仁。"

从钱财来识别人才是否是仁者，其实这就是看他对钱财持有什么样的态度。通常情况下，为私而贪财者为不仁，为公而见钱财廉洁者为仁者。廉洁的人不追求不应有的财物。因此，古人云："廉者，民之表也；贪者，民之贼也。"这是指官吏廉洁奉公，就是老百姓的表率；官吏贪赃枉法，就是残害老百姓的强盗。

曾国藩在三十多岁的时候就已经官升二品，但是他一生从不以自己的地位高而炫耀，还让家人杜绝升官发财的意识。

三十余岁就已官至二品，不可谓不显赫，但他却不以读书做官、升官发财为人生为目的，相反，他发誓做官不为财。在他看来，如果一个人不贪财、不失信、不自负，那么鬼伏神钦，到处受人敬重。而身为一个官员如果做到如此不贪，来示范下属，那么必然也会受到下属的敬仰。

同时，曾国藩做官多年来，对于官气的蔓延也有深刻的认识：他认为一个人做官久了，如果自己不在修养上严格要求，那么必然会增长一种骄傲和奢靡的情绪。所以他一生常常反省自己，告诫自己一切都要以俭为原则，也以"俭"字教人，告诫家人在吃穿方面都要有所收敛，而生怕享受太过，足以折福。

尤其是在曾国藩镇压太平天国之后，官封一等侯爵，曾国荃官封一等伯爵。当时，满臣以倭仁为首，汉臣以曾国藩为首，可见他的权位之高。但是他依旧是以"廉洁"为做官原则，不贪钱，不爱财，勤俭朴实，实在令人钦佩。

做官不为财的还有东晋后期的大诗人陶渊明，熙元年（405 年），在朋友的劝说下，他再次出任彭泽县令。有一次，县里派督邮来了解情况。有人告诉陶渊明说："那是上面派下来的人，应当穿戴整齐、恭恭敬敬地去迎接。"陶渊明听后长长叹了一口气："我不愿为了小小县令的五斗薪俸，就低声下气去向这些家伙献殷勤。"说完，就辞掉官职，回家去了。陶渊明当彭泽县令，不过八十多天。他这次弃职而去，便永远脱离了官场。

此后，他一面读书为文，一面参加农业劳动。后来由于农田不断受灾，房屋又被火烧，家境越来越恶化。但他始终不愿再为官受禄，甚至连江州刺史送来的米和肉也坚拒不受。朝廷曾征召他任著作郎，也被他拒绝了。

由此可见，发财致富是人类本能的欲望之一。追求财富本身并非罪恶，个人的存在和社会的发展都要以财富的增值为重要条件。但是要知道，"做官发财"这一观念一旦成为一种思维定势，就会成为阻碍我们健康发展的一个负面心理因素。所以，我们在识别人才的时候，一定要看清楚人才是否有贪婪之心。同时我们做人要正，为官要清廉，必须根除这种"做官发财"的意识，才能使自己在官场走得更远。

• 告之以危而观其节

"告之以危而观其节"，这是说在识别人才的时候，告诉人才出现了危难的情况，并让他去处置，从其处理危难的情况来观察他的节操。这里的节操，是指气节情操，就是一个人在关键时刻和重大原则问题上表现出来的政治立场和道德上的坚定性。

范仲淹用人，多取气节而略细故，如孙盛敏、腾达道，都是他平日重用的人。他任陕西河东宣抚使兼陕西四路安抚使的时候，开设幕府，选用幕僚，多用因罪降职而还没有复职的人。有人怀疑他这样用人是否适当，范仲淹说："人有才能而无过失，朝廷自用之。若其实有可用之才，不幸陷于吏议，不因事起之，遂废人矣。"因此，范仲淹所用的人，大多有真才实学。

气节中人必然赏识气节中人。范仲淹曾以直言三贬，三起三落而不改其志，他为国为民，敢言敢谏，始终如一。他先忧后乐的精神，仁人志士的节操，对时人后人的影响都很大。正因范仲淹重气节，其用人必然是多取有气节的人。这些人大都是敢于直言而得罪当权者。往往是以细故而否认其大节，因而"不幸陷于吏议"，而且这些正直之士多数都是有真才实学者，他们被降职不用，实是国家的损失。因此，范仲淹在他为边帅掌握实权时，力之所及，任用他们为国效力。也使贤才不致埋没成为废人。如他重用的孙盛敏，才勇过人，议论则直，三知庆州，人服其能，曾与狄青共率兵破平侬智高。腾达道文武全才，曾被贬谪，范仲淹素重其人而重用之。

由此可见，范仲淹善于知贤才，他任边帅期间因用得其人，边境无虞，西夏不敢入侵；而经他荐拔的大批学者，为宋代学术鼎盛奠定了基础。

所以说，在今天的社会中，我们用人也要按着这种方法去识别人才。比如给一个人才非常危险而又紧迫的任务，告诉他事情的危险和紧迫的情况后，从中观察他是如何反应，以及如何作出决策，最后再看他又如何采取的行动。如果此人听到任务的危险就唯唯诺诺，找借口拖延，那么这样的人必定是胆小怕事之人；而如果此人听到事情后，第一反应的是不可匆忙行事，而是要认真思考，找出可行的决策后才能行动。则说明这样的人能够成就一番事业，因为他的胆识和气魄足以成为成功的前提。

总之，以上八种识别人才的绝招，为我们在工作和生活中识别人才指出了方向，只要我们掌握了其中的要点，并借鉴其中的智慧，也一定能够像古人一样识别出更多的人才，为已所用，助自己成就一番事业。

三、考察和鉴别人才的途径

• 静中变动的考察

作为企业的领导人，都需要自己的企业拥有大批人才，为企业创造价值。因此他们会常常组织人事部门进行人才的选拔。通常他们所采取的是静中观察，也就是说，对应聘的人员先进行观察，这样便形成了初步的印象。但是这只看到了人物表面的现象，要想了解人物的内在本质，还要变静为动的考察，一般可以采取以下这几种方法：

1. 与人才当面谈话。这种是最直接简捷有效的识人途径。它可以帮助我们考察到人才的表达能力、逻辑思维能力、知识水平和智力情况。

2. 委托人才帮忙办事。这种方式是考察人才的实践和操作能力。在人才的实践过程中，考察者要注意他的处事能力和办事效率，同时还要全面了解他处事的过程和技巧。

3. 将人才放在艰险特异的环境中考察。譬如将人才放在抢险救灾以及突发的事件中，看人才对事物的处理方式和反应能力，这样能非常快速地识别出人才的能力。

• 广咨博询

人是社会群体中的一部分，每天都会与形形色色的人物打交道，加上各种利害关系的交织，于是便在每个人的周围形成了一个层层环绕的人际关系圈。而对于这些关系圈的人物，要想能深入了解其性格特征，就必须是这个生活圈子里的人。因此，作为一个领导者，要想识别人才就必须进入他的关系圈，广咨博询，兼听明辨，才能更好地了解人才，为之所用。

广咨博询，是一种从群众中识人的方法，领导者可采用对人才的走访式，譬如深入到知道人才情况的家中询问了解；也可用座谈式，比如召集各类座谈会，广泛听取群众的意见；还可以采用就事论事式，让群众回忆和评议某些具体事例，以了解主要涉事者所起的关键作用；或者采用综合漫谈式，不露痕迹地启发群众评人评事等。归纳总结重点要把握以下几个方面：

1. 人们对他的了解程度。如果一个人长期不被他周围的人所了解，则说明这个人不是韬光养晦的高人，就是无所作为的庸人，或者是与人格格不入的怪人。

2. 人们对他的接纳程度。如果一个人再有才能，但是却总是令人厌恶，甚至让人远离，这说明这个人要么是妄自菲薄，要么就是目中无人，这样的人谁都不愿意与他接触。所谓孤木难成林，一个人如果脱离了群体，那么这样的人才也不能任用。

3. 人们对他的信任度。如果一个人得到了人们对他的德行和才能的认可，则说明这个人是一个爱集体、爱朋友、为人真诚的人。这样的人，是值得信赖的人才。无论将什么样的事情交给他，都大可放心，因为他一定会按你的意愿漂亮地完成。

4. 人们对他的期望程度。如果一个人被人们期望的程度较高，则说明人们对他的德才都非常认可。当然人们所期望的也不一样，有的希望给他们带来切实的利益，有的希望能够为他们解决一些实际问题。所以说作为领导者在识别人才的时候，从这两方面去考察，作为识别人才的重要依据。

• 对比鉴别

人的品德有优劣，才能有高低。作为一个领导者，不仅要从群众中识别出优秀的人才，还要在众多优秀的人才里面找出不同等级的人才。

这就需要领导者深入人才中去调查，掌握被考察人才的大量材料，而且还要认真进行分析比较，上升到理性认识的高度。这种认识其实就是说，由表入内，由显识潜。因为社会是复杂的，人们往往为了保护自己，都会将自己真实的一部分隐藏起来，因而这些人多表现为双重或多重的性格。所以在考察人才的时候，不能被人才的表面现象所蒙蔽，而应将人才放在一起综合评估，去伪存真，从中辨别真人才和假人才。

其实，这种人才的比较就是进行归类、筛选的方法。将人才进行对比，从中鉴别。同时，值得注意的是，任何事物都在无形的变化中，有时候一次性的比较往往会有随意性，使所推断的结果存在错误，这时候，就要进行反复多次比较，才能将人才看得准确，挑选出最优秀的人才。

• 识别真假人才

识别人才的时候，识别真假人才是最重要的环节。生活中有很多道貌岸然的人才，所以这就需要我们去用慧眼去识别。以下则是识人者所注意的两种人：

1. 假专家

这种人就是总会装出一副绅士模样，不懂装懂。生活中这样的人大有人在，他们或许是为了爱面子或者是奉承别人，所以常常是不懂装懂。

古时候，齐国的国君齐宣王爱好音乐，特别喜欢听人吹竽，手下有三百个善于吹竽的乐师。齐宣王还习惯热闹，每次听吹竽的时候，总是叫这三百个人在一起合奏给他听。

有个南郭先生听说了齐宣王的这个爱好，觉得有机可乘，是个赚钱的好机会，就跑到齐宣王那里去，吹嘘自己说："大王啊，我是个有名的乐师，听过我吹竽的人没有不被感动的，就是鸟兽听了也会翩翩起舞，花草听了也会合着节拍颤动，我愿把我的绝技献给大王。"齐宣王听得十分高兴，就没进行考察，爽快地答应了他，把他编进那支三百人的吹竽队中。

从此后，南郭先生就随那三百人一块儿合奏给齐宣王听，和大家一样享受着优厚的待遇，心里十分惬意。

其实，这个南郭先生根本就不会吹竽。每次演奏的时候，他只是混在队伍中，看人家怎样吹，他就怎样吹，人家摇晃身体他也摇晃身体，人家摆头他也摆头，脸上装出一副动情忘我的样子，看上去和别人一样吹奏得挺投入，还真瞧不出什么破绽来。就这样，南郭先生靠着蒙骗混过了一天又一天，不劳而获地拿薪水。

但是，过了几年后，爱听竽合奏的齐宣王死了，他的儿子齐湣王继承了王位。他和齐宣王不一样，认为三百人一块儿吹声音很吵。于是就发布一道命令，要这三百个人好好练习，逐一来给他演奏。于是乐师们积极练习，都想一展身手，只有那个滥竽充数的南郭先生急得像热锅上的蚂蚁，惶惶不可终日。他想来想去，觉得这次再也混不过去了，只好连夜收拾行李逃走了。

这说明，不懂装懂的人早晚都会露出破绽，所以我们在识别人才的时候，一定不要光听信人的言语，而要进行严格的考察。生活中也存在不少不懂装懂的人，有人为爱面子，为了迎合讨好某人，为了职位不懂装懂。要知道，如果在一个企业中，一个不懂装懂的人要是身居要位，则会给企业带来更大损失，尤其是技术上的问题不但解决不了，还会误了大事。

生活中还有些领导，求贤若渴，把一些学者和名人当专家请来，但是在实践过程中才大失所望。因为有些人在某方面或许是有些特长，但并不一定是专家。而作为识人的领导者，在聘请某些专家的时候，一定要注意考察他所研究的问题和你们的主业是否相符，是否能够做到理论联系实际，解决实际问题，这样才能做到人才的恰当使用。

2. 貌似创新者

这是说一些抱着满脑子幻想的人，他们从不循规蹈矩并且敢想敢干。这些人自身有着一些才干，但是过于自负，常常会事倍功半。

楚国时期，有一家人家祭祀祖宗。仪式完毕后，主人把剩下的一壶酒赏给手下的办事人员喝。因为人多酒少，不好分配，于是几个人就商量分酒的办法。有人说："将一壶酒分给几个人喝，太少了。要喝就喝个痛快，一个人喝才过瘾。"大家也认为是这样，但是谁都不愿意放弃这个权利。过了一会，又有人提议说："要不，我们来个画蛇比赛，每个人在地上画一条蛇，谁先画完，谁就喝这壶酒。"大家都同意了这个办法。

于是每个人都折了一个树枝，同时画了起来。有个人画得最快，转眼间就画好了。他左手抓过酒壶，十分得意地看着其他人，心想，你们比我还是差远了。便扬扬得意地说："即使我给蛇画上脚，也是第一个完成。"于是他便开始为蛇添加脚。当他画到第二只脚的时候，另一个人也画好了。他一把夺过酒壶说："蛇原本是没脚的，你画的根本就不是蛇。还是我先画完，所以酒应当我先喝。"就这样，给蛇画脚的人非常无奈，只好看着别人将那原本属于自己的一壶酒给喝掉。

这个给蛇画脚的人，就是貌似创新者的写照。很多事物原本就是不可能强加上去的，但是他却是硬将一些东西加上去，结果成了多此一举。

现实生活中，这样的人也大有人在，如一些刚毕业的大学生，满怀着一腔斗志和热情，觉得天不怕、地不怕，于是总有一些奇特的想法，认为这就是创新，结果这种创新只会给企业带来巨大的损失。对于这样的人，领导者一定要仔细识别，如果具有过于自负、好大喜功、急于求成的缺点，这个人就是貌似创新者。所以说，领导者在识人的过程中，对于这些人一定要警惕。

• 知心知人

对于一个人才，不仅要知道他的内心本质，还要知道他的气质类型。这有利于对他工作的分配。人的气质有很多类型，常用内向型和外向型两类来概括。内向型不外露，较谨慎；外向型喜外露，较活泼。

什么样的工作需要什么气质的人来做，这其中大有讲究。所以说，了解人的气质类型十分重要。

对此，美国的《国际管理》上说领导选择人才时，可能遇到以下类型的人：

1. 战斗型。这种人敢说敢做，比较不容易驾驭。因为他们敢于负责，具有不怕困难、敢于迎接挑战、能开拓自己的秉性，掌握为人处世的技巧，具有这样气魄的人是难得的人才。

2. 守成型。这种人墨守成规，没有自己的主见。见到新事物、新问题就茫然不知所措，只会跟随潮流，一点创新意识都没有，这样的人才不适合作为领导人物。

3. 劳碌型。这种人每天都十分忙碌，工作中不分轻重缓急。表面上是十分敬业的人才，但是作为企业来讲，有时候过分的忙碌可能会使效率更低，所以忙碌要该忙时候忙，不忙的时候就要放松。

4. 理想型。这种人具有远大的理想，但是缺乏常识。因为他们都相信自己就是群体中的佼佼者，对于多数人的作风都难以忍受，如果对于这样的人才能够加以引导，培养他的谦虚、脚踏实地的作风，就有希望培养成不错的领导人才。

5. 冷热型。这种人情绪不稳定。心血来潮的时候，做起事情十分卖力，但是没过多久就失去了热情，变得没有朝气。这样的人实际上是有才能的人，但是必须对他监督引导才能成就事业，是可造人才。

6. 谄媚型。这种人具有很差的品行，意志非常薄弱，虽然能说会道，但是口是心非。与人交往的时候，极力溜须拍马，阿谀奉承，讨领导的欢心，但是转身就会说领导的不是。这种人虽说有一定本事，工作也出色，但是绝对不可重用。

以上便是人的几种气质类型，我们可以通过对这几种类型的认识，从中来对人才更好地去鉴别，这样就不会出现用人不当的错误了。

• 挖掘被埋没的人才

人的素质是决定成功的重要因素。生活中，有许多人才都如同待琢之玉，似尘土中的黄金，没有显露出自己的价值。如果没有一个慧眼的识人者，是很难发现这样的人才的，所以我们一定要对于这样的人才仔细地辨认，否则就会错失人才。以下总结出挖掘被埋没人才的几种途径，以供参考：

1. 分析辨别人物才华

如果一个人才具有初生牛犊不怕虎的胆略或者有出淤泥而不染的品质，或者有"三年不鸣，一鸣惊人"的壮举，或有"雏凤清于老凤声"的过人之处，这都说明这是个深藏不露的人才。在识别这样的人才的时候，一定要仔细辨认，看人物的胆略、品质、壮举、过人之处。

2. 观小行、察"真迹"

一个人的行为，体现着他的追求。一个讲究吃喝打扮的人，他所追求的是口舌之福和衣着之丽；一个善于请客送礼的人，所追求的是吃小亏占大便宜；一个干工作吊儿郎当，伺候领导却十分周到殷勤的人所追求的是个人私利。无论哪种人，都扮演着自己的角色，而一些平庸的人，会时刻担心自己的角色，于是便刻意地包装自己，而一般真正的人才却表现得十分朴实自然。如果领导者能够观察他的一些日常小行为，就会发现他到底是不是真正的人才。

3. 听其言识心志

一个还没被发现的人才，一般都是还没有得志的人。他们在公众场合说话多数都是发自内心的感言，所以他们的言语更能真实反映和表达他们的真实思想感情。

4. 闻其誉察品行

作一个善于识人的领导者，在识别人才的时候一定要保持自己清醒的头脑，不受他人言语的左右，这样才能识别出好的人才。因为，对于已经有名气和人气的人才，不要只听人们对他的称赞话语，而应多听一些反面意见。而对于一些没有成名的潜在的人才所受到的称赞，应该多留心在意。因为人们往往都会随波逐流，对于那些潜在的人才，人们因为对他的吹捧毫无利益而言，所以一般都不赞美这样的人。可一旦赞美了，就是内心真实的反映。譬如刘备就是听到人们对诸葛亮的赞誉而“三顾茅庐”请得贤才；周文王也是在百姓的赞誉声中得到渭水边的贤才姜太公的。一般潜在的人才多出身卑微，而出身卑微的人一旦受到人们的赞誉，就是其价值得到了“民间”的承认，领导者尽管可以放心使用这样的人才。

• 从平庸者中发现人才

《吕氏春秋·疑似》中说：“玉人之所患，患石之似玉者；相剑者之所患，患剑之似吴干者。”其意思是说，琢玉的匠人最担忧的是像玉一样的石头，相剑的人最担忧的是有像吴干那样的劣剑。其实这是用来比喻人才的忠奸相混，贤愚相杂，不易识别。所谓“大奸若忠”，就是疑似。玉人即琢玉的匠人。然而，“玉石相类者，唯良工能识之”。其意思就是说，玉和石的样子相像，只有技艺精良的人才能识别出来。如果从识人角度来说，是讲只有远见卓识的人才能从平庸的人中发现人才。

的确如此，在人才还没有被识别之前，就好比一块好玉还没剖出来，只是同瓦石混在了一起。又如千里马没有奔跑时候，与跑得不快的马杂混在一起。在这种情况下，就需要良工巧匠和慧眼的伯乐，来识别好玉和千里马。同样人才也是如此。

如果“买玉不论美恶，必无良宝矣；士不论贤良，则无士矣”。那么买玉不识别好坏，必然没有珍宝。用在人才上，就是说选拔人才不进行识别，不论是否贤良，就没有贤才。所以说，如果没有识贤的贤才，那种“山中荆璞谁知玉，海底骊龙不见珠”的局面和现象是不会自动消失的。一旦有了贤才，“瞻山识璞，临川知珠”的奇迹就会出现。也就是说，贤者即有慧眼者能远看山崖，就可以看出山上有璞；面对河川，就可知水中有珠。简言说，真正的识人者能于众人之中发现贤能，有慧眼的人能在奇人还没有显露才华的时候就认别出来。

• 从日常谈话中鉴别人才

古人常说，言为心声。对于一个识别人才的领导者来说，最直接的方法就是同人才进行交谈，通过询问一些问题，来观察人才的观念、才学与品性。这样就能从中得出更好的人才。具体的应从以下几方面去考察：

1. 做大事者，目光远大

在询问人才的时候，你可以将“公司应该向何处发展？”“你有什么打算？”等问题作为考察的内容，如果发现被考察的人有远大的理想，但并不满足于现状，而且还有对未来的远见，其想法也比较符合实际，那么这样的人就值得去重用和提拔，成为共大事的搭档。

2. 能担大任者善于聆听

一个善于倾听的人是善解人意、修养很高的人。因为这不仅是对人的一种礼节上的谦让，还是一种处事的方法。一般善于倾听别人讲话的人，能够抓住对方说话的重点，领会要义，并能回答得言简意赅。这也说明，他是个思维缜密、周详而又迅速果断的人。他们对事物体察入微，而且客观全面，作出的决定也实际可靠，正所谓“真人不露相，露相非真人”。如果任用这样的人，会为企业创造出不可预知的价值成果。

3. 轻易许诺的人不如“胆小”细心的人可靠

在一个企业中，当领导为下属布置任务的时候，往往就会出现这样两种人：一种犹豫不决的人，常说：“我担心……”“万一……”之类的话。听起来，这人好似是个胆小怕事的人，其实并非如此。只是这样的人做事比较缜密，往往会在做事前居安思危，先将事情做各种状况和结果的判断，然后再去想对策行动。这样的人，是比较有责任心的人，他们将任务看得十分重要，因此做起来也会有条不紊，最终将事情做得圆满。这样的人才是领导可以放心任用的。

另一种是常轻松地说“肯定没问题……”“一定成！”等诸如此类的话的人。这样的人往往都会给领导者一个爽快能干的印象。但是事实上，这种轻易许诺的人是靠不住的。当他们在做事情的过程中遇到了困难，他也会如此草率的放弃，或者轻易下结论说事情不能做成的种种原因。所以说这样的人才对于工作草率，不具备发现问题的能力。领导者不要轻易任用这样的人才。

4. 不能重用好夸耀的人

有些人在一方面取得了成就后，总喜欢在人面前夸耀自己的成果，还时常向领导表功。这样的人多数都是博而不精、博杂不纯，未免有欺人耳目之嫌。作为一名识别人才的领导者要特别注意这样的人才，不要看表面上他所取得的成就，或者是一大堆的成绩证明书、学历证明书，这些东西只是一个人的表面证明。真正的能力，还是要通过实践进行考察。

通常情况下，博学多才的人博学精通、见多识广，但往往不露声色，甘于在平淡中显神奇。虽然聪明绝顶、博学多才，却不过于炫耀自己。更善于把握来自对方的信息，思考目前的各种情况，立即领会对方的意图。眼光犀利，善于洞察先机，迅速把握有利时机，随机应变。用词准确，词能达意，沟通能力良好，善于搞好各种人际关系，思维灵活，不拘一格，善于创造新的事物、构思新的框架。一言以蔽之，真正博学多才的人，并不是想急于表现自己的人，而是洞察对方、见机行事的人。

在生活中我们常常见到这样一种人，在与人交谈的过程中，常把“我”字放在前面，突出自己而忽视别人，尽力地显示自己的学识才能。对于这种自命不凡的人，即使有一定的特长，也不能大胆地使用。因为他们这种自以为是、妄自菲薄的态度，正说明了他们的无知。如果企业用了这样的人才，就会使他一切按自己的想法去做，不听别人的意见，擅自主张行动，只会成为企业发展的阻碍，甚至会误了企业的发展。

5. 不能使用华而不实、言之无物的人

如果一个人才说话模棱两可，对人说话总是一问一答的形式，这说明这个人胸中无策，往往思想比较封闭，见识面也比较狭隘。这样的人才不能独当一面。华而不实的人，一般都是比较能说会道，其思想也不切实际，有异想天开的想法。遇到这样的人也一定要小心用之，因为虽然他的善于言谈让你觉得句句在理，但是如果没有一个可行的方案去实施，再好的言论也只能成为空谈。所以听这样人才阐述自己的思想和见解时候，一定要切合实际，决不能被一时的表面现象所蒙蔽，否则就会给企业带来不可估计的损失。所以说，如果此人谈话、做事避实就虚，圆滑应对，说明此人是华而不实者。用这种人当副手尚可，决不能让他担任重要职务。

6. 不揭他人之短，只看他人之长

如果一个人在向领导汇报情况的时候，总是尽力否定某一个人的才能，说他种种的短处，则说明这种人是个没有度量的人。或者领导当着一个人的面表扬另一个人的时候，如果这个人不承认受到表扬人的长处，而是拐弯抹角地说此人的短处，对领导心里产生不满和不公的态度，说明这样的人是不可任用的。因为这样的人往往都是嫉妒心强的人，总担心别人在某方面比自己强。如果任用这样的人，就会让企业处于一种钩心斗角、互相嫉妒的气氛，所以这样的人是不可靠的。

• 生活细节处知人

细节是决定人事业成功与否的关键因素。而真正的人才，也往往是从细节之处才可以看见其真正的本质，所以说一个善于识人的领导者，往往会从生活细节处知人。

曹操晚年曾让长史王必总督御林军马，司马懿便不断提醒他说："王必嗜酒性宽，恐不堪任此职。"曹操则不以为然，反驳道："王必是孤披荆棘历艰难时相随之人，忠而且勤，心如铁石，最是相当。"没过多久，王必便被耿纪等叛将蒙骗利用，发生了正月十五元宵节许都城中的大骚乱，几乎导致曹氏集团的垮台。

司马懿之所以说王必是个不堪重用的人，就是因为从他嗜酒这一习性而预见此人日后将铸大错。

所以说，对人才的考察，细节之处不可不注意。一般从生活细节上观察人、识别人是有一定的经验性和规律性的。所以高明的领导者会在实践中总结出用生活细节识别人的三条规律：

其一，从表情上识别人。如果一个人经常皱眉，则说明这个人心思较重，心事多，总会制造出各种问题；经常用眼角看人的人，一般都心底狭窄，心怀叵测，内心深处总有一种恐惧感。

其二，从常见动作上识别人。总喜欢掰手指的人，多数都工于心计，总在动脑筋；坐下喜欢翘二郎腿的人，多数都自命清高；走路驼背低头的人，多数都心事重；没事两眼发直的人，多数是思想迟钝；经常用手挠头的人，一般都心情烦躁，心神不宁。

其三，从常见言辞上识别人。如果一个人说话，总会带着"我认为""我感到""我想"等字眼的人，多数都是自以为是，刚愎自用；而说话总带着"可以吗？""行不行？"等字眼的人，一般都是缺乏信心，没有主见；说话总是模棱两可、含含糊糊的人，多数都是老奸巨猾，老于世故；说话总好夸大其词、声张作势的人，多数好吹嘘，好夸张。

总之，从生活细节去识别人才，需要有敏锐的眼光，发现人才隐藏的特征。这就需要我们平时注意生活上的细节，对任何一个细节都要思考分析，只有这样才能发现每个人身上的奥秘，识别出真正的人才。

• 百闻不如一见

俗话说，百闻不如一见。这是说，听别人说不如自己亲自看见。一个会识别人才的领导者，非常注重知人的艺术，就是不能光凭着自己的耳朵去听，而要用自己的眼睛去看。

齐威王时期，自从出现即墨大夫后，齐威王勤于理政，公正廉洁，齐国五谷丰登，百姓安居乐业，根本没有出现过民怨沸腾的事情。就是这样廉政的即墨大夫，却常常被别人妒忌，而在齐威王面前说他的坏话。但齐威王并没有听信别人的谗言，而是派自己的亲信去即墨那里了解真实的情况。事情查清楚后，才知道是因为即墨大夫没有收这些人的礼品，所以才导致这些人说他的坏话。于是，齐威王还升了即墨大夫的官爵。

同样，另一个大夫到了阿地后，每天都花天酒地，不理朝政，使那里的天地荒芜，民不聊生。赵国攻打鄄，他不去救；卫取薛陵，他竟然不知道有这样的事情发生。就是这样一个大夫，却常常有人在齐威王面前说他的好话。但是齐威王也没有听信这些好话，依然是派人去了解情况。当事情弄清楚后，才知道了这其中的原因。于是便召见了这位大夫，对他说："自从你到了阿地后，天天都有人说你的好话，可是我发现事情并不是他们说的那样，只是因为你给这些人送了好多礼物，所以他们才在我面前尽量地说你好话！"随后，齐威王就将大夫和夸过他的这些人都进行了处罚。从此以后，齐威王手下的臣子每个人都担心害怕，再也不敢胡乱说话、谎报情况了。而齐国也越来越强大兴盛起来。

由此可见，一个人的言语带有着一定的目的性。尤其作为高高在上的皇帝，要想了解属下的一些情况，只能去通过别人言语的回报。但是领导者一定要做到从言语中洞悉事情的根本，而不要被蒙蔽。这就不仅需要听，还要去实地考察，这样才能得出真正的情况。齐威王能从被毁者中看出好人，从被誉者中找出坏人，不被谎报军情的小人所欺骗，就是因为他进行了实地的调查，查出了产生好话和坏话的原因。所以说，作为今天的领导者，我们也应该从中受到启示，不要完全听信别人言语，而要做到认真调查，仔细分析，这样才能不会错识人才，冤枉人才。

• 从整体上看人

我们看人才不能以偏概全，而是要从整体上去看人，即从人的德、识、才、学、体这五个方面来考察。因为这五者之间是相互影响和相互制约的关系，如果忽视一方面，就会犯片面的错误。正所谓“横看成岭侧成峰，远近高低各不同”。其实这就是告诉我们在识人知人的时候，要从全面的角度观察。如果从上往下看，会把人看矮了；如果从下往上看，会把人看高了；如果从近往远看，会把人看小了；至于门缝里看人，会将人看扁了的。具体来说，整体识人要注意这么几点：

1. 要全面地看人

这是说，在看一个人的时候，将人的各方面表现和情况都联系起来，从整体上把握人的本质和主流，不能以偏概全，更不能坐井观天。譬如要看一个人在工作中表现如何，还要看他对事业和家庭以及自身的态度如何，对待社会公益事业的态度如何；在喜怒哀乐的时候表现怎样的情绪，在得志和失意的时候又表现怎样的情绪；对人的功名利禄是如何看待的，对金钱持有什么样的观念等等。只有在这些方面综合地了解，才能对一个人正确的认识。

2. 要发展地看人

人都是在不断变化的。古人常说：“士别三日，当刮目相看。”这就更加证明了人的不断进步和发展。所以我们看人的时候，不能用机械和静止的观念去观察，而要用发展的观念去看。人在实践中总会不断发展变化，这时候我们就要注意人在各方面的动态行为变化和趋势，看他们的潜力和未来的发展前途。

有些人在小的时候就表现出聪明的智慧和才能，如李白“五岁诵六甲，十岁观百家”，像这样的人，人们往往都会认为将来一定是个成功人士。但是并非所有人都一样，譬如《伤仲永》中的小男孩，小时候能作诗，有才能，然而长大后却十分平庸。还有一些人，小时候表现十分平庸和笨拙，可日后却能成就大事业。如发明家爱迪生，上小学时被老师骂为“不折不扣的糊涂虫”；物理学泰斗爱因斯坦，直到五岁还不会说话；俄国科学界的始祖罗蒙诺索夫，在二十岁的时候还被贵族子弟讥笑为“大傻瓜”。但他们后来都成为对人类发展史有着重要影响的科学家。

这说明，人都是在不断变化的，没有人天生就注定是个人才，都是经过后天的锻炼和发展才取得成功的。所以说我们在识人的过程中，应该用发展的眼光去看人，而不能局限在某个人的部分才能上。

3. 要历史地看人

人非圣贤，孰能无过。对于一个人是非功过的评价，我们不能只看事情的单方面，而要看他全部的工作和历史。古人有一种“盖棺定论”的说法。这其实是识人者的一个值得借鉴的思维方式。作为一个识人的领导者，不能割断历史看人，既要看到现在，也要了解过去。

人都处于一种变化的状态中，有的由好人变为坏人，有的由坏人变为好人，有的由聪明变得愚笨，有的由愚笨变得聪明。所以，人不管过去犯过什么样的过错和表现得多么低贱和堕落，只要能够下定决心重新改变自己，树立上进心，就一定可以成为优秀的人才。反之如果人过去功勋卓著，但因为受不了权势的诱惑误入歧途，而且毁名节，必会遭到世人的唾弃。

汪精卫青年时代曾追随孙中山革命，立下了不少功劳。当年他冒死刺杀摄政王，被俘后还写了一首壮志凌云的诗："慷慨歌燕市，从容作楚囚，引刀成一块，不负少年头。"这种英雄气概真可谓惊天地、泣鬼神。但让人想不到的是，他在后半生却是不顾民族大义甘为日寇傀儡，结果落得一个遗臭万年的汉奸罪名。

吴佩孚作为军阀，大半辈子都在祸国殃民，但是在晚年的时候，他却能够秉持民族大义，结果惨遭日寇杀害。还有旷代逸才的杨度，在辛亥革命期间站在保皇党立场上，竭力鼓吹"立宪救国论"，主张皇帝加宪法。武昌起义后，同汪精卫合伙组织了"国事共济会"，为袁世凯登基制造舆论，到处奔走。但在晚年的时候，却转向了革命，加入了中国共产党，在大革命前后为革命做了不少工作。1927年4月，他得知张作霖要逮捕李大钊，就立即密报我党。李大钊被捕后，杨度仍尽了最大努力，多方营救，并尽力帮助李大钊的家属。就是这样一个大半辈子站在旧营垒的人，终于转向了光明。

人都处在不断变化的环境中，当然自身也会随着环境的变化而有所改变。不管以前犯过怎样的过错，改过自新后，也一样会成为人才。

4. 要在实践中看人

实践是检验真理的唯一标准。这个道理同样可以适用在识别人才的过程中。人都是善变的，只有通过实践的检验才能露出真正的本质。在面对金钱、美色、危难时，他所表现出的行为动作能反映出他的品行。至于人的才能，也能从实践的过程中得知高低。三国时期的刘备就是知人的高手，他能够通过人的实践中的表现而识别出真正的人才。如关羽、张飞，就是他通过两人打架的气势和打架的原因，识别出两人是可以共同做大事的人，才决定"桃园三结义"。

所以说，看一个人，既要看这个人在群体中的共同之处，也要看他具有什么样的个性。

看人要视其表现，特别注意一个人在关键时刻的表现，疾风知劲草，路遥知马力，烈火识真金。

• 英雄不怕出身低

在古代，人们识别人才常说“上品无寒门，下品无士族”。这是说，人才讲究出身、门第。其实这是识人的一个严重弊端。一般有识之人，都会对这样的观点持有反对意见。

有识之人不以世胄贫富相士，因贫贱而失士。如：“伊尹，夏之疱；傅说，殷之胥靡；百里奚，虞之亡虏；段干木，魏大之驵。樊哙屠贩之竖，萧曹斗筲之吏，英布刑黑之隶，周勃俳优之任，其行皆中律，其质则将才也。”这都充分说明了出身卑微者未必就是没有才能的人。

对此，苏绰在参与治理国家的实践中，也坚决主张选用贤良应彻底打破传统的门户之见。他形象地指出：“自昔以来，州郡大吏，但取门资，多不择贤良；末曹小吏，唯试刀笔，并不问志行。夫门资者，乃先世之爵禄，无妨子孙之愚瞽；刀笔者，乃身外之末材，不废性行之浇伪。若门资之中而行贤良，是则策骐骥而取千里也；若门资之中而得愚瞽，是则土牛木马，形似而用非，不可以涉道也。若刀笔之中而得志行，是则金相玉质，内外俱美，实为人宝也；若刀笔之中而得浇伪，是则饰画朽木，悦目一时，不可以充榱椽之用也。今之选举者，当不际资荫，唯在得人。苟得其人，自可起厮养而为卿相，伊尹、傅说是也，而况州郡之职乎。苟非有人，则丹朱、商均虽帝王之胤，不能守百里之封，而况于公卿之胄乎。由此而言，官人之道可见矣。”因此，在选用官吏方面，必须切实做到“将求才艺，必先择志行。其志行善者，则举之；其志行不善者，则去之。”可见，苏绰选用人才的标准是很明确的，这就是有德有才、德才兼备，而全然不顾及其出身门第的高低贵贱。

苏洵也说：“古之用人，无择于势”，不论是布衣寒士、公卿子弟、武夫健卒、巫医方技、胥吏贱吏，凡“贤则用之”。他特别强调要从“胥吏贱吏”中选拔人才。他认为吏胥之人具有丰富的实践经验，如能从中“择之以才，待之以礼，恕其小过，而弃绝其大恶之不可贳忍者。而后察其贤有功而爵之，禄之，贵之”，必定会出现“奇才绝智”之人。他说这种人“出之可以为将，而内之可以为相”。

可见，苏洵是从根本上提高官吏的素质，主张选用人才时实行“取之至宽而用之至狭”的方法。“取之至宽”，就是要扩大人才选拔的范围，破除以往官吏升迁挑选的狭隘途径，让更多有真才实学的人为国家效力，做到“贤者不隔”。“用之至狭”，就是在尽可能广泛的人选中，采用优化原则，委任最合适的人才，精而无滥，使“不肖者无所容”。从这种指导思想出发，苏轼要求不拘一格地起用人才，哪怕出身贫贱，也要一视同仁。

和苏洵持有一样观点的还有元朝的周昂明，他提出：“莫将家世论人才”，白居易也说：“高者未必贤，下者未必愚。”明朝的刘基也说：“其取材也，唯其良不问其所产。”他以木用料为例，启发人们不要以出身择人。这都是反对重视人才出身、门第的观点。

春秋战国时期的论著中也有所反映。如墨翟主张只要有德才，贱者应使贵，“虽在农与工肆之人，有能则举之”。韩非子主张从基层选拔人才，“宰相必起于州部，猛将必发于卒伍”。他还进一步提出：“官职可以重求，爵禄可以获得者，可亡也。”以此警告世人：若官职能够因权势而得到，爵禄可以用钱财而谋求，国家就一定要灭亡。甚至孟轲也认为，杰出的人才不一定出自达官贵人之家，用人不应当论出身，更不应当计较个人的恩怨。他列举说，舜是种田人出身，商纣王的一位贤才是个贩卖鱼盐的商贩，辅佐齐桓公称霸的管仲是企图杀害齐桓公的囚犯，如果论出身他们能被重用吗？

所以说，我们看一个人才不要以人才的处境以及地位来作为识人的根本，这些因素只是客观的因素，最主要的还是要看人才本真的真正能力。在古代，许多圣贤之士都是出身卑贱，许多英雄也是出身卑微，所以英雄不问出身，人才也是如此。

• 不以一时一事论人

我们在识别人才的时候，不应以一时一事之成败论英雄。而应该看人的某个特长和所作出来的成就。因为如果以一时一事去判断人才，往往会陷入主观性的错误，无法看到人未来的发展前途，从而将人才埋没掉。所以说我们看人才的时候，应该全面综合去考察，既看过去，又看现在，还要预测未来。

《史记》记载，战国时期魏文侯想找一个贤能的人来当宰相。当时有两个候选人，一个是魏成子，一个是翟璜。这两个人都很有才干。魏文侯不知道应该如何取舍，就去请教他的一位大将李克。李克提出了识人的五条标准。后来，魏文侯根据李克所提供的标准录用了魏成子做宰相。魏成子也不负厚望，帮助魏文侯成就了霸业。

由此可见，李克提出的这五条人才评判方法，就识人的标准而言，的确值得我们认真思考。

1. 屈视其所亲

当一个人怀才不遇时，就看他跟哪样的人亲密来往。如果他是跟一些同样不得志的人亲密相处，发牢骚，鸣不平，他就是个心胸浅薄的小人物。因为人人都有伪装，人品不能写在脸上，要想直接看出一个人的贤愚善恶，很多情况下是不可能的。所谓“物以类聚，人以群分”，具有同样品质、爱好、气质的人，会自然地走到一起。所以识人最简单的办法，就是看他和什么人亲近。如果一个人的朋友都是一些正直、善良、上进的人，那么可想而知他也不会差到哪里去；可是假如他周围的人都是些鸡鸣狗盗之徒，或者浮浪轻薄的无良子弟，那他十有八九也是这样的人。

汉高祖刘邦晚年打算废掉太子，另立赵王如意。太子的母亲吕后非常紧张，去找太子的老师张良出主意，张良告诉吕后，在商山有四位德高望重的老先生：东园公唐秉、角里先生周术、绮里季吴实和夏黄公崔广，号称“商山四皓”，如果能把他们聘请为太子的老师，就没有什么问题了。吕后依计而行，花了很大的功夫，果然把他们请来做了太子的老师。有一天，刘邦与太子一起饮宴，他见太子背后有四位白发苍苍的老人，问后才知是商山四皓，刘邦大吃一惊。原来在西汉建国之初，刘邦就曾经请过这四位出山，他们没有答应，现在太子居然能够把他们请来，与他们朝夕相处，可见太子的德行和威望很高，再加上我们前面提到过的叔孙通的直谏，于是就放弃了废立太子的想法。

所以说，一个人与什么人亲近，表示他潜意识里想成为什么样的人，所以以此来识人，是不会有很大误差的。

2. 富视其所与

当一个人富有的时候，要看他把钱往什么地方用。如果他专走后门，贿赂有权势的人，或只会送礼给比自己地位高的人，这个人肯定不怎么样；如果他把钱慷慨地用在培养穷但有才干的人身上，或是仗义疏财于慈善事业，这样的人就值得提拔。

范蠡一生三次迁徙，两次更换姓名，都是在位高权重的时候。灭吴之后，越国军臣设宴庆功，群臣皆乐，唯独勾践面无喜色。范蠡看到后，洞察出他是不想归功于臣下的心态。于是不辞而别，来到了齐国，改名为夷子皮。他与家人耕作海边，齐心合力同治产业。由于经营有方，产业达到了数十万。齐人发现范蠡贤明，便重金委以大任。范蠡却喟然叹道："居官则至卿相，治家则致千金；久受尊名，终不是什么好事！"于是，他散其家财，分给亲友乡邻，然后自己带着少数的钱财离开了齐国，再次改名为陶朱公。

3. 达视其所举

当一个人仕途通达、大权在握时，就要看他举荐拔擢的都是些什么人。如果举荐的是无才无能的人，表示他有私心，不为国家着想；如果举荐的全是睿智、廉洁的人，表示他绝无私心，一心为社稷着想，这种人是值得赋予重任的。

曾国藩一生举荐的人才很多，凡是有才能的人他都向朝廷举荐，比如说李鸿章、左宗棠、李远度、冯玉麟等众多人才。在他看来，国家有好的人才辅佐，才能繁荣昌盛，所以他一心为国家着想，为国家效忠，为国家立下了汗马功劳，最终成为了清朝举足轻重的人物。

4. 穷视其所不为

如果一个人求取功名不得，仍保持名节，不走歪门邪道，不奴颜婢膝，不投机钻营，表示他是个可以担大任的人。

譬如，清代文学家蒲松龄，他自幼聪明好学，但长大后屡次应试皆落第。但他并没有气馁，而是依旧追求成功之路。从此，他不得不在乡间一边教书，一边继续准备应试。正在这时，他的爱妻陈淑卿离开了人间，这使他悲痛欲绝，生活更加清苦。但生活的艰辛和爱妻的去世并没有动摇他追求成功的意志。他化悲痛为力量，自作了一副对联来激励自己，上联是："有志者，事竟成，破釜沉舟，百二秦关终属楚"；下联是："苦心人，天不负，卧薪尝胆，三千越甲可吞吴"。

为了实现自己的夙愿，他全身心地投入到读书中去，向时间索取知识和财富。他说："耗精神与号呼，掷光阴与醉梦，殊可惜也！"他还坚持不懈地从群众中获取知识：他在家乡靠近大路旁的一棵大树下面铺一张芦席，设茶备烟，凡是路过此处的人，他都免费供茶供烟，请他们讲一两个民间故事。就这样，年复一年，日复一日，他广泛收集素材，勤奋写作。

历经二十年，他终于写成了闻名中外的短篇小说集《聊斋志异》。这部著作通过说狐谈鬼的表现方式，对社会的黑暗面进行批判，并"寓赏罚于嬉笑"，具有百诵不厌的艺术魅力。同时，他还完成了《聊斋文集》四卷、《聊斋诗集》六卷、《聊斋俚曲》十四种及其他杂著。

5. 贫视其所不取

当一个人穷得难以度日，就看他是不是贪婪如饿鬼。拍马求好处，就是不可用的小人物；若是穷不丧志，对有钱人不卑不亢，就是一个非同寻常的人物。

战国时期，诸侯征战，老百姓处于水深火热之中，再加上天灾，百姓是民不聊生。这一年，齐国大旱，连续三个月没下雨，田地干裂，庄稼全死了，穷人只能靠吃树根树皮生活，眼看着一个个人都要饿死了。而富人家的粮仓堆得满满的，他们照旧吃香的喝辣的。

有一个富人名叫黔敖，看见这些穷人饿得东倒西歪，他反而幸灾乐祸。于是想显示自己的富贵，拿出一些粮食给这些穷人吃，但是却摆出一副救世主的样子，把做好的窝窝头放在路边，施舍给过往的饥民们。每过来一个饥民，他就会丢给他一个窝窝头，并且还十分傲慢地说："叫花子，给你吃吧！"有时候，过来一群人，黔敖便丢出去好几个窝头让饥民们互相争抢，黔敖在一旁嘲笑地看着他们，十分开心，觉得自己真是大恩大德的活菩萨。

这时候，有一个瘦骨嶙峋的饥民走过来，只见他满头乱蓬蓬的头发，衣衫褴褛，将一双破烂不堪的鞋子用草绳绑在脚上。他一边用破旧的衣袖遮住面孔，一边摇摇晃晃地迈着步，因为几天没吃东西了，他已经支撑不住自己的身体，走起路来有些东倒西歪了。

黔敖看见这个饥民后，就专门拿了两个窝窝头，还盛了一碗汤，对着这个饥民大声吆喝着："喂，过来吃！"饥民好像没听见一样，没有理他。黔傲又叫道："嗟，听到没有？给你吃的！"只见那饥民突然精神振作起来，瞪大双眼看着黔敖说："收起你的东西吧，我宁愿饿死也不愿吃这样的嗟来之食！"

这让黔敖万万没想到，这个饥民饿成这样，还保持自己的人格尊严，顿时满面羞惭，一时说不出话来。

由此可见，一个人即使再穷，但是他却对于有钱人不卑不亢，这样的人是有骨气、有志气的人才。

四、识别人才的方法

• 考察员工品德的方法

在对人才的考察过程中，对人的品德考察是重要的一项内容。有些管理者认为，一个人才只要有才，至于有德无德都是次要的。其实这种想法是错误的。一个无德的人是无法让人信服的，更会给企业带来意想不到的损害。

唐太宗李世民是一代明君，但是他却重才轻德，对人偏听偏信。在他晚年的时候，他误用了有才气而没有德行的武将——兵部尚书侯君集。侯君集带兵攻破高昌的时候，私自拿走了无数的金银珠宝。当唐太宗得知后，不但没有治他的罪，反而是认为他立了大功，继续重用他和信任他。但是令唐太宗想不到的是，侯君集走上了与太子勾结、图谋造反的道路。此时唐太宗才知道自己用错了人，但后悔晚矣。这便说明唐太宗对人才缺乏品德的考察，自食其果。

同样的领导者，曾国藩的做法就不一样。曾国藩选人必须要德才兼备，以德为本。也就是说一个人要有忠诚、勤俭、朴实、不怕死的品格。在政治上要忠于自己的信仰与事业，能够心甘情愿地为之竭尽全力；在作风上要质朴实在，能吃苦耐劳；在精神上要坚韧，顽强不屈。

曾国藩尤其重视“于纯朴中选拔人才”，在他看来，“于纯朴中选拔人才，才可以蒸蒸日上”。而“纯朴”主要是指朴实、无官气、不虚夸，不以大言惊人、巧语媚上，而是具有踏实、苦干的作风。他认为人才可以分为两大类：“官气多”型和“乡气多”型。“官气多”的人好摆架子，装腔作势，办起事来四平八稳，说起话来面面俱到，实际上根本不做实事；“乡气多”的人好逞能，好出新样，办起事来十分鲁莽，不顾忌别人的看法，说起话来不讲求避讳。事实上是一件事情都做不好，还引来非议。

在曾国藩看来，选人应当看他是否具备朴实、廉正的品质。如果一个人具有这样的品质，又有一方面的特长，才是最可贵的。同时，曾国藩对于那些“心眼太多，好说大话”的人也是十分厌恶的。在他看来，轻易谈论用兵之道的人，实际上他的阅历十分短浅；喜欢攻击人家短处的人，他的自我修养一定很差。他认为湘军的优点，就在于没有官气而有血性，如果官气增加一分，那么血性就必然要减掉一分。所以在湘军中，从来没有喜欢花言巧语的将领。也正是因为这样，他的身边聚集了许多有德才的人士，最终助他走向了辉煌的道路。

由此看来，我们一定要吸取唐太宗的教训，而要借鉴曾国藩的选才方法。这样我们就会用好人。那么我们如何考察人才的品德呢？具体来讲，我们可以从人与他人合作的时候是否尊重他人；是否按规律办事，知错就改；是否遵纪守法，不损害人民利益；是否言行一致；是否洁身自爱，清正廉明；是否不泄露公司机密，光明正大做人等方面来考察。

• 识别小人法

小人就如同“变色龙”一样，很善于伪装自己的想法。他常常混在人群中，利用各种手段来达到自己的目的，却很难被人察觉，甚至有些人稀里糊涂被他利用了，还不知晓。这样的事情是让人愤怒和唾弃的。为了避免被小人利用，我们就要从复杂的人群中识别出小人来，揭穿他的真实面孔，不让他再为所欲为。那么，如何识别小人，以下将为你提供几个途径：

认清小人的特征

小人在生活中，总是表现出一些明显的特征。比如：

1. 喜欢造谣生事

小人一般都是为了目的而不择手段，有时候为了自己的利益而不管别人的感受，甚至会唯恐天下不乱，歪曲事实，无中生有。

2. 喜欢挑拨离间

小人善于分化同事感情，制造纷争和事端，鹬蚌相争，结果渔翁得利。他们口才好，善于撇清责任，事后扮演和事老，双面间谍。

3. 待人方面表里不一

小人有时候在人面前总是说人好话，但转身就会数落你的不是，还喜欢见风使舵，谁有能力就巴结谁，谁失利就舍弃谁。他们常常会利用别人的权势来提升自己的地位，对于没有利用价值的人就拒而远之。踏着别人鲜血前进，踩着别人肩头攀高，你种树，他乘凉，利用你替他们开路。成功时，不会报答你，反而翻脸无情抹杀你。他们把占人便宜视为理所当然，毫无感激可言。

4. 喜欢落井下石

只要见到有人摔倒，他们就会跑过来再补上一脚，甚至说一些风凉话。明明是自己的言行有过错，却是死不承认。昧着良心找别人当替死鬼。同时他们对法律熟视无睹，刻薄寡情，不遵循道德，唯利是图，损人利己。

5. 常会投机取巧，钻空子

生活和工作中，小人总会善于捕捉一切机会，甚至想办法与认为对自己有利益的人接触，对人溜须拍马，嘘寒问暖。在某种手段的掩盖下，达到自己的目的。比如通过对领导签发文件、汇报工作、通知某件事情等借机献媚。这样做的目的是想给领导留下“懂事”、“会关心人”的印象。一旦这种企图实现了，这种人就表现得急不可耐，忘乎所以，沾沾自喜；如果没有达到自己的目的，他们马上就会表现得非常懊恼和沮丧，甚至会滋生对领导的敌意。

6. 投其所好

小人有一个共性，就是除了在言语上巴结人之外，还善于关注领导的喜好，时时向领导“抛绣球”，企图麻痹领导的意识。比如，领导如果是取得了一些成就后，他就极力地称赞领导的能力；如果领导有某一爱好，他就极力说领导有品位，有眼光。让人始终陶醉在被人赞美中，而迷失方向。同时，他们还会当领导的心腹，常常伺机打小报告，受到领导的宠爱。工作方面光说不做，偷懒耍奸，还极力与人邀功抢功。

7. 当面一套背后一套，制造假象，蒙蔽领导

领导在的时候，装作一副干劲十足的样子，各方面表现得都十分积极。而领导不在的时候则是“一杯茶，一支烟，一张报纸看半天”，能少干就少干。

9、贪功，贬低别人，抬高自己，以获得领导赏识

在领导面前汇报工作业绩的时候，小人常常是把同事做出的成绩说成是自己的功劳，把工作中出现的错误推到别人的身上，而且还常常会在领导面前数落别人的不是，牺牲别人来提高自己的价值。

所以说，这九中小人的表现，如果作为一个领导者没有从中识破，而是被蒙蔽，就会充当小人的辩护者，对小人的话言听计从，忽视事情的真正本质，从而会让小人

利益得逞。小人还往往拿鸡毛当令箭，以与领导关系密切自居，在同事面前高人一等，对同事大呼小叫，口无遮拦，对比自己有才能的人心存嫉妒，处处诋毁。这样就使整个团队会因为这样的小人而失去和谐，失去工作劲头，更会失去工作效率。有的只是对领导的错用人才的失望和遗憾。所以作为一个领导者，一定要在工作中识破这种小人，尤其是在提拔、任用干部时，更要坚持实事求是，从本质上来认识身边的每一个人。

学会分辨和对付小人

生活中，小人无处不在。小人常常都会不择手段来达到自己的目的，所以说，与小人相处，稍微不慎就会吃大亏，甚至会被他害得家破人亡。所以我们一定要学会分辨小人，这是非常重要的事情。下面教你从几方面识别小人：

1. 调查研究

作为领导者，要在观察自己的下属的时候，扩大自己的交流面，让自己融入到员工的群体中，和员工打成一片，这样才能看到人们各自的真实情况，从而了解真实的信息，听到人们更真实的意见。否则只是高高在上，凭借下属的回报，听信一面之词，往往都会抹杀真相，让小人更加得逞，如同瞎子摸象，永远看不到最真实的一面。

2. 望闻问切

这是中医诊断病人的常用方法，但用在工作中也是一种好的方法。领导者通过望、闻、问、切的方式加强对下属的了解。

望，是指走访和看望，跟踪了解下属在家里的情况。所谓“一屋不扫，何以扫天下”；闻，是指注意从侧面听取其他同志的评价；问，是指把私下了解到的情况，甚至是“风语”摆在下属的面前，通过探讨、分析等方式观察其为人处世之道；切，是指交办一些有难度的任务让下属去做，在实践中“诊断”其实际工作能力。实践出真知，实践见才干，说得好不如做得好。要注意把下属放到实践中去锻炼，通过让其处理复杂的工作、解决矛盾突出的问题，全面考察其能力和品质。

3. 纠正下属的错误行为

这是防止小人下属胡作非为的“矫偏”法。领导者一旦发现员工有了过错，就要即时去提醒，要他随时改正。而不能迁就和放任不管。否则，就会使员工放任自己的行为，认为自己这样做根本就没有什么大事，由此行为越来越放肆，导致最后更大的祸患出现。所以领导者应该将员工的心思引导到工作和学习中去，让他们学会用成绩说话。这样就会充分调动每个人的积极性，实现最大的工作效率。

4. 以其人之道还治其人之身

作为管理者，对于小人和奸佞之人，一般都应持有正确的态度。也就是说，因势利导，对症下药，引导他们意识到自己的错误后，虚心改正，走向正确的道路上。如果有的人根本就无法管束，这时候就必须使用策略来制服他们，否则就会让小人的行为更加嚣张，一旦蔓延就无法收拾。所以高明的领导一旦发现小人的踪迹，就马上采取手段，将其制服，这样就会控制好局面，不会危及企业的利益。

5. 以毒攻毒治小人

所谓以毒攻毒，就是利用员工的缺点、毛病来制服员工，领导者不用亲自动手，就能坐收渔翁之利。常见的手段有：

（1）以恶治恶

这是说如果一个人品行十分恶劣，根本不听管教，作为领导者就将他交给一个十分厉害的中层主管整治。这样过不了多长时间，这个员工就会被管教得服服帖帖。

（2）以奸治奸

这是说如果发现一个人总爱向领导打小报告，故意诋毁其他同事，领导者就将他安排在同他有同样爱好的主管手里做事情。由于他们有着相同的毛病，都彼此提防，彼此揭发，彼此吃苦头，彼此吸取教训，这样时间久了，谁的名声都会受到损害。当所有人都对他们嗤之以鼻的时候，他们就会意识到自己的行为是错误的，那么就会渐渐地有所收敛了。

（3）以能治能

往往有才能的人，骨子里都透漏着一种傲气。有时候甚至不服领导，故意和领导针锋相对，不听领导的管教。这时候，领导就要将这样的人交给比他们能力更强的人的手下，让他们知道自己的能力是如此微不足道，渐渐就抹掉了他们的锐气，不再骄傲蛮横。

（4）以其之矛攻其之盾

如果发现一个人刚进入公司不久，就跟上级和下级混得十分熟悉。但是恰好这个人的上司是自己的死对头。因此，这个人对你的情况十分了解，也或许因为这样，他为了尽量能赢得你的信任，而争取与你多次接触的机会，在你面前尽量数落自己上司的种种不是，达到向你献媚的目的。这时候，精明的做法，就是见了他就摆出不友善的态度，对他不加理会，对他冷淡处之。切不可与他恶言相向，这样会有失你的尊严，更会让人觉得你是个气量比较小的人。你应该公私分明，不给予计较。

还有一种情况，就是当你发现有人为了自保，而当面出卖你或者讲你的坏话；或者当着众人的面，在会议上将错误都推卸到你的身上。而你又是从上司或者员工口里得知此事情，千万不要置之不理，应该马上就事论事，澄清自己的清白，这样别人才看得出你的应变能力、处事态度和真正才干。至于事情的对与否，已经不再重要，你肯定可以赢这一仗。

总之，只要你能从生活和工作中识别出真正的小人，就会使你的事业顺利地向前迈进，走向成功；否则就会被小人从中做坏，而固步不前，甚至会受到不可估计的损失。所以作为领导者一定不要忽视小人的力量，要谨慎对待和处理这样的人。

五、谨记识人用人之误区

• 忌讳有色眼光

在识别人才的问题上，最忌讳的就是用有色眼光来看人。所谓用有色眼光看人，就是说凭借自己的主观意识、喜好以及对人的成见来看人。这正如当前社会中流行的一句话："说你行，你就行，不行也行；说你不行，你就不行，行也不行。"这就是一种带着有色眼光来对人评价。

有个故事说，有位樵夫，当他准备上山去砍柴的时候，却怎么也找不到斧子了。正在他焦急万分的时候，恰好他邻居从他见门前经过。樵夫便觉得这个人贼头贼脑的，看起来行为十分鬼祟，越看越产生怀疑。于是心想："我的斧子一定是他偷的。"第二天，当樵夫路过他砍柴的树林时，他才猛然想到，自己在昨天砍柴的时候，将斧子放在了树林里的一棵树的后面。于是他立刻跑进树林，很快找到了丢失了的斧子。当樵夫回到家后，又见到邻居的时候，才发现他怎么看都是个举止优雅、言语和善的人，根本就不像个坏人。

这则故事正向我们说明了一个道理：当我们看待一个人的时候，不要将先前形成的偏见强加在别人的身上，以至于迷失了自己的视线，看不到别人真实的面貌，这就像樵夫在失斧与得斧时的心理一样。

美国内战时期，北军刚开始节节失利。这时候，作为将帅的林肯通过反省自己失败的原因，使他意识到了任用人才时自己太过于挑剔，不容许别人有任何缺点，致使自己失去了许多得力的将才。于是他摘掉了自己的有色眼镜，大胆任用了酒鬼格兰特为将军，从而保证了北军的胜利。由此看来，以一颗公正的心去看待别人，才可以真正地辨别好坏，识清真伪。

其实人才没有十全十美的，尤其是在处于逆境的时候，更需要别人的支持。但是我们世俗人的做法往往是“墙倒众人推”，从而埋没了人才。而有见识的人，就能够将人才扶起来，倍加珍惜，为人才撑腰。著名乌克兰诗人、画家、革命民主主义者舍甫琴科，小时候是一个被人看不起的农奴，因为他的贫困，根本就没有学习的机会，只能靠在装饰画作坊做学徒，背着老板偷偷画两笔。有位识才的画家看他有点艺术才能，就设法同他的主人交朋友，介绍舍甫琴科同大画家布留洛夫相识。最后，布留洛夫用二千五百卢布为舍甫琴科赎身，才使之获得自由，最终成为在美术、小说、诗歌方面均有成就的著名人才。这又说明了，只有不带感情色彩、不戴有色眼镜、没有私心、没有成见地识人，才能使贤者脱颖而出。

有人说，氤氲的迷雾会隐藏美丽的花朵，漆黑的夜晚会阻挡灿烂的阳光，浓密的森林会掩盖闲适的溪流……每当遇到这样的情景的时候，我们就会产生这样的感悟：因感受不到花朵的艳丽而惋惜，因抚摸不到灿烂的阳光而惆怅，也会因为领悟不到溪流的那份闲适而黯然神伤。

同样道理，我们看人也一样，如果戴上色眼镜，就会感受不到人性真正的美丽和纯真，所以我们一定要以一双明亮的眼睛去看待别人，这样你才会发现每个人都是不可多得的人才。

• 名利地位

古人常说，“相马失之瘦，相士失之贫”。这是说，相马的时候如果看马瘦弱，就将之拒之千里之外，认为不是好马；识人的时候，只要看到他贫穷就会认为他是一个平庸之才。这样的观点是识人最大的忌讳。

而古代往往就有些人总是以门第来取人的，最终失去了真正的人才，得到的是些庸才。李存勖就是其中之一。

李存勖是五代时割据河东的李克用的儿子，他的父亲死后，他即位成为了晋王，同五代第一个王朝后梁连年混战，最终取得了胜利，统一了北方，建立了后唐。李存勖原本是沙陀部人，他创建的王国之所以称之为后唐，是因为他的父亲李克用曾帮助唐朝镇压黄巢起义军有功，唐朝赐予国姓，李存勖也就以唐的继承者自居，故称后唐，并沿用唐制。在用人上，他“求唐旧臣，欲备百官”。还“于四镇判官中，选前朝士族，欲以为相。”因他用人只讲门第，而不问人是否有才能，导致多数的人都是庸才。

苏循出身名门，在唐昭宗时期，被任命为礼部尚书。因为当时朱温掌控着政权，就极力向朱温献媚取宠，要昭宗禅位给朱温。在他自己看来，自己拥戴有功，一定会成为将来的宰相。但后梁宰相敬翔对他十分鄙视，在朱温面前说："苏循俱无士行，实唐家之鸱枭，当今之狐魅，专卖国以利，不可立维新之朝。"苏循知道后，觉得已经无法从中得到官位，便又投奔李存勖，结果被任为河东节度副使。

豆卢革，原本是唐同州刺史，他只会写些歪诗，根本没有其他的才能。李存勖称帝后，有人因为他是名家子弟出身，所以将他举荐给李存勖，而李存勖也没有考察他的才能就任命他为行台右丞相，没过多久又拜平章事。豆卢革任职期间，处事错乱，拟议官阶，前后倒置。任相后，也根本不问政事，只是专心修炼，求长生之术，常常服丹砂，呕血数日，几乎丧命。

卢程，也是个没有才干的人。但是李存勖却任他为进士。并且在任晋王时召他到帐上起草文书，他说："叨忝成名，不闲笔砚。"本来李存勖是要他当掌书记，但是他却不会起草文件。于是李存勖又任命冯道为此职务。而卢程却对此不满，因为在他看来，他的门第位居于冯道之上，于是便十分气愤地说："主人不重人物，使田里儿居余上。"李存勖后来登上帝位后，因为要找一位士族任相，最后却任用了连文书都不能起草的卢程为宰相。卢程任相后，根本没有能力治国，而且还很会作威作福。他出巡的时候，高坐轿上，每到州县，驱率丁夫，长史迎谒，拜伏舆下，少有忤意，因加笞辱。

最后，因为李存勖政权不固，发生了兵变，最后导致了灭亡。究其原因，是因为他骄矜荒淫，重敛多征，但最重要的原因还是他用人不当。

像李存勖这样选人重视出身、地位的人，在古代大有人在。魏惠王也是这样以地位识人的诸侯。战国时期，魏惠王就十分看不其公孙鞅。因为他的地位低下，所以不被魏惠王重用，而是将他送到了他的敌国——秦国。

而真正会识人的人，则不会重视名利地位，只是在乎人才的本质和能力。所以这样的人往往都取得了事业的成功。

汉高祖刘邦就是农民出身，每天无所事事，被人们瞧不起。但是他却能在与项羽争夺天下战争中打败项羽，建立西汉王朝，其中原因就是因为在他身边有一个庞大而优秀的人才集团。刘邦常常会以自己的谋臣和猛士自豪和骄傲。在他平定彭越叛乱之后，曾慷慨激昂地唱起《大风歌》："大风起兮云飞扬，威加海内兮归故乡，安得猛士兮守四方。”

事实也的确如此，刘邦身边的人才、猛士来自四面八方、各个阶层，其中不少都是出身卑微的人。比如说张良是落破贵族，周勃是吹鼓手，樊哙是屠夫，灌婴是布贩子，娄敬是车夫，陈平是游客，韩信是流浪儿，郦食其是穷书生，彭越、黥布是强盗，而且在这些人中有许多还是从敌人营垒中争取过来的人才。但是刘邦对于这些人，从来都不会鄙视，相反还觉得自己不如他们。也正是他这种用人的原则，使得各类人才汇聚门下，各显其能，取得战胜项羽的人才优势，为自己事业成功奠定了基础。

在当时封建统治阶层中，对于人才是非常重视的。但是又由于在封建世袭制度的保护下，在用人问题上不可避免地采用一条重出身门第、任人唯亲的人事垄断政策。在这种黑暗的门阀制度面前，一些有头脑、有作为的政治家、思想家发出了“官无常贵，而民无终贱，有能则举之，无能则下之”的呼吁。

所以说能像刘邦这样不在乎人才门第的人，可以说是代表着进步力量的政治家、思想家，他们始终敢于同腐朽的门阀观念作斗争，敢于要求不拘一格，广选人才，这样才能够成就一番伟业。

如今的社会，势利眼的人很多。在人贫困的时候看不起人家，富贵的时候争相高攀。因此，便出现了遇其人于贫困，失之交臂，其富贵时与之相见，想高攀却攀不上的现象。古人说的“相士失之贫”就是说有势利眼的人是瞧不起贫困的人，也正是因为这样才会看错人。

其实，除了一些富贵人家的人外，一般有真才实学的人在没有被发现和不出名的时候，都是处于社会低层和贫困的境地。所以说，贫困不能说明人是否有才能、有无作为，如果因为一个人贫困而将人看低，往往就会错失一个人才。

所以说，我们在看人才的时候，一定不要以名利地位来识人，因为这样有才也会被看成无才，无才却可能会被看成有才。

• 轻信谗言之误区

在生活中，人才各异，所以我们在识人、用人的问题上，一定要警惕有些人采取的离间术，来蒙蔽识人者的眼睛，让人分辨不出真正的人才。

所谓的离间术，其实是一种圈套。是离间者（主体）在被离间者（客体）之间拨弄是非，制造矛盾，以期破坏他人团结，以便从中获利的一种圈套。离间术拂去圈套的伪装之后，实际上是一种主体对客体的侵害行为。这在生活中常出现，比如：制造条件，故意让同事之间和上下级之间误会；或者将误会加大渲染，扩大人们之间的矛盾；或者编造各种谎言，来激化矛盾，破坏他人的友谊等。总之，离间术的本质就是使人为己，害人益己，抑人扬己，损人利己。

要想识破这种离间术，就必须掌握它的特征，具体表现如下：

1. 目的性

任何离间术都有一定的目的性的。人只有想达到某种目的，才会做出这样行为。而这种目的就是自我的、本位的，是建立在实际自我利益基础之上的。或许有时候也是为了获取个人的某个利益，满足自我的某种心理，也或许是为了他人和公司的利益。但无论出自哪一点，都是建立在私欲和反动上的。这种实施离间术的人，往往不会在乎过程，只注重达到离间后的结果。

2. 隐蔽性

一般情况下，离间者实施这种行为的时候，都存在着隐蔽性，不容易被人察觉。一旦离间者开始了对被离间者采取了行动，那么这种侵害又是巧借被离间者之间的摩擦力量去进行的。而且一旦离间成功，那么被离间者一定会遭到不可估计的损失。所以说，往往离间者只有使被离间者在表面上知情，而不能让其看出他真正的目的，才能达到离间的目的。所以要想识破这种离间计，就必须要通过人的细节行为仔细观察。

3. 欺骗性

离间者的这种隐蔽实际上是一种欺骗性。因为原本离间就是一种侵害行为，而且必须借助客体之间的摩擦力量实施，要想做到天衣无缝，就必须采取比较隐秘的方法。所以说，一般离间者都会先制造表面的假象，欺骗所离间的人，让他产生错觉，作出错误的判断，形成错误的认识，便自然而然地陷入了圈套。

由以上三条特征，我们知道了离间术具有目的性、隐蔽性、欺骗性的三个特点。但是我们要想识破离间术也并非十分困难，只要我们能做到以下三方面，就会很容易识破它。

首先，联系分析。因为任何一个离间者要想达到离间他人的目的，都必须与被离间的人进行密切联系。在联系的过程中产生摩擦力量，而达到离间的目的。所以说，这时候我们需要注意的就是，如果发现某个人和你发生过于亲密的联系，那么就要开始提防他，看他是否在对你实行离间术。

其次，利益分析。通常情况下，离间术是因为利益冲突而实施的行为。而离间者一般又是被离间者发生矛盾后的直接或者间接的受益者。所以说，对一个利益冲突者进行分析，是很有利于识破离间者的真正目的。如果你在生活或者工作中因为某种利益与人发生了冲突，这时候就要十分小心这个人，因为他往往会为了取得一些利益而离间你与他人的关系。

再次，反常分析。这种分析是说对事情认真分析，进而用反向思维去思考，弄清人际冲突的真正原因，这样就会分析出什么样的人会对你进行离间，从而对这些人小心提防。

总之，作为一个领导者，对于离间术不得不小心，它的存在决定你事业成功与否。所以，当领导者发现人与人发生冲突和矛盾的时候，一定要冷静思考产生矛盾的原因，警惕离间者趁虚而入，以大局为重，采取息事宁人的态度，尽快弄清问题，消除矛盾，使集体和睦友爱。

历史上就有一些采取挑拨离间术的人，使一些君王误把贤才识为不肖，而不肖之人则误识为贤才，最后导致国破家亡的事例。

隋文帝次子杨广就是利用离间术挑拨太子与他父皇、母后的关系，最后杀父登上皇位的。隋文帝在历史上可以说是一个较贤德的皇帝，他带头提倡节俭，努力推动生产发展，使隋朝富冠历代王朝，但因选错杨广继位，隋传二世而亡。他之所以选择杨广，是因他和他的妻子独孤皇后偏恶太子杨勇，导致被次子杨广蒙蔽之故。

其实，有所恶是人之常情，如恶其所应恶，无可非议，但应恶而恶得过分，将会对被其所恶者有错误的看法。杨坚夫妻对他的长子杨勇就是如此。

对此，《隋书·房陵王勇传》中记载：杨勇好学，擅长辞赋，为人宽仁和厚，性情率直。隋文帝即帝位后，立杨勇为太子。军国政事，都令勇参决。勇处理政事，能体察民情，“时政不便，多所损益，上每纳之”。文帝重节俭，因见勇穿“文饰蜀铠”，心里很不高兴，认为这是奢侈，便严厉批评。如仅限于此，问题不大。勇母独孤皇后性最妒，她不仅不准文帝与宫女相近，凡大臣纳妾也心恨之。她因勇多几个内宠，宠爱妾云氏而不喜元妃，及元妃暴病死，竟疑云氏所害。便责备勇。从此，厌恶勇，常派人暗中伺察，寻求勇的罪过，常向文帝进谗，因而太子勇与父皇、母后的关系日益恶劣。

原本，太子勇的本质是好的，虽然有一些缺点，如穿“文饰蜀铠”，多几个内宠，这在当时的社会是正常的现象，如果恐其趋向奢侈淫乐，好好教育就可以改正。但是却因为隋文帝和独孤皇后的偏恶而小题大做，这便是不幸之源。文帝的次子杨广早就知道父母十分讨厌太子，于是便起了夺嫡的野心。杨广是个虚伪的人，而且还十分善于伪装。他知道父皇十分讨厌奢侈，而母后又十分讨厌人好色，于是便根据双亲的喜好而做事。他不与姬妾亲近，只与肖妃住在一起，独孤皇后见了，觉得杨广很合他的心意，便觉得他是个有德行的人。他将乐器的弦折断，蒙上尘埃，显示弃置不用，文帝看见了，认为他是不好声妓，也由衷赞赏。

杨广任扬州总管，每次进朝，他的车马都很朴素，见到朝臣也十分有礼，因此，在朝臣中，他的声誉在诸王之上。同时他也勾结大臣杨素等为他捧场，并挑拨太子与他父皇、母后的关系。就这样内外诽谤太子勇的过失。本来父皇、母后对他就不满，一听到有人指责太自勇的过失，更加不满了。

后来，始是百官在冬至日前往向太子祝贺，太子张乐相迎，而这个时候，有人便报告了文帝，文帝便斥责他越礼，而杨素等人又趁机制造事故，污蔑太子，说他有谋反之意。文帝听信了谗言，便削弱了太子的卫队，加强了自己的卫队，时刻提防太子夺位。随后，杨广又开始在母后面前诬陷太子勇有谋害他的意图，于是独孤皇后便决心废勇立广，极力怂恿文帝，文帝也终于听信了独孤皇后，最终废了太子勇，而立杨广。太子勇被关进了东宫，由杨广管制，而太子勇认为他的罪根本就没有理由废除他，便求救文帝，申诉自己的冤屈，但杨广却不允许，于是太子勇就爬到树梢大声呼叫，希望文帝能召见。这时候，杨素便又诬陷“勇情志昏乱”，文帝也信以为真，最终也没召见太子勇。

没过多久，文帝病了，杨广便在入宫侍医药时奸污他的爱姬，被文帝知道后，龙颜大怒说：“独孤误我。”很后悔冤枉太子勇，废除他。但他知道已经晚了。于是就打算召见太子勇。杨广知道后，就将太子勇杀害了，连同他的十子也全杀了。后来，又怕引起祸患，便将父亲杀害，自己登上了皇位。登上皇位后，他的原本的面目露了出来，因为他的骄奢淫逸、穷兵黩武、暴虐残忍，弄得众叛亲离，最后被他的心腹禁军将领缢死。

由此可见，杨坚夫妇偏恶太子勇，以致被杨广矫饰所蒙蔽，结果招来祸害，文帝被弑，隋朝速亡。

所以说，我们一定要引以为鉴，在生活中不要被那些善于言谈的人蒙蔽，失去自己的判断力，而应多听、多看、多想，才不会用错人才。

• 以情迷眼

人都是感情的，尤其是人骨子里所存在的正义感。这是人性中最高贵的品质。其实生活中有这种品质的人大有人在，即使是暂时没有这种情感，也会经过人们的唤起而生发出来。通常人们都会说："先天下之忧而忧，后天下之乐而乐"、"同舟共济，肝胆相照"、"砍头不要紧，只要主义真"、"深明大义，视死如归"、"不畏强暴，见义勇为"、"鞠躬尽瘁，死而后已"。这些正是人的正义感真实的写照。

但往往也会有这样一类人，本身就不存在着正义感，只是一个唯利是图的人。但是他为了显示这种正义感的品质，就会打着正义感的旗号在众人面前高唱："为了公司的利益"、"为了维护领导的形象"、"不计较个人利益"等空洞的口号。对于这种人，或许我们一时是难以看清，因为表面很会做文章，让人无法去看出其中的漏洞。但是识别这样的人也并不难，只要你用心观察他对上司的前后态度，就能发现他真正的目的。

其实人的正义感不仅是个人品质的体现，更是事业成功的前提。在一个公司中，如果所有的员工都没有正义感，那么这将是个涣散的团队，更是个工作效率低下的团队，根本就无法将公司事业做出成绩。所以说，作为领导者，一定要加强员工的正义感，让每个人都意识到自己的正义感，而将这种气质投入工作中，那么公司的力量一定会逐渐强大起来。

我们都知道，每个人都有自己的喜好、厌恶。但是无论对任何事物，我们都不能去偏激地对待，否则所爱所恶过分了，就会起到反作用。因为过分的偏爱会导致你看不清你所偏爱的对象的缺点和坏处；相反如果你过分讨厌你所厌恶的对象，就会导致你看不到这个人的优点和好处。这样往往就会分不清什么样的人是好，什么样的人是坏。以至于陷入了人才混淆的境地。

如果作为一个有权力的人，那么这种过激偏好，则会决定一个人的命运前途。如对奸佞的人厌恶，对正义的人欣赏。虽然说这种喜好是人之常情，但是有时候并非所有"奸佞"的人都是坏人，所有"正义"的人都是好人。有的时候正是因为你的偏爱、偏恶受到了蒙蔽，所看到的只是人的表面现象，而看不到人的本质，因此会导致知错人、用错人，给自己带来更大的祸患。

唐太宗晚年时期，发生了争夺继位的内部叛乱，这就同他的偏爱有很大的关系。

唐太宗的长子是李承乾。太宗即位后，就将李承乾立为了太子。当时他只有八岁，因为他生性比较聪明，十分讨太宗的喜欢。太宗的父亲唐高祖驾崩后，他便将朝中的政事交给了承乾。承乾接受后，处理得井井有条，这让太宗更加欣赏。从此以后，只要是太宗外出，就让他居守监国。其实承乾身体并不健康，脚有病，行动起来很艰难。这使太宗感到美中不足。但是因为他非常喜欢承乾，所以根本就没有废弃的意思。

后来，随着时间的长久，太宗发现李泰是个很有才能的人。少年的时候，李泰便善于写些文章，还常常与名士交往，因此，太宗就将他调到了置文学馆，允许他召集一些文士一起研究文学。贞观十二年，李泰同士人撰写的《括地志》，经过四年的时间终于撰写完成。他便呈递给太宗阅览，太宗看后对他的才能更是由衷的欣赏，便下诏付秘阁收藏，厚赏李泰及撰写人。从此，太宗对李泰更加偏爱，每天都给李泰更多的钱财，一度超过了太子。李泰也腰腹洪大起来。太宗还允许李泰乘坐小轿到朝所，还有意想让李泰迁入宫内武德殿。甚至太宗还亲口说要立李泰为太子，可见太宗对李泰的偏爱。

也正是由于太宗的过分偏爱，使李泰生起了夺嫡的野心。为了能够让自己早日登上太子的位置，他便勾结贿赂朝中大臣，结成朋党，以趁机开始谋反。

这个时候的承乾也有所感应，他知道太宗有废他之意，而有心要立李泰为太子。为了保住自己的太子之位，承乾便揭发李泰提前争夺帝位的阴谋，同时还与汉王元昌、兵部尚书侯君集等谋反，将纵兵入宫。结果他的行动被人告发，还没行动，太宗就废承乾为平民，令元昌自尽，处死侯君集。

太宗当众臣之面训斥承乾说：“臣贵为太子，更何所求？但为泰所图，特与诸臣自安之道。不逞之人，遂教臣为不轨之事。今若以泰为太子，所谓落其度内。”随后，又对侍臣说：“承乾言亦是。我若立泰，便是储君之位可求而得耳。”

由于李泰夺嫡的阴谋也被揭露，太宗便召集六品以上的文武官员宣布：“承乾悖逆，泰亦凶险，皆不可立。”其实，对于李泰，太宗还是觉得十分惋惜的。但是他终究是个明君，他知道如果立李泰为太子，那么众人将不服，为了国家的大计，他只好忍痛割爱，将李泰徙居于外。事后，他曾对自己的近臣表露过自己的心事说：“泰文辞美丽，岂非才士。我心中念泰，卿等所知，但为社稷之计，断割恩宠，责其居外者，亦两相全也。”最后，太宗将李泰封为顺阳王，徙居均州的郧乡县，后又封为濮王。李泰年三十五，病死于郧乡。

由此看来，如果人带着个人的感情色彩来用人，那么即使像诸葛亮这样才华横溢的人也难避免误入识人的误区。

据《三国志·蜀书·马谡传》中记载：马谡，字幼常，以荆州从事随轩入蜀，任绵竹成都令，任太守。他才气过人，好论军计，诸葛亮丞相很器重他。但刘备临死对诸葛亮说：“马谡言过其实，不可大用，君其察之！”但是诸葛亮却并没在意，任用马谡为参军，每与谡谈论，自昼至晚。又据《三国志·蜀书·诸葛亮传》中记载：建兴六年(228年)，诸葛亮率军北伐，所有人都主张以魏延、吴懿等老将为先锋，但诸葛亮违众意而用马谡，令他统兵在前，与魏将张郃战于街亭，为郃所破，士卒离散。亮进无后据，恐退路被堵，只好退军回汉中。

最后，诸葛亮因马谡违其部署，虽然与谡情如父子，但为严明军法，也挥泪斩之，并上疏自责和请贬，说：“臣明不知人，恤事多暗，《春秋》责帅，臣职是当。请自贬三等，以督厥咎。”

其实，从诸葛亮选的人才如蒋琬、费祎、姜维等人都是德才兼备之士，这说明他是个知人善任的领导者，但是他之所以错用了马谡，就是因为他带上了自己的个人情感。而刘备大半生都在沙场奋战，几乎是参与了东汉末年以来所有大的战役，身经百战，很有战争经验，马谡“喜论军计”，在刘备看来，只是不符合实际的空谈，所谓纸上谈兵，这是取败之由。但是当他看到诸葛亮对他十分器重时，不得不临终告诫诸葛亮“不可大用”马谡。

而诸葛亮与马谡都不是行伍出身，是典型的士人，他们都有着惊人的才华，熟读兵书，又都来自荆州，所以不论在学识还是感情上，两人都谈得比较投机。刘备在世的时候，任用诸葛亮为相，诸葛亮主要的工作是运筹帷幄和负责后方，基本上没有什么实战的经验。在街亭一战时，他和马谡谈兵，是以虚对虚，即纸上谈兵，但马谡的“言过其实”诸葛亮是很难发现的，所谓当局者迷。

刘备死后，诸葛亮才掌握兵权，率兵出征。南征的时候，马谡建议“攻心为上”，这其实是孙膑所倡，也不是马谡的发明，而一切兵谋家都是以心战为上的。不过他这建议对于南征来说确是良策，诸葛亮也有此意，所以赞许而采纳。结果使“南人不复反”。因此，诸葛亮对马谡更加器重，虽有刘备“不可大用”马谡之嘱，他也不以为然。

但是当街亭失守后，诸葛亮才发现，马谡平日说得头头是道只是纸上谈兵，实战中根本就是举止失措。但是他明白后悔已晚。

宋徽宗时期，徽宗将个人的爱好变成人民的灾祸。蔡京是主要的推动者和支持者。蔡京是个极其能说会道的人，他经常会顺着徽宗的意思而行事，所以颇受徽宗的喜欢。

宋徽宗还没继位前，很喜欢书画，他的书画在当时十分出名。他还喜欢工艺品、奇花怪石、珍禽异兽，他还崇尚道教。在他看来，如果他当不上皇帝，就会专心书画，那样也能成就一番事业。后来，他的哥哥哲宗死了，因为没有儿子，太后便让他继位。他当上了皇帝后，就在苏杭设“造作局”，集数千工匠制造工艺品，又增设“应奉局”，搜集江南的奇花怪石。他还自称“教主道君皇帝”，在全国大建道院，强占民田。仅以上三项，各级宦吏层层加码，趁机大肆掠夺，给人民造成严重的灾祸。

而蔡京当时是熙宁三年进士。这个人做人一点都不讲原则，在他看来入仕途就是为了升官发财。当时，有新旧两党之分，谁的势力大，他就依附于谁。王安石变法失败后，司马光开始执政，废变役法，限期复差役法，任开封知府的蔡京按期完成。后来，章惇当权，又恢复了王安石变役法，而蔡京则被任命为户部尚书，最坚决支持的王安石变役法的还是他。就这样，蔡京总是出尔反尔，最后被贬，住在了杭州。

这时候，正好徽宗派人来杭州搜集“书画奇巧”，他极力巴结童贯，将自己精心制作的屏障、扇带交给童贯送给徽宗，又厚贿徽宗左右为他说好话，让徽宗对他开始赏识。当时他也知道徽宗有意恢复新法，便上奏鼓吹，最后得到了徽宗的信任。任命他为右仆射。

蔡京有了政权后，便结交佞臣。当时蔡京和王黼、朱勔、童贯、梁师成、李邦彦这六人被人称为“六贼”。而蔡京之所以推行新法，其真正的目的就是搜刮百姓的财物，填满徽宗的私壑，而这“六贼”从中捞得更多财产，仅蔡京霸占的田地至少有五十多万亩。

后来，宋徽宗也知道蔡京是个奸佞之臣，但是他知道如果没有蔡京为他搜刮财物，他就不能尽情享乐，于是屡免屡用。最终昏君佞臣一起将北宋推向了灭亡之路。

综上所述，我们可以知道“以情迷眼”往往就会分不清人才的好坏，而且会因为这种带有个人感情的偏见而使自己失去判断能力，最后让自己的事业因为感情用事毁于一旦，所以这是我们应该吸取的教训。

• 以己度人

生活中，人们往往会带着一种自我的偏见去看人，即所谓的以己度人。其实这是识人问题上的最大误区。

因为以己度人的人，是一种爱用自己心理去猜测别人心里的人。总是觉得别人这不好，那不好。也总觉得别人同自己不是一条心，不是一路上的人。自己说出的意见，总是被他反驳回来，自己说东，而他却说西。明明是自己爱占小便宜，却总觉得是别人斤斤计较。

现实生活中，人们总喜欢和自己性格、品性、兴趣相投的人在一起，而非常厌恶那些与自己脾气、兴趣不相投的人。其实这就是一种以己度人的观念。这样会影响对人才个性特征的正确认识，致使有些人你亲近了，而有些人却疏远了，有些人你重用了，有些人却埋没了。最终得到的只是仅有的几个人才。

孔子说："君子成人之美，不成人之恶。"其意思是说，君子成全别人的美事，不促成别人的坏事。而小人则相反。生活中我们往往会看到有的人看人，总会带着小家子气。比如，当有人帮助别人做好事情的时候，他却认为人家在出风头，追求名利；当有人善意地指出他的过错，并为他提出合理的意见时候，他认为这是黄鼠狼给鸡拜年——没安好心；当有人在他困难无助，伸出援助之手的时候，他却认为此动机是为了将来要你回报给他更多的东西。这些都是以小人之心度君子之腹的思想和行为。

所以说，我们在识人的问题上，一定不要以己度人。也就是说不要将别人不喜欢的东西强加于人；不要因为别人不知道的，就去教导别人；自己喜欢做的事，不一定别人也喜欢去做；自己不爱干的工作，不一定别人也不爱干。只有这样，你才能得到更好的人脉，帮助你走向一条成功之路，否则你就会像一只离群的孤雁，永远飞翔在天空中，永远达不到目的地。

• 以线识人

勿以线识人，这是古人给我们留下的警告，也是正确用人的前提。在古人看来，用人唯贤，还是用人唯亲，这是两种不同的用人方针。

所谓用人唯贤，是指不论亲疏恩仇，只要有贤才就用之；用人唯亲，是指自己的亲友或亲己者，如果想用的人就用之。

古代用人以亲划线，从而导致许多英雄好汉的大好江山毁于一旦。一个人的亲友毕竟很有限，在有限的人数中选拔人才，一定是凤毛麟角，而且也不见得才能有多高，如果用这样的亲人，多数都是平庸之才。用人唯亲，则就是不信任别人，排挤别人，而这些被排挤的人才，必将会投奔到欣赏他的人那里，这样往往就会使人才跑到自己的敌国中去。结果，是削弱了自己，增强了别人的力量。

在人们的思想观念中，总认为只有自己的亲人才是最可靠的，根本就忽视人的品德如何。殊不知，往往在你衰败的时候，最容易出卖自己和杀害自己的往往是自己最亲的人。

三国时期，董卓见吕布是个战场上威猛的人才，便将他收为义子，对他十分宠爱。但是让他想不到的是，最后竟然死在了自己信任、宠爱的义子手中。可谓是一种悲哀。

可见，用人唯亲，其实也并不一定可靠，这只是一种感情和认识的问题。但是在古代持有这种意识的人大有人在。

战国后期六国为何缺乏杰出人才，就是以亲划线识人、用人所导致的必然结果。六国所重用的人，主要是各国的皇亲国戚。

最出名要属“四君”。他们中的三人都是本国的公子，而这四人中只有一个人具有真实的才能，其他三个公子都没有高人的才能。但是这“四君”却以养士著名于世，他们所养的人中，真正的人才非常少，治国之才更是一个也没有。比如说，齐国孟尝君所养之士中，为人们所称道的不过是鸡鸣狗吠之徒和冯谖而已。孟尝君奉命入秦被囚，靠鸡鸣狗吠之徒帮助才能逃归，冯谖则为他“营三窟”，使他自己在齐国得以安然无事。赵国平原君的宾客中，有个自荐的毛遂，在赵、楚会谈联合抗秦时劫持楚王定从，就再也没见他做出什么贡献。而平原君只不过是个翩翩公子，他因利令智昏，使得在长平之役中损兵十余万，赵都邯郸几乎亡矣。楚国春申君，因他不知人，后来被他所亲信的李园谋杀。只有魏国的信陵君是个杰出人才，他曾率五国之兵败秦于河外，直追到函谷关，秦兵不敢出。但魏王中秦离间计，不让他掌兵权，由于不被信任，他郁郁寡欢以致病死。

从中可见，六国也并非没有真正的人才，只是六国的君主都具有用人都以亲划线的思想意识，致使好多人才被压制和打击，最终投靠了他国。比如从魏国投奔到秦国的，先后就有吴起、商鞅、李斯、范睢、张仪、尉缭等杰出人才。正因六国有人才而不重用，反而逼他们出走，实是为秦国输送人才，留下的当然以碌碌庸人居多了。

而真正的君主是不会以线识人的，而是举贤不避仇，举贤不避亲。

春秋时期，晋国有一个名叫祁奚的中军尉年纪已大，想退休回家颐养天年，于是他就去求见当时晋国的国君晋悼公，向他诉说了自己的想法。悼公问："如果你真的要退下来的话，你认为有谁能接替你的职位呢？"祁奚回答："解狐这个人能胜任这个职位。"悼公很吃惊，连忙问："他不是你的仇人吗？"祁奚答道："君王您问我谁能胜任这个职位，又没问谁是我的仇人呀！"悼公又问："那谁能担当国尉一职呢？"祁奚答："祁午能行。"悼公又一惊："祁午不是你儿子吗？"祁奚对道："您问我谁能胜任，又没问谁是我儿子呀！"

这个故事便向我们说明了一个道理，一个人不能对别人持有怀疑的眼光，即使与自己结仇的人也是如此，只要是有才能的人，对国家有利，就应该大胆用之，而不应该因为自己的私人恩怨而将人才拒之门外。对于自己的亲人也是如此，如果发现是有才能的人才，就不要害怕别人说三道四而不举荐，以至于埋没他的才能。

所以说，我们看人、举荐人，一定要杜绝以线识人的错误认识，才能将真正的人才挖掘出来。不管是别人还是自己的亲人，只要是有真正才能的人，就大胆用之，这样才能发现更多的人才，让更多人才的能力得以发挥，成就你辉煌的业绩。

• 疑心生暗鬼

古人常说："用人不疑，疑人不用。"如果你在用人才的时候，总是疑神疑鬼，那么就是"以小人之心度君子之腹"，不但让你什么事情都做不好，而且还忧心忡忡，十分痛苦。

在识人用人的问题上，我们一切要从客观实际出发，认真考察所选的人才，不能因为人才的一点过失，就毫无根据地怀疑人才的人品和能力问题，也不能胡乱猜疑人才的行为不轨。这样才能更好地使用人才，成就自己的一番事业。

最出色的领导者是三国时期的刘备，他“弘毅宽厚，知人善任”，从不怀疑忠心耿耿的部下，刘、关、张、赵、诸葛一同开创了历史的新篇章。因而，刘备的家业号称是亲情凝聚的典范。

关羽，可以放弃一切厚禄，过五关、斩六将，历尽苦难回到刘备的穷困旗下；张飞，可以腥风血雨先打下一块小地盘，等着刘备来做主当家；赵云，可以冒生命危险抢救刘备的儿子，维护刘备的家人完整；诸葛亮，受刘备临终重托，“鞠躬尽瘁、死而后已”。这都是因为刘备管理的基石就是信任感重于亲族。

而现实生活中，总会有一些领导者在识人的过程中，如果遇到了意外事情的发生或者小的纠纷，就对人产生不信任的态度，对人疑神疑鬼，致使人才的才能被压制。如果这种坏习惯不能改掉，则会害人害己。

曹操就是个多疑的领导者。曹操因为刺杀董卓失败，逃离洛阳，途中被陈宫所救，后来两人一起来到吕伯奢家，吕伯奢热情好客，便吩咐家人杀猪款待二人，自己前往西村买酒。但多疑的曹操却以为家人的磨刀声是要杀死自己，于是尽杀吕氏家人。离开吕家后，路途中遇见买酒归来的吕伯奢，曹操又担心吕伯奢将告发自己，于是挥剑砍死吕伯奢。陈宫见曹操的举止大不义，便责备他是个不忠义之人。曹操却回答：“宁教我负天下人，休叫天下人负我”。陈宫因此认定曹操是是个不义之人，于是离他而去。

后来，曹操称霸后，常常犯头风眩晕病，听说有个叫华佗的人医术精湛，便征召他到许昌为自己看病，经华佗针刺治疗有所好转。过了些日子，随着政务和军务的日益繁忙，曹操的头风病加重了，于是，他想让华佗专门为他治疗头风病，做自己的侍医。但是华佗却不愿意，他借口妻子有病，告假回家，不愿意到曹操那里去了。

曹操对此非常愤怒，便派人到华佗家里去调查。曹操对派去的人说：如果华佗的妻子果然有病，就送给他小豆四十斛；要是没有病，就把他逮捕来办罪。最后，华佗被逮捕送到曹操那里，曹操仍旧请他治病。他给曹操诊断了以后对曹操说：“你的病在短期内很难彻底治好，即使长期治疗，也只能苟延岁月。而要全部治好，使之不再重犯，则需要先饮‘麻沸散’，麻痹脑部，然后用利斧砍开脑袋，取出‘风涎’，这样才可能去掉病根。”

而多疑的曹操以为华佗是要借机杀他，为关羽报仇，于是命令将华佗杀害。而曹操没过多久也因为病重而死。

由此看来，作为领导者一定切忌疑神疑鬼，这样才不会失去人才，或者害自己。那么应该如何做到不疑神疑鬼呢，以下为你提供几条建议：

1. 对有主见的部属要认真听取意见

在一个团队中，必然存在着一些有主见的人士。那么对于这些人士的意见，我们作为领导者要认真听取，分析思考，而不要认为他们是在出风头或者是为自己的利益着想。因为有时候正是这样的人，为公司提出了最出色的策略，将公司推向辉煌的道路。

2. 敢于鼓励部属超过自己

对于那些有才能的人，要激励他们敢于超越自己。而不要怕有些人露出真正的才华，而将自己比下去。为了事业的发展，领导者必须有不嫉妒人才的心理，才能使人才辈出，才会使自己的工作做得更出色。

3. 能够容忍一时做了错事的部属

人非圣贤，孰能无过。对于一时疏忽犯下过错的人才，领导者要给予他们改过自新的机会。而不要以小过失毁掉人的一生。因为领导的惩罚和不原谅，会让人才感到无路可走而自暴自弃，破罐子破摔，或者也会因寒心而不思进取。所以，作为领导者，应当容忍一时犯了错误的部属。这才能显示出领导者大度的风范。

4. 具有指挥若定、对事业从始至终的气度

对于敲定的政策方案，应该有信心，坚决贯彻执行，决不半途而废。不能因为别人的议论而犹豫不决，或者是见异思迁。因为只有这样，才能万众一心，实现自己的目标。否则就会随波逐流，失去领导的凝聚力，那么事业也永远不可能振兴起来。所以作为领导者应该指挥若定、对事业有从始至终的气概。

5. 能够大胆地承担责任

当公司部门出现了错误，作为领导者应该首先站出来承担所有责任，这样手下的人才能为你奋力工作，给你创造出更多的财富。否则，你前怕狼，后怕虎，那么手下人才会认为你是个懦弱之辈，根本不值得为你效命，为此会离你而去，或者是敷衍了事，这样你得到的永远只是平平的业绩。

6. 能够做到不屈服舆论的压力

一个团体，难免会出现流言飞语。那么作为领导者，这时候就要做到公正的判

断。在承受巨大的压力下，更加努力工作，用优秀的业绩来使流言不攻自破，而不是千方百计地揪出制造流言的人。

• 求全责备

有识之人曾说过："你可以从外表的美来评论一朵花或一只蝴蝶，但不能这样来评论一个人。"这就是说，在识别一个人的时候，美丽的外表不能代表美丽的心灵。而我们判断一个人才的时候，更不要将眼光停留在华丽的外表上，而要深入人的心灵，看他的本质。

《资治通鉴》记载着这样一个故事：唐太宗李世民命令封德彝举贤，时间过了好久，他也没有选拔出人才。太宗便质问他说："这是为什么？"封德彝不慌不忙地回答道："并非臣不尽心，只是今世没有杰出的人才罢了。"唐太宗听了这样的回答心中十分不快，便对封德彝说："君子用人，好像用不同的器具，各取所长。古时候那些把国家治理得很好的君主，难道是从别的时代借人才吗？你应该清楚，最主要的原因是在于你不能知人，怎么能诬蔑一世之人呢！"

的确如此，何世无才，患不能识也。识人者之所以看不到人才，究其原因有两点：其一，他不了解"十步之内，必有芳草"、"三人行，必有我师"的道理，不了解从客观实际上考察，要知道凡是有人群的地方，一定有比较突出的人才；其二，在于受论资排辈思想的束缚。

古人常说："今贤才之所以屈服于在下层而不易被人们所认识和发现，是由于资格这个东西给阻碍了，一般的士大夫之所以不知羞耻，都在于晋升时依据资格而争高低先后，而世上的一切事情之所以被毁坏，百吏之所以废弛，法制之所以颓烂决溃而不能得到及时挽救，统统都是因为资格的缘故所造成的。"

而识人者之所以不能识别出人才，就是因为犯了"求全责备"的毛病。事实上，金无足赤，人无完人，这是自然的规律。但是往往识人者总会对人才提出苛刻的标准，认为人才就要完美无瑕。要知道再好的美玉也有瑕疵。所以说只要是有一技之长的人就可谓人才，我们看人的时候，不要总是盯着别人的短处，那样永远都找不到完美的人才。

如果领导者对人才求全责备，不只是不能知人，还会危害人才。历史上不少贤才之所以蒙冤，都是由于君主喜欢追究小过，如司马迁只不过为李陵说几句公道话，却被汉武帝处以宫刑，使他遗恨终生。苏轼因对朝政有意见而写了几首讽喻诗，却蒙“乌台诗案”之冤，下半生都被贬逐，过着颠沛流离的生活。而在历史上，因苛求人小过，别有用心的人和溜须拍马之徒就趁机落井下石，极尽其吹毛求疵之能事加以诬陷，因此，贤才蒙受不白之冤的事便层出不穷。

因此，识人者须解蔽，就是在识别人才时切忌求全责备。

附录

古代名人观人鉴人的经典借鉴篇

古人云:“夫圣贤之所美,莫美乎聪明;聪明之所贵,莫贵乎知人。”正所谓“得君子者昌,得小人者亡”。善于识人是一种极高的智慧,历代君王和豪杰的成败兴衰很大一部分取决于是否善用人才。那么如何识人呢?中国古代的识人术从另一个角度给我们以智慧。

• 诸葛亮识人七法

诸葛亮,字孔明,号卧龙,琅邪阳都(今山东临沂市沂南县)人,汉族,三国时期杰出的政治家、战略军事家。蜀汉丞相,谥曰忠武侯。在三国时期,他因为懂得识人和用人,为国家立下了汗马功劳。

诸葛亮在《将苑》(又名《心书》)中,提出了识人七法:一曰,问之以是非而观其志;二曰,穷之以辞辩而观其变;三曰,咨之以计谋而观其识;四曰,告之以祸难而观其勇;五曰,醉之以酒而观其性;六曰,临之以利而观其廉;七曰,期之以事而观其信。其中具体的意思是:第一,用问答的办法询问他对某事物的看法,以考察他的志向和立场;第二,用激烈的言辞激怒他,以考察他的气度和应变能力;第三,就某项计划、决策和措施向他咨询并征求意见,以考察他的学识水平;第四,是告诉他大祸临头,以考察他的胆识和勇气;第五,利用喝酒机会,使他大醉,以观察他的本性和修养;第六,利用利益对他进行引诱,以观察他是否清廉;第七,将某件事交付给他去办,以考察他是否有信用。这七项特质概括为:志、变、识、勇、性、廉、信七项内容,这也是当时所能够成为将士的关键因素。下面我们来看看诸葛亮用这各方面考察人的具体情况：

第一，问之以是非而观其志。

用问答的办法询问他对某事物的看法，以考察他的志向和立场。在观察一个人的时候，向他提出一个政治原则性的是非问题，看他的志向和态度如何，也就是说看他的价值观和是非善恶美丑的评判标准。如果这个人的价值观积极、正确，对于自己的国家又忠诚，对敌人爱憎分明，那么这样的人就值得去重用，并能委派重任。反之如果一个人的志向非常渺小，私心很重，面对敌人又唯唯诺诺，那任用这样的人，一定会损失严重。因此，诸葛亮在考察一个人的时候，要先一个问题来考察他的志向如何。

第二，穷之以辞辩而观其变。

用激烈的言辞激怒他，以考察他的气度和应变能力。诸葛亮在这里向我们指出，“变”是指应变、变通的能力。一个为将者，必须有这种应变的能力，才能在作战中游刃有余。因为，如果两军作战，军情是千变万化的，战机也转眼即逝，而将者在这时候，就应该有很好的应变能力与灵活性，敌变我变，以奇制胜。

譬如，宋朝是个富国，但是兵却不强，对外战争屡屡皆败。究其原因就是因为宋朝对武官武将的权力限制太多，剥夺了将领的作战权力。要知道，兵者，诡道也。战场的形式是瞬息万变的，这就需要将领随机决断和随机应变。但是赵宋皇帝却是反其道而行，为他手下的将领准备了一大堆的阵图阵法，让将军们按着阵图阵法来练兵打仗。如果将军要有自己的练兵想法和计划，就必须先画出图本，让皇帝先过目。可见，这种按图本练兵的僵硬模式，必然降低了武将们作战的灵活性和实用性。

第三，咨之以计谋而观其识。

就某项计划、决策和措施，向他咨询并征求意见，以考察他的学识水平。这是考察人的学识，也就是说一个人的理论知识和经验积累。通过对人的学识广度、深度、实用度的考察，来看此人是否具有足够的计谋。如管仲提出的“老马识途”方法，就反映了学识本身在战争中所起到的重大作用。要知道，一个学识的人，在作战中只凭借自己的勇气是远远不够的，因为用兵者都比较狡诈，若非足智多谋，根本就无法对付敌人。因此说，通过一个人的言谈，就可以看出他说的哪些是理论知识，哪些是实践经验。

第四，告之以祸难而观其勇。

告诉他大祸临头，以考察他的胆识和勇气。这是通过一件棘手的事情来考察一个人的勇气和魄力。通常情况下，都说“狭路相逢勇者胜”以及“患难见真情”，也就是说遇到困难、窘迫则能考察出一个人的勇敢与魄力。战国名将赵奢说过：“其道远险狭，譬之犹两鼠斗于穴中，将勇者胜。”由此可见，在压力面前，困窘面前，挑战面前，可以察看出一个人的勇敢、果断、魄力。

第五，醉之以酒而观其性。

利用喝酒机会，使他大醉，以观察他的本性和修养。俗话说：“酒后吐真言”，诸葛亮也通过饮酒的方式来观察一个人酒后的言论和性情。因为人酒醉后大脑的部分意识被酒精麻醉，往往都会将潜藏在心灵深处的东西展现出来。譬如，张飞酒后鞭打士兵，就是酒的作用。还有蒋干中计也是酒的作用。因此说，酒一般都让人提供了真性情的表现，所以这时候更容易看出一个人是否是可以重用之人。

第六，临之以利而观其廉。

利用利益对他进行引诱，以观察他是否清廉。给予他人一种利益，也就是通过小恩小惠，看这个人是否清正廉明。要知道作为一个将领，必须要廉洁，才能使士兵对你敬佩，士兵也会团结一心。否则就会军心涣散，都以将领为榜样，而一切以利己为目标。战国名将赵奢与士卒感情极深，如其夫人所言：“身所食饮而进者十数，所友者百数，大王及宗室所赏赐者尽与军吏士大夫。”因此，战士皆愿为之效命。在作战中，他执法如山，赏罚分明，再加上用兵如神，因此，带出了一支所向披靡的劲旅。对此，曹操也曾评论：“苦者赵奢、窦婴为将也，受财千金，一朝散之，故能济成大功，永世流声。吾读其文，未尝不慕其为人也。”由此可见，名、利，人之欲也。在名利面前，可以看出一个人是重小利还是大利，是重私利还是公利，是重近利还是远利。

第七，期之以事而观其信。

将某件事交付给他去办，以考察他是否有信用。这是说与一个人商定了某个事情后，看他是否能够说到做到，从中考察他的诚信度。古人常说：“言而无信，不知其可也。”譬如，商鞅变法，以徙木立信；晋文公城濮之战退避三舍也是讲信。这都体现除了诚信的重要。一军之中，如果没有信，则军纪不明，军令不行，军威不振。所以作为一个真正的将领，一定要以诚信为本。

综上所述，我们可以看出，诸葛亮在考察一个人的本性的时候，都是从一点一滴的过程中开始的，的确有着他的过人之处，不愧为古今传颂的料算如神的谋师。我们也要向他学习这七种识人的方法，相信一定会更好地识别人才，为已所用，并能成为一个出色的领导者。

• 刘向六正六邪鉴人法

刘向，中国西汉经学家、目录学家、文学家。原名更生，字子政。汉皇族楚元王刘交的四世孙。历经宣帝、元帝、成帝三朝，历任散骑谏大夫、散骑宗正、光禄大夫等职。曾屡次上书称引灾异，以反对宦官弘恭、石显下狱，旋得释。后又以反对恭、显下狱，免为庶人。成帝即位后，得进用，任光禄大夫，改名为“向”，官至中垒校尉。

刘向作为一位汉代皇室人员，为了巩固江山，他不仅以身作则讲求为臣之道，同时也希望同朝的官员也讲求为臣之道。为此，他将为臣之道分为“六正”和“六邪”。

“六正”是：高瞻远瞩，防患未然，此为“圣”；虚心尽意，扶善锄恶，此为“良”；夙兴夜寐，进贤不懈，此为“忠”；明察成败，转祸为福，此为“智”；恪尽职守，廉洁奉公，此为“贞”；刚正不阿，敢争敢谏，此为“直”。这六种正为圣臣、大臣、忠臣、智臣、贞臣、直臣。

“六邪”是：安官贪禄，不务公事，此为“庸”；溜须拍马，曲意逢迎，此为“谀”；巧言令色，嫉贤妒能，此为“奸”；巧舌如簧，挑拨离间，此为“谗”；专权擅势，结党营私，此为“贼”；幕后指挥，兴风作浪，此为“险”。这六种邪为具臣、谀臣、奸臣、谗臣、贼臣、亡国之臣。

在刘向看来，为臣的人，如果遵循六正的标准，那么就一定会流芳百世，被人敬仰；而如果要犯下六邪的罪恶，就会遗臭万年，令人唾弃。

下面我们具体地来看看这六正和六邪的十二种人的特征：

圣臣

所谓圣臣，就是说在天下事还处于萌芽状态的时期，还没有形成一定的规模，时局变动的苗头也还没有显现出来的时候，就能够洞察出事情的变化，预测事情的发展及其结果。然后知道该向哪方面发展，采取什么样的措施去抑制事情的爆发，而将天下的天平掌控股掌之中，游刃有余地处理，化危险为平安。具有这样才华的大臣，才是第一流的官吏和王者之师。

譬如说周公，他在周灭商之战中，“常左翼武王，用事居多”。灭商二年后，武王病死，因为他的儿子成王年幼，便由周公摄政。对此，武王的另外两个弟弟管叔和蔡叔心中十分不服。他们便散布流言飞语，说周公野心勃勃，有可能谋害成王，篡夺王位。周公听后，便对太公望和召公奭说：“我所以不顾个人得失而承担摄政重任，是怕天下不稳。如果江山变乱，生灵涂炭，我怎么能对得起列祖列宗和武王对我的重托呢？”同时，周公又对将要袭其爵而到鲁国封地居住的儿子伯禽说：“我是文王之子、武王之弟、成王之叔父，论身份地位，在国中是很高的了。但是我时刻注意勤奋俭朴，虔诚待士，唯恐失去天下的贤人。你到鲁国去，千万不要骄狂无忌。”后来，周公又平定“三监”叛乱，大行封建，营建东都，制礼作乐，还政成王，在巩固和发展周王朝的统治上起了关键性的作用，对中国历史的发展产生了深远影响。

大臣

这种官吏，为人谦虚谨慎，为国家竭尽全力办事，经常思考治国之道，让国家繁荣富强。同时还勉励君王遵守礼仪，勤政爱民；力谏君王要胸怀大志，眼光放远，以英明治世。对于不良的作风和坏习惯坚决地去杜绝、改正、挽救。能够做到这些的，就是大臣，其实也就是人们所称作的“良臣”。

春秋战国时期的名相管仲，著名的政治家、军事家。管仲注重经济，反对空谈主义，主张改革以富国强兵，他说：“国多财则远者来，地辟举则民留处，仓廪实而知礼节，衣食足而知荣辱。”齐桓公尊管仲为“仲父”，授权让他主持一系列政治和经济改革：在全国划分政区，组织军事编制，设官吏管理；建立选拔人才制度，士经三审选，可为“上卿之赞（助理）”；按土地分等征税，禁止贵族掠夺私产；发展盐铁业，铸造货币，调剂物价。管仲改革的实质是废除奴隶制，向封建制过渡。管仲改革成效显著，齐国由此国力大振。对外，管仲提出“尊王攘夷”，联合北方邻国，抵抗山戎族南侵。这一外交战略也获得成功。后来孔子感叹说：“假如没有管仲，我也要穿异族服装了。”

忠臣

这种官吏为国家办事鞠躬尽瘁，不分昼夜，日夜操劳，同时还不断地为国家举荐人才，这样的人博学多识，精通历史，经常能够引证历史经验来启发激励人。能做到这些的就是忠臣。

曾国藩对“乾嘉盛世”后清王朝的腐败衰落洞若观火，他说：“国贫不足患，惟民心涣散，则为患甚大。”对于“士大夫习于忧容苟安”，“昌为一种不白不黑、不痛不痒之风”，“痛恨次骨”。他认为，“吏治之坏，由于群幕，求吏才以剔幕弊，诚为探源之论”。基于此，曾国藩提出“行政之要，首在得人”，危急之时需用德才兼备之人，要倡廉正之风，行礼治之仁政，反对暴政、扰民，对于那些贪赃枉法的官吏，一定要予以严惩。至于关系国运民生的财政经济，曾国藩认为，理财之道，全在酌盈剂虚，脚踏实地，洁己奉公，“渐求整顿，不在于求取速效”。此外，曾国藩一生致力结交、网罗、培育、推荐和使用人才，他的幕府是中国历史上规模和作用最大的幕府，几乎聚集了全国的人才。为招揽人才，留住人才，他舍出谦逊的老脸，屡屡上书举荐部下，为部下谋官要权，争谋职位。他一生推荐过的下属有千人之多，官至总督巡抚者就有40多人。他们既有李鸿章、左宗棠、郭嵩焘、彭玉麟、李瀚章这样的谋略作战军需人才，也有像俞樾、李善兰、华蘅芳、徐寿等一流的学者和科学家。

智臣

这种官吏能深谋远虑，明察秋毫，知道成功和失败的关键因素，并能提前预测，采取补救的措施，弥补国策实施的漏洞，把可能导致失败、动乱的因素提前消灭，转祸为福，转危为安，使君主不恐慌和忧虑。这样的人就叫做“智臣”。

汉朝的张良是汉高祖刘邦的谋臣，汉王朝的开国元勋之一，与萧何、韩信同为汉初三杰。现在的人为赞叹张良的智慧，在坊间流传一句俗谚：“你有张良计，我有过墙梯。”张良在收到黄石公老人送的《太公兵法》后，日夜钻研后终于精通兵法，有鬼神莫测之机。后来辅助汉高祖刘邦把秦灭了，建立汉朝，亦报了秦灭韩的仇，因此便向汉高祖请辞。相传，张良依照黄石老人书上所写修炼道术，运气丹田，使自己身轻如燕，能够翱翔天际。

贞臣

这种官吏，奉公守法，以身作则，忠于职守，勇于负责，千方百计地为老百姓着想，为百姓做事，更不会搜刮人民的财物，勤俭朴素。这样的人便是“贞臣”。

宋朝的包拯，字希仁，汉族。出身于官僚家庭。生于北宋咸平二年，天圣朝进士。累迁监察御史，建议练兵选将、充实边备。奉使契丹还，历任三司户部判官，京东、陕西、河北路转运使。入朝担任三司户部副使，请求朝廷准许解盐通商买卖。改知谏院，多次论劾权幸大臣。授龙图阁直学士、河北都转运使，移知瀛、扬诸州，再召入朝，历权知开封府、权御史中丞、三司使等职。嘉祐六年（1061年），任枢密副使。后卒于位，谥号“孝肃”。包拯做官以断狱英明刚直而著称于世。知庐州的时候，执法不避亲党。在开封时，开官府正门，使讼者得以直至堂前自诉曲直，杜绝奸吏。立朝刚毅，贵戚、宦官为之敛手，京师有“关节不到，有阎罗包老”之语。后世则把他当做清官的代表。

直臣

这种官吏对君主不阿谀奉承，不拍马屁，敢于对上直言，说真话，甚至指责君主的过错。这样的大臣，才是“直臣”。

汲黯，西汉濮阳（今河南濮阳西南）人，字长孺。孝景帝时为太子洗马，武帝即位后为谒者，并先后任荥阳令，东海太守，主爵都尉，位列九卿。汲黯为政，以民为本，同情民众的疾苦。一次河内失火，武帝派他去视察，他到河南，见正遭水灾，饥民塞路，父子相食，饿死沟壑者不计其数，汲黯不畏矫制之罪，便以皇帝使臣的名义，持节开仓放粮赈济贫民，人民大悦。

汲黯威武不屈，刚直不阿。太后弟武安候田蚡为丞相，仗势持骄，目空一切，朝臣来拜，多不为礼。汲黯对他这种傲慢的态度看不惯，遂与之抗礼，见而不拜。大将军卫青，其妹为皇后，人皆敬畏，而汲黯见他，揖而不拜。有人对他说：“自天子下尊贵莫过大将军，你为何见而不拜？”汲黯说：“以大将军之尊，而门有常揖者，表明他能降贵礼贤，这将使他的名声更加提高。”卫青闻后，对他更加尊重。

汲黯不畏权贵，敢于争而折。他指责丞相公孙弘是刀笔吏，“专深文巧诋，陷人于罪，以自为功”，痛斥御史大夫张汤是“智足以拒谏，诈足以饰非”。当面斥责他们“怀诈饰智，惑君乱国”的罪行。

汲黯秉公事职，敢于犯颜直谏。一次武帝召集群儒说：“我欲振兴政治，效法尧舜，如何？”汲黯说：“陛下内多欲而外施仁义，怎么能效唐虞呢？”武帝听了尖锐的批评，怒而罢朝。当时很多朝臣为他担心，纷纷劝他自爱保身，他慨然说：“天子设公卿大臣，不是为了匡正错误难道是专作阿谀奉承的吗？我既在其位，总不能只顾个人安危，见错不说，使皇帝陷于不义之地。”

汲黯为官清正，廉洁奉公，死后家无余资，在封建官吏浊多清少的环境中他可谓是佼佼者。然而他多次直谏，廷争抗颜，又与权臣弘、汤不能相容，为此，弘、汤恨之入骨，常在武帝面前说他的坏话。武帝好大喜功，不分良莠，对汲黯先施之以疏，后继之以贬，终被出为源阳太守，卒于任中。

具臣

这种官吏，对于自己的工作多数都是敷衍了事，随波逐流，见风使舵，八面玲珑，左顾右盼，就怕得罪人，因此根本不负责任。这样的人，就叫做“具臣”。

譬如冯道，他是中国大规模官刻儒家经籍的创始人。字可道，自号“长乐老”。五代瀛州景城（今河北交河东北）人。后唐（公元 923 ~ 934 年）、后晋（公元 936 ~ 940 年）时任宰相。契丹灭后晋，到契丹任太傅。后汉（公元 947 ~ 948 年）时任太师。后周（公元 951 ~ 959 年）时任太师、中书令。冯道最受诟病的是他的政治道德。司马光也称他为“奸臣之尤”，就是对他持肯定态度的《旧五代史》，在盛赞“道之履行，郁然有古人之风；道之宇量，深得大臣之体”之后，也不得不对他的“忠”提出了疑问：“然而事四朝，相六帝，可得为忠乎？夫一女二夫，人之不幸，况于再三者哉！”直到范文澜作《中国通史》，还花了不小的篇幅对冯道大加挞伐，主要也是针对他的政治道德。

谀臣

这种官吏，只要是君王说的话，肯定会在一边不住地说：“对，非常正确，这很重要”，暗地里却思量主子的爱好。只要是主子的所爱，他就投其所好，及时上贡，极力地巴结主子。时间久了，就和主子打成了一片，一起吃喝玩乐，不计较后果，不考虑影响。这种人就是“谀臣”。

譬如中国古代有一个叫裴矩的人，当过隋唐两朝大臣。他在隋朝做官时是一个以阿谀奉承著称的大臣，但归顺唐朝后，却成了一个刚直不阿的诤臣，深得唐太宗的器重。对裴矩的前谀后诤这一奇怪现象，元朝名相拜统解释得既形象又透彻，“盂圆水圆，盂方水方”。裴矩在杨广这个“圆盘子”里，是个八面玲珑的谀臣，而在李世民这个“方盘子”里，却变成了一个忠直敢谏的诤臣。所谓批评，往往就是说真话，而说真话，常常是需要冒很大的风险的。在漫长的封建社会中，“惟闻以直笔见诛，不闻以曲辞获罪”，因为说实话掉了脑袋的不胜枚举，因为善于说谎加官晋爵的也不乏其人。

奸臣

这样的官吏内心阴险，外貌看似谦虚谨慎，能说会道，讨人喜欢。但是他骨子里却是十分妒忌人才，常常会对自己喜欢的人，在君主面前说好话，而隐瞒他的缺点。但是对自己不喜欢的人，却是在君主面前夸大他的缺点，他的过失，隐瞒他的优点。结果导致君主赏罚不当，号令不行，政策和法规都不能贯彻。这样的臣子就是“奸臣”。

譬如明朝的严嵩，一个“不可多得”的奸臣。明代的奸臣不多。《新唐书》作《奸臣传》，上、下两卷，另有《叛臣传》上、下两卷，《逆臣传》上、中、下三卷。《宋史》作《奸臣传》，多达四卷，另有《叛臣传》上、中、下三卷，《佞幸传》一卷。《明史》的《奸臣传》却只有一卷。当然，这并不等于说大明的奸臣就一定比大唐或大宋少，因为《明史》还有《佞幸传》和《阉党传》。入此二传的，在一般人看来也是奸臣。比如武宗（正德）朝的焦芳，身为阁臣，却与宦官刘瑾狼狈为奸，沆瀣一气，怎么不是奸臣，然而入《阉党传》。又比如成祖（永乐）朝的纪纲，专一刺探官民隐私，打小报告陷害他人，“被残杀者不可胜数”，又怎么不是奸臣，然而入《佞幸传》。《明史》认为，不能把小人都名之为“奸”。只有那些“窃弄威柄，勾结祸乱，动摇宗祏，屠害忠良，心迹俱恶，终身阴贼”的，才是奸臣。像焦芳和纪纲那样的，便只好算作“阉党”和“佞幸”。

谗臣

这种官吏有才智，有学识，常常做坏事。对于自己的过错也掩饰得十分有情有理，让人们十分佩服，而且他还善于辩论，时常挑拨君臣之间的关系，以及煽风点火，导致国家局面的混乱。

李林甫是唐高祖李渊的堂兄弟长平王李叔良的曾孙，但到李林甫时，这一支与皇室的关系已经相当疏远，他的父亲李思诲只做过扬州大都督府的参军。李林甫因善于钻营而逐渐爬上高位，靠巴结武惠妃而升任宰相。这个人阴险毒辣，任宰相十九年，可以说坏事做尽。李林甫为相期间，他的大部分时间和精力都用在如何巩固玄宗对自己的恩宠和自己的相位上。张九龄等被罢相，李林甫想独揽朝政，担心那些谏官动不动就把问题反映给玄宗，破坏自己在玄宗心目中的形象。他公开召集谏官们开会，说：“当今天子圣明，大臣们顺从皇上的命令都来不及，不需要谏官们对朝廷事务说三道四。”他指着旁边御厩里膘肥体壮的马，说：“大家看到这些仪仗队里的马了吧，平时享受三品马的饲料，可是只要在仪仗队里乱叫一声，立刻就被开除。那时候后悔都来不及！”补阙杜琎不识时务，上书朝廷，发表意见，第二天就被当做乱叫的仪仗马调出长安，让他去下邽县当县令了。

贼臣

这种官吏贪赃枉法，排斥异己，培养自己的党羽，私下形成自己的势力范围，处处以老大自居，显现自己的位置比别人尊贵。这类的官吏就是“贼臣”。

董卓出生于殷富的地方豪强家庭，自小养尊处优，少年时期便形成了一种放纵任性、粗野凶狠的性格。董卓年轻的时候就常常到羌人居住的地方游玩，依仗地主豪强的出身和富足的资产，广泛结交豪侠义士。他十分熟悉那里的情况，见羌人如此敬畏自己，便寻思如何来利用和控制他们，在羌人中培植和收罗亲信，为自己以后的长远发展打下基础。于是，在野心的驱使下，董卓丝毫不吝惜花费自己的家产，每当羌人豪帅来家作客，他便杀牛宰羊款待羌人豪帅，以取得他们对自己的支持和拥护。羌人一方面畏服董卓的凶悍，一方面感于董卓的豪爽，所以都归附他，愿意听候他调遣。除了结交羌人，董卓还注意保持自己在当地豪强中的地位和影响，凭着他非凡的手段拉拢、兼并其他势力，不断巩固和扩大自己的力量。他经常扮演游侠豪杰的角色，在当地享有“健侠”的美名。同时，董卓还收罗大批失意、落魄的无赖之徒，他们为董卓的义气所感动，后来都一直死心塌地地跟随他。东汉末期，由于中央政权衰弱，农民起义不断，地方豪强便趁机兼并土地，扩充势力。朝廷对豪强势力的膨胀虽然深感忧虑，但又无能为力。在众多矛盾冲突并发的灵帝时期，中央政府一方面想极力抑制地方豪强，另一方面又不得不利用地方豪强来镇压农民起义和少数民族的反抗，董卓便也毫不例外地成了官府利用和招抚的对象。当时董卓就出任州兵马掾一职，负责带兵巡守边塞，维护地方治安。这样一来，董卓通过控制更多的羌人，为他今后势力发展奠定了坚实的基础。一时之间，董卓成为闻名陇西的风云人物，不管是在官府还是在民间，董卓都具有举足轻重的地位。随着自己势力的不断膨胀和地位的上升，董卓似乎已不满足于边远豪强的名分，认为自己需要更加广阔的政治空间。于是，他开始进一步蓄积力量，伺机发展。

亡国之臣

这种官吏，常常是阿谀奉承，鼓动和促使人往邪路上走。一旦事情败露后，他就将错误推到别人的身上，对上欺骗，对下结党营私，不让君主了解真正的情况，使上下都黑白不分，是非不辨，私下还指责君主的昏庸。这样的人就是“亡国之臣”。

秦国的赵高，赵国贵族，后入秦为宦官，任中车府令，兼行符玺令事。秦始皇死后，他与李斯合谋伪造诏书，逼秦始皇长子扶苏自杀，另立胡亥为帝，并自任郎中令。他在任期间独揽大权，结党营私，征役更加繁重，行政更加苛暴。公元前 207 年又设计害死李斯，成为秦国丞相。第二年他迫秦二世自杀，另立子婴。不久被子婴杀掉，诛夷三族。

以上便是这十二种官吏的详细叙述。在刘向看来，“贤臣处六正之道，不行六邪之术”，才能“上安而下治”。他的这种观点也被唐代名臣魏征所认同，在给唐太宗疏中就曾告诫：“进之以六正，戒之以六邪，则不严而自厉，不劝而自勉矣。”主张以“六正六邪”为标准来选拔人才和实行奖惩。

作为今人，尤其是领导者一定也要本着“六正”和“六邪”去辨别自己手下的员工，对“六正”加以重视和佳赏，对“六邪”嗤之以鼻，给予惩治或者解雇。这样才能不失去好的人才，为己所用，更不让坏的人才破坏整体的和谐。

• 刘邵的识人法

刘邵，字孔才，广平邯郸（今属河北）人。建安年间开始做官，曾任太子舍人，因学识渊博而升任秘书郎。魏明帝时期，出任陈留太守，赐爵关内侯。他的文才也是很出色的，曹叡曾叫他写《许都赋》与《洛都赋》，陈寿也说他“该览学籍，文质周洽”。入曹魏后任尚书郎、散骑侍郎、陈留太守，赐爵关内侯。编撰有《皇览》、《新律》，著《律略论》。所作《赵都赋》、《许都赋》、《洛都赋》等，史称“三都赋”，名传后世，受到推崇。尤其是他所著《人物志》是我国研究人事制度的早期著作，也是将人才放在首位来鉴别的一本书。在刘邵看来，圣贤的过人之处，就是耳聪目明，能够洞察细微之处，预知未来，特别是对人才的识别。有了知人的本领，才使各种人才各得其所，完成治国安邦的大事业。

关于识人方面，刘邵总结出识别人才的四个关键因素，即“三谈”、“五视”、“八观”、“九征”。

三谈

刘邵在《结识》中指出：“夫国体之人，兼有三材，故谈不三日，不足以尽之。一以论道德，二以论法制，三以论策术，然后乃能竭其所长，而举之不疑。”其意思是，作为国家栋梁的人，应兼有三方面的才能，因此，如果没有三天的交谈，就不能完全了解。第一，探究他的道德修养；第二，观察他法令制度才能；第三，观察他策略方法怎样。这样之后才能完全了解他的长处，才可以举荐而不会怀疑。其实交谈识人是有很多好处的，一是当面的交谈，可以了解到丰富的感性知识；二是可以灵活、主动地掌握谈话话题，可以深入了解情况；三是一问一答，可以彼此交换意见和看法，有利于两人沟通和交流，更加了解彼此。

五视

“五视”则是在居、达、富、穷、贫特定情境中，考察人的品行。具体是指：“居，视其所安；达，视其所举；富，视其所与；穷视其所为；贫视其所取。”其意思是说，在休息的时候，要观察一个人愿意做什么事情；在人得志的时候，观察他所努力推荐的人物；在人富裕的时候，观察他身边所交往的朋友；在人穷困的时候，观察他采取了什么行动；在人贫苦的时候，观察他是怎样取得财物。

八观

“八观”分别从人的行为表现，从言辞对人事的反应，从人物的名声和实际，从行为的表里和依似，从对人对事的情感反应，从才性的短长，从智力的高下等不同的视角去观察人物，其内容如下：

1. 观察其人夺换补救之法，以察明是否有疏漏与混杂错乱之性情。
2. 观察其人感通应变能力，以审察是否能掌握原则并且还能变通。
3. 观察其人志向才智高低，以了解是否所传之名声与其实情相符。
4. 观察其人为人处世依据，以分辨是否确能依据正道或似是而非。
5. 观察其人爱心敬意之情，以察知是否能够通达情理而没有闭塞。
6. 观察其人情感机敏之心，以辨明是否能够宽容待人而不受迷惑。
7. 观察其人缺欠不足所在，以知晓其人之所擅长者究竟在于何处。
8. 观察其人所闻所见如何，以明了其人之闻见认识是否能够广博。

九征

“九征”，说的是考察一个人的九个方面才有可能全面地认识他。这九个方面是神、精、筋、骨、气、色、仪、容、言。这里的“神”与现代人讲的人生观有点相近。“精”指的是一个人的分析理解能力，也就是说看一个人的悟性。“筋”就是指平常所说的“胆量”，指一个人是否“有胆”，是否有责任心。“骨”说的是坚韧和忍耐的性格。“色”是看一个人是否有同情心，是否善于换位思考。“仪”，是看一个人举止庄重还是轻佻等。“容”，是看人是否严肃、认真还是心不在焉等。“言”，看一个人说话是否平和、流利而又有条理。如果有一方面做得不够好，则这个人是个“偏杂之才”。

用人的九征来观察人的性情变化，则体现以下几个方面：

1. 正直或偏邪气表现在人的神色上；
2. 聪慧或愚笨的表现在人的精气上；
3. 勇敢或怯懦表现在人的筋肌上；
4. 强健或纤弱表现在人的骨架上；
5. 急躁或沉稳表现在人的血气上；
6. 悲伤或愉快表现在人的面色上；
7. 衰弱或严肃的形象显露在人的仪表中；
8. 做作或急切的心情表现在人的言语上。

总之，如果一个人的本性平静淡泊，内心聪明而外表清朗，筋脉强劲而骨骼坚挺，声音清朗而神色和悦，仪表庄重，容貌端正，那么九种类型的特征都具备了，他就是德才兼备的人才。如果达不到这九方面的特征，就是偏杂之才。

此外，偏才、兼才、兼德的三种情况也有所区别，它们所对应的内容不同。因为，偏才的人，以某一专长立名；兼才的人，则是根据他们的德行而获得兼才的称号；而兼德的人，由于德行深厚，从而获得兼德的美称。

• 雍正的相人术

在古代，引荐人才是各级官员一项日常的工作。到了清代，逐渐形成了一种皇帝亲自引荐人才的制度。如康熙帝规定，所有州县的县官、同知、通判全都“随本引见”。皇帝之所以这样做，是因为一方面显示“威福在人主”，这样皇帝可直接控制人事权力；另一方面是可以由皇帝亲自观察和识别，量才使用。

在所有的皇帝中，雍正是识别人才最多的一个皇帝。他在位的十三年，一共引荐了七千多名官员，而且都做出个各自的评判，还专门制作一个履历片，作为官员升迁、调任的凭证。

正是由于雍正会识人才，才使他身边聚集了大量的贤能，协助他，使大清持续太平，国富民强。

归纳总结雍正的相人术，无非有三点：

第一，看人的相貌。在古代，“以貌选官”这种方法已经很普遍。《唐书·选举志》中记载着识人的四个标注：“身、言、书、判”。“身”就是指将相貌放在第一位。当然雍正看人并非是看人的相貌丑俊，而是着重注意人的两只眼睛，从眼睛来鉴别人是否诚实，如果是眼神游移不定，左顾右盼，那么雍正第一个就会将这样的人排除掉。譬如，雍正在看隆科多保荐的查嗣庭的时候，他就有着此人“有狼顾之相，料其心术必不端正”的感觉，于是雍正就没有任用他。

第二，看人的言谈。在识别人才的时候，皇帝会问人才一些问题，以此来鉴别人才的才干。在雍正看来，人可分言语清楚、心中明白、为人老成、油滑、鬼诈、贼、过于伶俐、聪明等类型。譬如，他评价苏福泉县知县胡振，说他“少年伶俐，人鬼诈些”，还有对河南河道祝兆鹏的评语是“明白，去得，似过聪明人”。所谓“去得”，那就是可以赴任了。

第三，看人的整体印象。这主要是从观察人的行为举止来判断一个人。雍正识别人才，一般都是以某类“习气”来观察。他常常用“公子气”、“包衣习气”等来评价人才。

“公子气”是指那些出身富贵、不谙世事的公子哥作风；“包衣习气”是指“小人”、“光棍”的下贱气象。此外，雍正还会用各省的民风来进行归类评价。他平时最讨厌“浙江习气”，非常喜欢山东人，认为山东人有力量、有操守。

雍正皇帝所识别的人才，多数都会赋予他们重要的职位。如雍正评价候补知县石杰“人着实明白，好端方相貌，人似平和，有气度”，十几年后，石杰任四川按察使；又如评价福建南安县知县王士任，说他“人好聪明，好相貌，着实明白……紧要员缺绰然有余”，王在乾隆初年不断升迁，已经担任福建巡抚了。相反，那些留给雍正坏印象的人，不管他们再怎么努力，都很难有机会升迁，甚至还会被降级。

由此可见，雍正在“引荐”人才官员、相人的时候，随手写在“履历片”上的这些评语有着很大的影响力，它直接关系到一个官员的未来前程和命运。

• 荀子的人才观

荀子，名况，人称荀卿。出生在赵国，游学于齐国。当时的齐国在国都临淄稷门旁开设了一座学园，园里聚集了各种学派的学者，包括儒家、墨家、道家等，在那里进行讲座和发表各种思想言谈。荀子来到了“稷下”的学园，就当上了学者们的首要人物。后来，有个齐人对他不满，就经常进谗言，败坏荀子的名声，荀子无奈只好离开了齐国，到了楚国，成为了春申君的食客。春申君便封他为兰陵的县令，直到春申君去世，他才辞官，最后在兰陵定居。

荀子的思想以经验和人事方面为重点，重视人为的努力，重视人们在社会上的行为规范。在他看来人生下来就有着满足的欲望，如果欲望无法达到，就会产生人与人之间的争执和矛盾，所以他说人性本恶，需要圣王及礼法的教化来“化性起伪”，使人格提高。在《荀子》这本书的“解蔽篇”里，荀子对人才有三种看法：

农精于田，而不可以为田师

这是说，一个从事耕耘的农夫，对于农田的技术十分精通，但是他不一定是个优秀的农业管理员。因为会耕耘的人未必会管理，这是管理和耕耘的技巧问题，两者是有所区分的。如果让一个精通农田的人去做管理员，那么他身上所具有的农田技巧只会显得毫无用处，而且也无法管理好，或许会造成不必要的损失。反之，让管理员去耕耘也是一样的道理。

贾精于市，而不可以为市师

这是说，商人对于经商的事情无所不通，他们有着精明的头脑，善于讨价还价，非常会做生意，但是却不能任用他们当市场管理员。因为，作为一个市场管理员，必须是公正廉洁，大公无私，为百姓服务。以预测市场的繁荣为主要工作目标，不会做些投机取巧、奸诈的事情。所以说，优秀的商人，是不可能成为一个优秀的市场管理员。

工精于器，而不可以为器师

这是说，一个善于制造工艺器品的人，他们都有着一流的手艺，所做出的成品都非常好，但是他们却不能成为工厂的管理员。因为，仅仅有高超的手艺并不能成为一个好的管理者。有些工人或许是手艺平平，却有很好的管理才能依然可以当好一个管理员，其管理的技能胜于一个手艺好的人。

由此看来，荀子在这里向我们说明了一个问题，人才要量才适用。例如，有的人才很有魄力，敢想敢干，但是往往不能周密地考虑问题，欠沉稳；有的人才处事稳重，深思熟虑，却没有足够的魄力；有的人才原则性强，但却没有灵活的工作方法，做事情非常机械化。

其实，没有谁是全知全能的完人，人都有各自的特点和特长。有的善于做军事工作，有的善于做政治工作；有的精通某种专业，有的具备多方面的才干；有的懂专业但缺少组织领导能力，有的则二者兼而有之；有的适合当主公，有的适合做副职；有的很会带兵，有的则做机关工作得心应手等等。而作为一个领导者，其责任就是要按照他们这些不同的特点来量才使用，为各类人才提供充分展示自己才华的平台，使人尽其才，才尽其用。否则，滥用人才就等于糟蹋了人才，也给企业带来莫大的困扰和损失。因此，作为领导者一定要慎重使用人才。

• 管仲的人才鉴别方法

管仲（约公元前 723 年至公元前 645 年），汉族，名夷吾，又名敬仲，字仲，春秋时期齐国著名的政治家、军事家，颍上（今安徽颍上）人。管仲年少的时候失去了父亲，和母亲相依为命，生活十分艰苦，为了维持生计，与鲍叔牙合伙经商后开始从军，到了齐国，历尽曲折艰难，经过鲍叔牙的举荐成为了齐国的丞相，被称为“春秋第一相”，辅佐齐桓公成为了春秋时期的第一位霸主，因此又称管仲为“管夷吾举于士”。

管仲在当丞相期间，实施了一些强国政策，才使齐国成为春秋时代最富足、最强盛的大国，称霸诸侯。此外，还得力于他的“观人有术”。由于他有知人之明，用人得当，在政治上按着他的思想逐一推展，齐国才开始强大了起来。

对此，在《管子》一书的“形势篇”中，详述了管仲独特的人物鉴定法，这一套“观人术”在至今依然适用。

訾之人，勿与任大

这是说，不要把重要的任务交给一个妒忌心很强的人。因为这样的人往往会因为一件小事而产生妒忌，根本就无法用公平的方式去解决问题，这样很容易对自己的属下有所偏袒，使团队出现不满。可以说，嫉妒心强，这是一种很严重的性格缺陷，如果任用这样的人担任大事务，就会让事情向更坏的方面发展。此外，嫉妒心强烈的人，还会因为自己的嫉妒而趁机报复，从中使坏，所以这种人我们不但不能够给予重要的职务担任，还要特别提防小心。

无巨者，可以远举

这是说，一个能够有远大理想，并能作出远大计划的人，这样的人会能够将未来的发展看得清晰仔细，具有未雨绸缪的思想意识。如果将重大的事物，交给这样的人去做，一定会把事务做得有条不紊，达到成功。所以说，一个能够有先见之明的人，是可以独当一面的，尽管放心地去举荐和使用，发挥他的才能，助你走向事业的成功。

顾忧者，可与敬道

这是说，一个人如果能够常常反省自己的过失，说明他是个有责任感的人。这样的人，如果交给他重要的任务，他会吸取自己失败的教训，努力地将任务做好。而一个从来都不知道自己过失，甚至是也从来不去想自己以前的失败教训的人，只会盲目自大，将事情办得更加糟糕。

其计也速，而忧在近者，往而勿也

这是说，一个人如果只知道追求眼前的利益，计较眼前的功名，而不管计策是否可行，所做的行为是否会伤害到别人，而一意孤行。这样的人我们一定要疏远他，更不能任用他。因为这样的人往往缺乏理性思考，做事盲目冲动，最终都不会取得事情的成功。所以说，这是不堪重任的性格之一，有志于创大事业的人，应该及早改正这种坏习惯，否则前途难有大成。

举长者，可远见也

这是说，一个有先见之明而又能追求长远利益的人，属于大器晚成的人。对于这种人我们不能光看眼前他的表现，而应用长远的眼光去看他的才能。一些只知道追求眼前功名利禄的人，往往都给人聪明的印象，但是他们只求快，这对于一个国家或者说一个企业来说并非是好事。所以作为领导者一定不要看一个人的快速成事，而是要看那些重视长期利益的“晚成型”的人才，他们才是国家和企业患难与共、鞠躬尽瘁的好人才。

裁大者，众之所比也

这是说，一个坚决施行大计划的人，是个有勇有谋的人物，他所作出的决策也一定会得到大众的认可和尊重。因为一个肯思考的人，总比一个不思考就行事的人要谨慎认真得多。所以我们任用人才要重用一个善于出谋化策，然后再行动的人，而不轻易任用那些只知蛮干的人。

美人之怀，定服而勿厌也

这是说，判断一个人是英雄还是莽夫，都不能光看眼前的功劳。一个人才，必须要长期地从他的言谈、举止上观察，才能真正了解这个人的品质和能力。所以我们看人才的时候，不能只注重表面现象，而应透过现象看本质，也不要以貌取人。

必得之事，不足赖也

这是说，一个人时常就会说：“这事情小菜一碟！”这样的人不能够轻信相信，因为一个轻易下结论的人，很容易把事情弄得更糟。因为他们会因为自己的自以为是而走向失败。而慎重的人，不会轻易对事情的成败下结论，他会多思考，有责任感，这样的人做事就会细致周密，往往都会取得成功。

必诺之言，不足信也

这是说，一个人常常会轻易对别人许诺：“放心吧，我一定能够做好！”这样的人也不能去轻易相信。因为一个轻易许诺的人，很容易会敷衍你而将事情耽搁，当事情办不成的时候，还会有更多理由为借口，所以如果将大事交付这样的人，结果就会是半途而废。

小谨者，不大立

这是说，一个过于拘泥细节的人，往往都会一事无成。因为他过于看重细节，会导致他爱钻牛角尖，而忘了掌握大局，所谓因为一片树叶失去整个森林。所以说，一个只顾及眼前小利的人一定会损失大利。我们一定不要任用这样的人，否则就会让你的事情毁于一旦。

偏食者，不肥体

这是说，一个爱挑食的人身体绝对不会结实。同样道理，一个意见偏执的人也绝对不会成功。从事任何工作，都不能偏执一方，固执己见，这样只会让事情陷入困境而最终失败。所以说，一个人脑筋再好，但却是固执己见的人，一定不能重用。

有无弃之言者，必参之于天地也

这是说，一个人说话总会以理服人，从不会说过多的废话和讨人欢喜的话，这样的人是值得人信赖的。将事情交给他，可以让人放心，和任何人来往，也不会顾及他会乱说。无论什么时候，这样的人都能够做到谨言、谨事，所以这样的人往往都会将事情办得十分妥当。

以上便是管仲告诉我们的鉴定人物的标准。作为一个领导人物，一定要先仔细观察一个人物，了解其品行后才可任用，否则就会因为用人不当而使自己走向失败的局面。因此说，如果要想有所作为，我们就必须将管仲的这几条鉴人标准谨记在心，并在实践中灵活运用。

• 孔子的识人观

识人术，无论古今中外都是领导者重视的话题。领导者能够慧眼识别英才，就能得到英才贤臣的辅佐而成就一番辉煌的事业。譬如，刘邦因萧何月下追韩信而反败为胜，创建大汉基业；刘备三顾茅庐，请诸葛亮下山而三分天下，形成三足鼎立；朱元璋谦虚礼让，请动刘伯温竭力辅佐，开辟明代鸿业。可见识人的重要性。那么我们又该如何识别人才呢？

孔子在《论语》中告诉我们应该这样识人：

第一，视其所以——这是说，要识别一个人，首先要看他是居于什么目的做这件事情。

第二，观其所由——观察知道他的来源、动机，看他采取什么办法或者手段来做这件事情。

第三，察其所安——考察一个人的所作所为，了解他的经历，观察他所安心从事的事业，他的一切就都很清楚了。

第四，听其言而观其行——听他说什么，看他做什么。

俗话说，“知人知面不知心”，要想了解一个人的内心世界，并不是件容易的事情。但孔子认为，一个人要想把自己的内心隐藏起来也很困难。所以识别一个人，只要善于观察就能了解。同时，我们还要分析他的心态，由言行到心，由外到内，方方面面都掌握了，那么这个人就会赤裸裸地展现在你的面前了，没有丝毫的隐瞒。

对于孔子的“听其言而观其行”的判断标准，我们都有自己深刻的体会。但是孔子与我们不同的是，他的高明在于能够洞悉人的心态。因为人的言行举止都是人精神境界的反映，而“言为心声”，一个人的言语行为可以伪装，但是他的精神境界是无法伪装的。譬如，一个人本性就是十分暴躁，但是为了给别人留下温柔的一面，总是刻意地去伪装自己，言语举止上都十分小心注意。但是，经过了一段时间，最终因为一点小事而将自己的品行暴露于众，让人大失所望。这就是“日久见人心”的写照。

要想真正了解一个人，“听其言”，可以通过谈话的形式进行，“观其行”可以通过工作的形式，而要达到孔夫子所谓“察其所安”的要求则必须实地考察，需要稍长的时间，从点滴行为举止中观察他做什么，如何做，以怎样的心态来做。

孔子有个学生叫做颜回，家境十分贫寒，但是他却很有才华。孔子经常在众弟子面前表扬颜回，众弟子对此都十分不服气。学堂丢了东西，那些贵族子弟都说是颜回偷的。孔子知道颜回的为人，为了证实不是颜回偷的，便打算对颜回进行考察。

孔子仔细思考后，想了一个办法：他把一锭金子用绸子包好放在颜回回家的路上。颜回放学了，孔子和众弟子都藏了起来，在隐蔽处观察颜回的举止。颜回走在路上，看见了一个绸子包。拾起来一看，里面包着一锭金子，在绸子边上还写着一句话：“天赐颜回一锭金。”

颜回拿出金子，毫不犹豫地在上面写上另一句话：“贪图外财妄为人。”然后把金子包好，放回原处。待颜回走远，孔子和众弟子走到跟前打开包一看，见到颜回写话语，都十分佩服孔子的眼力和颜回的品德。

孔子还经常在众人面前夸颜回有学问，众弟子依旧不服气。春节到了，家家都忙着写对联。众弟子为了表示不满，就对孔子说：“大夫不说颜回有学问吗，那咱们看看他家到底写的是什么对联。”于是，孔子和他的众弟子来到了颜回的家里。只见颜回家破烂的门上写着上联是“二三四五，”下联是“六七八九，”横批：“南北。”众弟子一看都笑了，觉得写得太俗气了。这时候，孔子说：“你们不理解这其中的含义，这副对联道出了颜回的家境。二三四五是缺一（衣）呀，六七八九是少十（食）呀，只有南北是没有东西，合起来叫做：缺衣少食没有东西。”众弟子听后肃然起敬。

孔子讲了五种人才的辨别：

第一，庸人。这是指一个人心中没有始终如一的做人原则，说出的语言缺乏教养，不能够能寄主托身，又不能凭借自己的努力而自立门户。只顾眼前的利益，不识大局，根本不知道自己想要做什么，容易随波逐流，没有自己的想法和意见，缺乏主观性。

第二，士人。这是说一个人心中有志向，在看问题的时候有一定的规矩。即使没有智谋之术，也能了解事情的大概。虽然不能做到尽善尽美，但是却能够有善作之事。他们从不贪图便宜，知道事情的真理。说话的时候，思路清晰，知道如何去说，如何去做。这样的人，有着一定的坚定意志，所以不以物喜，不以己悲，很容易做成大事，成为最优秀的人才。

第三，君子。这是说，一个人能够做到言必行，行必果。心中从来都不会对人怨恨，而是表现仁义和仗义。对人说话谦虚有礼，为人真诚。所以这样的人，一般都能够成就大事，而成为人上人。

第四，贤者。这是说一个人的品德不背礼法；行为符合规矩；言语足以天下效法，而不会名累自身；学识可以化育百姓，却不会动摇根本；让天下人富裕，天下人不会因此而积财；让天下施舍，天下人不会因此而忧贫。

第五，圣者。这是说一个人的道德与天地相合，变化无穷，能够观察和分析出万物发生发展的规律，能够随万物顺其自然。让天下人知道大道，使万事万物各遂其情性，睿智之光可与日月争辉，推行道化有如神助，天下人不知是身受他的恩德，即使亲眼看见也不知道他就是圣人。

以上便是孔子告诉我们识人的几种方法。古话说“相从心生”。即“有心无相，相由心变。有相无心，相随心转”。这就是说人心的重要，只要我们用心去学习和借鉴，就一定能够识别出真正的人才，为之所用。